August Schültzke

Fahrten mit dem Norddeutschen Lloyd und der Hamburg-Amerika Linie

Unter besonderer Berücksichtigung der Kunst in den besuchten Ländern

August Schültzke

Fahrten mit dem Norddeutschen Lloyd und der Hamburg-Amerika Linie

Unter besonderer Berücksichtigung der Kunst in den besuchten Ländern

ISBN/EAN: 9783954273492
Erscheinungsjahr: 2013
Erscheinungsort: Bremen, Deutschland

© maritimepress in Europäischer Hochschulverlag GmbH & Co. KG, Fahrenheitstr. 1, 28359 Bremen. Alle Rechte beim Verlag und bei den jeweiligen Lizenzgebern.

www.maritimepress.de | office@maritimepress.de

Bei diesem Titel handelt es sich um den Nachdruck eines historischen, lange vergriffenen Buches. Da elektronische Druckvorlagen für diese Titel nicht existieren, musste auf alte Vorlagen zurückgegriffen werden. Hieraus zwangsläufig resultierende Qualitätsverluste bitten wir zu entschuldigen.

SCHÜLTZKE

Fahrten

mit dem

Norddeutschen Lloyd und der Hamburg=Amerika Linie

unter besonderer Berücksichtigung

der Kunst in den besuchten Ländern.

1937.

Druck und Verlag von Albert Heine, Buchdruckerei und Verlagsanstalt, KG.
Cottbus.

Meiner lieben Mutter
in Verehrung
gewidmet.

Vorwort

Die Fahrten ins Mittelmeer sind in den letzten Jahren immer mehr in Aufnahme gekommen. Es darf erwartet werden, daß ihre Anziehungskraft mit wachsendem Wohlstand und wachsender politischer Verbundenheit von Deutschland und Italien noch größer wird.

Neben denen, welche reisen, um zur Stählung des Leibes und der Seele sorglose Wochen, frei von des Alltags ewig gleichgestellter Uhr unter anderm Himmel, in andrer Luft, unter andern fröhlichen, gleichgestimmten Menschen zu verleben und zugleich dabei auch einige Blätter aus dem großen Bilderbuch der Erde zu betrachten und das Repertoir ihrer Anschauungen zu vergrößern, — gibt es andre, welche reisen, um sowohl die Eigenart der Länder als auch den gesetzmäßigen Zusammenhang ihrer Komponenten (Boden, Klima, Vegetation, rassisches Erbe) und daraus Aufstieg und Niedergang der führenden Rasse zu verstehen, daraus zu lernen und dabei auch zu reisen.

Der Staat nimmt auf diese Tatsachen Rücksicht. Darüber kann kein Zweifel bestehen. Er fördert daher das Reisen auch im Ausland. Er tut es trotz der Devisenknappheit.

Im allgemeinen wird der bildende Wert des Reisens überschätzt. Er ist nur bescheiden. Es kommt ja nicht darauf an, was man sieht, sondern was man daraus lernt.

Es gibt gewiß viele, welche wohl lernen möchten. Aber das ist eine Kunst, die nicht jeder kann und die auch erst erlernt werden muß. Fragt man einen Mitreisenden, der mit glühendem Eifer sich beim Vortrag des Cicerone auf der Akropolis Notizen machte: „wissen Sie nun, worin die Schönheit des Parthenons besteht?", so wird man ihn in Verlegenheit bringen. Den Zusammenhang zwischen Religion und Form des Kunstwerks, also hier zwischen Weltanschauung und ihrem Ausdruck in der Architektur weiß nämlich der Cicerone selber nicht. Gerade auf diese Zusammenhänge kommt es aber an. — Man kann ferner überzeugt sein, daß von den Tausenden, die Madeira alljährlich besuchen, nur ein winziger Bruchteil aus sich selbst den erschütternden Eindruck von der degenerieren=

den Wirkung der Mischung mit Fremdrassigen — eine Erkenntnis, auf die man jetzt mit Recht großen Wert legt — als Gewinn mit nach Hause nimmt, der einsieht, daß diese Inseln (Madeira; Canaren) nicht die glücklichen sind, wovon die Oberflächlichkeit nach der Reise fast noch mehr fabelt als vor ihr, weil es in den Prospekten der Schiffahrtsgesellschaften steht. — Von der gewaltigen Wahrheit des panta rhei Heraklits, von der beständigen Entwicklung der Erde, von dem beständigen Werden aller Dinge, von dem das Mittelmeer überall eindringlich redet, verspüren nur wenige einen Hauch. Das Märchen von der biblischen Schöpfungsgeschichte, der Konstanz alles Unorganischen und Organischen, beherrscht sie nach wie vor. — Und nun gar auf dem Gebiete der Kunst! Da sieht es noch schlimmer aus. Die Kunst ist aber das beste Mittel, mit der seelischen Verfassung der Rasse, die man besucht, Fühlung zu nehmen, denn in ihr offenbart sie ihre höchsten und eigensten Werte. Trotz des großen Interesses für Kunst im allgemeinen ist der Gewinn gerade auf diesem Gebiet außerordentlich dürftig. Und das ist leicht zu verstehen. Denn, wenn es im allgemeinen schon schwer ist, sich zu einem Verständnis in einem Sondergebiet der Kunst durchzuringen, so ist es hier in der vielseitigen Kunst eines alten Kulturbezirks besonders schwer. Ein erdrückendes, verwirrendes Kaleidoskop von Stilen umgibt uns hier. Ägyptische, dorische, hellenische, römische, byzantinische, türkische und arabische Formen wechseln mit denen des romanischen, gotischen, barocken und Renaissancestils. Nirgends erweist sich die Notwendigkeit eines Mentors zwingender als hier, eines Führers, der den Blick schärft für die Formen und für die Weltanschauung, die ihnen zugrunde liegt. Man erfaßt sonst nicht, was der Künstler wollte und wie er es zum Ausdruck gebracht hat; man begreift weder sein Ziel noch sein Ideal noch seine Mittel. Man versteht infolgedessen auch das Volk oder besser die Rasse nicht, der er entstammt und deren geistige und seelische Eigenschaften sich in seiner Kunst widerspiegeln. Man ist daher dem Volk innerlich nicht näher gekommen, was man doch im Grunde mehr oder weniger wollte.

Diesen Mängeln kann nicht abgeholfen werden durch ein paar einführende Vorträge an Bord, so dankenswert sie auch sind, oder durch solche an Land durch Ciceroni. Das Wort ist außerdem zu flüchtig, das Gedächtnis zu unzuverlässig; zu der gerade hier so notwendigen Vorbereitung fehlt es meist an Zeit und oft auch an der Kenntnis der Hilfsmittel.

Ich habe diese Arbeit ursprünglich für mich geschrieben, um den seelischen Gewinn aus diesen Reisen zu vertiefen. Sie hat mir viele glückliche Stunden bereitet. Ich habe bei ihr nie daran gedacht, sie einmal auf den öffentlichen Markt zu bringen. Das liegt meiner Art durchaus fern. Erst der Aufruf der Partei an die wissenschaftlich Gebildeten zur Mitarbeit an der geistigen Hebung der Allgemeinheit hat mich veranlaßt, diese Reserve aufzugeben und einen dornigen Weg zu beschreiten.

Ich hebe einige Punkte heraus:

Ich habe Wert darauf gelegt, in die Erdbildungsgeschichte der besuchten Länder einzuführen, ein beachtenswertes Gebiet, das zwar vielen nicht geläufig, aber hier auf den Fahrten durchs Mittelmeer leichter erfaßbar ist; und im Anschluß daran an den schicksalsmäßigen Zusammenhang zwischen rassischem Erbgut und Bodengestaltung, zwischen Aufstieg zu Ewigkeitswerten und Untergang der Völker. Diese Ewigkeitswerte kommen nicht nur in der Sprache, Philosophie und Ethik, sondern auch in der artgemäßen Religion und aller Kunst zum Ausdruck. — Das ganze Mittelmeergebiet ist eine Einheit von Boden, Klima und Vegetation. Darauf habe ich des öfteren hingewiesen. Noch mehr wird dieser funktionale Zusammenhang zwischen Pflanzen und Milieu, zwischen Einordnen in die klimatischen und Bodenbedingungen und Sein oder Nichteinordnen und Untergang in Spitzbergen zur Gewißheit. — Im Kapitel Palästina habe ich im Interesse der großen politischen Bewegung unsrer Tage und zu Nutzen der Ewig-Leichtvergeßlichen auf die grundsätzlich rassenfeindliche Einstellung und Betätigung zweier internationaler Weltmächte eingehender hingewiesen, die sich hier mehr als anderswo offenbarten. Man könnte es dem Verfasser eines Werkes der Reiseliteratur zum Vorwurf machen, daß er Wissenschaft, Kunst und Politik vermischt. Wir Deutschen haben im Kampf mit diesen internationalen Mächten besonders Schweres erlebt. Das hat uns die Augen geöffnet. Wir ziehen nun daraus die Konsequenzen. Den Idealen des Staats allezeit und überall zu dienen, ist uns Pflicht. — Der Gefahr, die gerade für deutsche Menschen in der Überschätzung der Kunst des Auslands in Architektur, Plastik, Malerei, Musik und Gartenkunst besteht, versuchte ich dadurch zu begegnen, daß ich am Schluß jeder Reise die Besprechung eines am Rückweg liegenden, erlesenen deutschen Kunstwerks anfügte. Das gab mir Gelegenheit, den Unterschied zwischen deutschem und besonders mittelmeerischem Fühlen, zwischen deutscher und mittelmeerischer Kunst klar zu machen und von der überragenden Höhe der deutschen Kunst zu reden. Denn das schlimmste Ergebnis einer Reise wäre es, wenn man die Heimat nachher weniger liebte als vorher.

Schwerlich werde ich dabei der Gefahr des Schulmeisterlichen entgangen sein. Es läßt sich das gerade hier auf dem Gebiet der Kunst nicht vermeiden. Ich bitte, diesen Schatten freundlichst zu übersehen.

Man hat an der mangelnden Bebilderung Anstoß genommen. Wenn man aus Bildern und Reden, aus bloßen Anschauungen und Vorstellungen, lernen und reifen könnte, so wären wir alle in der Welt gebildet und gereift; denn an Kinos und Radios ist nirgend Mangel. Ich habe Bilder für überflüssig gehalten und im Interesse des Preises ausgelassen, denn das Buch ist für Leser geschrieben, welche das Behandelte sehen oder gesehen haben und an Bildern meist einen Überreichtum mitbringen, die von den Bordphotographen oder ihnen selbst angefertigt sind.

Ich hoffe, mit dieser Arbeit nicht nur dem Norddeutschen Lloyd und der Hamburg-Amerika Linie, sondern auch der Allgemeinheit, mindestens aber denen zu dienen, die an sich arbeiten wollen.

Cottbus, Sommersonnenwende 1937.

Professor A. Schültke.

Inhaltsverzeichnis

I. Orientfahrt

Der Brenner. Blutauffrischung der lateinischen Rasse. Bozen. Mori. Riva. Gardasee. Moränenwälle. Sirmióne. Catull. Scaligerburg. . 15—20
Verona. Arena. Italienische und deutsche Burgen. Das Heidelberger Schloß. Scaligergräber. Piazza b'Erbe. Piazza dei Signori. Loggia. Italienische Hallenkirchen. . . . . 20—25
Venedig. Markusplatz. Renaissance-Architektur und ihre Entwicklung. Über Stilkunde. Markuskirche. Campanile. Dogenpalast. Die germanische Führerschicht. S. Giorgio Maggiore. Sta. Maria dei Frari. Tizians Assunta. Colleoni. Kirche bei Miracoli. Accadèmia. Tintoretto. . 25—36
Korfu. Achilleion. . . . . 37—38
Athen. Phaleron und Piräus. Dionysos-Theater. Odeion. Olympieion. Stadion. Propyläen. Akropolisplatz. Deutsches und hochgriechisches Kunstideal. Parthenon. Schönheit des hochgriechischen (dorischen) Tempels. Deutsches Barbarentum. Schattenseite des hochgriechischen Ideals. Das hochgriechische Ideal in der Fremde. Erechtheion. Stilwandel. Ursache des Untergangs der griechischen Rasse. Akropolismuseum. Entwicklung der griechischen Plastik. Poroskunst. Koren. Parthenonskulpturen. Sandalenbindende Nike. Nationalmuseum. Schliemann'sche Funde. Mykene und Troja. Keramik. Plastiken. Das Eleusinische Weiherelief. Pergamonkunst. Kap Sunium. . . . . 38—58
Dardanellen. Deutsche Kämpfe. Marmarameer. 58
Konstantinopel. Lage. Kemal Pascha. Rassisches über die Türken. Ursachen ihres politischen Niedergangs. Türkische Kunst. Hagia. Mehemedie. Achmedié. Suleimanié. Türkisches Rokoko. Die Stadt. Die Mauer. Hippodrom. Zisterne. Serail. Bosporus. . . . . . 59—71
Ägypten. Ferdinand Lesseps. Port Said. Kairo. Stadt. Araber- und Negertypus. Englands Art, Angegliedertes zu regieren. Dank in der Politik. Das Delta. Der Nil. Von der Beamten- über die Lehnsmonarchie zur Kleinstaaterei. Pyramiden von Gize. Ägyptische Technik, Wissenschaft und Kosmobiologie. Toten- und Tortempel. Sphinx. Ägyptische Vorgeschichte. Griechische und ägyptische Plastik. Gründe für die Erstarrung der ägyptischen Plastik. Memphis. Sakkara. Reliefs der Mastaba des Ti. Apisgräber. Konstanz der ägyptischen Rasse. Luxor. Nochmals von der Königs- zur Priesterherrschaft. Der Amonstempel von Karnak. Deutsche und ägyptische Kunst. Griechische und ägyptische Kunst. Wandlung des ägyptischen architektonischen Ideals. Luxortempel. Tal der Könige. Pharaonenfluch. Priesterliche Schiebungen. Der el bahri. Auf dem Wege zu einem ägyptischen Rokoko. Schêch Abd el Kurna. Memnonskolosse.

11

Ramesseum. Museum in Kairo. Blutreinheit. Der Ketzerkönig. Zusammenfassende Charakteristik der altägyptischen Rasse. Arabische Rassenmerkmale Ibn Tulun. Arabische und ägyptische Kunst. Gami el Azhar. Entwicklung des arabischen Stils von der Lager- zur Grabmoschee. Hasan-Moschee Moschee Kait Bei. Mehemed Ali. Alabastermoschee. England und Ägypten 71—105

Palästina. Was zieht uns hierher? Haifa. Saronische Ebene. Korntal Tell Awiw. Jaffa. Das Palästina, das wir nicht sehen. Bodenwucher und Haß. Araber und Jude. Ebene von Jesreel. Kulturen, Pflanzen und Tiere. Nazareth. Nain. Ertragsfähigkeit des Bodens. Vogelzüge. Nablus. Jerusalem. Lage. Was ist aus der Salomonischen oder Christi Zeit oder aus der Zeit der hl. Helene noch vorhanden außer der Klagemauer und dem Phasael? Die Kreuzzüge, ein ungeheures Blutopfer der nordischen Rasse. Tempelplatz. Felsendom. Aksa-Moschee. Innenstadt. Schenkungen des deutschen Kaisers an die Kirche. Teiche. Bethlehem. Gethsemane. Das Tote Meer, seine Entstehung. Englands Pläne. Der deutsche Friedhof. Der Zionismus und Wir. Galiläa. Genezareth. . . . . 105—127

Damaskus. Omajaden-Moschee. Straßenbild. . . . . 127—129

Baalbek. Jupitertempel. Römische Baukunst. Der Hethiter-Tunnel. Bacchus-Tempel. . . . . 129—132

Libanon. Beirut. 133

Taormina. Neapel. Pompeji. Vesuv. 133

Mailand. Dom. Scalatheater. Italienische Opern- und Gesangskunst. Sta. Maria delle Grazie. Leonardo da Vinci, Stil der italienischen Hochrenaissance. . . . . 133—137

Basel. Ein Wort an die Deutsch-Schweizer. Das Münster. Entstehung der Oberrheinischen Tiefebene. . . . . 138—142

Freiburg. Einheit der Rheinebene. Der deutsche Frühling. Das Münster. Deutsche Architektur. . . . . 143—144

Alt-Breisach. Schongauers Wandfresken. Vergleich mit dem italienischen Fresco Leonardos. Der gotische Schnitzaltar. . . . . 144—146

Kolmar und der Isenheimer Altar. Matthias Grünewald. Die italienische Kunstinvasion. Deutscher und italienischer Stil. Erklärungsversuch für die beiden verschiedenen Stilformen. Dürer. Die Altartafeln. . . 146—154

Straßburg. Die Stadt. Die nordische und die orientalisch-mittelmeerische Rasse in ihren seelischen Anlagen und künstlerischen Ausdrucksformen. Das Münster. Deutsche und französische Gotik. Ekklesia und Synagoge. 154—160

II. Madeirafahrt

Bremen (cf IV). Der Kanal. Nautische Orientierung. 161

Der Biskaya. Dünung. Wellenhöhe. Seekrankheit. . . . 161—162

Lissabon. Seine Lage. Das schicksalhafte derselben. Lissabon und Neapel. Monserrate und Sanssouci. . . . . . . 162—164

Die Tethys und die Entstehung von Madeira und Teneriffa. Bevölkerungsdichte von Madeira. Paradies und Rassenmischung. Negertypus. Rassenmischung ein Weg zur jüdischen Weltherrschaft. . . 165—168

Teneriffa. Bewässerung durch den Pic. Passatregen, ihre Entstehung und wirtschaftliche Bedeutung. . . . . . . 168—169

Casablanca. Rabat. Die Mauren. Die Moschee. Die Stadt. . 169—171
Gibraltar. Entstehung. Bedeutung. Die Tiefenschwelle. 171
Malaga. Der Dom. Spanische Spätgotik im allgemeinen und hier. Kirchliche Panoptikumkunst. Fahrt durch die Vorhöhen der Sierra Nevada. Zigeuner . . . . 172—173
Granada. Alhambra. Altarabische Kunst und neuarabisches maurisches Rokoko. Palast Karls V. Generalife. Kathedrale. . . . . 173—176
Palermo. Dom. Monreale. Capella palatina. Museo nazionale. Entwicklung der sizilianisch-griechischen Plastik. . . . . 176—179
Selinunt. Fahrt durch Sizilien. . . . . 180—181
Mussolini. . . . . 181—185
Taormina. Ätna. . . . . 185—186
Neapel. Pompeji. Die Stadt. Kontinuität zwischen Römern und Italienern. Zeichen des Niedergangs. Der Vesuv vor 79 und nachher. Der Vulkanismus auf der Bruchspalte an der Westseite Italiens. Auf dem Vesuv. — Museo nazionale. Zeichen des Rassenniedergangs an den Herkulaner Bronzen und an den Kaiserstatuen. Pompejanische Fresken. . . . . . . 186—195
Tyrrhenisches Meer. Meeresfarbe. . . . . 195—196
Genua. Lage. Paläste. Campo santo. 196
München. Nepomukkapelle. . . . . 196—198

III. Tripolisfahrt

Ragusa. Die Stadt. Rassisches. Im Längstal nach Cattaro. Der Fjord von Cattaro. . . . . 199—200
Delphi. Lage. Der Delphische Priesterorden. Der Apollotempel. Siegesdenkmale und Germanentragödie. Der Delphische Wagenlenker. 200—202
Olympia. . . . . 202—204
Santorin. Seine Entstehungsgeschichte bei der Bildung der Ägäis. 204—205
Kreta. Die Kreter und ihre Kunst. . . . . 205—206
Tripolis. Leptis Magna. Das Kismet und der Untergang von Leptis Magna. . . . . 206—208
Malta. Italienischer Kolonisationsdrang. . . . . . . 208—209
Taormina. Neapel. Genua (cf II). 209
Naumburg. Der Dom. Das Stifterchorportal und der Stifterchor (Ausdruckskraft und Einheit zwischen Architektur und Plastik). . . 209—212

IV. Spitzbergenfahrt

Bremen. Dom. Roland. Rathaus. . . . . . 213—215
Edinburg. . . . . 215—216
Färöer. . . . . . . 216—217
Island. Die Atlantis. Die Atlantikerrasse. Faktoren, die das heutige Island gebildet haben. Vogelberge. Die Isländer. Pflanzenwelt. 217—220
Jan Mayen. Der Beerenberg. 220

Spitzbergen. Spitzbergengletscher und alpine Gletscher. Königsbucht. Pflanzenanpassungserscheinungen. Kreuzbucht. Die Anpassungsfähigkeit der Weide. Magdalenenbucht. Virgo. Packeisgrenze. Naturfrieden. Sieben Schwestern. . . . . 221—226

Băreninsel. 226

Nordkap . . . . 226—227

Hammerfest 227

Lyngenfjord. . . . . 227—228

Tromsö. Lofoten. 228

Autofahrt Die—Stryn—Grotli—Merak. Norwegische und alpine Firnfelder und Gletscher. Bautastein. Geyranger. Entstehung Norwegens. Die Doggerbank. . . . . 228—232

Sognefjord. Balholm. Aurlandsfjord. Näröfjord. Stalheimskleb. 232—233

Bergen. Stabkirche und Sonnenidiogramm. Ehrenfeld der Skagerrak-Schlacht. . . . . 233—235

I. Orientfahrt

über den Brenner nach Bozen

Ein großer Teil der Orientfahrer sammelt sich in München für die Fahrt über den Brenner nach Venedig. Ein heiterer Morgen machte den Abfahrenden das Herz fröhlich. Wie oft bin ich diese Strecke gefahren! Die Wege über die Alpen sind alle schön. Aber keiner von ihnen spricht so zum deutschen Herzen als der über den Brenner. Es geht durch die ergrünende bayerische Voralpenlandschaft. Rosenhain, der Wendelstein, Kufstein, das Kaisergebirge, die Kitzbüheler Alpen. Dann das trauliche Innsbruck (583 m). Einige Minuten Aufenthalt, um mit einem österreichischen Bekannten zu plaudern. Das ist noch erlaubt. Dann durch den Jselberg-Tunnel (Erinnerungen an Andreas Hofer, an die Kämpfe der Tiroler gegen Franzosen und Bayern, Mai 1809). Es öffnet sich ein Blick auf die Stubaitalgletscher. Was war das einst schön, als man noch über das Bildstöckel nach Sölden, Vent und übers Hochjoch ins Schnalsertal wandern konnte! Immer weiter gehts nach Süden. Auf den fast 1 Kilometer langen Mühltaltunnel folgt Mattrei und der Brennerpaß, 1362 m. Ein Zug mit deutschen Skifahrern kommt uns jubelnd entgegen, die in Italien frohe Tage verlebt haben, weil der Aufenthalt in Österreich verboten ist. Gern möchte man hier aussteigen und wie einst Goethe abwärts wandern. Hier an der Eisack lief einst die alte Römerstraße von Augsburg nach Verona; seit 1864 gibt es eine neue, von Österreichern erbaute. In 27 Tunnels bohrt sich der Schienenweg durch das Urgestein (Porphyr und Tonglimmerschiefer). Dann kommt Gossensaß, Sterzing, Franzensfeste, 739 m. Die Schlucht der Brixener Klause öffnet sich. Die Luft wird milder. Das ist der erste Gruß aus Italien. Dann das malerische Brixen, 567 m, dann Klausen (Mönch Haspinger). Und wenn ihre Namen auch alle italienisch maskiert sind (Bressanone; Chiusa), deutsch stehen sie in unserem Herzen und werden es bleiben. Wieviele Germanenzüge sind diese Straße gezogen, ihrer eingeborenen Sehnsucht nach dem Süden folgend, die auch heute noch in uns allen steckt! Was wäre Italien heute ohne diese germanische Blutauffrischung! Der latinische Germanenstamm, der um 800 v. Chr. von Norden eingewandert war, hatte sich bei der Aufrichtung des Römischen Weltreiches durch endlose Kriege fast verzehrt. Seine Erbmasse hatte durch Mischung an Wert eingebüßt. Nur unverbrauchtes Germanenblut konnte noch retten. Das kam nicht nur in der Zeit der Völkerwanderung (375 n. Chr.) von Norden her, sondern auch von Nordosten. So durch die Goten und besonders durch die Ostgoten, die das mittelmeerische Römerreich zerbrachen und ein imperium germanicum, ein germanisches Südreich unter Dietrich von Bern, Theodorich dem Großen, bis nach Afrika hinein aufrichteten. Man hört von Historikern: es waren ja nur 200 000 Ostgoten, die aus den Donauniederungen östlich vom heutigen Steiermark und Kärnten 489 in die Poebene eindrangen. Aber es waren kraftvolle germanische Jungvölker von außerordentlicher Vermehrungsfähigkeit. Ver sacrum. Setzt man den Kinderreichtum einer Familie mit 6 an, so geben 50 000 Paare Elterngeneration nach 25 Jahren 6 × 50 000 = 300 000 Kindergeneration und nach weiteren 25 Jahren 6 × 150 000 = 900 000 Enkelgeneration. Das ist eine kolonisatorische Kraft. Von der Kraft der Lenden hängt neben der Gewalt der Waffen alles ab. Das begreifen grade wir in unsrer jetzigen Lage leicht. Dann kam der neue Germanenschub der Langobarden (Barte = Beil) und dann die Römerzüge unter Karl dem Großen und den Sachsen-, Franken- und Schwabenkaisern. Eine Überflutung mit nordischen Menschen. Jeder, der noch heute durch Italien offenen Auges und mit einigen Kenntnissen wandert, wird Erinnerungen an dieses germanische Südreich nicht nur nördlich, sondern auch südlich von Rom sehen. Zwei Jahrtausende hat sich die germanische Rasse im mittelmeerischen Gebiet verblutet. Man ist heute schnell bei der Hand zu sagen: Der Ehrgeiz der kaiserlichen Führer habe die Gefolgschaft auf falsche Wege gebracht. Man ist bekanntlich immer klüger, wenn man aus dem Ratssaal kommt. Nein, nicht die Kaiser sind die Schuldigen. Wäre die Kirche das gewesen, was sie hätte sein sollen und was man heute wieder anstrebt, die seelische Beraterin in Nöten und nur das, hätte sie nicht vor allem ihrer Herrschsucht gedient, so sähe die Welt anders aus. Aber allerdings die Kirche hätte nicht ihr unheilvolles Werk am nordischen Menschen vollbringen können, wenn nicht in unserer Brust der Partikularismus, das übersteigerte Stammesbewußtsein und die Suggestibilität, die geistige Beeinflußbarkeit, für Artfremdes allezeit gewohnt hätte. Jedenfalls ist aus alledem ersichtlich, daß die Blutsverwandtschaft zwischen Italien und Deutschland viel größer ist, als man gemeinhin annimmt. — Waidbruck, das Grödener Tal, Atzwank, der Kuntersweg, Blumau. Die Enge öffnet sich. Alles steht am Fenster. Vergessen sind die Vorbereitungen für das Aussteigen. Stundenlang waren wir im Reich des Todes und der Schneefelder; nun blüht um uns das Leben. Der Bozener Frühling breitet seine Wunder vor uns aus; an den Hängen blüht es rot und weiß: Mandeln, Mirabellen, Pfirsiche. Die Augen werden größer, die Herzen weiter. Es ist still geworden im Abteil.

Bozen, 262 m; 135 km von Innsbruck. Man durchschreitet die paar hundert Meter bis zum Platz Walters von der Vogelweide wie im Traum. Zu beiden Seiten eine reiche Fülle von blühenden Magnolien und Forsythien. Ein Paradiesgärtlein. Die alte spätgotische Pfarrkirche mit ihrem grünen Ziegeldach zieht dann den Blick auf sich. Und dann stehen wir vor dem Denkmal Walters, des großen Patrioten und größten deutschen Lyrikers des Mittelalters (1160—1227), dem die Bozener 1889 dieses Denkmal errichteten. Einst wohnte man im Greifen und saß an sommerlichen Abenden in seinem oleanderumdufteten Vorgärtlein oder bei Sgraffer in dem Palmensaal und hörte den konzertierenden Kaiserjägern zu, oder in der einfacheren Post. Und alles, was sang und klang, war deutsch. Und dann auf die Talfer-Promenade. Ringsum blühte es in den Gärten und auf den Rebenhängen. Und ist man hier bei Sonnenuntergang, so leuchtet im Osten der Schlern, 2561 m, die Roßzähne, der Rosengarten, das Lattemargebirge, die Marmolata. Alles ist in Purpur getaucht. — Und schließlich fand man ein Plätzchen im Gedränge des Batzenhäusels. Und wenn man nach manchem Stündlein wieder heraustrat in die gewundene Enge der Straßen mit ihren hohen vorkragenden Fronten, mit ihren Lauben, so hätte man glauben können, Spitzweg habe sie alle gebaut. Es ist in Bozen so heimatlich. Aber auch um Bozen lockt es: nach der Mendel, nach Kohlern, auf den Rissen. Und wer Zeit hat, macht einen Ausflug durchs Eggental an den Karersee, um dann am Hang des Rosengartens zum Tiersertal zurückzuwandern. — Ich denke zurück an einen Ostersonntagsgottesdienst in der Pfarrkirche; es war in der Zeit, wo man zum ersten Mal wieder nach dem Kriege nach Italien fahren durfte. Eine gläubige, gedrängte Gemeinde; Lichterglanz und Weihrauch im Chor, Orgelklang und Dämmer im Schiff und eine Sopranstimme wie aus Himmelshöhen. Wieviel zertretene Herzen unter den Betenden! Sie alle trugen das bittere Los der Besiegten wie ich. Das „Herr, mach uns frei" lebte in uns allen. Es war eine Stunde der inneren Aufrichtung.

Zum Gardasee. Man fährt durch den Garten des Etschtales, den Bozener Boden: Maisfelder, Maulbeerpflanzungen, Feigen-, Pfirsich- und Mandelbäume, und rechts und links Hügel mit Weinreben, mit Kastanien und mit Burgen oben. Rechts das Mittelgebirge, 650 m, Porphyr, also altes Eruptivgestein. Dahinter das Tal von Kaltern, wo der Traminer wächst. Val di Nona, Nonsberg. Und weiter darüber hinaus steigt die Mendel auf mit dem Penegal, 1733 m. Dann rücken die kahlen Dolomitwände beiderseits näher und bilden die Salurner Klause. Hierher verlegt man den Sieg des Marius über die Cimbern. Mezzo-Tedesco und Mezzo-Lombardo, einstmals die Grenze (Meta)

zwischen Langobarden und Franken-Bajuvaren. Eine Völker- und
Sprachenscheide; die alte Grenze zwischen Deutsch- und Welsch-Tirol,
zwischen Italienern und Deutschen. Hier sind beide noch fast gleichen
Bluts. Trient, Trento, Tridentum (Fürstbischof, Trientiner Konzil,
1545—63 in St. Maria Maggiore). Hier geht der Weg ins Sarca-Tal
und zum Gardasee hinab. Rovereto, die Heimat des berühmten vino
santo. Blick auf den Monte Baldo. Mori, 174 m (il moro, der Maulbeer-
baum). Bahn und Straße bohren sich durch die Moränenwälle des Etschtales (slavini), des Leno-Gletschers, besonders bei Marco, südlich Mori.
Ich hatte Zeit und mache einen Abstecher über den Gardasee.

Von Mori über den Garda. Das Loppio-Tal ist wild,
einsam, düster; Kalkstein, Schutthalden; überall noch Zeichen der schweren,
sehr unterschätzten Kämpfe zwischen Österreichern und Italienern im
Weltkrieg. Besonders bei bedecktem Himmel ist der Loppio-See (224 m)
von Schwermut tief umschattet. Daher verlegt die Sage hierher einen der
Eingänge in die Unterwelt. Dann folgt eine Steigung um über 50 m.
Wir sind an der Wasserscheide zwischen Gardasee und Etsch. Und nun
gehts in steilen Serpentinen zum Sarca-Tal hinab. Der Gardasee, nur
2 km Luftlinie entfernt, wird durch den Monte Brione anfangs verdeckt.
Nago, Station für Torbole. Auf dieser absteigenden Strecke ist der Blick
auf den Garda über die Maßen schön. Es ist ein Bild, wie von Opschina
über Triest auf die Adria. Die Sarca-Ebene ist ein reich angebauter,
fruchtbarer Alluvialboden: Mais, Maulbeere, Mandeln, Feigen, Oliven.
Nahebei liegt die Klamm mit dem sehenswerten Varone-Fall; ein
unvergeßliches Beispiel von der Macht des fallenden Wassers. Die
malerische Burg von Arco. Riva, gegen Nordwinde geschützt, hat eine
starke Wärme-Einstrahlung zwischen 10 und 14 Uhr. Aber früh scheidet
die Sonne; kühle Nächte. Die Ponale-Straße führt nach Judicarien und
dem Idrosee.

Der Gardasee. Der Gardasee, Lacus Benacus, ist von allen
norditalienischen Seen der italienischste (Sprache; Oleander, Myrten;
Zikaden). Einst war er ein Fjord der Adria. Den einstigen Zusammenhang beweisen Fischarten, die beiden gemeinsam sind. Er ist 52 km lang,
3—32 km breit, bis 825 m tief. Da er 65 m über dem Meere liegt, reicht
er 760 m unter den Spiegel der Adria (das Tote Meer 700 unter Mittelmeer.) Im Osten der Monte Baldo 2200 m, im Westen der Pizzócolo
über Maderno. Im Anfang der Eiszeit wurde er von einem Gletscher
der Adamello und Presanella-Gruppe ausgepflügt. Man muß bedenken,
daß die Alpen in ihrer Jugend bis 10 000 m hoch waren, daß in solchen
Himalajahöhen die Atmosphärilien viel stärker wirken; denn die Luft ist

dünner, die Lichtabsorption geringer, die Bodenerwärmung daher und die Haarspaltenbildung im Gestein bei Tage stärker und ebenso auch die Sprengwirkung des Eises bei Nacht. Der abgesprengte Bergschutt, den Bäche, Ströme und Gletscher talabwärts trugen, hatte ganz andre Ausmaße im Norden und Süden der Alpen als heute (cf Norwegen IV). Dieser Gletscher kam in einiger Entfernung vom jetzigen Südufer zum Stillstand und lag hier Jahrhunderte, eine riesige Endmoräne vor sich bogenförmig von Salo bis Garda auftürmend. Gegen den Schluß der Eiszeit trat ein Klimawechsel auf. Ruckweise stieg die Temperatur und ruckweise ging der Gletscher zurück (cf Norwegen IV). So bildeten sich die amphitheatralisch zum Garda absteigenden Moränenwälle, die Colli Benacensi, die man bei der Fahrt von Desenzano nach Verona durchquert. Der Dampfer kreuzt den Garda. Limone, Tremósine, Malcésine (Goethe Erlebnis), Gargnano, San Vigilio mit der berühmten Villa Brenzoni von San Michele, Garda (auf der Rocca di Garda saß König Dietrichs Waffenmeister Hildebrandt und hielt den Zugang nach Norden offen), Gardone, Fasano, die Riviera di Garda, Salo, Kap Manerba (auf der Höhe einst ein Minerva=Tempel), Isola di Garda, Sirmióne. Infolge seiner Größe hat der Garda regelmäßige Winde: früh bis 9 Uhr den vento paesano, den Landwind, Nordwind, sover; von 11 Uhr an den Südwind, Seewind, die ora; von 9 bis 11 Uhr eine Pause, in der die Seewellen sich wenden, il lago si volta.

Sirmióne. Das Sirmio Catulls, dem er begeisterte Verse widmet. An seiner Nordseite sieht man stattliche römische Substruktionen, Tonnengewölbe in doppelter Lage übereinander. Durch sie wurden die Ufer über der Abrasionsterrasse am See gefestigt und tragfähig für einen Palast gemacht, den man hart an den Absturz heranrücken konnte. Es war dadurch oben eine Plattform entstanden, die ich auf etwa 200 × 90 qm also etwa 7 Morgen abschätze, und die Raum genug bot für ein fürstliches Tablinum (Geschäftszimmer), Peristylium (Säulenhof), Triclinium (Speisesaal), Nymphaeum (Bad), Bibliothek. Von ihm stieg man in breiter Treppe zum See hinab, wo sich wahrscheinlich ein Hafen für eine Segeljacht und ein Seebad befand. Diese Tonnenbauten und Aufstaffelungen durch Treppenanlagen sind spezifisch römische Kunst. Zweifellos muß der Anblick vom Garda aus von imponierender Schönheit gewesen sein. Hinter den Ruinen liegt eine mit Oliven bestandene Fläche. Das ist ganz besonders in den Morgenstunden ein Ort zum Träumen. Unter sich den mattblauen, oft mit einem feinen, perlgrauen Nebel verschleierten See, in der Ferne die verblauenden Linien des Monte Baldo und die Punta di San Vigilio und weiter das Kap Manerba. Und dahinter die weite fruchtbare Ebene, wo der Langobardenadel seine

Herrensitze hatte. Über sich das silbrige, bewegte Blätterwerk der Oliven und den tiefblauen Himmel und weiche Luft. Nichts stört die Stille. Nur ab und an klingt ein einfaches Schifferlied oder Glockenklang von Garda herüber. Erst nach 10 Uhr fängt der See an, leise zu rauschen; die ora macht sich auf; der perlgraue Schleier zerreißt; der See färbt sich grasgrün. Wer hier versonnen ein paar Stunden verlebt hat, versteht den Dichter: „Qui della vostra vita gli assidui tumulti un lontano d'api susurro paiono". Hier wird Dir, was Dich im Leben tief erschüttert, wie leises Bienengesumm klingen. Es ist durchaus glaubhaft, daß hier der römische Dichter Catull, der Veroneser von Geburt war, seine jungen Tage beschlossen habe (gest. 54 v. Chr., 33 Jahre alt), fern vom gefährlichen politischen Parkett in Rom, fern von seiner Lesbia, seiner unglücklichen Liebe. — Südlich davon liegt der geschmackvolle Landsitz des Anhaltischen Ministers von Koseritz, einer der vielen, mir so sympathischen Männer, die Italien liebten. Wahrscheinlich ist der Besitz dennoch jetzt enteignet. Am Südende nahe an der Landungsbrücke liegt ein stattliches, altes Kastell der ersten Scaliger. Es war eine Wasserburg. Hohe Mauern mit Zinnen und Wehrgängen, Ecktürmen und einem Bergfried. — Nicht nur seine stille Schönheit lockt nach Sirmióne, sondern auch seine Thermalquellen (Kohlensäure, Schwefel, Jod). — Die Fahrt geht von dem auf der Höhe der Moräne gelegenen Bahnhof in Desenzano durch die dem Garda vorgelagerten Endmoränen. Rechts des Schienenwegs nach Venedig liegt Custozza, wo Radetzky, der von Johann Strauß, Vater, verherrlichte österreichische Feldmarschall, die Piemontesen am 25. Juli 1848 schlug. Dann sind wir wieder an der Etsch, die wir am Beginn der Etschmoräne vor der Veroneser Klause verlassen hatten. Hier hat der Veroneser Ritter Alberico einen gefährlichen Überfall auf das im Rückzug befindliche Heer Barbarossas versucht, 1154. Durch die Entschlossenheit Ottos von Wittelsbach wurde er vereitelt.

Verona

An der Porta Nuova steigen wir aus. Wir sind im „Bern" des Sagenkreises um Dietrich von Bern, den Helden des Nibelungenlieds. Es ist eine Gründung der germanischen Rätier, nicht der Kelten, wie das sonst in Gallia cis- und transpadana im allgemeinen der Fall ist. Das Gebiet der Rätier umfaßte das heutige Schwaben, Bayern und Tirol. Mit scharfem Blick erkannten sie die Gunst der Lage dieses Orts: die Riesenschleife der Etsch und als Rahmen darum die sie beherrschenden Bergkuppen (Kalk). Daß schon unter den Römern Verona eine volkreiche Stadt war, erkennt man aus der Größe der Arena, ehemals dreigeschossig mit einer bekrönenden Gürtelmauer. Raum für 20 000 Sitzplätze im ersten und zweiten Stock und 20 000 Stehplätze im dritten. Das Ziel der Römer war, im Volk die Freude an Kraftleistungen und am blutigen Spiel wachzuhalten. Dann aber auch, es zu beschäftigen und von der Politik abzulenken; panem et circenses. Wenn die Arena auch nicht heranreicht an das Colosseum in Rom, so ist sie dennoch ein ragendes Denkmal römischer Baugesinnung: Zweckmäßigkeit, Einfachheit und Solidität; das Bauen für die Ewigkeit. Eine schwach ellipsische Form; äußere und innere Hauptachse 152 und 74 m, Nebenachse 123 und 44 m, Umfang 435 m, Höhe 22 m, innere Fläche der Arena rund 1 Morgen, Gesamtfläche nahezu 6 Morgen. Dagegen das Colosseum: 188 (86), 156 (54), 524 m, 48 m, 1½ Morgen, nahezu 9 Morgen. Die Ringdicke der Arena betrug demnach unten 40 m. Auf diesem Ring erhoben sich zwei Stockwerke von Gewölben und die Gürtelmauer. Der Mauerring verdünnt sich von unten nach oben und gab Raum für 45 Sitzplatzreihen. Spitzen der Behörden, Ritterschaft, Großfinanz, Rheder, Waffen= fabrikanten, Bürgerschaft; darüber die Stehplätze für das niedere Volk. Alles überdeckbar durch Sonnensegeltücher, Velarium, zwischen den Masten. Das Ganze gegliedert durch Korridore und Treppen in keil= förmige Abschnitte. Jeder Keil in jedem Rang hatte seinen gesonderten Ein= und Ausgang (72 Vomitorien) und seine gesonderten Treppen. Die Sicherheit bei der Füllung und Entleerung war glänzend verbürgt, was man von unseren Theatern keineswegs sagen kann. Von jedem Platz aus war der Blick auf die Arena frei. Auch das kann man von unseren Theatern nicht sagen. Dazu war es so angelegt, daß man einen wunder= baren Blick auf die Etschebene, die Stadt und die Alpenlandschaft hatte. Es ist zwar keine ästhetische Schönheit, aber eine zweckmäßige, eine teleologische (telos = Zweck) Schönheit. Es ist eine Zweckmäßigkeit, wie sie in der Pflanzen= und Tierwelt unsere Bewunderung erregt, eine Zweckmäßigkeit, um sich und die Art zu erhalten; eine Zweckmäßigkeit, wie wir sie auch an modernen Maschinen zu finden gewohnt sind (Zeit= und Gelderjsparnis). Es gehört nur wenig Physik dazu, die Genialität dieses Bauwerks zu begreifen. Die Grundform für diesen Kolossalbau ist das Tonnengewölbe. Durch dieses war die Möglichkeit gegeben, mit relativ wenig Material Stockwerke für eine große Belastung überein= ander zu türmen. Während bei den Griechen der Druck des Gebälks, der senkrecht nach unten geht, aufgefangen wird durch eine Gegenkraft, die senkrecht nach oben geht, wird bei dem Tonnengewölbe der senkrecht nach unten gehende Druck der beiden Tonnengewölbehälften in Seitenkräfte zerlegt. Die beiden inneren Seitenkräfte heben sich gegenseitig auf, die beiden Hälften halten sich also gegenseitig in der Schwebe; die beiden Außenseitenkräfte äußern sich als Schubkräfte, sie werden durch die

Schubkräfte der Nachbartonne aufgefangen. So halten sich die Kräfte des ganzen Rings eines Stockwerks gegenseitig im Gleichgewicht und tragen sich, wie sich die Kräfte eines Staats tragen sollen. Die Arena ist unter Nerva und Trajan (90 bis 100 n. Chr.), also 20 Jahre nach dem Colosseum erbaut worden. Nach dem Untergang des weströmischen Reiches war Verona die Residenz Dietrichs von Bern, Theoderichs des Großen, des Königs der Ostgoten, der das ganze Italien in einen germanischen Bauernstaat umwandelte und beherrschte. Seine Burg lag auf dem Hügel an der Stelle des späteren Castells S. Pietro. Dann war die Stadt im Besitz der Langobarden. Der Übertritt zur athanasianisch-katholischen Kirche hat sie, die bisher Arianer waren, nicht vor der Unterdrückung durch die Franken unter Karl dem Großen retten können. Wie bei den Ostgoten war der Drahtzieher hierbei die Kirche. Überall stoßen wir auf die Tragödie der nordischen Rasse: ein germanischer Volksstamm vernichtet den anderen. Das steifnackige, freie Mannestum dieser Rasse ist der mittelmeerischen Kirche immer ein Dorn im Auge gewesen. In der selbstbewußten Persönlichkeit wittert sie eine Gefahr. Schon damals tritt ihr helfend eine andere treibende Kraft zur Seite: Judäa war schon am Hofe Karls des Großen eine Macht. Das ist neuerdings geschichtlich festgestellt. Schon damals einte beide Internationalen der Haß gegen die germanische Kriegerrasse. Dann waren die Franken Herren von Verona. Dann die Scaliger. Ihre Hofburg war das Castello Vecchio, eine deutsche Burg mit Graben, zinnenbekrönter Mauer, Zugbrücke, Wehrgang und einer Verbindung mit dem linken Etschufer und dadurch mit den beherrschenden Höhen von Castello S. Pietro durch eine Brücke. Wie sehr unterscheidet sich diese italienisch-deutsche Burg von einem rein italienischen festen Schloß schon zur Zeit der Früh-Renaissance! Man denkt an die festen Schlösser in Florenz: an das Castello Vecchio, an die Paläste der Strozzi, Medici, Pitti. Und wie sehr unterscheiden sich beide wieder z. B. von dem rein deutschen Heidelberger Schloß. Die beiden ersteren sind aus einem Guß, in einem Stil erbaut; letzteres ist in Jahrhunderten gewachsen, das Alte ist mit Neuem verbunden. Eine Fülle von Stilen. Die zyklopischen bis 30 m dicken romanischen Rundtürme in der Mauer hinter dem Graben umschließen den Schloßhof mit seinem köstlichen Brunnenpavillon und stützen seine späteren Bauten, die nicht ein einheitlicher Plan beherrscht. Jeder Bau ist eine Persönlichkeit, die aber auf die Nachbarn Rücksicht nimmt. Bewegte Gotik mit Maß- und Stabwerk und Vertikalen und ruhige Renaissance wetteifern miteinander. In der Frührenaissance des Ott-Heinrichbaus (1556) steht die Ruhe durch seine betonten Horizontalen in den Friesen zwischen den Stockwerken und über den Fenstern und im Flachdach an erster, die Bewegung daran durch zahlreiche, nicht durchgehende Vertikalen, durch den Überreichtum an Bildwerk, durch die

Akzentuierung des Mittelportals und durch den ausgleichenden Sockel an zweiter Stelle. Immerhin ist auch im Ott-Heinrichsbau die gotische, heimische Tendenz zur Wandauflösung durch Fenster fühlbar. Im Friedrichsbau (1601—7) dagegen ist es umgekehrt. Die durchgehenden Vertikalen, die Stufengiebel, das hohe gotische Dach, die hohen Kamine sind Dominanten über die Ruhe durch Symmetrie. Mit seinen stattlichen Bergterrassen ist das ein Fürstensitz von so seltener Schönheit, daß er den Neid und die brutale Zerstörungssucht des Sonnenkönigs herausforderte. Auch wer von Kunst nichts versteht, wird von der Poesie dieser Stätte ergriffen, die aus der luftigen Höhe von 100 m über dem Neckar auf Heidelberg herabschaut. Dazu Erinnerungen an Goethe und an Scheffel. „Auch mir bist du geschrieben ins Herz . . ." Es gibt kein Schloß irgendwo, das sich mit ihm vergleichen könnte. Den rein italienischen Schlössern fehlt Graben, Mauer, Zugbrücke. Auch liegen sie inmitten der Stadt und nicht isoliert. Und ihnen allen fehlt die Poesie. — Die Gräber der Scaliger (Arche dei Scaligeri) befinden sich nicht in Kirchengrüften, sondern mitten in der Stadt. Sie waren der Treue ihrer Gefolgschaft sicher; denn sie selbst haben in Treuen zu den Kaisern gehalten auch nach dem Untergang der Hohenstaufen, als der Stern der nordischen Rasse in Italien sank. Sie waren nicht Schleppenträger der Päpste wie die Welfen. Mastino della Scala von 1260 an, Cangrande 1328, Mastino II, 1351, Cangrande II 1359, Cansignorio 1375. Unter Cangrande soll die Liebestragödie von Romeo (Montecchio) und Julia (Capuletti) gespielt haben. In der Via Capello stehen die Häuser der Capuletti, die die Montecchi haßten, weil sie auf der gegnerischen Seite standen. Ghibelinen, Kaiserliche gegen Guelfen, Päpstliche. Es waren das die Krakeelereien, die querelles allemandes, über die sich die Franzosen oft und mit Recht weidlich lustig gemacht haben. Aber das gehört zu dieser Stadt und macht sie uns noch lieber. Ist es daheim bei uns sogar bis vor kurzem nicht auch noch so gewesen? Katholische waren gegen Evangelische, Konservative gegen Liberale und Sozialdemokraten und alle gegen die Nationalsozialisten. — Und wenn wir über den Markt gehen, über die P i a z z a d'E r b e, dann fühlen wir uns ganz und gar daheim. Seine bunten, freskierten Häuserfassaden und die großen, weißen Schirme über den Verkaufsständen heimeln uns an. Und mitten im malerischen Getriebe steht wie auf dem Markt in Nürnberg ein Brunnen, der Donna Verona geweiht. Immer denken wir an Spitzweg. Und nahebei steht eine kleine Tribüne mit Spitzdach als Pranger für Gotteslästerer und Schuldner. Die Vergehen gegen den heiligen Geldbeutel wurden also den Verbrechen gegen Gott gleichgestellt. Das läßt tief blicken. Auch die Säule mit dem Marcus-Löwen paßt in das Milieu. Sie ist das Hoheitszeichen Venedigs. Nach den Scaligern hatte sich die

Stadt in den Schutz Venedigs begeben und hat bei ihm treu ausgehalten. Das besagt die Widmung: „Die größte Treue für die größte Liebe". Der Spruch ehrt beide Teile. Alles gut deutsch. Deutsche Nibelungentreue. Wie der Wind meist nur die Oberschicht des Meeres bewegt und selten die Tiefe, so ist es auch im lebendigen Volksmeer. Die Herrenschicht wechselt; denn der ausrottende Stoß richtet sich vorzugsweise gegen sie; die Masse wandelt sich nur langsam. Und hier besonders langsam, weil Sieger und Besiegte gleichrassig waren. Die Unterschicht war hier eine Bauernschaft mit noch ziemlich reiner Erbmasse: rätisches, gotisches, lombardisches, fränkisches und latinisch-römisches Blut auf mittelmeerischer Grundrasse. — Hier im traulichen Verona hat Veronese seine goldne Jugendzeit verlebt und niemand hat ihm den Blütenstaub von der Seele gestreift. Er ist zeit seines Lebens eine fast rheinfränkische, heitre, ritterliche Natur geblieben: heute Bacchanal, morgen Beichtstuhl. Er paßte daher auch in das leichtlebige Milieu Venedigs, dessen ranke germanische Frauen mit ihren königlichen Hälsen und kleinen Köpfen und dessen elegante Kavaliere und hochgewachsene Senatoren er in seinen Bildern verewigte.

Piazza dei Signori. Ganz anders die Piazza dei Signori nebenan. Man tritt aus der bewegten Atmosphäre des Volks heraus in die reservierte, ruhige der Behörden. Ringsum Amtsgebäude: der Palazzo della Ragione (das Amtsgericht, Zivilgericht), der Palazzo Tribunalizio (Landgericht, Kriminalgericht, Berufungsinstanz) mit dem hochgereckten Turm (Gefängnis), die Prefettura (das Regierungsgebäude), der Palazzo del Consiglio (Rathaus) und die Loggia, das Meisterwerk von Fra Giocondo, Monsignore, in schönster Früh-Renaissance. Ganz besonders in ihr vereinigt sich architektonische Ruhe (Horizontalen in Architrav, Fries, Gebälk, Attika, Gesimsaufsatz zur Maskierung des Dachs, und in der geringen Höhe) mit Bewegung (der Rhythmus der Säulenarkaden; das leise Leben der dekorativen Mittel). In ihr hat der kaisertreue Cangrande Italiens größten Dichter (Göttliche Komödie) und sprachlichen Einiger Dante aufgenommen, der aus seiner damals päpstlich gesinnten Vaterstadt Florenz (geb. 1265) flüchten mußte, weil er eine Möglichkeit zur politischen Einheit seines Vaterlandes nur in der Verbindung mit Deutschland, mit Kaiser Heinrich VII, dem energischen Luxemburger, sah. Was sind dem politischen Parteifanatismus Verdienste! Seine Statue ziert den Platz. — Verona hat natürlich eine Anzahl schöner Kirchen. Hallenkirchen. Sie entstanden in der Zeit, wo das nordische Element in Italien im Niedergang, das mittelmeerische dagegen im Aufstieg war. Es mischen sich daher in ihnen spätgotische Elemente mit der sich ankündigenden Früh-

Renaissance. Auch in unserer Spätgotik war meist nur die Seitenwand aufgelöst, nicht aber die Decke. Es ist also anders, als in der Hochgotik, wo auch die Decke aufgelöst war und sich gliederte in Träger (Kreuzrippen, Querrippen) und getragenes Füllmaterial, das z. B. bei Turmhelmen in Ulm, Freiburg, Straßburg sogar wegfiel. Die Decke war in der Spätgotik meist eine Tonne mit dekorativ aufgesetzten Rippen. Sogar eine Auflösung der Seitenwand ist in dem Maße wie bei uns oder im Mailänder deutsch gebauten Dom nicht vorhanden. Das Verhältnis des Italieners zum Licht ist ein ganz anderes als das des Deutschen. Wir ziehen das Licht in unsere gotischen Kirchen herein, der Italiener wehrt seine Überfülle ab. Und schließlich befremdet uns an den Kirchen das Fehlen der Fassadentürme. Man hat in Italien keine organische Verbindung zwischen Fassadentürmen und Schiff gefunden. Der Turm steht isoliert als Campanile da. Man darf weder hier noch überhaupt in Italien ein deutsches Fassadenbild erwarten. — S a n t a A n a s t a s i a (1290—1450) ist eine Hallenkirche von der eben geschilderten Art. Sie hat drei durch 2×6 Säulen getrennte, fast gleich hohe und gleich breite Schiffe; die Hochwand ist reduziert. Statt der Pfeiler stehen hier hochgestelzte gelbmarmorne Säulen. An diese schöne Halle schließen sich Querschiff und Chorapsiden. Die Liebe zum Farbenschmuck (Malereien im Deckenfeld und auf den Laibungen; Glasmalereien) heimelt uns an. Daneben steht der Campanile, der dem Marcus-Turm verwandt ist. — Der D o m mit schönem, romanischen Portal. — S t. Z e n o hat ebenfalls eine schöne, romanische Vorhalle und einen prächtigen Klosterhof mit einem Umgang von gekuppelten Säulen. — S t. F e r n o ist einschiffig, mit flachkielartiger, in drei Stufen aufsteigender Decke. Eine schöne romanische Vorhalle. Die farbigen horizontalen Gesteinslagen (Marmor und Ziegelstein) halten der Vertikalen an der Fassade das Gleichgewicht. Die Renaissance-Tendenz auf Ruhe ist dadurch offensichtlich. — Ein köstliches, in diesem Milieu beinah befremdendes Werk der Renaissance von Sanmichele ist in der Kirche von S. Bernardino die C a p e l l a P e l l e g r i n i (1556). Über einem quadratischen Untergeschoß mit Nischen und Säulen erhebt sich eine kassettierte Renaissance-Kuppel, von Säulen durchbrochen. — Den Kunstfreund ziehen einige Renaissance-Paläste wie Bevilacqua und Pompei, den Naturfreund der Pal. Giusti mit seinen Zypressen-Alleen an.

Venedig

Der gewaltige Damm, auf dem der Zug vom Festland nach Venedig fährt, ist die rechte Introduktion. Man sieht auf die belebte Autostraße daneben und auf die glitzernde Lagune. Dann tritt man aus dem Bahnhofportal auf die große Freitreppe, vor der die Gondeln ungeduldig tanzen. Es ist schon dunkel. Aber trotzdem hat die Fahrt auf dem Canale grande ihren großen Reiz. Bauer, Grünwald, Danieli, Londra, Metropole usw. sind beinahe zu rasch erreicht. Nach dem Abendessen eilt man zum Marcus-Platz. Nirgend wird man so rasch von dem Einst eingesponnen wie in dieser märchenhaften Stadt. Ich halte den Marcus-Platz für den schönsten Platz in Europa. Der Concordien-Platz in Paris, den man oft zum Vergleich heranzieht, ist viel zu groß, um schön zu sein. Bei ihm sieht man kaum noch seine Umgrenzung. Ihm mangelt die Bildeinheit. Und wo ist auf ihm Ruhe. Er ist nur ein grandioser Durchgang. Auf ihm ist kein Platz zum sorglosen Promenieren, zum Plaudern, zum Musik-Anhören, zum Kaffeetrinken, zum Taubenfüttern, kurzum zum dolce far niente. Das alles ist auf dem Marcus-Platz mit seinen rund 6 Morgen zu finden. Das ist ein riesiger Festsaal. Und abends ist er ganz besonders schön. Wie eine Märchenprinzessin steht im glitzernden Kleid die Marcus-Kirche da zur Seite ihres riesenhaften Kavaliers, des Campanile. Sie ist ganz Bewegung: 5 Wellenberge aus Säulenbündeln und 5 Wellentäler als Portale; das Dach löst sich in Kuppeln und Fialen (Pfeilerspitztürmchen) wie in züngelnde Flammen auf. Das ganze ist überdeckt mit einem schimmernden Kleid aus goldfarbigen Mosaiken. Und Musik zur Rechten, Musik zur Linken. Hier haben Adel und Bürgertum von jeher ihre rauschenden Feste und stillen Abende gefeiert. Wohlerzogenheit aller; niemand stört. Die Nobiltà (Adel) plaudert und sitzt bei dem Ärmsten und dieser wiederum rückt nicht grimmgeladen von ihr ab. Man hat Zusammengehörigkeitsgefühl. Das ist etwas, was es bei uns meist nicht gab, weil beide Teile dagegen sündigten. Diese innere Harmonie ist den Venezianern immer zu eigen gewesen. Auch der Ärmste hat seine Unbefangenheit gegenüber demjenigen, der mit Gütern reicher bedacht ist, nie verloren. Das ist angeborene gentilezza. Und das ist eine große Gnade für ein Gemeinwesen. Und von der Piazza lockt es zur Piazetta und zum Canale: Hauch der Lagune und Mandolinenklang. Vor uns erhebt sich jenseits des Canale die schöne Silhouette von S. Giorgio Maggiore mit seinem hochragenden Campanile. Und rechts an der Spitze die Dogana und Sta. Maria della Salute. Man wandelt vorüber an wild sich schaukelnden und glucksenden Gondeln, an plaudernden und singenden Menschen und genießt frohbewegt die milde Abendluft. Auch der Einsame kommt auf seine Rechnung. Da treten Ausländer in Gruppen auf: französische Frauen und Mädchen, sorgsam chaperonniert von ihrem Abbé, dem vielseitigen Galanten. Und mitten im Canale in 150 m Entfernung liegt da ein deutscher Lloydkoloß der Monte-Klasse. Aus seinen zahllosen Fenstern strahlt einladend Licht. Man fühlt sich wieder einmal stolz als Deutscher trotz aller Bitternis jener Tage. — Das ist die rechte Zeit für eine Gondelfahrt durch den Canale, und wäre es auch nur mit einem Vaporetto. Das Dämmer verschleiert das Unschöne, die Altersschwächen, und läßt der Phantasie Raum, das Schöne zu steigern und Wirklichkeit mit Märchenzauber zu umspinnen. Da sind zahlreiche Paläste, die vom Glanz früherer Zeiten erzählen. Sie stehen auf einem Rost von Eichenpfählen, die drei bis neun Meter in die Tonmergelschicht, den Caranto, gerammt sind. Ihre Fassaden verwenden besonders an offenen Loggien spätgotische Formen, wenn auch nur dekorativ, wie der Palazzo Contarini-Fasan und Cà Doro, bald Formen aus der Renaissance wie Pal. Vendramin-Calergi, wo Richard Wagner 1883 starb, von Pietro Lombardo oder Pal. Corner della Cà grande mit Rustika-(Quaderstein)-Unterbau oder Pal. Pesaro von Longhena. Auch leichte, graziöse, arabische Kunst mit hochgestelzten Rundbögen tritt im Fondaco dei Turchi auf und erinnert an die engen Verbindungen Venedigs mit dem Reich der Abassiden. — Am nächsten Morgen in aller Herrgotts= frühe sind wir schon wieder hier auf der Piazza. Der Café nero ist zwar nicht besonders; was macht das aus, wenn über uns der Himmel blaut und wir weichere Luft atmen. Die gurrenden, fegenden Täuber warten schon auf die Fremden mit der Erbsentüte; die Photographen des Platzes stehen zur Verewigung bereit. Und ringsum, wo man auch hinsieht, hohe Kunst: viel edle Renaissance. So die Procurazien (einst Staatsverwaltung) an der Piazza, die Libreria (Bücherei) an der Piazetta, die Zecca (Münze) am Canale. Wer sich mit Renaissance=Kunst beschäftigen will — und jeder sollte einen Anfang damit machen —, der hat hier auf engem Raum die Fülle. Das Ziel der Renaissance=Architektonik ist die ruhige, klare Schönheit. Die Mittel sind: Gleichgewicht von rechts und links im Aufbau zwischen den beiden Seiten der Fassade; Betonung der Horizontalen; Anerkennung der Masse; demokratische Gleichheit der Teile in der Horizontalen (Gleichgewicht zwischen Fenster und Mauerwerk) und in der Vertikalen (Gleichartigkeit und Gleichwertigkeit von Ober= und Untergeschoß). Jedermann weiß, welche Ruhe eine weite horizontale Fläche auf den Beschauer ausströmt, mag es das weite Meer sein oder die weite Ebene z. B. der Lüneburger Heide. Die Horizontale als Fläche und auch als Linie hat eine die Seele beruhigende Kraft. Dieser ihr innewohnenden Kraft bedient sich die Renaissance=Kunst. Die Horizontale ist das Symbol, das Ausdruckszeichen, für die Ruhe. Das hat sie mit der Kunst der Antike gemeinsam. An den uns umgebenden Gebäuden sehen wir sie überall. Sie lebt in der mächtigen Horizontalen, die die Fenster verbindet, in den Architraven (unteres Gebälk), im Fries (oberes Gebälk), im Gesims, im Flachdach und vereinigt sich mit der großen Horizontalen des Platzes. Diesen Horizontalen in den getragenen Massen halten die

Vertikalen als tragende Kräfte das Gleichgewicht. Sie stehen vor den Lauben und an den Seiten der Fenster in ein bis drei Säulenordnungen. Während die Ruhe an der ersten Stelle steht, steht die Bewegung an der zweiten. Sie kann rhythmisch oder dekorativ sein (Farben oder plastische oder lichtliche Mittel). In der Renaissance im allgemeinen und in der Hochrenaissance im besonderen ist die Ruhe der Grundton, die Bewegung der Oberton. In der deutschen Kunst ist es umgekehrt. Und ferner betont die Renaissance, wie schon gesagt, das Materielle: Wand und Fenster halten sich das Gleichgewicht. Sie ist dadurch das gerade Gegenteil der Gotik, wo die Fenster überwiegen und die Wand zurücktritt. — Dieser Renaissance-Stil hat wie alles seine Entwicklung. Man unterscheidet Früh-, Hoch- und Spät-Renaissance. Die Früh-Renaissance ist dekorativ kräftig bewegt; sie bevorzugt kräftigere Farbengebung. Die Spät-Renaissance ist stärker bewegt sowohl in den Massen als auch dekorativ durch Verwendung von Plastiken und ganz besonders durch Lichtwirkung auf der aufgelockerten Oberfläche. Es ist nicht schwer und von großem Interesse, in Venedig diese Entwicklung des Renaissance-Stils zu studieren. Meiner Meinung nach repräsentieren die Procurazie vecchie der Lombardie, Vater und Sohn und Neffe die Hochrenaissance. Die Procurazie nuove des Sansovino, Mitte des Cinquecento, und des Scamozzi (1616) betreten schon die bewegteren Bahnen der Spätrenaissance. Und noch viel mehr tut es die Libreria und die Zecca. In letzterer wird schon ein Unterschied gemacht zwischen tragendem Untergeschoß, Unterbau, und getragenem Hauptgeschoß, Oberbau. Das Untergeschoß wird zu Gunsten des Obergeschosses entwertet, ist nur noch Basament, Tragkörper. Damit kündigt sich schon die absolute Einheit Michelangelos, das Überordnen und Unterordnen, das Barock an, entgegen der relativen Einheit, der Gleichwertigkeit aller Teile besonders im Hoch-Renaissance-Stil. In der Zecca sind wir somit im Barock. — Man ist heutzutage schnell fertig, die S t i l k u n d e abzulehnen als Wissenschaft, als etwas zu Verstandesmäßiges. Stil ist der Ausdruck des künstlerischen Ideals einer Zeit auf Grund einer vom rassischen Erbgut abhängigen Weltanschauung. So erwuchsen im nordischen Menschen nach dem gewaltigen Erleben der Kreuzzüge neue Sehnsüchte und er fand dafür in der Architektur neue Ausdrucksformen. Er wollte das Materielle in sich überwinden und kam im gotischen Kirchenbau zur Auflösung von Wand und Decke durch Fenster und Rippen, — und das ganz besonders im allerheiligsten Teil, im Chor. Er suchte Freiheit aus priesterlichem Druck und fand als Ausdrucksmittel die Betonung der Vertikalen besonders in den Türmen. Er suchte die Gottesnähe im farbigen Dämmer und nicht mehr im nächtigen Dunkel romanischer Dome. Der Stilkundige beherrscht diese Ausdrucksformen als Symbole für die Gefühle von Künstlerschaft und Rasse einer bestimmten Zeit. — Wer diese Stilkunde ablehnt, ist dem Blumenfreund zu vergleichen, der sich an Formen und Farben und Duft genügen läßt. Er geht dumpf an den eigentlichen Schönheiten und Wundern der Pflanzenwelt vorüber; denn er fühlt nicht den Zusammenklang, die große Einheit der organischen und anorganischen Natur. Er sieht nicht die Anpassungserscheinungen an das Milieu (an Boden, Licht, Luft, Wärme, Wasser), nicht die Harmonie zwischen Blütenbau und bestäubenden Insekten. Denn er fürchtet die botanische Wissenschaft. Die aber ist noch himmelweit entfernt mit ihrer Systematik, Anatomie, Biologie, Ontogenie und Phylogenie (der Entwicklung des Einzelwesens und ihres Stammes). — Auf diesem Marcus=Platz und in Venedig überhaupt ringen zwei Ideale, zwei künstlerische Stile mit einander. Es sind das Renaissance und Barock. Ruhe, Klarheit, Flächenaufbau, relative Einheit, Kontur ringen mit Bewegung (körperlicher, farblicher, lichtlicher und seelischer Art), Schönheit des Unklaren, Tiefenbau und absoluter Einheit; kurz die Lombardie ringen mit Michelangelo. Wer von der Stilkunde absieht, verzichtet darauf, das Kunstideal einer Zeit und seine Ausdrucksmittel zu erkennen und zu verstehen. Er beraubt sich eines tiefen Erlebnisses. Er degradiert dabei diesen Marcus=Platz zum Beispiel zu einer bloßen Augenweide. — Der gleiche Wandel von der Ruhe zur Bewegung wiederholt sich und zwar viel stärker in der Malerei Venedigs (Tizian; Tintoretto). Wir werden ihm dann später wieder auf der Akropolis und in der ägyptischen, arabischen, türkischen Kunst begegnen. Es ist eine durch Rassen=(Blut=)mischung und Milieu bedingte Wandlung. — Wir stehen wieder vor der Fassade der Marcuskirche. Diesmal fesselt uns das lebensvolle V i e r g e s p a n n auf seiner Galerie. Das ist späthellenische Kunst wahrscheinlich aus Chios. Einst hat es das Hippodrom in Konstantinopel geziert. Doge Dandolo hat es gelegentlich des Kreuzzuges 1204 als Siegesbeute mitgebracht. Durch dies Gespann hat die Galerie an Wucht gewonnen und bändigt nun durch ihr Gewicht die starkschwingenden Säulenmassen der Fassade. — S t. M a r c u s ist ein Stilgemisch. Das ist keine Bemängelung. Da sind romanische Portale, gotische Bogen und Fialen, byzantinische Kuppeln mit hochgezogenen, zwiebelartig geschwungenen Außenschalen und phantastischen Kreuzen. — Wir durchschreiten die schöne, fünffach flach gekuppelte Vorhalle mit ihren goldschimmernden Mosaiken. Das Innere ist ein Nachklang der byzantinischen Apostelkirche Justinians in Konstantinopel, die von Muhammed dem Eroberer abgetragen wurde, um seiner Moschee, der Mehemedié, Platz zu machen. Ihr Grundriß bildet ein Quadrat, in das ein griechisches, also gleichschenkliges Kreuz eingezeichnet ist. Die fünf Jochquadrate sind mit Flachkuppeln bedeckt, deren tambourartiger Rand durch zahlreiche Fenster aufgelöst ist, wodurch der Eindruck des Schwebens der Kuppeln hervorgebracht wird. Die sehr schweren Tragpfeiler sind durchbrochen. Der Übergang vom Quadrat zum Kreis geschieht wie bei der Hagia durch breite, tonnenartige Gurte und sphärische Zwickel (Zweiecke). Eine wuchtige, ruhige Steinsprache herrscht hier im Innern im Gegensatz zur starken Bewegung der Fassade. Das Ganze ist von Mosaiken auf Goldgrund mit eingewebten Heiligenfiguren überzogen. Im wechselnden Licht des Frühlings bekommen die Figuren Leben. Sie treten aus dem Grund hervor oder ziehen sich in ihn zurück. Es ist das eine alte Art der Wandauflockerung, der Entmaterialisierung, der Wandbelebung, die auf das gläubige Gemüt zweifellos einen starken Eindruck macht. Die nicht großen Flachkuppeln (etwa 15 m Durchmesser) suggerieren Ruhe, die durch den Lichteinfall von oben verstärkt wird. Der Raum, der an sich nicht tief ist (76 m), wird noch durch den Lettner beeinträchtigt, welcher Chor und Apsis vom Gesamtraum trennt. Dazu kommt der Mangel an Übersichtlichkeit, den die griechisch=katholischen Kirchen infolge der Kreuzform mit den römisch=katholischen teilen. Mit der Schönheit der Hagia Sophia kann man diese Kirche natürlich auf keinen Fall in Parallele stellen. Aber dennoch ist es ein Kirchenraum, den man von der Hast ausschalten sollte, die die meisten Menschen nicht einmal in Venedig verläßt. Nicht bloß hineingehen und sehen, sondern sich versenken. Das ist man dem Ort schuldig. Und das ist leichter in der Morgenfrühe, wo die Allzuvielen noch nicht drin sind; wo man auf die Lichtspiele in den Mosaiken ohne Störung achten kann; wo sich Dämmer und Mystik und Gesang und Instrumentalmusik verschmelzen. — Groß sind die materiellen Kostbarkeiten dieser Kirche. Sie sind in den stürmisch bewegten Zeiten, in denen sich Venedig emporrang, Besitz der Kirche geworden. Es waren das die Zeiten, wo man das benachbarte, seemächtige Ravenna niederrang und Pisa und Genua besiegte, wo durch die Eroberung von Konstantinopel und durch den Handel mit dem Orient ein riesiger Reichtum hier zusammenfloß. Die venetianische Aristokratie schätzte die Psyche der Masse richtig ein. Sie wußte, daß ihr Materialwerte höher stehen als Formwerte. Daher die Fülle des Dekorativen. Damals erwarb die Kirche die Gebeine des heil. Marcus und ebenso den goldenen Altar=Vorsatz, die pala d'oro, die beiden Ambonen (Kanzeln), das Taufbecken, die mächtigen hängenden Leuchter, das Viergespann auf der Loggia, die schönen antiken Säulen mit romanischen Kapitälen, welche die Galerie mit dem arabischen Geländer stützen, die das Mittelschiff von den beiden Seitenschiffen trennen. Dazu kamen die Goldmosaiken an der oberen und die Marmorbekleidung an der unteren Wand. Und ferner der köstliche Lettner mit seinen schönen Plastiken aus der Früh=Renaissance (um 1400): Die Evangelisten mit der Mutter Maria. Man vergleiche diese Plastiken mit denen an der Loggetta des Campanile. Auch der Nichtkenner wird den Unterschied zwischen

Früh- und Spät-Renaissance bemerken. — Der Campanile (Glockenturm) hat unten eine Loggetta, eine Halle. Zwei viel bewunderte Erztüren führten zum Zimmer des Kommandanten der Leibwache des Rats. Das ist gotische Kunst mit ihren gereckten Gestalten und mit ihrer Gestaltenüberfülle. Sie sind beim Zusammensturz des Campanile gerettet worden. Daneben in den Nischen stehen die meisterhaften Plastiken Sansovinos, von denen soeben gesprochen wurde (Athene, Apollo, Merkur, die Friedensgöttin). Sie zeigen vornehme Lässigkeit in den Bewegungen, sind raffaelisch im Wohlklang der Linien, michelangelesk in der Stoffillusion (in der Zartheit und Weichheit der Haut, im Schwellen der Lippen). Nicht wie griechische Götter der Phidiasischen Zeit stehen sie da, unbewegt, dem Fatum gleich, sondern menschlich teilnehmend. — Bei Sonnenuntergang genießt man von der Höhe des Turms eine köstliche Aussicht auf das glänzende Band des Canale grande, auf die graurötlichen Dächer Venedigs, auf seine Brücken, Plätze, Kirchen, auf die schimmernde Lagune mit ihren Barken und Dampfern, auf Giudecca, auf den Lido.

Der Dogenpalast, Palazzo Ducale. Es ist ein italienischer Palazzo: eine mächtige Baumasse um einen quadratischen Hof. Bauzeit ist das Quattro- und Cinquecento. Auf starken Säulen außen und innen ist er gleichsam aus der Lagune emporgestiegen. Im Erdgeschoß ist er durch Lauben, im Zwischengeschoß durch den von Säulen getragenen Umgang gotisch aufgelöst. Darüber lastet die geschlossene Baumasse, die nur von wenigen großen Fenstern durchbrochen ist. In dem Saale hinter dieser Wand beschloß das gereifte, erfahrene Alter der venezianischen Aristokratie, von Volksleidenschaften unberührt. Es war eine germanische Herrenschicht mit Gestalten, wie sie Tizian und Veronese und Tintoretto in ihren Bildern festgehalten haben. Salus publica suprema lex. Eine Nacht Anarchie ist schlimmer als 10 Jahre Tyrannis, so urteilten sie mit Solon. Der Gegensatz zwischen dem bewegten, tragenden Untergeschoß und dem ruhigen, blockartigen Oberbau ist nicht so groß, als er im ersten Augenblick scheint; denn die Oberfläche des Obergeschosses ist durch zarte Farbendifferenzierung gewissermaßen aufgelockert. Und ebenso ist auch in Wirklichkeit der Gegensatz zwischen der germanischen Oberschicht und dem Volk nicht so schroff gewesen, wie man zuerst glaubt. Im persönlichen Verkehr war der Adel höflich, entgegenkommend; Leben und Lebenlassen war seine Maxime. Streng war er nur bei der Handhabung der Gesetze. Man muß anerkennen, daß diese germanische Adelsschicht sich als Krieger und Kaufmann, als Organisator und Städtebauer mehr als ein Jahrtausend bewährt hat. Auf den Inseln des Podeltas hat sie die Stadt auf Pfählen aufgebaut und sie mächtig und schön gemacht. Byzantinische und gotische und Renaissancearchitekten haben im Dienst der Republik gearbeitet. Die Renaissancemalerei hat hier zuerst die zeichnerische Temperamalerei verlassen und ist nach nordischem Muster zur Ölmalerei übergegangen (Bellini, Giorgione, Tizian, Tintoretto). Das Volk hatte Arbeit und Verdienst. Der Prozentsatz an Bettlern war sehr gering. So lange das Mittelmeer im Handel an erster Stelle stand, ist Venedig führend gewesen. Sein Niedergang war nicht allein die Folge der sinkenden Tatkraft der regierenden Rasse, sondern vor allem die Folge der Entthronung des Mittelmeers. Als der atlantische Ozean und Amerika dem Welthandel eine andere Richtung gaben und der Türke das Handelsgebiet Venedigs eroberte, war seine Zeit um. Sie war um, ehe Napoléon I sein berühmtes Wort sprach: „Die Republik Venedig hat aufgehört zu existieren." — Drinnen Treppenaufgänge (scala d'oro, die goldene Stiege Sansovinos) und Säle von ganz großem Ausmaß. Der Saal del Maggiore Consiglio, 52×25 qm (mehr als ½ Morgen) und 15,4 m Höhe. Die Maße des Saals z. B. im Rathaus zu Augsburg, des großen Saals, der ungefähr ein Jahrhundert später im Beginn des Dreißigjährigen Krieges erbaut wurde, sind 32,6×17,3 qm (noch nicht halb so groß) und 14,2 m. Die Deckengemälde und Wandgemälde meist in vergoldetem, barocken Schnitzrahmen sind von den großen Meistern jener Zeit gemacht: von Tizian (Doge Grimani und die Religion), von Veronese (Gloria di Venezia, Raub der Europa) und besonders von Tintoretto (Trauung der heiligen Katharina und das Riesengemälde Paradies von 25×10 qm). Besonders Veronese entnahm Männer und Frauen seiner Bilder der vornehmen Schicht Venedigs. Es sind Schönheiten aus beiden Rassen: nordische (schlank, langgegliedert, königliche Hälse, Langköpfe) und slavische (füllig, gedrungen). — Man betritt den Hof durch das der Marcuskirche benachbarte Portal. In seinem Bogenfeld befindet sich ein prächtiges, spätgotisches Fenster. Im Sturz kniet Francesco Foscari (1423—57) vor dem Marcuslöwen. Seine Tragödie hat Byron behandelt. Es war die Zeit der schweren Kämpfe gegen Mailand, die Zeit des Colleoni. Durch die Toröffnung fällt der Blick auf die pomphafte scala dei giganti (Sansovino). Symmetrie, Horizontalen, Ernst. Auf seiner obersten Stufe wurde Doge Marino Faliero 1355 enthauptet (Byron). Die anschließende Hof=Fassade, Ostseite des Hofs, hat im Erd= geschoß Lauben mit romanischen Rundbögen und darüber eine Galerie mit gotischen Spitzbögen. Die beiden Pfeilergalerien des zweiten und dritten Geschosses sind dekorativ bewegte Früh=Renaissance von Antonio Rizzi. An der Nordseite vor den stark bewegten Kuppeln der Marcuskirche mußte sich naturgemäß auch die Bewegung der vorgelagerten Palastfassade steigern. Diese Angleichung eines Stils (Renaissance) an einen anderen (byzant.=got.) erfordert einen ganzen Meister. Das ist ein Werk Pietro Lombardos (1501—11). Beruhigter ist die Westseite und der Ausgang nach der Riva degli Schiavoni, der zur Ponte della Paglia führt. Von ihr sieht man die Ponte bei Sospiri, Seufzerbrücke, die den Dogenpalast mit dem berüchtigten Kriminalgefängnis (Le Prigioni) verbindet. Unter ihnen am Wasserspiegel liegen die Bleikammern (die Pozzi). Durchwandert man sie, so begreift man, daß dieses Adelsregiment auch von großer Härte war. Eine furchtbare Erkenntnis bekundet die Wandinschrift: „Di chi mi fido guardami Iddio, di chi non mi fido guardero Io." Bewahre Du mich, Herre Gott, vor einem, dem ich traue. Vor einem, dem ich nicht traue, werde ich mich selbst bewahren. Das ist zugleich eine erschütternde Anklage gegen die Methoden dieses Polizeistaats, der den Gefangenen durch Mitgefangene ausspionierte. Denn auf die Dauer kann keiner das Mitteilungsbedürfnis bezwingen und wäre es auch nur im Traum. — Santa Maria della Salute, ein Spät-Renaissancewerk Longhenas, des Schülers Scamozzis, 1631. Ein Zentralbau auf achteckiger Grundlage mit barocker Kuppel (Tambour, Kuppel, Laterne), von starker malerischer Wirkung. Das Portal triumphbogenartig.

San Giorgio Maggiore ist vom Palladio, dem großen Meister von Vicenza, entworfen und nach seinem Tode ausgeführt worden. Eine wundervolle Schlußdekoration, von der Piazetta gesehen. Die ernste, mächtige Vertikale seines Campanile über der breiten Horizontalen der Lagune. Ein griechisches Kreuz (Tonnengewölbe mit Kuppel). Eine Fassade mit Giebelfeld und hochgestelzten Säulen. Es enthält T i n t o = r e t t o s A b e n d m a h l. Es stellt eine Vision der Jünger beim Abendmahl dar. Tintoretto zielt nicht auf die Darstellung der heiligen Handlung durch Christus, sondern auf das Wunder, das sich in den Jüngern durch sie vollzieht. Die Rauchwolken der schwelenden Lampen werden ihnen zu hereinströmenden Engelsgestalten. Das ist Raumkunst mit Verunklarung; nicht mehr Renaissancekunst, wo Klarheit und Schönheit an erster Stelle steht. Das Visionäre, die Mystik des Moments, war mit den Mitteln des Renaissance-Stils nicht mehr ausdrückbar. Daher bediente sich Tintoretto der nordischen Raumkunst, die ausdrucksmächtiger ist als die mittelmeerische Flächenkunst. — Für die Kürze der Zeit, die den Mittelmeerfahrern in unseren Tagen der Devisenknappheit zur Verfügung steht, nur einige kurze Notizen. Zwei Kirchen mit italienischer Gotik (cf Verona I): SS. Giovanni e Paolo (Sanzanipolo), 94×40×35, für die Dominikaner und S t a. M a r i a d e i F r a r i für die Franziskaner, 1250—1335. Das über die italienische Gotik bei Verona Gesagte gilt auch für diese beiden Kirchen. Äußerlich gleichen auch sie unseren gotischen Kirchen nur wenig. Keine Fassade mit Türmen, kein Figurenportal, keine Wandauflösung des Schiffs durch Fenster mit Maßwerk, kein Stütz- und Strebewerk besonders um den Chor. Letzteres als ein Element der malerischen Schönheit durch Verunklaren würde dem italienischen Ideal, das auf Klarheit zielt, widersprechen. Sie haben natürlich nur einen isolierten Glockenturm. Die Gotik kommt nur durch das relativ hohe Dach, durch die geringe Breite des Baues, durch hohe lisenenähnliche Wandverstärkungen und durch ein paar dekorative Fialen zum Ausdruck. Ihre Schönheit liegt innen. Eine hohe spätgotische, dreischiffige Halle, eine Raumschönheit, die nur durch den Lettner etwas beengt wird: hohe Pfeiler mit weitem, germanischem Schritt, hohe gotische Arkaden, Gurte und Rippen und in der Tiefe ein ganz besonders schöner Chor mit ziemlich aufgelöster Wand. Die Wände sind bedeckt mit punktvollen Grabmälern von Dogen und verehrten Meistern der Kunst (Tizian; Canova).

Tizians Assunta. Die Frari enthält Tizians Meisterwerk: die Assunta, die von einer Engelswolke himmelwärts getragene Mutter Christi; sie ist die Himmelskönigin. Ihr Bild ist venezianischer Wirklichkeit entnommen. Ein Rauschen wie von Engelsfittichen geht durch dieses Gemälde. Der Stil ist Hoch-Renaissance: Ruhe (Betonung der Horizontalen und der Ausgewogenheit von rechts und links), raumfassende Plastik (die ausgebreiteten Arme, die Drehung des Körpers, die vom Himmelssturm gebauschten, vorwärts gewehten Gewänder), Klarheit durch das Kulissenschema (der parallel zur Bildfläche gestaffelte Aufbau), und Schönheit der Linie und besonders der Farbe. Und im Gegensatz zur Welt der Klarheit oben die Welt der Ratlosigkeit unter der undurchsichtig gewordenen Wolke. Zu seiner Darstellung wendet Tizian die deutsche Raumform an: Aufbau in der Diagonale und nicht parallel zur Bildfläche (von dem Jüngerpaar vorn zu dem Jüngerpaar in der Tiefe; Führung durch das Licht); nicht Ruhe sondern Bewegung (die Linie der Arme und Köpfe); nicht Klarheit, sondern Überschneidungen, ein Menschenknäuel. Diese Frarikirche enthält ferner von Giovanni Bellini (1427 bis 1516) die Madonna mit dem Kinde und den beiden musizierenden Engeln (1488). Ein Bild mit echter, man möchte sagen, deutscher Kirchenstimmung. Nur ein Mann, dessen Leben wie ein stiller, schöner Herbsttag dahingegangen war, konnte diese weltentrückten Madonnen malen, ihre Traumversunkenheit, das Ahnungsvolle, das Visionäre. Die Ruhe (die Horizontalen im Gesicht Marias und in der Nischenarchitektur; die Symmetrie); die Schönheit der Linien. In der pyramidalen Aufstaffelung von Postament und Figur sieht ihm ein Großer der italienischen Kunst über die Schulter: Leonardo da Vinci. In der Gewandung und Holdseligkeit klingt es an Lochner, Köln, an (1442—51). Die Plastizität der Körper ist noch gering (weder Drehung noch ausgreifende Bewegung). Als Ersatz dafür bedient sich Bellini eines neuen plastisierenden Mittels: Der Leuchtkraft und Wärme der Farbe. Er lasiert seine a tempera untermalten

Bilder mit Ölfarbe. Es erfüllt uns mit besonderem Stolz, daß Bellini und die ganze italienische Kunst diesen gewaltigen Fortschritt Männern nordischen Geblüts verdankt, den Gebrüdern van Eyck. Antonello da Messina trug diese Malweise nach dem Süden und zwar zuerst nach Sizilien und dann nach Venedig. Es ist wohl zu verstehen, daß in Venedig die Ölmalerei zuerst auf italienischem Boden Wurzel fassen konnte, in Venedig, dem Vorposten der byzantinisch-orientalischen Welt, wo man für Farbenschönheit und Mystik ein besonders feines Gefühl hatte, wo die farbenfunkelnde Marcuskirche stand. G. Bellini war es auch, der sich von der Gespreiztheit und Veräußerlichung Crivellis abwandte und zur Einfachheit und Verinnerlichung vordrang. Ein paar Jahre (1482) vor Bellini malten Giovanni und Bartholomeo V i v a r i n i das Altarbild Madonna mit Heiligen, ebenfalls unter dem Einfluß von Deutschblütigen: Antonello und Johannes de Alemannia, Köln (die gotische Vertikale; die Gewänder). Welch ein Schritt von den Vibarinis zu Bellini und von Bellini zur Assunta Tizians! Ferner T i z i a n s viel bewunderte M a d o n n a d e s H a u s e s P e s a r o. Hier meldet sich bei Tizian wie schon in der Assunta und in der Ausgießung des hl. Geistes die Raum=kunst an: Aufbau in der Diagonale in Massen und Lichtern. — Neben der Konkurrentin dieser Frari in der Gunst der Vornehmen Venedigs, neben der S. Zanipolo, steht das C o l l e o n i = D e n k m a l von Andrea del Verrocchio; Erguß von Leopardi, der auch die Flaggenhalter vor der Marcuskirche gegossen hat. Ein tapferer Haudegen, aber auch ein ehr=süchtiger Mietling. Wer am besten zahlte, hatte ihn. Er wechselte zwischen Mailand und Venedig. Es waren die letzten sporenklingenden Tage der Condottierezeit, des extremen Individualismus. Das Ganze (Roß und Reiter) ist nicht auf Ruhe, wie der Gattomelata Donatellos, 50 Jahre früher, Padua, sondern auf Bewegung eingestellt: Aufteilung der Ober=fläche für Lichtwirkung (dekoratives Geschirr, Hervorhebung von Muskeln, Sehnen, Adern, Hautfalten, Auflockerung der Mähne), Drehung und Spannung in der Haltung von Mann und Roß zu Gunsten der Plastik. Also Spät=Renaissance. — Ein schönes Werk der Frührenaissance ist die Kirche d e i M i r a c o l i von Pietro Lombardo, 1489. Ein einfacher rechteckiger Raum mit einem kassettierten römischen Tonnengewölbe. Die Freude am Bewegten: architektonisch in der Treppe zum Hochaltar; dekorativ in der Fülle der geometrischen Figuren und des bunten Gesteins (farbiger Marmor und Porphyr). — Man darf in Venedig nicht an der A c a d é m i a vorbeigehen. Sie gibt ein Abbild der Entwicklung der venezianischen Kunst. Von Bellini findet man mehrere Marienbilder mit ihren stillen, auf überirdische Klänge lauschenden Gesichtern. Von V e r o n e s e außer der Riesenleinwand mit dem Gastmahl des Levi noch die Verkündigung und die Vermählung der Katharina. Es ist das ein

Panegyrikus auf die königlichen, nordischen Frauengestalten Venetiens. Alles in Silberlicht, im kühlen, grauen Ton, der Anselm von Feuerbach entzückte und den er sich zu eigen machte. Auch einige Tizians sind hier, in denen sich auch bei diesem Meister der Hochrenaissance der neue Stil der malerischen Spätrenaissance zeigt. Vor allen Dingen aber hat man hier die beste Gelegenheit, Tintoretto zu studieren. Sein Ziel ist, wie schon beim Abendmahl gezeigt wurde, nicht mehr das der Renaissance=Kunst. Denn er will den Menschen nicht mehr durch Schönheit erfreuen und erheben, sondern ihn wie Grünewald ergreifen und erschüttern. Er bedient sich daher auch nicht des italienischen plastischen Stils, sondern des nordischen Raumstils. Nicht auf Ruhe und Schönheit und Kontur und Klarheit kommt es ihm an, sondern auf Bewegung, auf Verschmelzung des Bildinhalts zu einer absoluten Einheit, auf Verunklarung. Die Gegeneinanderstellung zweier Bilder, die denselben Gegenstand, die Taufe Christi, behandeln, wird das noch klarer machen. Tizian stellt den Taufakt dar; Christus ist darin die Hauptperson. Tintoretto dagegen nimmt die heilige Handlung zum Anlaß, ihre Auswirkung auf die ganze Natur zu zeigen. Alles neigt sich vor der Größe, vor der Mystik des Moments: Täufling und Täufer, die Menge der Taufzeugen und die gesamte Natur (Bäume und Wolken) und auch der sich öffnende und Licht herabsendende Himmel. Christus ist hier Mittelpunkt einer allumfassen=den Bewegung. Bei Tizian dagegen ist er nur Mittelpunkt einer isolierten Handlung. Und diesen großen Meister, der sich auf den Wegen Cézannes, des großen französischen Malers, befand, hat Jakob Burckhardt, der deutsche Bannerträger der Renaissance, einen genialen Schmierer ge=nannt! Aber wenn Tintoretto auch viel mit der deutschen Kunst gemein=sam hat sowohl in der Form (Tiefenaufbau, Verschmelzen des Inhalts zu einer Einheit, Verunklarung und sogar Bewegung) als auch im Ziel (Erschüttern des Beschauers), so ist er dennoch von Grünwald und Rembrandt weit entfernt. Seine Bewegung ist nur eine malerische, die der beiden deutschen Meister eine lichtliche, durch eine optische Täuschung. Dazu dient ihnen Licht von wechselnder Intensität und Farben von ver=schiedener Absorptionsfähigkeit. So in der Nachtwache Rembrandts das Hellgelb und Braunrot. Mit wachsender Lichtintensität wächst der Helligkeitsunterschied zwischen den Farbträgern; sie verschieben sich in=folgedessen scheinbar gegen einander; das Bild erhält Leben. Ebenso scheint das Blut am Crucifixus des Isenheimer Altarbilds Grünewalds (cf Grünewald) aus dem leichenfarbenen Körper hervorzuquellen. Zu dieser grandiosen Lebensillusion des etwa 80 Jahre älteren deutschen Meisterwerks ist Tintoretto nicht vorgedrungen. Wahrscheinlich hat er von Grünewald niemals etwas gehört.

Korfu

Venedig liegt hinter uns. Die langgestreckten, mattgrauen Ketten der Dalmatiner Alpen haben uns gestern den ganzen Tag begleitet. In den Morgenstunden durchfahren wir die Straße von Otranto. Cap Linguetta, der Ausläufer der Akrokeraunischen Berge der Alten (bis über 2000 m) ist verschwunden. Wir sind im Jonischen Meer. Die Insel K o r f u, das griechische Kerkyra, liegt vor uns. 712 qkm Fläche, also etwa ¾ Rügen (968 qkm). Ein gebirgiges Land. Der imposante Pantokrator (914 m, Kalkstein) zieht die Blicke auf sich. Er ist der Gipfelpunkt einer ost=westlichen Gebirgskette im Norden der Insel. Der Süden wird von einer meridionalen, niedrigeren Kette aus Konglomeraten, aus Sandstein und Kalken, ausgefüllt. Sie fallen nach Westen steil zum Meer ab. Durch den schmalen Kanal zwischen Insel und Festland (Epirus) fahren wir in die Bucht von Korfu ein. Vor uns entwickelt sich ein schönes Stadtbild. Korfu baut sich am Bergsattel zwischen zwei befestigten Fels= kuppen (Castello nuovo und Castello vecchio) auf. Wir sind im Lande der Phäaken, in jenem von Göttern einst geliebten und gesegneten Lande. Es ist dies das Scheria Homers im Norden von Ithaka, wohin er das Idyll von Odysseus und Nausikaa legt. Es ist Sonntag vormittag. Ganz Korfu lustwandelt am Hafen. Aber von dem schönen, griechischen Menschenschlag, auf den wir uns gespitzt hatten, haben wir nichts gesehen. Es war keine Nausikaa darunter. Und das ist zu verstehen. Denn um den Besitz dieses Erdenflecks ist von jeher gerungen worden. Korinther, Spartaner, Römer, Epiroten, Türken haben ihr Möglichstes getan, um den rassischen Menschen auszutilgen. Ein Völkergemisch ist übrig geblieben. — In den Kämpfen gegen die Türken spielt Graf Schulenburg eine Rolle, dem man vor der Fortezza Vecchia in Dankbarkeit ein Denkmal gesetzt hat. Die Aussicht von dieser Feste ist sehenswert. Auch der Garten davor enthält einige schöne Baumexemplare: Paulownien (Scrophularinee), Terebinthen (Schinus molle) mit gefiederten Blättern und einen Baum= riesen mit wunderlichen, aus dem Boden klubsesselartig hervortretenden Wurzeln. Auf dem angehefteten Schildchen steht Phytolacca decandra; also eine Verwandte der Chenopodiaceen, was aber schwerlich richtig ist. — Das Schönste ist die Fahrt nach dem Achilléion (Achillion). Sie gibt ein schönes Bild von der Fruchtbarkeit des Bodens, aber zugleich auch von der Nachlässigkeit in der Bearbeitung. Und diese wieder soll eine Folge weniger der Trägheit der Bauern als der Absatzschwierigkeit sein. Die Mehrarbeit über den eignen Bedarf hat keinen Zweck, wenn niemand kauft. Die Insel hat nur zirka 100 000 Einwohner. Die Industrie ist sehr gering, der innere Markt ist also sehr klein; die Nachfrage von außen ist gleich null. Obgleich es erst März ist, blüht es doch ringsum: Mandeln,

Mirabellen, Kirschen, Pflaumen, Birnen. Viele Weinreben und gut gepflegte Oliven von phantastischen Formen und einer wunderlichen Rindenzeichnung. Bald, leider zu schnell, ist das Achilléion erreicht. Es war einst das Tuskulum einer sehr unglücklichen Frau, der Kaiserin Elisabeth von Österreich. Ein Terrassengarten voll von schönen Bäumen und Sträuchern: Oliven, Lorbeeren, Silberpappeln, Pinien, Platanen, Terebinthen, Zwergpalmen, Dattelpalmen, Jubaeen, Cykadeen. Dazu kommt ein großartiger Blick auf den blauen Meeresarm und auf die Berge von Epirus jenseits davon. Sie haben etwa Riesengebirgshöhe und sind noch mit Neuschnee bedeckt. Über uns blauer Himmel und um uns weiche, milde Luft. „Und Marmorbilder stehen und sehen mich an." Und Friede ringsum. Wenn irgendwo die Natur Trösterin sein kann, hier könnte sie es ganz besonders. Das Schloß ist nach Ermordung der Kaiserin in Genf von Kaiser Wilhelm II gekauft worden wohl mehr, um es nicht in andere Hände fallen zu lassen. Es gibt natürlich viele, die gerade darum an der Architektonik und an der Ausstattung kritisieren besonders an den Plastiken (dem Achilles, dem aufrechten und dem liegenden) und an den Gemälden (Achilles mit der Leiche Hectors). Man muß das alles natürlich aus der seelischen Verfassung dieser schwer geprüften Frau zu verstehen versuchen, die ihren einzigen Sohn verloren hatte. Aber diese überheblichen Kritikaster wollen ja gar nicht verstehen, vielleicht können sie es auch nicht, sie wollen nur ihr Mütchen kühlen. Daß man gezwungen ist, dies respekt= lose Geschwätz von Menschen anzuhören, die nur das Bedürfnis haben, auf den gefallenen Löwen zu stoßen, der das alles doch nur übernommen hat, gehört zu den Häßlichkeiten solcher Gesellschaftsfahrten. Ich meiner= seits würde es als ein Glück empfinden, wenn ich auf der Terrasse einen Abend oder Morgen in kleiner Gesellschaft verleben könnte. — Sicher haben viele von uns ungern von Korfu Abschied genommen. Bei nahendem Sonnenuntergang werden die Anker gelichtet. Der Tag stirbt in Schön= heit. Still und feierlich schauen uns die Berge von Epirus aus matt= blauem Duft an. Der Himmel färbt sich amethystfarben. Über dem Meer liegt hellgrünes, phosphorisches, geheimnisvolles Licht.

Athen

Seit einer Stunde steht alles erwartungsvoll auf dem Vorderdeck des Schiffes. Der Blick auf die Akropolis entschleiert sich (160 m ü. M.). Land der Verheißung für alle, welche die Kunst lieben. Wir haben auf der Reede von Phaleron Anker geworfen. Links von uns liegt die alte Hafen= stadt Piraeus, poesielos, amerikanisch=schachbrettartig gebaut, grau und schmuddelig wie orientalische Hafenstädte. Sein Hafen ist noch heute aus= gezeichnet. Als ich vor mehr als einem Menschenalter zum ersten Mal hier war, lagen wir in ihm vor Anker. Von Bord aus sieht man die Mauern, mit denen Themistocles ihn einst umgürtete, und auch die kleinen, kraterähnlichen Häfen von Zea und Munichia. — Vor ungefähr hundert Jahren, als Otto von Wittelsbach, der Sohn des Bayernkönigs Ludwig, ins Land kam, hatte Athen ungefähr 20 000 Einwohner. Um die Wende des Jahrhunderts waren es 200 000 geworden und heute nähert es sich der Million. Dieser Aufschwung ist künstlich. Er ist die Folge der zwangsweisen Aussiedelung von 3 Millionen Griechen aus Kleinasien nach dem gegen die Türken (Kemal) verlorenen Krieg. Eine zweifellos furchtbar harte Maßnahme. Aber kein verantwortungsbewußter Staatsmann darf den Feind im Lande behalten, besonders wenn ihm das Revolutionäre im Blute liegt. Die Politik ist von jeher leider das Steckenpferd der Griechen gewesen. Durch diesen kleinasiatischen Zuwachs ist es damit sicher in Athen noch schlimmer geworden. Der März 1935 hat es denn auch bestätigt. Durch diesen Zuwachs dehnt sich heute Athen bis an den Phaleron aus. Eine breite, mit Pfefferbäumen bestandene Automobilstraße führt ins Zentrum der Stadt zur Ergänzung der Bahn und Untergrundbahn, die man an der Station Phaleron beständig ein- und auslaufen sieht. Wir sind mit der Elektrischen bis zur Station Theseion gefahren und nähern uns steigend der Akropolis. Immer mehr steigert sich ihr zitadellenartiger Charakter. Steilabfall von etwa 70 m überall bis auf die Westseite. Dafür sind dort starke, feste Mauern, das Beulé'sche Tor, aufgetürmt. Sie haben manchem Sturm getrotzt. In der Neuzeit haben Venezianer 1687 und Griechen und Türken 1827 um sie gerungen. Ihr Fall war einst das Signal für den Befreiungskrieg. — Es ist noch früh. Wir wandern zum Dionysos-Theater, das sich in den Südabhang der Akropolis schmiegt. Amphitheatralisch steigen seine Sitzreihen an ihm empor, ein Halbrund für 30 000 Besucher: Sitzreihen; Rundgänge Diazomata; 14 Treppen. Die Szene wird in griechischer Art abgeschlossen durch einen niedrigeren Aufbau. Hier hat man den Worten der großen griechischen Meister einst gelauscht des Äschylos, Sophokles, Euripides. Das Gefühl des Behagens kommt über mich. Das macht der blaue, griechische Himmel, die frische, klare, griechische Luft des weichen Frühlings und des Meeres, der schöne Blick über die Schranken nach dem Olympieion jenseits des Tales des Kephissos, zum Museion (147 m) mit dem Denkmal des Philippappos (des letzten Seleuciden vom oberen Euphrat), zum bienenumsummten Hymettos. Und von oben winkt der Parthenon. — Daneben das O d e i o n des Herodes Atticus (160 n. Chr., Hadrians Schützling), ein Denkmal der vorbildlichen Anhänglichkeit der Griechen an ihr Land von jeher. Römischer Gewölbestil.—Weiterfahrt zum O l y m p i e i o n. Was der erobernde Römer früherer Zeiten plündernd an Griechenland gesündigt hatte, versuchten spätere Griechenschwärmer unter ihnen wieder gutzumachen. Aber den alten, hohen Geist, der all die Wunder ringsum hervorgezaubert hatte, konnte niemand wieder lebendig machen. Denn die Erbmasse war durch Mischung degeneriert. — Das Olympieion wurde 131 n. Chr. von Kaiser Hadrian, dem mächtigen Gönner Athens, vollendet. Einst eine hundertsäulige Wandelhalle zum Philosophieren. Auf einer quaderbelegten Plattform stand ein Dipteros (Tempelhaus, naos, mit doppeltem Säulenumgang): 116 × 549 qm; Säulen (8; 21) von 17 m Höhe und 1,5 m Durchmesser; korinthisch. Am Pronaos (Vorhalle) und Posticum (Hinterhalle) je 3 Säulenreihen; um das Ganze eine einfriedigende Ringmauer, den Peribolos von 668 m Umfang. Jetzt legen noch 13 äußere und 2 innere Säulen von verschwundener Pracht Zeugnis ab. Sie sind höher und schlanker; ihre lichte Weite ist größer; sie tragen ein leichteres Gebälk (Architrav, Fries, Gesims). Weniger Wucht, mehr Grazie; weniger Ruhe, mehr Bewegung. Wie stark sich die Maßverhältnisse seit dem Bau des Parthenons, also in rund 570 Jahren, verändert haben, das kommt überzeugend zum Ausdruck, wenn man beide nebeneinander stellt:

Höhe der Säulen 9½ unt. Durchmesser gegen 5½ bis 4,
Säulenabstand 2 unt. Durchmesser gegen 1⅓,
Säulenhöhe zu Gebälk 4,5 : 1 gegen 3 (2,4) : 1.

Das ist spätgriechische Kunst, die nicht mehr auf Ruhe zielt, sondern auf Bewegung. Das ist kein hochgriechisches religiöses Symbol mehr wie der Parthenon. Auch das S t a d i o n, die Rennbahn, aus der Zeit von 330 v. Chr., ist seit 1870 wiedererstanden. 200 m lang und 33⅓ m breit für 50 000 Zuschauer. Es wird der Heimatliebe eines Griechen aus Alexandria (Averoff) verdankt. — Und nun zur A k r o p o l i s. Vorbei am Areopag 115 m, dem Ares=Hügel, dem Heiligtum der Erinnyen, dem Sitz des Scherbengerichts, wo der Apostel Paulus gesprochen hat. Wir alle, die das Schiff hergebracht hat, stehen auf den Stufen vor den P r o p y l ä e n im Vorhof unserer Sehnsüchte im Banne eines Glücksgefühls. Und vor uns steht Dörpfeld, der hochverdiente Altmeister der griechischen Ausgrabungen, um uns in die Schönheiten der griechischen Welt einzuführen. Überreich an Jahren, aber ungebeugt und glühend vor Eifer. Es sind Stunden reinen Glücks und Stolzes gewesen. Andere haben diese hohe Kunststätte geplündert (die Giebelstatuen, die Metopen, der Panathenaeenfries), Deutsche wie besonders Schliemann und Dörpfeld haben sich selbstlos in den Dienst der Sache gestellt (Troja, Mykene, Akropolis, Sunion). Ernst und trotzig stehen sie da, diese wuchtigen, dorischen, erdentsprossenen Säulen der Propyläen und sperren auf 18 m Breite und 7 m Tiefe den Weg. Sie bilden den fünftorigen Eingang in die Burg und tragen eine kassettierte Decke. Sie sind das Werk des

Mnesikles 437—432. Vor ihnen stehen die jonischen Säulen des Doppeltjakens, der Gebäude und Mauern verdeckt. Über uns blaut griechischer Himmel. Vom Theseus=Tempel her tönt der Lärm des Marktes. Hinter uns das Beulé'sche Tor. Rechts über uns das kleine rokokoartige Niketempelchen, dessen Balustrade das wunderschöne Relief einer sandalenbindenden Nike zierte, das jetzt im Museum steht.

Raumdisposition des Akropolis=Platzes. Und nun steht man in fast feierlicher Stimmung im Burghof. Das Auge sucht den Parthenon und das Erechtheion. Man hat vor sich eine ansteigende Fläche, mit Trümmern besät. Nichts vom Erechtheion, nur etwas Gedrücktes am rechten Rande. Das ist der Parthenon. In der Symmetrieachse der Propyläen steht hoch und fern der Lykabettos (300 m). Man will es sich nicht eingestehen, das man enttäuscht ist. Weder die Raumdispositionen befriedigen, noch die Höhe der Gebäude. Man denkt an die vollendete Raumdisposition auf dem Capitol und vor der Peterskirche und auf dem Marcusplatz. Man braucht Zeit, um sich zurecht zu setzen und um sich zu erinnern, daß vor dem Parthenon 438 und vor dem Erechtheion 421 der Raum des Burghofs schon vergeben war. Denn da stand das Schatzhaus der Burg, der alte Tempel der Athene, der das Bild der Athene Polias enthielt. Seine Ringhalle fiel erst 421, als die Korenhalle des Erechtheus dies Opfer verlangte. Seine Zella mit dem Bild blieb aus religiösen Gründen noch längere Zeit erhalten. Und da stand ferner noch eine reiche Zahl von Weihebildern. Und dann die bronzene Athene Promachos, 26 m hoch, die Phidias und Perikles so viel bittere Stunden machte, denn ihr Gesicht sollte das der Aspasia sein, der Freundin des Perikles. Dieses ganze Gebiet gehörte vordem der Kirche, die noch niemals bereit gewesen ist, auch nur einen Zoll abzugeben von dem, was ihr gehörte, und die viel mächtiger war als die Künstlerschaft und als der führende Mann. Denn für die Großtaten eines Führers hat die Mitwelt nur ein sehr kurzes Gedächtnis und der Demos ein ganz besonders kurzes. Das alles ist nun heute verschwunden. Und nun drückt der ausgedehnte Platz von 300×120 qm, also von rund 14 Morgen, mehr denn je auf die Gebäude am Rande. Diese selbe Erfahrung macht man noch heute am Mailänder Dom; der Platz vor ihm ist mächtiger als er selbst. Unsere deutschen Baumeister haben das gewußt und wohl bedacht, als sie ihre Kirchen eng umbauten. Nach dieser Erwägung steigt man etwas getröstet die schiefe Ebene hinan. Und siehe, das Erechtheion erscheint links und der Parthenon erhebt sich rechts. Sein unterer Teil war durch die ansteigende Ebene verdeckt. Dazu müssen wir uns gegenwärtig halten, daß das griechische Ideal nicht die Vertikale, sondern die Horizontale betont. Bei griechischen Tempeln dürfen wir nicht auf Höhe rechnen.

Selbst im Westen, wo der Stereobat (Unterbau) des Parthenons 10 m hoch ist, ist die Gesamthöhe nur 31,6 m (Stereobat 10 + Stylobat (Plattform der Säulen) 1,8 + Säule und Giebel 19,8 m).

Deutsches und hochgriechisches Kunstideal. Wir Deutschen haben nun einmal die Liebe zum Massensturm in der Vertikalen im Blute. Man braucht Zeit, um sich in das anders geartete, griechische Ideal hineinzufinden. Es gibt nicht bloß eine einzige Schönheit, die noch Dürer suchte. Man muß imstande sein, sich in eine andere Schönheit hineinzufühlen. Gerade diese Schwierigkeit bei der Umstellung liefert uns den Beweis dafür, daß das deutsche Kunstideal mit dem griechischen nicht identisch ist. Da wir zwei verschiedene nordische Rassenmischungen sind, so ist das auch durchaus natürlich. Das Gegenteil behauptet nur, wer nicht an Ort und Stelle diesen Zwiespalt in sich selbst erlebt hat. — Das säulengeschmückte Haus des Iktinos und Kallikrates mit seiner riesigen Last — allein die Säulen wiegen über 100 000 Ztr. — erhebt sich auf doppeltem Unterbau, der 75×37 qm also mehr als 1 Morgen Fläche hat, nämlich auf dem Stereobaten (10,5 m im Westen), der das Gefäll des Bodens ausgleicht und daher im Osten und Westen von verschiedener Höhe ist, und dem säulentragenden Stylobaten, 1,8 m, der als Decke darauf liegt und von edlerem Material ist. Und unter beiden liegt das Fundament. Denn das Gesteinsmaterial des Berges war durch die eindringenden Atmosphärilien gelockert und zermürbt worden. Es mußte bis zu großer Tiefe und Breite entfernt und durch festeres Material ersetzt werden. Dann erst konnte Stereobat, Stylobat und Tempel darauf gebaut werden: Die Zella (Haus und Dach) und der Säulenumgang. Es ist ein Peripteros (Tempel mit Ringhalle), Amphiprostylos (Vorsäulen an beiden Fronten), Templum in antis (Flanke mit Vormauer). Er teilt sich in zwei Vorhallen (Pronaos und Postikum), in das Schiff (naos) mit Götterbild und in das Hinterhaus (Opisthódomos). Das Schiff wird durch zweistöckige Säulenreihen in ein Haupt- und zwei Seitenschiffe geschieden. Das Götterbild der Athene Parthenōs war 16 m hoch. Sie trug ein abnehmbares Gewand, den Peplos, der mit einzelnen Elfenbein-Goldplatten belegt war. Dieses Obergewand wurde im Opisthodomos von athenischen Jungfrauen gewirkt und am Festtage der Panathenäen, am Athenefesttage, der Göttin dargebracht. Die Führer rekonstruieren vor uns den Bau, geben seine Geschichte, geben ein Bild der Ausgrabungen im allgemeinen, aber von der griechischen Schönheit sprechen sie nicht.

Schönheit des hochgriechischen Tempels. Worin besteht die Schönheit des hochdorischen Tempels? In dem Stein die Illusion des Lebens zu erzeugen. Der Grieche war Pantheist. Ihm war die ganze Natur belebt, beides, die organische und die unorganische Natur, der Baum ist so gut wie der Fels, der Fluß, der Wind, und mehr noch, sogar das Menschenwerk aus Stein. Der Tempel war ihm wie der organische Körper des Menschen eine organische Einheit. Sie äußert sich einmal in der Abhängigkeit der Teile vom Ganzen in Bezug auf das Größenverhältnis. Daher ist es verhältnismäßig leicht, den griechischen Tempel aus seinen Ruinen zu rekonstruieren. Der untere Durchmesser der Säule des Umgangs ist das Grundmaß. Kennt man das, so kennt man im hochgriechischen Stil alle übrigen Maße: die Säulenhöhe, die Verjüngung, den Abstand der Säulen von einander und von der Zellawand, die Höhe der Teile des Gebälks, des Dachs, die Anzahl der Riesen. Das Maß ist gleichsam das geheime Band, das alle Teile des Ganzen miteinander verbindet. — Zu dieser mathematischen Einheit kommt die organische. Last und aufgewendete tragende Kraft sind abhängig von einander wie beim lebenden Menschen. Die Last des Gebälks und Dachs erweckt gleichsam in der Seele der Säule einen Widerstand, eine Spannkraft, die in der Schwellung der Säule, in der Entasis, zum Ausdruck kommt und auch in der Schwellung des Echinus (Schwellpolster). Und da ferner außer dem Druck von oben nach unten noch ein Seitenschub durch das schräge Dach vorhanden ist, der auf die Flanke gerichtet ist, so werden auch darauf die Kräfte eingestellt durch eine leise Schrägstellung der Flankensäulen nach innen. Dieser Schub ist am stärksten in der Mitte der Flanke. Ihm wird begegnet durch ein leises Ausschwingen, eine schwache Ausbuchtung der Flanken. — Weiterhin wehrt sich dieser so belebte Organismus gegen das umflutende, mittags sehr pralle Licht. Im grellen Sonnenlicht verlieren die Dinge an Volumen. Im grellen Licht der Wüste z. B. haben die Dinge bestenfalls nur noch Farbe, aber keine Tiefendimensionen mehr; sie verlieren das Körperliche, das Dreidimensionale. Die absorbierende Kraft der Sonne wendet sich natürlich vorzugsweise gegen die Ecken. Und daher schieben sich dort als Gegenmittel die Säulen ein klein wenig enger aneinander. Das ist natürlich mit dem bloßen Auge kaum erkennbar. Und weiter bedient sich der Tempelorganismus als Gegenmittel gegen die Lichtabsorption der Farbe und der Rillung der Säulen. So wird auf ihnen mit wechselndem Licht der Schatten als Gegenspieler bestellt. — An erster Stelle neben dieser leisen Lebensillusion steht der Ernst und die Ruhe. Die Horizontalen (Architrav, Fries, Gebälk [Sims], Echinus und Abakus [quadratische Dachplatte], das wenig geneigte Dach, der Stylobat) halten den Vertikalen (Säulen, Säulenrillen, Triglyphen [Dreischlitze], Tropfen) das Gleichgewicht. Die Massen sind zu beiden Seiten der Symmetrieachse gleich verteilt. — Natürlich hat jeder Stil wie jedes Ding auch seine Schattenseite. Und die empfinden wir Deutschen ganz besonders stark. Denn

unsere deutsche Kunst ist Raumkunst (Breite, Tiefe, Höhe im Innern).
Die aber fehlt dem griechischen Tempel. Das Innenhaus war ja nur für
den Priester da. Das Volk bewegte sich im Peristyl, im Säulenumgang.
Diesen Mangel an Innenraum empfindet man in der Ruine des
Parthenons jetzt nur wenig. Wir würden ihn aber empfinden, wenn er
noch im ursprünglichen Zustand unversehrt vor uns stände. Dafür kann
uns der ziemlich gut erhaltene Theseus-Tempel als Beweis dienen. In
ihm befällt uns die Enge und Dunkelheit mit verdoppelter Kraft. Und
darum möchte man den ketzerischen Gedanken auszusprechen wagen: der
unglückliche Schuß, der das Pulvermagazin im Parthenon 1687 traf und
Zellawand und Mittelschiff-Säulen und auch den östlichen Pronaos ganz
oder zum Teil zerstörte und das Dach in die Luft schleuderte, hat befreiend
gewirkt. Jetzt ist das Beengende gefallen, die Weite des blauen Himmels
ist über uns und uns umleuchtet rings die köstliche, goldene Patina der
Säulen. Gerade als Ruine ist der Parthenon von bezwingender Majestät.
Er ist das vornehme, ernste Haus der Schutzgöttin von Athen trotzdem
geblieben. Es ist nebenbei bemerkt bezeichnend für die suggestionierte
E i n s t e l l u n g d e r C i c e r o n i, daß sie nie vergessen, den unglück=
lichen deutschen Leutnant verantwortlich zu machen und zum Barbaren
zu stempeln für diesen Schuß, den er als Soldat im venezianischen Solde
auf Befehl abgefeuert hat. Das wirkt an dieser Stelle um so häßlicher,
als gerade Athen dem Idealismus und der Selbstlosigkeit deutscher
Männer wie Dörpfeld und Schliemann so unendlich viel verdankt. Wir
müssen hier auch Humanns gedenken, der einen griechisch=hellenistischen
Kulturschatz aus der Hand der Kalkbrenner für die Menschheit errettet
hat, der seine Gesundheit daran gesetzt hat, um Tausende von Zentnern
auf Tausende von Kilometern nach Berlin zusammenzutragen, um sie im
unvergleichlichen Pergamon=Museum in einem Menschenalter wieder
zusammenzustellen. Nicht Ruhm, nicht Geld, sondern die alles über=
windende Liebe zur Sache hat ihn geleitet. Welches Volk hat ferner ein
solches Einfühlungsvermögen in die griechische Schönheit und Kunst
bewiesen wie das deutsche! Wo ist die Griechenschwärmerei allgemeiner
und stärker gewesen als in Deutschland. Ich erinnere an die Bauten
Ludwigs I von Bayern in München und besonders an die Walhalla bei
Regensburg. Ich erinnere an den Kronprinzen Friedrich Wilhelm von
Preußen, den späteren König Friedrich Wilhelm IV, der sich im Park
von Sanssouci ein griechisches Idyll in seinem Charlottenhof baute und
die Orangerie und das Belvedere auf dem Pfingstberg. Wer hat die
Schönheit der griechischen Welt tiefer empfunden und vollendeter zum
Ausdruck gebracht als unser Schiller in seinen Göttern Griechenlands:
„Da Ihr noch die schöne Welt regieret". Wo in der Welt fühlt man sich
dem Altgriechischen blutsverwandter als bei uns! Auch uns ist die gleiche,

tiefe Verwobenheit mit der Natur zu eigen, die Sehnsucht, in ihr Inneres zu bringen zu dem Noumenon, zu den beseelenden, treibenden Kräften hinter dem Sichtbaren, dem Phänomenon. Daher die hohe Verehrung von Tausenden für Arnold Böcklin, dem das All von lichten und düstern, anthropomorphisierten Elementargewalten belebt war. Sie sind ihm nicht dekorative Staffage, sondern Formelemente zur Plastifizierung, zur Raumbildung und zur absoluten Einheit von Linien, Licht und Farben, also notwendige Bestandteile seiner Kunst (cf Parthenon). Man gedenkt auf mittelmeerischen Fahrten mehr denn je der großen Farbenkunst dieses griechisch fühlenden, deutschen Meisters. — Und wo schließlich ist das Griechische in der Welt mehr gepflegt worden als an deutschen Gymnasien? — Was sollen diese Hetzereien! Das ist sicher zum Teil Unbesonnenheit einzelner Führer. Aber man begegnet diesem Versuch, uns herabzuwürdigen, überall in der Welt. Das ist Methode. Wir kennen schon längst den Text, wir kennen die Melodie, wir kennen auch die Verfasser. — Doch zurück von dieser unerquicklichen Sache zum griechischen Tempel. Wenn man viele griechische Tempel gesehen hat, entdeckt man neben dem Mangel an Raum noch einen zweiten Mangel: das Schema des hochdorischen Tempels. Es ist alles mathematisch festgelegt. Wohl gibt es ein paar Varianten: Prostylos, Amphiprostylos, Templum in antis, Peripteros, Dipteros, Pseudodipteros. Wohl gibt es ein paar Abwandlungen aus dem Übergang vom Versammlungsort mit breitem Peristyl zum eigentlichen Heiligtum mit schmalem Peristyl. Aber was will das besagen gegen den großen Formenreichtum z. B. des romanischen Stils. Allerdings werden diese Mängel dekorativ gemildert durch die Schönheit der Plastiken und Reliefs: im Giebelfeld, in den Metopen (Friesteil zwischen den Triglyphen), im Innenfries. Der größte Teil davon befindet sich leider im Ausland. Man spricht heute mehr und lauter als je von Weltmoral und Weltgerechtigkeit und Völkerversöhnung. Phantasmagorien! Niemand denkt daran, Kunstschätze, die unter einem gewissen politischen Druck erworben wurden, dem Ursprungsland wieder zurückzugeben. Und doch wirkt ein Kunstwerk erst ganz in der Sonne und in der Luft, in der es geboren wurde. Die griechische Kunst wird draußen immer ein Fremdling bleiben, gleichgültig, ob sie in Paris oder München oder Berlin nachgeahmt wird. Denn hier unter nordischem Himmel und im nordischen Milieu empfindet man die genannten griechischen Mängel, das griechische Andersgeartetsein, noch stärker als unter ihrem heimischen Himmel. Denn sie haben alles das nicht, was zu unserer Seele spricht: nicht Raum, nicht Mystik, nicht Entmaterialisierung, nicht Himmelssturm der Vertikale. Sie haben dagegen zum Ziel das, was wir Deutschen in der Kunst nicht suchen: Die Vermenschlichung des Steins. Sie appellieren nicht an das dunkle Gefühl, sondern an den Verstand und an das ästhetische Gefühl. — Und diese Welt von Schönheit wurde den Griechen von einigen genialen Künstlern geschenkt dicht vor Ausbruch des Peloponnesischen Krieges im Sturm und Drang des giftigen Parteihaders, als schon der Wurm im Gebälk des athenischen Staats tickte.

Das Erechtheion. Die Entwicklung der griechischen Architektur. Dem wuchtigen erdentsprossenen Parthenon gegenüber liegt das graziöse, erdenleichte Erechtheion. Es hat noch nicht einmal ein Zehntel seiner Grundfläche. Ein zierliches Prinzeßchen gegen eine mächtige Königin, ein Lied gegen eine Ballade, ein ästhetisches Spiel gegen ein religiöses Symbol, Rokoko gegen Klassik. Es ist der gleiche Gegensatz wie zwischen dem goldschimmernden Märchen und dem Riesen am Marcusplatz von Venedig. Welch ein Unterschied! Und doch liegen sie in der Entstehungszeit nur 20 Jahre auseinander; denn das Erechtheion wurde gebaut in der Atempause des Peloponnesischen Kriegs (421), der über Sein und Nichtsein Athens entschied. Wie ist es möglich, daß in einer so düsteren Situation ein so sprühendes Produkt einer Champagner-Stimmung entstehen kann! War es ein Düpierungsversuch? (Friedrich der Große und sein großes Schloß in Sanssouci.) War es abergläubische Angst, daß man Hilfe bei den alten Heroen und den alten Göttern suchte, bei Erechtheus (Erichthonios, dem Nachfolger des Kekrops, dem Zeitgenossen der Burgherrn von Tiryns und Mykene) und bei Zeus Herkeios, dem das Haus beschirmenden Gott? War es der Verlust des alten Glaubens an die Götter, der auch den Stein belebte? Es war beides. Der alte Götterglaube war im Sturm und Drang des Kriegs, der schon 10 Jahre tobte, und des großen Sterbens durch die Pest, die auch Perikles 429 dahinraffte, und unter dem vergiftenden Einfluß eines unheilvollen Agitators, Kleon, der die sensationsbedürftigen Massen rednerisch beherrschte und revoltierte, untergegangen. Dieser seelische Wandel im ganzen Volk hatte die Grundlage für den dorischen Stil erschüttert; Glaube und Kunst hatten sich getrennt. Dazu kam noch ein persönliches Moment. Das Problem, das sich die dorische Kunst gestellt hatte, den Stein zu beleben, war erreicht. Wollten sich die Künstler nicht zum Handwerker degradieren, so mußten sie ein neues Ideal aufstellen. Alle diese Gründe wirkten wahrscheinlich zusammen, das Ideal der Künstler zu wandeln. Sie gingen von der ruhigen, klaren Flächenkunst zur bewegten, unklaren Raumkunst über, von der Horizontalen zur Vertikalen, von der Wucht des Steins zur Entmaterialisierung, von der dorischen Kunst zur jonischen. Wie das Pendel aus der Bewegung in die Ruhe übergeht und wieder in die Bewegung, so ist es auch in der Kunst. Das wiederholt sich auch bei der griechischen Plastik. Das hat sich allezeit bei allen Völkern wiederholt. Wir haben es schon in der Architektur und

Malerei Venedigs, also in der Renaissance-Zeit beobachten können. Von Tizian zu Tintoretto. — Das Erechtheion hat eine doppelt geteilte Zella (für Athene Polias, die Burggöttin, und für Erechtheus, der den Athene-Kult eingeführt hatte), einen Pronaos im Osten, d. h. eine Vorhalle, die unter dem Dach der Zella liegt, eine vorspringende Halle im Norden und im Süden die kleine Karyatidenhalle. Schon der Grundriß weicht also vom dorischen rechteckigen Stil ab; denn er weist eine starke Bewegung in der Horizontalen auf. Und ebenso zeigt sich eine Bewegung im Aufriß: der Architrav wird dreigeteilt; der ungeteilte Fries wird mit Reliefs für das Spiel des Lichts bedeckt und von Perlenketten eingeschlossen; das Gebälk wird getreppt, vorgekragt und mit Zahnschnitt versehen. Den Gipfel der Bewegung bildete die Ersetzung der Säulen durch korbtragende Mädchengestalten, Korai, Koren. Ihre kokette Gewandung kontrastiert mit ihrer altmütterlichen Haartracht. Kleinasiatischer Einfluß. Jonische Grazie und Koketterie gegen dorische Kraft und dorischen Ernst. Dazu kommt ferner die stärkere Betonung der Vertikalen in den höheren, schlankeren Säulen. — Den Meistern dieser Zeit ist der Stein tot. Und es lag ihnen sogar daran, das zu unterstreichen. Sie unterbrachen die Verbindung der Säulen mit dem mütterlichen Boden durch Einschiebung einer Basis, der attischen Basis (zwei Pfühle und eine Hohlkehle). Es gab für sie im Stein auch kein Spiel mehr der tragenden Kräfte gegen die getragenen Massen. Die Entasis, die Schwellung der Säule, fiel selbstverständlich weg und ebenso das Schwellpolster, der Echinus, der durch ein bewegteres Voluten-(Schnecken-)kapitäl ersetzt wurde. Das organische, funktionale Leben des dorischen Tempels wurde ersetzt durch eine andere Art der Lebensillusion, nämlich durch Licht und Schattenspiele. Daher das aufgelöste Gebälk, daher die breiten Stege zwischen den Rillen des Säulenschaftes. Das ist der Anfang der starken Massen- und Lichtbewegung der spätgriechisch-hellenistischen Architektur. — Man wandert zum **Belvedere** an der Ostseite des Burgbergs und schaut auf den Lykabettos und hinab auf das brausende Athen. Wo ist dort unten noch etwas von den alten Griechen, die diese hohe Kunst geschaffen und sich in ihren Göttern und Heroen verewigt haben?

Wo liegen die Ursachen des Untergangs? Die alten Griechen waren nordischer Art. Sie waren Krieger. Sie waren mit reichen Gaben des Geistes, des Gemüts und des Willens gesegnet und mit hoher, künstlerischer Kraft ausgestattet. Sie trugen aber auch zugleich die Herrsch- und Ruhmsucht in sich, den überspannten Ehrgeiz. Dazu hatte sie das Geschick, die Griechen nennen es Moira, in ein Land geführt, das geeignet war, die Licht- und auch die Schattenseiten in ihnen zu vertiefen: in ein nach außen aufgeschlossenes und innen in hochumwallte Talkessel zersplittertes Land. Auch die Erdgeschichte eines Landes stellt den Einwanderern Probleme. Ob und wie sie sie teilweise oder ganz lösen, das gibt ihnen mehr oder weniger Ewigkeitswert. „In Deiner Brust sind Deines Glückes Sterne", sagt Schiller. — Die Geologie berichtet, daß die Urfaltung in der Steinkohlenzeit, gegen den Schluß des Altertums der Erde die balkanischen Urgebirgsketten wie bei uns das Oberrheinische Urgebirge (Vogesen, Rheintal, Schwarzwaldscholle) schuf (cf Basel I). Die Neufaltung im Tertiär, in der Neuzeit der Erde, die die Alpengebirge auftürmte, zerbrach diese in vielen Jahrmillionen eingeebnete, balkanische Urlandschaft in Einbruchskessel und Fjorde und schuf das Ägäische Meer und überhaupt das Mittelmeer (cf III Santorin und Kreta). Diese Einbruchskessellandschaft vertiefte die Schatten in der Brust der Griechen. Sie steigerte den sich absondernden Partikularismus, die Stammesselbstsucht, die Neigung zur Sünde gegen das eigene Blut (cf Delphi III). Andererseits lockte das tiefe Eindringen des Meeres die Anwohner in die Ferne, erweiterte den Gesichtskreis und führte auf den Weg der Kolonisation, was den Griechen aber gleichfalls zum Verderben wurde, da durch den Partikularismus der Kolonien und der Kriege zwischen ihnen das Mutterland geschwächt wurde. Was aber noch weit schlimmer war, es lockte den fremden Eroberer und auch den fremden Händler an. So den Perser, der in seiner Oberschicht ursprünglich gleichfalls nordischer Art war, wie es aus seinen Kunstwerken ersichtlich ist, der aber zur Zeit der Perserkriege schon semitisiert war. Dieser militärisch-semitischen Überflutung haben die Griechen standgehalten. Sie haben Europa dadurch vor ihr bewahrt. Das ist ihr unvergängliches, nicht genügend gewürdigtes Verdienst um Europa. Salamis und Himera 480. Aber der semitischen Rasse, die aus Asien auf Handelswegen, auf Schleichwegen gleichsam, zu ihnen kam, sind sie nicht Herr geworden. Wir wollen sie deswegen nicht tadeln. Fassen wir uns an die eigene Nase. Auch an der Wand unseres deutschen Hauses stand die Flammenschrift: mene thekel upharsin. — Bis dahin war Ware gegen Ware getauscht worden, jetzt begann nach der Einwanderung semitischer Händler der Umtausch von Ware gegen Geld. Bis dahin war der Reichtum des einzelnen begrenzt gewesen, denn er hing von der Größe der Herde ab und diese von der Größe der Scholle. Jetzt begann man mit der Aufspeicherung des Reichtums. Der Händlerreichtum und -einfluß stieg, der Einfluß der Grundherren kam ins Hintertreffen. Der Rückgang der Oberschicht, die in allen Kämpfen nach innen und nach außen relativ am stärksten geblutet hat, ist statistisch nachgewiesen in dem Rückgang der gestellten Hopliten, Schwerbewaffneten. Es begann der Kampf zwischen Grundherren und Neureichen. Letztere gewannen die Massen als Sturmtruppen. Ihre Beschwatzbarkeit ist frühzeitig erkannt worden. Die Adelsvorrechte werden zermürbt, die Rassenmischung wird erzwungen. An die Stelle der Aristokratie trat die Timokratie (time — Schätzung, Besitz). Die Erbmasse wurde durch erzwungene Mischung verschlechtert. Damit war die schiefe Ebene zum Untergang betreten. Die Griechen haben also den bewaffneten Semitismus in den Persern zurückgeschlagen; dem semitischen Händlertum sind sie erlegen. Und nun wandelte sich der Charakter der Oberschicht ins Schlechtere. Sucht nach Luxus, Gier nach Geld, Skrupellosigkeit im Erwerb, Korruption (Bestechung), statt Altruismus (Selbstlosigkeit) krasser Egoismus (Selbstliebe), Steigerung der Sinnlichkeit, Perversität, Knabenliebe (Paederastie), Hetärentum, Zerstörung der Ehe. Machtgier, Überschätzung der Persönlichkeit, Persönlichkeit nicht mehr im Goetheschen Faustischen Sinne, sondern im Nietzscheschen Sinne des Übermenschentums, kein Ein- und Unterordnen mehr, nicht Harmonie zwischen Teil und Ganzem, nicht Selbstzucht, nicht Sophrosyne. Und dazu die sich steigernde Überschätzung der Stammespersönlichkeit, Partikularismus, Bruderkampf bis zur Vernichtung; Überschätzung der Partei. Die Griechen haben der Omonoia, der Harmonie, dem Einklang der Herzen, Altäre und Tempel errichtet, aber in ihrer Brust und in ihrem Tun hat sie nie eine Stätte gehabt. Diese Zwietracht, zum Teil durch Fremde geschürt, hat sie alle vernichtet. Alle sind sie dahin: die Athener, Spartaner, Thebaner, Makedonier. Was von dort unten aus Athen zu mir dumpf heraufbraust, ist das Händlertum. Aber was diese Germanenstämme und besonders die Athener an Ewigkeitswerten geschaffen haben, wird von ihnen zeugen, solange noch Blutsverwandtes in der Welt ist, was ihrer Werke Schönheit erfassen und erfühlen kann. — Aber, wenn die Massen dort unten im Gewoge des großen Athens auch noch so wenig von den alten Doriern an und in sich haben, etwas Altgriechisches ist ihnen doch geworden: die heiße Liebe zum Vaterland. Sie opfern für die Wiederherstellung der Akropolis, trotzdem sie Hunger leiden. Was heute vom nordischen Typus noch vorhanden ist, stammt aus der Germanenflut um 400 n. Chr. Es waren Goten, Heruler und besonders ihnen verwandte Albanesen (Dinarier, Illyrier). Im allgemeinen aber überwiegt heute der slavische Typus (Rundkopf, Flachgesicht, gedrungener Körper, zierliche Hände und Füße, Neigung zur Fülle). Man denkt an Hölderlins Schicksalslied. Wenn die reinerbige nordische Oberschicht erschöpft ist und ebenso die gemischterbige Mittelschicht, der Jungquell der Nation, aus dem sich neues nordisches Menschenmaterial abspaltet, dann bleibt das geistige und körperliche Phlegma, beherrscht von Fremdrassigen, zurück. — Um sich von diesen trüben Gedanken zu befreien, geht man zurück zum Parthenon und wandelt in seiner Säulenhalle. Das ist Glück. Man schaut auf die Senke des Ilyssos, auf das Olympieion, auf den Hymettos (1027 m) und atmet den feinen Duft der Kamillen, die auf dem Burgplatz in schweren Massen blühen. Und ganz besonders schön ist es abends, wenn nicht mehr pralles Sonnenlicht auf den Säulen liegt, das die Augen schmerzt und die Säulen scheinbar aneinanderrückt; wenn die Berge von Argos sich in ein malvenblaues Gewand hüllen; wenn die kahlen Berge von Salamis (bis 380 m) und Aegina (bis 543 m) fast nur noch Kontur sind. Noch 1902 durfte man hier oben bis tief in die Mondscheinnacht sitzen und träumen. Das ist nun mal deutsche Art, deutsche Sentimentalität. Die steckt in uns allen und zeigt sich bei jedem Anlaß. Da spielt ein Kätzchen auf den Stufen des Parthenons und sofort hat sich ein Kreis von Deutschen darum gebildet und schaut zu, als ob es sonst nichts zu bewundern gäbe. Ich bin überzeugt, daß mancher dieses Kätzchen als Erinnerung gern mitgenommen hätte. — Sehr schön ist auch die Aussicht von der Plattform des Nike-Tempels. Byron hat sie besungen. Die Theseus-Sage verlegt hierher das Ende des Aegeus. — In einer Einsenkung versteckt liegt das Akropolis-Museum, das Museion. Es ist für das Studium der

Entwicklung der griechischen Plastik besonders wichtig. Die Poroskunst stammt aus der Zeit der Kämpfe zwischen Grundadel (unter Führung der Alkmäoniden) und der Handels- und Bankherren, welche die Massenführer inspirierten. Ursprünglich stand hier oben auf der Burg der Palast des Königs. Der letzte Stadtkönig Kodros war 1068 gegen die erobernd vordringenden Dorier gefallen. Seitdem gab es nur Archonten (Regenten, Führer), die anfangs auf Lebenszeit, dann auf 10 Jahre und schließlich auf 1 Jahr gewählt wurden und dem Adel angehörten. Die Kämpfe der Stände gingen weiter. Einen scheinbaren Ausgleich führte Solon 594 herbei, der nachgiebig an die Stelle der Aristokratie die Timokratie setzte. In dieser Zeit der Kämpfe wurde der alte Athene-Tempel der Athene Polias gebaut, den später Pisistratus (560—527) mit einer Säulenhalle umgab. Seine Giebel schmückten die Poros-Plastiken. Die Ausgrabung derselben hat Dörpfeld gleichfalls geleitet. Der Poroskalkstein hatte den Vorzug, angefeuchtet schneidbar zu sein wie Holz. Das war für die noch neue Kunst der Steinbehandlung eine große Erleichterung. Die Poros sind lebensgroße Giebelgruppen. Ein Stier, von zwei Löwen niedergerissen. Das Werk zeigt schon eine feine Beobachtung des körperlichen und auch des seelischen Zustands: Die in Todesangst vorquellenden, blutunterlaufenen Augen, das aus Mund und Nase brechende Blut, die beginnende Lähmung des Hinterbeins. Die braunrote Farbe dient nicht bloß zur Verdeckung des weniger wertvollen Materials, sondern auch dazu, die Illusion des Lebendigen zu erhöhen. Dazu wirkt auch die Weichheit des Mauls mit. Schon in diesem frühgriechischen Werk zielt man also auf Leben und Beseelung. Das Werk macht auch heute noch einen großen Eindruck. Vielleicht hat das Ganze symbolische Bedeutung. Von geringerer Wirkung ist die Giebelgruppe: Herkules im Kampf mit Typhon. Ein flaches Gesicht, starr hervortretende Augen; Belebungsversuch durch Farbe und Licht (Haar, Bart). Dieser Poroskunst steht der K a l b t r ä g e r noch nahe (600 bis 550). Die Technik erinnert an den Holzschnitt durch ihre Schärfe. Ein Hirt steht vor dem Opferaltar in Ehrfurcht und Einfalt. Es ist noch keine eigentlich plastische Kunst. Der Körper hat keine Tiefe, er ist flach; alles ist der vorderen Bildfläche parallel gebaut (Arme, Tierbeine, Gesichts= linien). Auch steht er da ohne Bewegung. Denn der Körper war dem Künstler noch nicht ein funktionaler, einheitlicher Organismus. Nur die Arm= und Handgelenke fangen schon leise an zu sprechen, vor allen Dingen aber das Auge. Die Augenwinkel sind schon doppelt konturiert. Das ist ein großer Fortschritt gegen den Apollo von Thera und den Apollo Ptoios im National=Museum. Auch die Bewegungsillusion durch Dekoratives und durch Lichtmittel ist da, wenn auch nur spärlich (die gekräuselten Haare). Dagegen meldet sich das hochgriechische Ziel, die Ruhe, an und zwar in einigen Horizontalen und in der Symmetrie, wenn sie auch noch gestört ist durch Kurven (Mundbogen, Augenbrauenbogen, Bogen des Haaransatzes auf der Stirn und Krümmung des Kalbrückens). Das Gesicht ist noch flach wie bei den Poros. Zwar war die Technik zweifellos gewachsen, aber ebenso auch die Schwierigkeiten des in Aufnahme gekommenen neuen Materials. Das ist jetzt Marmor und nicht mehr schneidbarer Poroskalkstein. Der Künstler wagte es in diesem Material und auch späterhin noch nicht, tiefer mit dem Meißel zu graben. Denn an seinem Wunsch nach Naturtreue darf man nicht zweifeln und auch nicht daran, daß seine Modelle aus dem damaligen Menschenmaterial weniger hochprozentig nordisch waren, also tief modellierte Gesichter besaßen.

K o r e n. Und nun kam ein kolossaler künstlerischer Fortschritt. Die Koren sind vornehme junge Mädchen aus den Kreisen der Athener Gesell= schaft. Diese Kunstwerke sind zwischen 525 und 500 entstanden, also etwa zwei Generationen nach dem Kalbträger und etwa zwei Generationen vor dem Delphischen Wagenlenker, d. h. vor dem Beginn der klassischen Kunst. Welch ein Abstand zwischen diesen Kunstwerken und den vorhergehenden! Es waren nicht Athener, sondern Chioten, Meister aus Chios, die man herangezogen hatte, um den Athener Bildhauern Vorbild und Lehrmeister zu sein. Ihre größere Technik hatte den weichen Kalkstein nicht mehr nötig. Sie bedienten sich des harten Parischen Marmors. Sie waren sich ihrer Meisterschaft bewußt und legten Wert darauf, sie zu zeigen. Darum war ihnen das Gewand eine wichtige Angelegenheit. Aber man würde diese Chioten nicht genügend hochstellen, wenn man sagte, das sei ihnen die Hauptsache gewesen. Nein, sie zielten weit höher. Sie sind die Ersten, die eine wirkliche und große Lebensillusion in ihren Plastiken erreichten. Sie waren es, die die funktionale Abhängigkeit im Organismus erkannt hatten. Sie wußten, daß die kleinste Bewegung, die kleinste Spannung eines Muskels im Oberschenkel, die Entspannung anderer und eine allgemeine Störung des Gleichgewichts hervorruft, das wiederhergestellt werden muß, indem durch Bewegungen im Schultergürtel der Schwerpunkt wieder über die Unterstützung gebracht wird. Durch die gleichzeitige Verschiebung im Becken- und Schultergürtel entsteht der Eindruck der funktionalen Einheit und damit des Lebens, der Lebensillusion. Dadurch entsteht der schwebende Gang. Und das ist das Schönste an diesen Koren. Damit ist der große Sprung in der Richtung zu den Tau-Schwestern gemacht. Die Aegineten in der Glyptothek in München sind etwas später entstanden, 500—475. Die Koren wandeln an uns nicht nur mit Grazie vorbei, sondern sogar mit etwas Koketterie. Zwar schlägt man das Aug' auf's Mieder . . ., aber die Verschämtheit ist fingiert. Man will das Studium des bewundernden Kritikers nicht stören. Man rafft das Gewand kokett, um die Schönheit des Oberschenkels zu zeigen; man will durch das feinere und kräftigere Gefältel des Unter- und Obergewands eher offenbaren als verhüllen. Così così fan tutte le belle, non c'e una novità. Der Orient ist in Athen nicht bloß in den Handel sondern auch in die Sitten eingedrungen. Dem Künstler natürlich war die Auflösung der Oberfläche durch das Gefältel und Geriesel der Gewänder, das Gekräusel der Haarflechten, das kokette krönende Häubchen, ihm waren die zarten Farben (rot, grün, blau) nur weitere dekorative Mittel, den lebendigen Eindruck durch Lichtspiele in ihnen zu verstärken. Die Lebensillusion stand an erster Stelle. Die Ruhe war sicher noch nicht ihr Ziel. Dafür war die Zeit des Delphischen Wagenlenkers erst reif. Auf dem Gesicht dieser Koren ist noch die Unruhe zu finden, die ihnen im Herzen lebt. Zwar ist der Mund nicht mehr im Winkel hochgezogen, wie beim Kalbträger, aber die Augen stehen noch schräg und der Augenbrauen- und Haarflechtenansatz ist gebogen. — Aus der Zeit des Wagenlenkers stammt der **B l o n d k o p f**, also um 480. Seine Ähnlichkeit mit dem Olympischen Apollo in der Behandlung des Haares ist offenkundig. In der Ruhe der Gesichtslinien ist ihm der erstere überlegen. Den melancholischen Ausdruck durch die Schwere der Augenlider (Doppelkontur) könnte man als ein Zeichen für seine spätere Entstehung deuten. Seine zarten Farben verblassen leider.

P a r t h e n o n - S k u l p t u r e n   d e s   P h i d i a s. Wir stehen vor den Parthenon-Skulpturen. In ihnen hat die Aufwärtsentwicklung die Höhe erreicht. Es sind Giebelfiguren, Metopen, und ein kleines Stück aus dem 160 m langen Panathenäenfries. Aber leider ist davon hier nur noch wenig aus dem Atelier des großen Meisters vorhanden. Wir müssen uns mit der Kopie begnügen. Tau=Schwestern. Ruhe, verbunden mit Linienschönheit und Klarheit; Lebensillusion durch funktionale Körper= einheit (die leise kontrapostische Drehung von Schulter und Beckengürtel) und durch Lichtspiel auf den leise rhythmisch bewegten Flächen des Körpers (Büste, Schulter, Schenkel) und auf dem Gefältel des Gewandes. Leise webt in ihm Licht und Schatten des wechselnden Tageslichts und täuscht einen lebenden, atmenden Körper vor. Gerade dieses leise Leben, dieses Maßhalten in der Bewegung war ein hohes Ziel der griechischen Kunst. Was die Griechen in der Politik nie gekonnt haben (das Maß= halten), in der plastischen Kunst haben sie es meisterhaft verstanden. Dazu kommt die Einheit von Gewand und Körper. Die Falten verdecken dabei keine Stelle, die an der funktionalen Illusion des Lebens mitwirkt wie an der Schulter, an den Knien; sie verschleiern höchstens, aber sie verdecken nicht; sie umkleiden nur die leeren Stellen mit dem Reiz des Lichtlebens. Die Übergänge der Falten von der Vertikalen zur Horizontalen behan= delten sie meisterlich. Zu leiser Bewegung und leisem Leben kommt als Drittes die Ruhe. Die symbolische Kraft der Horizontalen steht jetzt an erster Stelle. Der Hauptakzent liegt auf der großen Horizontalen des Ruhebetts, der horizontalen Kathete des rechtwinkligen Dreiecks. Es kann kein Zweifel sein, daß die Horizontale auch in den Gesichtern der königlichen Schwestern vorhanden war, diese beruhigende Wirkung verstärkend. Der sogenannte „Theseus" aus dem Ostgiebel des Parthenons (Original auch in London) zeigt das mit vollendeter Klarheit: in den Horizontalen am Kinn, am Mund, in der Augenlinie, in den Augenbrauen und im Haaransatz. Der Fortschritt in der Ausfurchung des Gesichts, in der Behandlung der Augenhöhlung ist leicht erkennbar. Der Augapfel ist vorgewölbt, das Augenhöhlendach freigelegt, es hebt sich jetzt gegen das obere Lid ab. Infolgedessen wird bei gedrehtem Kopf das Augenhöhlen= dach stärker belichtet und der innere Augenwinkel stärker beschattet; die Lebensillusion wird dadurch stärker, das Gesicht beseelter. Das hohe Ziel, die Plastiken mit göttlicher Gelassenheit, mit leisem Leben und mit Schönheit zu erfüllen, ist in der hochgriechischen Zeit erreicht. — Ein Relief in Original von außerordentlicher Schönheit ist die **sandalen= bindende Nike** (Siegesgöttin) von der Balustrade am Niketempel, dessen Entstehung auf 409 gesetzt wird, etwa ein Menschenalter nach der Entstehung der Parthenon=Skulpturen, also gegen den Schluß des Peloponnesischen Kriegs. Der klassische ruhige Stil hat sich indessen in den bewegten malerischen gewandelt. Man ist also wie in der Architektur (Parthenon; Erechtheion) auch in der Plastik und im Relief zum Raum= stil übergegangen. Und auch hier überraschend schnell. Jetzt herrscht nicht mehr die Flächenkunst des Parthenonfrieses, wo sich z. B. die Reiter derselben Kolonne parallel der Bildfläche, kulissenförmig gestaffelt, bewegen. Zwar ist auch hier lichtliches Leben in Muskeln, Sehnen, Adern, Haar, Gewändern vorhanden, aber es steht nicht an erster Stelle wie im Nikerelief. Leben durch Licht und Leben durch funktionale Organik haben den Platz gewechselt. Licht und Schatten spielen in den zahlreichen und viel tieferen Falten des Ober= und Untergewandes ihr viel wirkungs= volleres Spiel bei jedem Schwanken der Lichtintensität. Wir stehen hiermit am Beginn des Spätgriechentums, dessen Höhe der Laokoon, 50 v. Chr. und der Pergamonfries (180 v. Chr.) bilden: Raumtiefe, Lichtleben, verunklarte Schönheit durch Überschneidungen. — Es sind seit dem Sturz Athens jüngere, unverbrauchte, germanische Völker (Thebaner, Makedonier) mit ihren noch starken Bewegungsidealen auf den Plan getreten. — So gibt uns dieses Museum ein umfassendes Bild von der Entwicklung der griechischen Plastik und ergänzt das Bild von der Ent= wicklung der Architektur, die wir auf dem Burgplatz verfolgen konnten. Langsam verwirklicht sich ein Ideal. Ist aber der Höhepunkt erreicht, so schlägt es rasch in sein Gegenteil um. Dieser Wandel ist jedem Stil eigen und ist von besonderem Reiz. Denn am Werdenden lernt man mehr als am Gewordenen.

Schliemann und die Burg von Mykene. Im National= museum befinden sich die Schliemann'schen Funde aus der Burg von Mykene, die 463 v. Chr. von Argos zerstört worden ist. Über 2300 Jahre lagen sie unter ihren Trümmern begraben. Der Glaube eines deutschen Idealisten, daß das, was Homer schildert, erlebt sein muß und nicht bloß erdichtet sein kann, hat sie ans Licht gebracht. Einen großen Reichtum erwerben, nur um ihn für die Hebung einer versunkenen Schönheit zu opfern, das ist deutsche Art. Wir Deutschen haben manche Schattenseite. Es ist unser gutes Recht, auch von unserer lichten zu reden. Und daher fühlen wir Deutsche uns in diesem Hause heimisch. Wir sehen, was felsenfester Glaube in einem von Idealen erfüllten Menschen vermag, selbst dann noch, wenn er in der Zeit irrt. Denn es liegt zwischen der Zeit des Homerischen Heldentums und der Zeit, in der die Mykene'schen Gräberschätze niedergelegt wurden, eine Zeitspanne. Homer spricht nämlich auffallenderweise nicht von manchem, was diese Kretisch= Mykenische Kulturzeit auszeichnet und uns in den Gräbern gezeigt wird. Er spricht nicht von der religiösen Verehrung der Doppelaxt, nicht vom Stierfang, nicht von goldenen Totenmasken, nicht von geschnittenen Steinen, nicht von Steingefäßen und Wandmalereien, nicht vom See= handel. Das alles aber sind Dinge, welche zwar die Kreter und Achäer der mykenischen Gräber kannten aber nicht die Trojaner der sechsten

Kulturschicht, die den Schilderungen Homers zu Grunde liegt. Die trojanische Kultur muß daher älter sein als die achäische. Vielleicht sind die Trojaner von dem Germanenstamm der Achäer kurz vor Beginn ihrer Einwanderung in den Balkan überrannt worden. Die Achäer sind dann erst weiter zum Peloponnes vorgestoßen und haben mit der Kultur der Kreter Beziehungen geknüpft. Doch das ist eine Annahme von mir. Diese Einwanderung der Achaer erfolgte um 2000 v. Chr. Damals war Kreta das Zentrum einer großen, mittelmeerischen Macht. Die Kreter waren gleichsam die damaligen Engländer des Mittelmeeres. Ihre Kultur war hoch, wie die neueren Ausgrabungen beweisen. Sie standen mit den Pharaonen in Beziehungen. In welchem Maße sie besonders zur Amarnazeit die Gebenden oder Empfangenden waren, steht nicht fest. Für die Achäer waren sie zweifellos in Kultur und Kunst die Gebenden. Die Kreter beherrschten die Kleinkönige der Achäer. Letztere mischten sich im Laufe von 8 Jahrhunderten mit der Urbevölkerung. Um etwa 1200 bis 1100 erfolgte dann ein neuer Germanenschub. Das waren die Dorier. — Man hat 5 Familiengräber von fürstlichen Personen (Männer, Frauen, Kinder) in dieser von Zyklopenmauern umschlossenen Burg (8 bis 12 m hoch, 8 bis 15 m dick, Kolossalblöcke von 2½ m Länge) in 9 bis 11 m Tiefe in Felsengängen gefunden (cf Klagemauer; Baalbek). Auch bei uns in Deutschland begruben die altbronzezeitlichen Germanen ihre Toten im Gegensatz zu den Illyriern. Der ganze Inhalt der Gräber ist von Schliemann den Athenern geschenkt worden. Der Gesamtwert der Schätze wird auf 100 000.— Goldmark gewertet. In diesen Gräbern befanden sich: Diademe, Brustplatten, Halsketten, Gürtel, Fingerringe, Gamaschenbänder, Waffen, die gebrauchsunfähig angefertigt waren aus Furcht vor der Wiederkehr der Toten, mit gutem Kunsthandwerk (Intarsiaarbeit, Spiralornamente aus feinen Goldstiften): Bronzeschwerter, Dolche, Schilde, Helme mit Eberzähnen, Wehrgehänge. Besonders wertvoll sind die Goldbecher mit Stierfangreliefs (stark bewegte Motive; impressionistische Momentbilder; Doppelkonturen wie bei Rembrandt, um der Phantasie Spielraum zu lassen und um das Bild zu lockern; Anklänge an die Japaner mit ihrem Blick fürs Wesentliche.

Keramiken. In dem Museum gibt es weiter zahlreiche Arbeiten der Töpferkunst, die uns ein Bild von der Entwicklung der keramischen Kunst von 2000 bis 400 v. Chr. geben. Lekythen (einhenkelige Salbölkannen) und Lutrophoren (zweihenklige Badewassergefäße) und Mischgefäße (Krater) und Amphoren (zweihenklige Weingefäße mit engem Hals) und Vorratsgefäße (Stamnos):

a) in mykenischem und geometrischem Stil,

b) mit neuen orientalischen Dekorationselementen (Flechtbänder, Palmetten, Tiere),
c) schwarzfigurige Vasen aus dem Anfang des 6. Jahrhunderts,
d) rotfigurige Vasen (Grund schwarz gedeckt, Figuren ausgespart),
im strengen Stil, 500—480 (Zeit der Perserkriege),
im klassischen Stil, bis zum Peloponnesischen Krieg,
im freien Stil, um 400.

Und weiter stehen hier Plastiken aus der Zeit vor dem Kalbträger:

Apollo Ptoios. Dem Ägyptischen noch nahe: Die Loslösung der Plastik von der Architektur hat noch nicht begonnen, der Reliefgrund steht noch unsichtbar dahinter. Die Arme sind noch nicht vom Rumpf, die Beine noch nicht voneinander gelöst; die ägyptische Perrücke verbindet noch Kopf und Schulter zur Einheit. Dazu das Fehlen aller Lebens= illusion durch funktionale Mechanik oder durch Lichtspiel. Daher herrscht hier nicht nur Ruhe, sondern Starrheit. Das Gesicht ist ausdruckslos, starr, unbeseelt und flach. Die Kunst der Sphinx und noch mehr die des Schreibers steht turmhoch über diesen Anfängen griechischer Kunst. Setzt man diesen Apollo in die erste Hälfte des 6. Jahrhunderts, so liegen mehr als 2000 Jahre zwischen ihm und dem Schreiber (Paris) oder der Sphinx (Gize). Eine Kontinuität in Kultur und Kunst muß man bezweifeln, in der Technik dagegen bejahen. Kunst hängt ab von der Rasse, von der Erbmasse; sie steigt und fällt mit ihr. — Apollo von Thera. — Poseidon, um 500. Noch starr, nicht in Schultern und Hüfte bewegt trotz der Schrittstellung. Dekoratives für Lichtbewegung. — Theseus= torso (Theseus im Kampf mit Prokrustes). Funktionale Mechanik cf Koren (Museion), starke Bewegung. — Metope vom Heraion in Argos (425—400), außerordentlich starke, lebenswahre Bewegung. — Bronzekopf eines Faustkämpfers. Lebensillusion durch Licht an erster Stelle. Aufgelöstheit der Oberfläche (Haar und Bart) zu diesem Zweck. Raumtiefe der Plastik (der vorgezogene Bart, die vordringliche Stirnlocke). Hellenistisch; Zeit Alexanders des Großen.

Reliefs: Die Aristionstele, frühgriechisch. Die Hebungen und Senkungen des Körpers und das Dekorative für belebende Lichtwirkung. — Die Grabstelle eines Kriegers. Die Sekundärachsen und Gesicht und Brust wie bei den Ägyptern in der Relieffläche; etwa 500; Schönheit und Seelisches.

Das Eleusinische Weiherelief. Es gehört zu dem Schönsten, was griechische Kunst geschaffen hat. Es ist noch frühgriechisch, steht aber an der Grenze zum Hochgriechischen. Eine leise Bewegung geht durch das Bild und zwar teils durch stark dekorative Mittel in Haar und Gewand, teils durch den Rhythmus der Körperflächen auf Wangen, Hals, Büste der Frauen und auf der Muskulatur des Triptolemos. Das gibt reichen Anlaß zu einem Pianissimo von Licht- und Schattenspiel und damit zu einer Bewegungsillusion. Dazu kommt an zweiter Stelle die Lebensillusion durch funktionale Mechanik besonders im Jünglingskörper. Dagegen ist bei den Göttinnen die Sprache der Gelenke behindert: Hüftgelenk und auch Schultergelenke sind noch verdeckt. Ferner hat das Bild Raumtiefe durch die Schrägstellung der Körper und der Stäbe und durch Überschneidungen. Das alles sind Elemente der Raumkunst. Was dies Bild aber besonders auszeichnet, ist die Stimmung, der Ernst, die religiöse Andacht. Das ist bei griechischen Werken selten. Sie wird dem Überwiegen der Vertikalen in den Gewandfalten der hohen Frauengestalten und der überwiegenden Höhe des Bildes verdankt. Aber dieses Übergewicht der Vertikalen ist doch nur gering. Es wird fast ausgeglichen durch die beiden Horizontalen des unteren und oberen Bildrandes, durch die Frauenkopflinie und durch den symmetrischen Aufbau (Massengleichgewicht). Die Symbolik der Linien (Horizontale und Vertikale) ist also dem Künstler wohl bekannt und kommt beruhigend und erhebend zur Geltung. Wie weit ist dieses Relief von der Pergamenischen Kunst (180 v. Chr.) entfernt! Wer den Unterschied beider recht erfassen will, muß allerdings das Pergamonmuseum in Berlin besuchen. Ich stelle die unterscheidenden Punkte dieser beiden Werke (frühgriechisch und spätgriechisch) gegeneinander: Ethos gegen Pathos; Flächenkunst und Ruhe im allgemeinen mit leiser lichtlicher und funktionaler Bewegung gegen Raumkunst mit starker lichtlicher und funktionaler Bewegung und zwar in der Diagonalen sowohl in die Tiefe hinein als auch aus ihr heraus; klare Schönheit gegen verunklarte Schönheit durch Überschneidungen in drei Bildflächen. — Es geht ans Abschiednehmen von Athen. Man tut es ungern. Wenn auch nirgend ein Wald oder Fluß rauscht, wenn uns auch überall nur kahles Kalkgestein auf kristallinischen Schiefern umgibt, so ist doch über uns griechischer Himmel und um uns griechischer Frühling und um uns griechische Kunst, die unsere ganze Jugend hindurch von der Sexta an zu uns gesprochen hat. Man beläd sich und andere mit Blumen, um etwas von diesen geweihten Stätten für einige Stunden noch um sich zu haben. Dann geht die Fahrt nach Südosten an der Küste Attikas entlang. Zu schnell wird Kap Sunium erreicht. Von seiner luftigen Höhe leuchten die glänzend weißen Säulen eines kleinen dorischen Tempels (10×6 qm). Der laurische Marmor hat nicht die bronzene Alterspatina des pentelischen angenommen. Es stehen noch 11 Säulen von der Flanke des Tempels. Hier oben hat 1884 Dörpfeld gearbeitet. Bis hierher grüßte einst Athene Promachos mit ihrer vergoldeten Lanzenspitze; mindestens 50 km Luftlinie. Wenn man doch dorthinauf fliegen könnte, um beim Blick auf die Inselflur der Kykladen nochmals froh zu empfinden, was die Natur im Peristyl des Parthenons predigte: „Atme, genieße und sei." Hier ist eine andere, freiere, schönere Welt als die, wo das Lâ illâha ill allâh (es ist kein Gott außer Allah) des Muezzins tönt, der wir nun entgegenfahren.

Dardanellen

Deutsche Kämpfe um die Dardanellen. Am nächsten Morgen sind wir vor Tenedos. Man erkennt am Gestade den Hügel des Patroclus und dahinter das Skamander-Tal und die Akropolis von Troja, das Ausgrabungsfeld von Heinrich Schliemann (1870—73) und das von Wilhelm Dörpfeld (1893—94). Und nun fahren wir in die Dardanellen (Hellespont) ein, eine kanalförmige Wasserstraße von etwa 80 km Länge, die sich am Schluß der Tertiärzeit bildete also zur selben Zeit, wo das heutige Mittelmeer entstand. An seiner engsten Stelle ist er nahe Sestos und Abydos (Brücke der Perser, Hero und Leander) nur einen Kilometer breit. Malvenblaues Meer. Sand und Felsen zur Linken, sonnendurchglüht und kahl. Hier haben monatelang mehr als ein Drittel Million Menschen verbissen und zäh mit einander gerungen. 183 000 Franzosen und Engländer gegen 166 000 Deutsche und Türken. Zwanzig englische und französische Schlachtschiffe haben ihren Überreichtum an Munition gegen einen damit sehr knapp ausgestatteten Gegner Tag um Tag geschleudert. Hier wurde mit einem Heroismus gekämpft, der die dichterisch verklärten Heldenkämpfe um das nahe Troja weit hinter sich läßt. Denn es galt ein hohes Ziel. Es mußte verhindert werden, daß Rußland seine Menschenmassen mit der Entente vereinigte und sich nach seinen Niederlagen mit neuen Waffen versah. Und wieder hat nicht die Menge der Geschütze das Los entschieden, sondern die Tapferkeit der Herzen. Der Erfolg war, daß Bulgarien zu uns übertrat (20. 12. 1915) und nun 100 000 Waggons mit Waffen für die Dardanellenverteidiger statt 19 ihr Land passieren konnten und daß Rußland definitiv abgeschnitten war. An dieser Stelle ist es Ehrenpflicht jedes deutschen Schiffes mit Mittelmeerfahrern, durch ihren Lautsprecher dieses leuchtenden Heldentums würdig zu gedenken, wie ich es auch stets erlebt habe. — Die Schönheit des Marmara-Meeres umfängt uns. Delphine, eine Zahnwalart mit hoher Rückenflosse, machen ihre Sprünge einzeln oder in Gruppen; die Seeschwalben streifen in Kielform geschart dicht über den Wasserspiegel hin.

Konstantinopel

(Byzanz, Stambul, Istambul). Man sammelt sich auf dem Vorderdeck. Konstantinopel kommt in Sicht. Das ist ein Name, der noch heute Zauberklang besitzt. Von jeher hat diese Stadt Machthaber magisch angezogen. Seine Lage ist von seltener Gunst. Die Stadt liegt auf kuppenreichem Terrain. Rechts schneidet eine 450 Meter breite Bucht, das Goldene Horn, 7 km tief in das Land ein; ein ausgezeichneter Ankerplatz und eine vortreffliche Rückendeckung. Hellespont und Marmarameer, Bosporus und Schwarzes Meer nehmen an der Sicherung der Stadt teil. Hier tritt Asien an Europa nahe heran und fordert friedlichen und kriegerischen Verkehr heraus sowohl in ostwestlicher wie in nordsüdlicher Richtung. Germanen und Slaven, Mongolen und Osmanen sind hier vorübergeflutet. Es war ein genialer Schachzug Konstantins des Großen, die Hauptstadt des Römischen Reichs hierher zu verlegen, näher an den damaligen Feind, die Parther, Perser, die von Osten her das Reich bedrohten. Auch wer sich weniger in der Geschichte umgesehen hat, hat von Theodosius dem Großen, von Justinian, von den Komnenen (1056 bis 1202), vom lateinischen Kaisertum (1202—61), von Paläologen (bis zur Eroberung Konstantinopels durch die Türken) gehört. Helden und auch Schwächlinge darunter. Zu allen Zeiten hat hier der König Unterrock eine mächtige Rolle gespielt; Harem und Palastgarden. Vom Schiffe aus überschaut man den gewaltigen Befestigungsring an der Landseite: zwei bis 20 m hohe Mauerringe mit Türmen und Brustwehren, mit Wall und Graben von 20 m Breite. Wenn auch viel eingeebnet und eingestürzt ist, so ist auch heute noch dieser Mauerring wert, besucht zu werden. Und um ihn herum liegt die melancholische Schönheit türkischer Friedhöfe mit ihrem Wald ernster Zypressen. So umschlossen liegt das kuppenreiche Stambul da. Die Terrain-Bewegung wird genial akzentuiert durch die Moscheen, welche die Hügel krönen. — Das Bild ändert sich infolge der Fahrt mit jeder Minute. Jetzt schiebt sich die Akropolis von Stambul, das Serail, vor. Im Vordergrund die Statue Mustafa Kemals mit den Ehrenbeinamen Gazi (Sieger), Atatürk (Vater der Türken). In Saloniki 1880 in ärmlichen Verhältnissen geboren, als Sohn eines kleinen Zollbeamten; Kriegsschüler, Generalstabshauptmann; als Revolutionär ausgestoßen, 1914 wieder eingereiht, Führer an den Dardanellen und in Palästina, Chef der Regierung 1923, Sieger am Sakaria über die Griechen, Reformator der Türkischen Republik. Er hat den Vertrag von Sèvres als Erster zerrissen. Das war eine kühne Tat. Ein Volk, das in so wenigen Jahren sich aufraffen kann, hat seine Lebensfähigkeit damit bewiesen. — Seit einem Menschenalter hat die europäische Presse von der Verfaultheit des Türkentums geschrieben, von der Notwendigkeit, ja sogar von der moralischen Pflicht, Europa von dieser mongolischen Schmach zu befreien. Bezahlte Federn im Interesse der Großmächte und besonders Englands!

Rassisches über die Türken und die Ursachen ihres Niedergangs. Die Türken, die Osmanen, sind weder Mongolen schlechthin noch Semiten. Und ganz besonders sind sie beides nicht auf europäischem Boden. Sie sind mit den Seldschukken rassisch verwandt. Letztere saßen in Ostpersien, ihre Residenzen waren Chorasan und Jspahan; sie lieferten die Palastgarde der Abassiden; sie waren die allmächtigen Hausmeier derselben und schließlich die Herren des Abassiden- und Fatimidenreichs. Namen wie Nureddin und Saladin sind berühmt. Die Osmanen saßen nördlich von ihnen in der früheren fruchtbaren Turkmenensteppe. Beides sind Gebiete, die stark mit germanischem Blut durchsetzt waren. Die Skythen, noch um 500 v. Chr. Ostnachbarn der Jllyrier in Schlesien, sind vielleicht, die Hethiter aber sicher germanischer Abstammung gewesen. Später drangen die Seldschukken nach Kleinasien vor. Um 1400 warf der Mongolensturm Timurs die Osmanen westwärts auf die Seldschukken. Nach dem Zerfall des Mongolenreichs erholten sich dann die Osmanen wieder und nahmen nun ihrerseits den Vorstoß auf Konstantinopel auf, das 1453 fiel. Auf dem Balkan haben sie jedenfalls reichlich nordisches Blut aufgenommen: vor allen Dingen von den Blutsverwandten der Germanen, den Jllyriern und Albanesen und von den germanischen Thraziern, Makedoniern und Griechen. Und dazu kam slawisches Blut von den Serben, Raizen, Bosniaken und Kroaten. Denn nach der Zertrümmerung des Reichs der Albaner, Arnauten, Schkipetaren unter Skanderbeg 1443—79 und vorher des großen Serbischen Reichs unter Stefan Duschan 1350 wurden die Janitscharen gebildet, ein neues türkisches Fußvolk, eine Zwangsaushebung aus der oben genannten germanisch-slawischen, christlichen Bevölkerung. Diese geschichtlichen Notizen mögen zur Widerlegung des Märchens von der mongolischen Rasse der Türken auf europäischem Boden dienen. Ein Gang in die Moscheen wird das jedem Rassekundigen bestätigen. Man sieht viele stattliche, ranke, sehnige Leute von martialischem Aussehen und angeborener Würde. Es sind wahre Patriarchengestalten mit ihren wallenden Bärten. Gewiß, auch der Tartaren-, der Mongolentypus, kommt in dem Völkerwirrwarr von Konstantinopel vor: brachycephal, plattnasig, mit schlitzförmigen Augen, niedriger Stirn, spärlichem Bartwuchs, straffem, dunklen Haar, gelblicher Haut, kurzem, gedrungenen Körper. Aber selten findet er sich unter den besseren Schichten. — Auch die seelischen Anlagen der Türken, und darauf muß man besonders Wert legen, widersprechen diesen Zwecklügen der Presse. Die Türken sind geborene Soldaten, das haben sie im Weltkrieg wie auch in früheren Kriegen und jüngst am Sakaria genugsam gezeigt. Sie lieben die Landarbeit, leben bescheiden, sind nicht Materialisten. Es sind ehrliche und biedere Häute. Sie sind nicht verschlagen und geschmeidig wie die Armenier, Levantiner und Griechen. Das „graecis nulla fides" kann man ihnen nicht nachsagen. Nicht ausbeuten sondern leben und leben lassen ist ganz im Gegenteil ihre Devise. Gegen weniger begüterte Volksgenossen sind sie außerordentlich mild. Kirchliche Stiftungen. Und mild sind sie auch gegen die Tiere. Sie haben keine Anlage zum Spekulantentum wie der Armenier und der Jude. Sie sind im allgemeinen kein Nomaden- und auch kein Händlervolk, sondern ein Bauern- und Soldatenvolk. — Allerdings war und ist die Türkei ein Völkerkonglomerat, ein Völkergemengsel und das noch etwas mehr, als etwa das frühere Österreich. Die Gefahr der Verschlechterung der Erbmasse ist in solchen Staaten naturgemäß sehr groß. Sie wird verstärkt durch die muhammedanische Kirche, die wie alle Kirchen rassisch indifferent ist. Denn auch ihr Ziel ist die Universalkirche. Zwischen den Zielen der Kirche und des Staats klafft hier wie überall ein unausfüllbarer Zwiespalt. Diese kirchliche Nichtachtung der rassischen Reinheit wirkt sich immer und ganz besonders gegen die führende Oberschicht aus. Diese kirchliche Indifferenz ist es, die die Negerin und ihren Sohn der Germanin in der Ehe gleichberechtigt macht. Trotz dieser zersetzenden Faktoren ist im Türkenreich, wie schon gesagt, auch heute noch immer ein guter Kern von Menschen erhalten geblieben. — Unstreitig ist der wirtschaftliche und politische Verfall in der Türkei. Aber auch hieran hat die Kirche ihren vollgemessenen Anteil. Die kirchliche Lehre vom Kismet, der kampflosen Ergebung in das Schicksal, ist zweifellos jedem Staate schädlich, weil dadurch die Aktivität der Staatsbürger gehemmt wird. Den Wirkungen dieses gefährlichen Glaubenssatzes begegnet man auf Schritt und Tritt im Gebiet des Muhammedanismus. Wir dagegen sagen: „Hilf dir selbst, so hilft dir Gott." Goethe sagt: „Allen Gewalten zum Trutz sich erhalten, nimmer sich beugen, kräftig sich zeigen, rufet die Arme der Götter herbei." Ob es selbst der Energie eines Kemal gelingen wird, an dieser Lehre etwas zu ändern, ist sehr zweifelhaft. Denn die kirchliche Suggestion ist im Orient eine gewaltige Macht, viel gewaltiger als bei uns. Die muhammedanische Glaubensinnigkeit ist riesengroß. Mit welcher Hingabe wird in den Moscheen gebetet! Die Kritik aus naturwissenschaftlichen Kenntnissen ist fast null. Es ist daher leicht und sehr gefährlich, den muhammedanischen Fanatismus zu wecken. Das mögen sich vor Augen halten alle, die im Orient reisen. Man hüte sich. — An der politischen Schwäche der Türkei hatte aber nicht bloß die Kirche schuld, sondern auch der Sultan, der Führer also. Von seiner luxuriösen Hofhaltung legen die Kostbarkeiten des Kaiserlichen Schatzhauses ein sprechendes Zeugnis ab. Dazu kam die Harems- und Günstlingswirtschaft und die Bestechlichkeit auch hoher Beamten. Der Bauer, die große Masse, hat mit dieser Korruption nichts zu tun. — Aber die allergrößte Hauptschuld an der politischen Schwäche tragen die Großmächte selber, die allezeit nur darauf bedacht waren, die Türkei in ihrem Schwächezustand zu erhalten. Sie selbst, die christlichen Großmächte, waren es, die ihr beständig Feinde erweckten und die sie beständig beraubten. Es ist anders geworden aber nicht etwa bei den Großmächten, sondern beim Türken. Das hat der Krieg gegen die Griechen und die exorbitante Aussiedlung bewiesen.

Türkische Kunst. Es ist auch zweifellos eine bewußte Unwahrheit, von der Kulturlosigkeit der Türken zu reden. Alles Pressegeschwätz. Dem widerspricht ein Blick in ihre Kunst. Gewiß, sie haben Elemente aus der byzantinischen Kunst übernommen: das doppelte Quadrat, die Flachkuppel, den Übergang vom Quadrat zum Kreis durch Gurte und sphärische Zwickel. Aber Hauptsache ist es, daß sie diese Elemente zu einem neuen Ganzen verbunden haben. Nicht auf die Elemente, nicht auf das Materielle, kommt es an, sondern auf die Art der Verbindung zu einem neuen Ganzen, auf die Form. Die Türken sind von anderer Rassenmischung und haben daher natürlich eine andere künstlerische Handschrift. Aber sie haben eine. Sie haben den basilikalen Weg der Hagia (Blickrichtung auf die Apsis, Nische) verlassen und sind zum reinen Zentralbau übergegangen. Damit sind sie aus dem ruhigen in den bewegten Stil, aus der klassischen in die malerische Formgebung übergegangen. Und sie haben es mit aller Konsequenz getan. — Und ebenso haben sie aus der arabischen Kunst vieles entlehnt: den Hof mit dem ein wenig erhöhten liwanartigen Hallenumgang und mit dem Brunnen; das mit der Moschee verbundene Mausoleum; die Angliederung von Wohltätigkeits- und Erziehungsanstalten; und dekorative Elemente wie die hohen Portale mit arabischem Türsturz, die arabischen Spitzbögen, die Stalaktiten und Fayencen als Wandbekleidung, die Minaretts und die Mauerumschließung. Das ist gewiß viel fremdes Gut. Aber das ist, wie schon gesagt, nicht die Hauptsache. Auch der spätgotische Stil hat seine Elemente mit dem hochgotischen gemeinsam: Pfeiler, Spitzbogen, Wandauflösung, Fassadentürme, Portale. Und dennoch sind Spätgotik und Hochgotik zwei durchaus verschiedene Stile: jener ist der malerische bewegte Hallenstil (er lenkt den Blick auf die Peripherie, auf die Schiffswand); dieser ist basilikal, ruhig und lenkt den Blick auf den Chor. Genau so ist es auch hier. Die osmanische Moschee ist von der byzantinischen und arabischen durchaus unterschieden. Die Suleimanié und Hagia Sophia sind ebenso verschieden wie der Mailänder und Kölner Dom. Sinan ist zweifellos ein originaler

Künstler, wenn auch nicht von der genialen Größe des Anthemios von Tralles (Lydien). — Natürlich gibt es zwischen beiden Übergänge. Sie in Konstantinopel zu studieren, ist reizvoll und leicht.

Die Hágia Sophía (Aja Sófia) ist das Wunderwerk von Konstantinopel. Es ist vielleicht die schönste Kirche der Welt. Von außen ist sie unscheinbar. Das ist der Orient. Wir sind hier auf der Grenze zweier Welten, von Okzident und Orient. Dessen soll man immer eingedenk sein. Die vier Stützpfeiler sind plump wegen der Erdbebengefahr. Wir befinden uns zugleich an der Grenze eines geologischen Senkungs- und Schütterungsgebiets. Diese großen Stützpfeiler und die Umbauung verdecken zwar viel, aber sie verhindern nicht, vom Platze vor der Hagia, vom früheren Forum Augusteum aus, wo das kolossale Reiterstandbild Kaiser Justinians (527—65) stand, den leitenden Baugedanken zu erkennen: die Flachkuppel mit ihrem in Fenster aufgelösten Rand; den Rest des inneren Quadrats darunter; die den Druck auffangenden Halbkugeln erster Ordnung mit gleichfalls aufgelösten unteren Rändern besonders im O. und W.; die den Schub der Kuppel nach N. und S. auffangenden schweren Stützpfeiler mit der dazwischen liegenden, in Fenster aufgelösten Hochwand; die Minaretts und die Medresen, die beide von den Türken zugesetzt worden sind. — Man betritt die Kirche vom Vorhof aus, der aber nicht identisch ist mit dem Atrium zur Zeit Justinians. Der Waschbrunnen (Schadrowan) ist türkisches Rokoko: leicht, graziös, mit weit vorschwingendem Dach, dessen Unterseite filigranartig durchzogen und mit zarten Rokokofarben bemalt ist. Man geht in den inneren Narthex (Vorhalle) in dem jetzt der ursprüngliche Zustand wiederhergestellt wird. Die Wände sind mit Marmorplatten, die Decken mit Mosaiken bedeckt. Durch eine reich ornamentierte Tür treten wir ein und bleiben ergriffen stehen. Der ganze Innenraum ist mit einem einzigen Blick zu übersehen. Raumeinheit und Raumschönheit (75 m tief, 70 m breit, 65 m hoch). Hier ist die Raumschönheit, die die griechische Kunst nicht kannte. Die Kühnheit der Kuppelkonstruktion ist außerordentlich: 32 m im Durchmesser; eine Flachkuppel $1 : \frac{1}{3}$ und nur durch den sehr leichten Kalkstein möglich. Das Pantheon in Rom hat zwar einen erheblich größeren Kuppeldurchmesser (42,7 gegen 32 m), aber dafür handelt es sich hier nur um eine Halbkuppel ($1 : \frac{1}{2}$) und nicht um eine Flachkuppel ($1 : \frac{1}{3}$). Und dazu ist die Halbkuppel oben offen (8 m Durchmesser) und daher erheblich leichter. Und schließlich, und das ist die Hauptsache, ruht sie auf einem verhältnismäßig soliden Zylinder und nicht auf 4 freien Hauptpfeilern als den Ecken eines Quadrats. Dieser Übergang vom Quadrat zum Kreis ist einzigartig gelöst, ist ein architektonisches Kunststück. Die Hauptpfeiler tragen im N. und S. zwei Gurte mit einer Hochwand dazwischen und im

O. und W. zwei Halbkuppeln erster Ordnung und dazwischen vier sphärische Zwickel. Dadurch wird es möglich, den Scheitel der Kuppel in die doppelte Höhe (65 m) zu tragen. Ihr Rand wird durch 40 gewölbte Fenster durchbrochen und so der Eindruck des Schwebens hervorgebracht. Die beiden Halbkuppeln erster Ordnung wiederum werden gestützt durch je 2 Nebenkuppeln zweiter Ordnung, die selbst wieder vorn durch 2 Pfeiler und hinten durch drei Halbzylinder, Apsiden, getragen werden, die in zwei Fensterreihen aufgelöst sind. Die Hochwand zur Rechten und Linken wird durch Säulen unten und in der Empore getragen und ist ebenfalls in Fensterreihen aufgelöst. Sie hält den Blick zusammen und lenkt ihn basilikal auf die Apsis, wo früher der Hochaltar stand und wo heute sich die Gebetsnische befindet. Auch diese Wandauflösung durch Säulen und Fenster ist eine architektonische Meisterleistung. Das ist nordische Massenüberwindung. Das ist Entmaterialisierung, eine Vorahnung der 700 Jahre späteren Gotik. — Dazu kommt das Goldkleid der Mosaiken, mit dem der ganze Innenraum überzogen ist. Die störenden Rundschilder sind schon gefallen. Die Übertünchung wird verschwinden. Dafür muß man Kemal danken. Wer hätte früher an die Hagia zu rühren gewagt! Alles das übersieht man von der Schwelle aus. Eine feierliche Ruhe umfängt den, der nachmittags allein in der Kirche ist. Die zahlreichen Horizontalen entfalten ihm ihre symbolische Kraft in den vielen Kuppelfenstern und in den Fensterreihen des Lichtgadens und der Apsiden, in den Säulenreihen der Emporen, in der Reihe der Kapitäle, der Architrave und Friese, in der großen Fläche des Fußbodens und besonders in der gleichwirkenden Flachkuppel. Und dazu kommt noch das meist von oben einfallende ruhige Licht. Aber diese wunderbare Ruhe ist keineswegs Starrheit. Das verhindert der leise, gleichmäßige Rhythmus der Arkaden und das Lichtweben auf den Mosaiken. Es geht ein leises Atmen durch dieses architektonische Kunstwerk wie durch die Tau-Schwestern des Parthenons. Eine feierliche Kirchenstimmung füllt den Raum schon heute. Wie wird das Golddämmer der mattreflektierenden Mosaiken erst wirken, wenn sie ganz freiliegen, wenn bei jedem Wechsel der Lichtintensität die religiösen Gestalten Leben bekommen, sich vom Grunde scheinbar trennen und in ihn wieder zurücksinken! Geheimnisvolles Lichtweben wie im deutschen Walde. Mystik. Und dazu kommt die Farbeneinheit in Gold und Graugrün. Eine abgeschlossene Welt von Schönheit und Stille. — Auch das einzelne ist von großer Schönheit. So die Filigranarbeit der byzantinischen Kapitäle. Volute und Akanthus sind mit feiner Einfühlung in das Ganze nicht plastisch gearbeitet, sondern bleiben in der Fläche. Eine lebendige dorische Säule mit ihrer Entasis und Echinusschwellung würde in diese Welt der Mystik und der Entmaterialisierung gar nicht hineinpassen. Und ebenso schön auf das Ganze abgestimmt ist die Filigranarbeit in den Laibungen und über den Kapitälen im Fries. — Tritt man aus dem Hauptschiff in das Seitenschiff, so offenbart sich uns ein neues Wunder. Wandert man darin von W. nach O. und blickt dabei nach der Gegenseite, z. B. auf die Empore, so zeigt jeder Schritt neue Bilder; die Säulen in der Empore des Halbrunds fangen an zu tanzen. Das ist malerische, bewegte Kunst. Sie ist mit der ruhigen, stillen, klassischen Kunst hier verbunden. Man kann sich nicht satt sehen an so viel Schönheit. Es ist ein Raum zum Träumen, in das das Gurren der Tauben hineinklingt. — In dieser Kunst ist so viel Nordisches (Entmaterialisierung, Mystik), daß man des Gedankens sich nicht erwehren kann, daß Anthemios von Tralles (Lydien, Kleinasien) griechisch-germanischen Bluts gewesen ist. Nordisches Blut war ja auch in seinem Auftraggeber, dem Kaiser Justinian, der ein illyrischer Bauernsohn war; germanisches Blut war in der Oberschicht und in den allmächtigen Palastgarden von Byzanz. Die Heruler, die den gefährlichen Nika=Aufstand in Blut ersäuft hatten, waren Germanen. Und darum ist es ferner auch nicht unwahrscheinlich, daß Anthemios beeinflußt war durch San Vitale, die in Ravenna, der Haupt= stadt der Goten, stand. Als die Hagia angefangen wurde (532) war Dietrich von Bern, der Herrscher von ganz Italien, noch nicht 6 Jahre tot. Damals waren die Goten noch Herren der Apennin=Halbinsel. Be= merkenswert ist, daß der Bau von San Vitale während der Bauzeit der Hagia (6 Jahre) ruhte und erst dann vollendet wurde. Auch San Vitale ist ein Zentralbau von großer Raumschönheit (8=Eck, Tambour), Raum= einheit und Aufgelöstheit der Wände. Aber sie ist rein auf Bewegung, nicht wie die Hagia größtenteils auf mittelmeerische Ruhe eingestellt. Und die Überkuppelung ist ganz anders und primitiver gelöst. Die Schön= heit von San Vitale ist unter Mussolini wiederauferstanden. Er hat auch ihr schimmerndes Mosaikkleid erneuert. — Zwischen Hagia Sophia und San Vitale steht baulich die Kütschük (kleine) Aja Sófia, gleichfalls von Kaiser Justinian erbaut und den Märthrern Sergius und Bacchus geweiht. In der Kuppelkonstruktion steht sie San Vitale nahe (Tambour).

M e h e m e d i é. Sie ist die erste im osmanischen Stil gebaute Kirche Muhammeds des Eroberers. Sie ist auf dem Platz der zerstörten Apostelkirche Justinians 7 Jahre nach der Eroberung Konstantinopels (1463—69) erbaut worden. Schon von außen tritt der Unterschied zwischen Hagia und Mehemedié deutlich hervor. Die Zentralkuppel wird auf allen 4 Seiten von Halbkuppeln erster Ordnung und diese wieder von Halbkuppeln zweiter Ordnung getragen. Das Außenquadrat ist höher als bei der Hagia und von drei Fensterreihen durchbrochen. Die Menge des von oben und von der Seite eindringenden Lichts ist daher überaus groß. Um die Moschee lagern sich nach türkischem Brauch Schulen und

Wohltätigkeitsanstalten (Studentenwohnungen, Herbergen, Hospitäler, Küchen, Bäder). Die muhammedanische Kirche hat den ganzen Unterricht und die Armenpflege in den Händen. Das gibt ihr den kolossalen Einfluß auf alle Schichten der Bevölkerung. — Zwei Minaretts zieren den Komplex. Der Haram der Moschee ist von einer bekuppelten Säulenhalle mit antiken Säulen und Spitzbogenarkaden umgeben. In seiner Mitte steht ein achtsäuliger Waschbrunnen, Schadrowan, mit schön geschwungenem Dach. Beim Betreten der Moschee finden wir bestätigt, was das Äußere versprochen hatte. Die Höhe und Übersichtlichkeit und Einheit des Raums ist im Vergleich zur Hagia noch gewachsen. In ihm ergießt sich, und zwar ernüchternd, eine Fülle von Licht von allen Seiten. Diese Lichtfülle macht Mosaiken zwecklos, denn sie wirken nur im Dämmer. An ihre Stelle tritt anderer Schmuck, zu viel fürs Auge, zu wenig fürs Gefühl. In dieser ablenkenden Richtung wirken auch die an sich schönen Fahencen. Geradezu beunruhigend sind die wenig geschmackvollen schwarzweißen Arabesken (Basalt und Marmor) um die Fenster. An ihnen ist aber der Erbauer nicht schuld. Sie sind rund 300 Jahre später in der Barockzeit 1770 angebracht worden. Das alles (Überlichtfülle; vordringliche Dekoration; fehlende Mosaiken) beeinträchtigt die Kirchenstimmung. Die Mehemedié ist nur eine architektonische Schönheit. Aus dem byzantinischen, zweiseitigen, basilikalen Kuppelsystem ist ein vierseitiges Zentralsystem, eine Halle geworden. Zur Verstärkung der Hallenwirkung ist folgerichtig das äußere Quadrat näher an das innere herangeführt worden. So steht hier die malerische Tendenz an erster Stelle, die in der Hagia erst die zweite einnahm. — An die Moschee schließt sich nach spätarabischem Vorbild das Mausoleum Muhammeds und seiner Familie an.

Achmedié. Noch stärker ist die Tendenz auf das Dekorative in dieser Moschee. Die Absicht, auf die unteren Volksschichten zu wirken, ist offenkundig. Die Achmedié ist 1606—14 gebaut worden. Man nennt sie auch wegen der Innenverkleidung der Wände des äußeren Quadrats und der Haupttragsäulen der Kuppel mit weißen, grünen und besonders mit blauen Fahencen die blaue Moschee. Man betritt sie vom Atmeidan, dem alten Hippodrom aus. Das Dekorative ist unzweifelhaft Dominante. Aber durch die Kostbarkeiten des Materials am Mihrab (Gebetsnische), am Mimber (Kanzel), an den Sultanslogen, durch die Schönheit der mattleuchtenden Fensterbutzen und des Leuchters und der alttürkischen Keramik können die architektonischen Mängel in ihr nicht verdeckt werden: die vier Hauptsäulen des inneren Quadrats (fünf Meter Durchmesser) sind zu massiv im Verhältnis zu der getragenen Kuppel, die nur 20 m Durchmesser hat (Hagia 32 m). Diese Moschee (Dschami) wurde vom

Hof bevorzugt. Hier wurden hohe muhammedanische, festliche Tage gefeiert. So der Geburtstag des Propheten, so das Beiramfest (Freudenfest nach dem Fastenmonat Ramasân), so der Aufbruch der Pilgerkarawane nach Mekka. Eine Prunkmoschee. Damit steht im Einklang die Massenhaftigkeit der Nebenanlagen: die Menge der Minaretts (6) und die Schönheit und Größe des Harams mit kuppelbedeckten Säulenarkaden. An seiner Stelle stand einst hier der alte Kaiserpalast (Palatium Daphne).

S u l e i m a n i é. Sie ist von imponierender Schönheit; 1556—66 von Sinan erbaut. Diese Moschee Solimans des Prächtigen nimmt eine vermittelnde Stellung zwischen Hagia und Mehemedié ein, was schon von außen an dem Vorhandensein der Hochwand erkannt werden kann. Durch Heranrücken des äußeren Quadrats an das innere und eine engere Verbindung zwischen Zentrum und Peripherie hat sie den Hallencharakter der Mehemedié gewahrt. Man überschaut daher mit einem einzigen Blick nicht bloß das innere Quadrat wie bei der Hagia, sondern den gesamten Kirchenraum. Eine großartige Raumeinheit. Und dazu hat sie auch etwas von der Kirchenstimmung der Hagia festgehalten. Man hat zwar die Hochwand durch Spitzbögen an Stelle der Rundbögen reduziert und die Empore deswegen von hier an die Außenwand verlegt; aber man hat doch noch genug von ihr übrig gelassen, um den Blick zusammenzuhalten und so auf die Apsis zu lenken, auf den Mihrab und die Mihrabwand (die Kibla). Dorthin wird das Auge sowohl durch Fenster von wundersamer Leuchtkraft als auch durch glühende persische Fayencen gezogen. Und dazu hat man die Lichtüberfülle besonders des Lichtgadens, die der Mystik so nachteilig ist, eingeschränkt durch Mattierung der Butzenscheiben. Infolge dieser Abblendung des Seitenlichts kommt das Oberlicht mehr zur Geltung, dessen beruhigende Kraft noch durch Mattierung aller Scheiben im Kuppel- und Halbkuppelrand verstärkt wird. Es ist dämmerig in dieser Moschee. Und schließlich kommt zu alledem die beruhigende Kraft der großen Kuppel. Sie erreicht zwar nicht die Spannweite der Hagia (27 m gegen 32), aber dafür ist sie 5 m höher, also 70 m hoch. Auch die symbolische Kraft der zahlreichen Horizontalen hat Sinan nicht außer acht gelassen. Sie wurde unterstützt durch die horizontale Fläche des vornehmen, riesigen, roten Bodenteppichs und durch die Lichterhorizontale des gewaltigen, hängenden Erzleuchters. Wir kennen die Weihestimmung, die strahlende Lichter erzeugen. Im ganzen Orient bedient man sich ihrer Wirkung. — Man sollte diese Moschee nie mit dem großen Haufen besuchen. Sie ist leicht zu finden und steht jedem offen. Vor ihr liegt ein schöner Haram mit Schadrowan, mit Zypressen, mit Kuppelarkaden-Umgang und 4 Minaretts. Neuartig ist die Fassade: Mittelteil mit drei Fensterreihen, mit einem hohen Portal, mit hohem Türsturz und Stalaktiten. Hinter der Moschee liegt der Friedhof mit der Türbe (Mausoleum) Solimans und seiner Lieblingsfrau Roxolane.

Türkisches Rokoko. Auf dem Wege vom ruhigen Stil zum bewegten sind die Osmanen dann noch weiter gegangen. Einige ihrer Brunnenhäuser und Portale sind Rokoko durch die Betonung ihrer schlanken, graziösen Säulen, durch die Zartheit der Farben, durch den Schwung des weitvorkragenden Daches, das phantastisch wie der Kalabreser eines Künstlers das Ganze bedeckt. So sieht man es an dem verfallenden Tor am Eingang zur Hohen Pforte, dem Großwesirat, und ebenso am Kaiserlichen Tor, Babi=Humajun, das von Mahmud II, dem Reformer, 1808—39 erbaut wurde, dem Vernichter der Janitscharen, dem Gegner Mehemed Alis von Ägypten. Rokoko ist auch der Brunnen Achmeds III, 1703—30, mit seinen zierlichen vergoldeten Gittern und seinen Schriftbändern. Es ist das der Sultan, der nach der Schlacht bei Pultawa 1709 den flüchtenden Schwedenkönig, den berühmten Karl XII, aufgenommen und geschützt hat. Damals brauchte die Türkei selbst das Rußland Peters des Großen nicht zu fürchten.

Die Stadt. Istambul selbst bietet mit Ausnahme der Moscheen, der Mauer, der Brücken, des Hafens wenig. Man muß durch seine Straßen mit dem Auge des Malers gehen. Man muß nicht kritisieren wollen, sondern verstehen wollen. Die Straßen sind eng, wenig oder gar nicht gepflastert; ein ewiges Auf und Ab; die Häuserzeile fügt sich auch in der Horizontalen dem Boden an und springt vor und zurück. Die Baupolizei drückt beide Augen zu. Was kümmert sie das Straßenbild und die öffentliche Sicherheit? Neben dem Riesen steht der Zwerg. Im allgemeinen ist alles schmal und hinfällig. Das Obergeschoß der Häuser ist aus wenig widerstandsfähigem Material, meist aus Holz gemacht. Man liebt die Balkone, die leicht und auch leichtfertig mit Holzstreben gestützt sind. Inschallah, wenn Gott will, so halten sie. Im Erdgeschoß haust bei meist offenen Toren ein Handwerker oder ein Kaufmann oder ein Meister der Küche. Welche Fülle von Gerüchen! Im Obergeschoß wohnt die Familie. Der abgesonderte Haremlik, das Frauengemach, hat holzvergitterte Fenster. Man will sehen, will aber nicht gesehen werden. Und das ist gut. Daneben der Selamlik, das Empfangszimmer des Hausherrn. Von Mobiliar kann man eigentlich im allgemeinen gar nicht reden. Höchstens sind da: Diwan, Komode, niedrige Taburetts. Es vollzieht sich alles parterre. Man ißt im Kreise am Boden von einem großen kupfernen oder zinnernen Teller. — Unter diesen Umständen sind Feuersbrünste natürlich recht häufig. Die traurigen Reste bleiben dann jahrelang liegen. Kismet. Es war Gottes Wille, dem man sich nicht widersetzen darf. — Durch diese Enge der Straßen zwängt sich nun der Menschenstrom und gefahrdrohend auch noch die bimmelnde Elektrische. — Leider hat sich in der Kleidung ein großer Wandel vom Malerischen zum nüchternen Europäischen vollzogen. Aber es bleibt noch genug Orient übrig. Der offenbart sich besonders auf den Märkten: dem Fischmarkt, dem Früchte-, dem Blumen-, dem Trödelmarkt usw. Und ganz besonders auf dem großen Basar. Das ist eine abgeschlossene kleine Stadt mit zum Teil überwölbten Straßen. In seiner Nähe liegen die Hane (die Karawansereien, Warenlager, Kaufhäuser, Kontore) um einen großen, viereckigen Hof. — Die große Rolle, die einst die Hunde besonders in sanitärer Hinsicht spielten, ist beendet. Sie schliefen zusammengekugelt auf der Straße und der Menschenstrom respektierte sie. Die Hundemutter hatte ihr Nest mit Jungen in einer Lücke des Straßenpflasters und fühlte sich sicher. Jeder von ihnen hatte sein Revier; Übergriffe wurden sofort geahndet, daher gab es eine Menge Invaliden.

Die Mauer. Wenn man die melancholische Schönheit eines Ganges um die Mauer genießen will, kann man die Elektrische bis Jedicule benutzen. Das ist die Burg der 4 und einst 7 Türme, die Bastille, der Tower, das Staatsgefängnis von Konstantinopel. Der höchste Turm ist 37 m hoch. Man genießt von ihm eine unsichere, aber prachtvolle Aussicht auf das Marmara-Meer, die Küste, den Graben- und Mauerring und die Friedhöfe darum. Jahrhunderte haben sie standgehalten im Sturm gegen zahlreiche Angriffe: gegen Avaren und Perser 626, gegen Araber 670, Bulgaren 813, Russen (904, 941, 1043), gegen die Kreuzfahrer unter Gottfried von Bouillon 1097, gegen die Kreuzfahrer des 4. Kreuzzuges und die Venezianer unter Enrico Dandolo 1203 und schließlich gegen die Türken 1453. Magere Daten. Aber sie zeigen, wie sehr um diesen Erdenfleck gerungen worden ist. Eine Unsumme von Heldentum der Verteidiger. Es waren vielfach germanische Soldtruppen. Aber was hilft aller Heldenmut der Führer und Soldaten, wenn man hinter sich hat einen brodelnden Hexenkessel von Rassen, Religionen und Sekten, von politischen und religiösen Parteien, von einer Masse, die allen Zusammengehörigkeitsgefühls bar ist.

Hippodrom. Vom alten Konstantinopel Justinians ist mit Ausnahme der Hagia nur wenig übrig sowohl von seinen Foren wie auch von seinen Kirchen und seinen Palästen. Etwas ist noch da von der Spina, der Mittelachse des Hippodroms (370 m; 120 m) mit seinen drei Denkmälern: dem Obelisken (30 m hoch und 1200 Ztr. schwer); um 1500 v. Chr. war er von dem kriegsgewaltigen Thutmosis III in Heliopolis errichtet worden; Theodosius der Große brachte ihn hierher und gab ihm ein marmornes Piedestal mit Reliefs, — ferner der bronzenen Schlangensäule aus Delphi, — und schließlich dem gemauerten Obelisken des Konstantin Porphyrogénetos (um 1000). Hier im Hippodrom standen vor der kaiserlichen Loge die Bronzepferde angeblich des Lysippos, die jetzt die Marcuskirche zieren. Von dieser Stelle aus gab Justinian während des wilden Kampfes der Parteien beim Nika-Aufstand das Zeichen zu ihrer Niedermetzelung und zum Brand der Stadt. Von hier aus wurde auch von Mahmud dem Reformer das Zeichen zur Vernichtung der aufständischen Janitscharen gegeben. Methoden des Orients. — — Die Zisterne, ein riesiges, unterirdisches Wasserreservoir aus der Zeit Konstantins des Großen, das früher 3500 cbm Wasser aufnehmen konnte (60 × 50 qm). Jetzt stehen noch 212 Säulen in 15 Reihen dreistöckig, mit Würfelkapitälen. Die beiden unteren Teile stecken fast ganz im schlammigen Boden. Kreuzgewölbe, Gurtbögen. — Der Aquädukt des Valens, 378 n. Chr. ist 625 m lang, 23 m hoch in 2 Stockwerken.

Das Serail (Serai). Die Serailspitze war der bevorzugten Lage nach der gegebene Ort für die Residenz der Herrscher. Sie ist es aber nur für die nächsten Nachfolger Theodosius des Großen und dann für die Sultane nach Muhammed dem Eroberer gewesen. Und auch das nur bis in die Mitte des vorigen Jahrhunderts. Dann siedelte der Sultan nach Dolmabagtsche über und überließ das Serail den verwitweten Sultaninnen. Schon Konstantin und Justinian und seine Nachfolger residierten in den Palästen zwischen Hippodrom, Hagia und Meer: Magnaura, Chalke, Daphne. Die kraftvolleren Komnenen verlegten ihre Hofhaltung in die Gefahrenzone an der Landmauer, in den Blachernenpalast. Diese Sultansburg auf der Serailspitze ist ein stattlicher Komplex von 200 Morgen, ein Stadtteil. Er ist von einer hohen, mit Zinnen bekrönten Mauer umgeben. In ihr liegen Gärten und Landhäuser und Paläste. Sie enthalten den Thronsaal (Saal des Diwans, des Reichsrats) und die Säle für den kaiserlichen Schatz. Sehr sehenswert ist der Bagdad-Kiosk mit seiner köstlichen Ausstattung und die Schatzkammer: Uniformen, Hofkleider des Sultans und der Sultaninnen, mit Diamanten übersät, Turbane, Orden, Degen; Dinge von hohem Geschmack und sehr großem Geldwert. Wer Kunst sehen will, findet sie im Museum für Altertümer: assyrische und chaldäische Altertümer. Dort steht auch der berühmte Alexandersarkophag, ein Kunstwerk aus der Zeit der Diadochen, aus Sidon, 4. und 3. Jahrhundert. Basreliefs: ein Reitergefecht zwischen Makedoniern und Persern; und eine Löwenjagd. Hellenistische Kunst (Raumkunst, Bewegung, Verunklarung, Überschneidungen). Die Farben sind trotz zweier Jahrtausende wunderbar frisch und von außerordentlicher Zartheit. Die Frenenkirche mit ihrer Waffensammlung interessiert die Militärs.

Der Bosporus. Sehr anziehend und von großer Schönheit ist eine Fahrt auf dem Bosporus (bus, poros, Rinderfurt), einem Erdspalt von rund 33 km Länge, ½ bis 2 km Breite und 30 bis 60 m Tiefe, der Europa von Asien abriß. Basaltkuppen in der Nähe weisen auf die Kräfte hin, die bei seiner Bildung tätig waren. Durch ihn erhält das Mittelmeer Ersatz für die verdunsteten Wassermassen. Die Strömung ist daher stark, zum Teil reißend, besonders an der engsten Stelle bei dem Türkenschloß Rumeli Hissar, wo Darius im Feldzug gegen die Skythen eine Brücke schlagen ließ. Er ist vielfach gewunden und verbreitert sich gegen das Schwarze Meer. Wie in einem Wandelpanorama gleiten die schönen Landschaftsbilder vorüber: Dörfer mit Platanen und Zypressen; Villen und Schlösser. So die kaiserlichen Schlösser von Jildis Kiosk, Dolmabagtsche, Tschiragan, Bejlerbej. Zu beiden Seiten steigen Höhen von etwa 200 m auf. Natürlich knüpfen sich Sagen an eine so bevorzugte Stelle: vom Argonautenzug; von den Symplejaden am Ausgang ins Schwarze Meer (eine Projektionserscheinung). Der Vergleich mit dem Rhein zwischen Bingen und Koblenz liegt nahe. Die Berge am Rhein sind ungefähr von gleicher Höhe, aber von größerer Kühnheit. Mögen aber auch die Naturschönheiten sich ungefähr die Waage halten, an malerischen Burgen, reichen Städten mit stolzen Domen, an Märchen und besonders an geschichtlichen Erinnerungen ist der Rhein ungleich reicher. — Es gibt noch manches, was wert wäre, besucht zu werden. Es lockt eine Fahrt nach Skutari oder auf dem Goldenen Horn oder eine Wanderung nach den Süßen Wassern von Europa besonders im Frühling. Zum Abschied ein Rundblick vom Turm von Galata (100 + 50 ü. M.).

Ägypten

Wir liegen vor Port Said. Der Lotse, die Sanitäts- und Paßprüfungsbeamten werden an Bord genommen. Drüben hebt sich eine eintönige Flachküste nur schwach aus der Morgendämmerung ab. Es ist ein Nehrungsstreifen des Nildeltas, strittiges Gebiet zwischen Land und Meer. Es ist die Basis des riesigen Dreiecks von Port Said bis Alexandria (Luftlinie rund 240 km), dessen Spitze Kairo bildet.

Ferdinand Lesseps. Langsam schieben wir uns an der Mole vorbei, auf der das Denkmal Ferdinand von Lesseps' steht (17 m). Ein Menschenalter hat er sich für die Durchstechung des Isthmus eingesetzt. Es mußte der Nachweis geführt werden, daß die Messungen unter Napoleon I irrig waren, wonach das Niveau des Roten Meeres fast 10 m über dem des Mittelmeers liegen sollte; es mußten die Widerstände des Khedives und verwunderlicherweise auch die Englands überwunden werden; es mußte Geld beschafft, eine Aktiengesellschaft gegründet werden;

es mußten 25 000 Arbeiter ungefähr 10 Jahre lang mit Kleidung, Nahrung, Wasser, Lohn versehen werden; es mußten allein vor der Fertigstellung des Süßwasserkanals zum Transport des Trinkwassers 1800 Kamele in Dienst gestellt werden. Eine kolossale Arbeitsleistung für ein Kulturwerk! — Der Kanal ist 161 km lang (Strecke Berlin—Halle), am Spiegel 90 bis 120 m breit, an der Sohle nur etwa ⅓ davon, seine Tiefe beträgt 10 m. Die Durchfahrt dauert bestenfalls 17 Stunden. Der Kanal geht durch den Timsahsee, der durch eine Baggerrinne gebrauchsfähig gemacht ist, und durch die Bitterseen. Eine Zahl von Riesendampfbaggern, von denen jeder stündlich 500 cbm Schlamm, d. h. ungefähr 20 bis 30 000 Ztr. fördert, sorgen für die Erhaltung der Tiefenrinne.

Port Said liegt auf der Nehrung des Menzalehsees und am Eingang des Suezkanals, dem es sein Dasein verdankt. Es ist amerikanisch schachbrettartig gebaut und amerikanisch schnell gewachsen. Überall stoßen Europa und Afrika hier aufeinander. Vornehme internationale Hotels und Banken an gutgehaltenen Straßen; ein ansehnliches Kaufhaus, in dem man sich mit Tropenartikeln versorgt; schöne Wohnhäuser mit Bougainvillea übersponnen, die einen Blütenflor durch rotgefärbte Hochblätter vortäuscht, während die Blüte selbst nur unscheinbar ist (franz. Weltumsegler Bougainville); gute, straffe, englische Truppen. Dazwischen afrikanische Dünensandwege, elende Baracken und viel minderwertiges Menschenmaterial, Kehricht dreier Erdteile, viele à la fortune du pot gestellte Naturen.

Fahrt nach Kairo. Ein eleganter, weiß lackierter Luxuszug steht bereit für die Fahrt nach Kairo. Fliegenwedel und Staubwischer am Fenster. Der Menzalehsee zur Rechten zieht an uns vorüber; an seinem Ufer Tamarisken mit rutenförmigen Ästen und kleinen zypressenartigen Blättern (Manna Tamariske). Man könnte sie mit Casuarinen (schachtelhalmartig gegliederte Äste, gezähnte Scheiden an Stelle der Blätter) verwechseln. Viel Neues aus der Pflanzenwelt: schlanke Fächerpalmen, verästelte Dunpalmen, Sykomoren (Ficus Sycomorus, Maulbeerfeigenbaum mit eirunden, espenartigen Blättern), Eukalyptus. Links Blicke über den Süßwasserkanal und den Suezkanal mit seinen Ostindienfahrern, die geschleppt werden. — Von Jsmailia, zu Ehren des damaligen ägyptischen Khedive benannt, gehts im rechten Winkel quer durch eine Nordausbuchtung der arabischen Wüste, parallel mit dem ebenfalls rechtwinklich umbiegenden Süßwasserkanal. Sie macht sich bald bemerkbar: die Temperatur im Abteil steigt schnell, der feine Wüstenstaub dringt trotz der gut schließenden Fenster ein; man fühlt, daß er am Leibe herabrieselt. Rechts zeigt ein englisches Fliegerlager und ein englischer Truppenübungsplatz Englands Bereitschaft, sein Kleinod, den Suezkanal, festzuhalten; denn mit ihm fällt Indien, das riesige Absatzgebiet für die englische Industrie. Dann durchqueren wir das Land Gosen der Bibel. Von Zagazik geht es nach Südwesten auf den Arm von Damiette zu, den rechten Hauptarm des Nils, und dann entlang an der fruchtbaren Ebene des Deltas. Etwa 30 km von Kairo entfernt kommen die Silhouetten der Pyramiden von Gize in Sicht. Ein Erlebnis wie das, wenn sich auf der Fahrt vor Rom die Peterskuppel vom Horizont abhebt. Beide sehen sie aus wie eine Fata morgana, die man mit Silberstift auf den mattblauen Himmel gezeichnet hat. Es sind zwei Symbole der Himmelssehnsucht, der des mittelmeerischen Baumeisters des Cheops, der dem Materiellen verhaftet ist, und der eines nordischen Mannes, der die Materie überwinden will. Was wäre die Peterskirche ohne die Kuppel Michelangelos! Sie wäre römisch; jetzt ist sie nordisch=deutsch. Sie ist ein Sinnbild der sieghaften germanischen Rasse. Nicht Michelangelo sondern Michelangelico sollte er heißen.

Kairo. Es ist eine relativ junge Stadt; sie ist vom Feldherrn des omajadischen Kalifen 643 n. Chr. gegründet. Etwa 300 Jahre später (969) wurde sie die Hauptstadt des glanzvollen Fatimidenreichs. Dabei wurde das Stadtzentrum mehr nach Norden verlegt. Die Fatimiden sind tunesischer Herkunft. Sie stürzten die Omajaden mit Hilfe nordischer Völkerschaften, der Libyer, die vorher selbst in Ägypten geherrscht hatten. Es ist nicht unwahrscheinlich, daß sie selbst nordischen Bluts waren. Kairo ist die größte Stadt Afrikas. Sie umfaßt fast eine Million Menschen. Der erste Eindruck ist europäisch: der Bahnhof; das europäische Stadtviertel um die Hotels Shephard und Continental; die breiten makadamisierten Straßen und vornehmen Häuser; die berittene englische Schutzmannschaft auf vorzüglichem Pferdematerial; der vornehme Ezbekije=Platz; die Autos, die Elektrischen. Die Eleganz der Hotels ist außerordentlich: Terrassen, Empfangsräume, Speisesäle, sehr schöne Zimmer, aufmerksames Personal. Aber dies beständig wachsende Europäerviertel ist doch nur eine Insel im ägyptischen Menschenstrom, der durch ihre Straßen hindurchflutet. Man kann gleich von der Hotelterrasse aus mit seinen Studien anfangen. Ein buntes Kaleidoskop: dort ein Leichenzug (offener Sarg, Chor der Klageweiber, dumpfer Rhythmus der Trommel, Leidtragende); gleich dahinter eine Kamelkarawane mit einem Wald von Zuckerrohr; Esel mit Körben voll Orangen, Kürbissen, Gurken; Autos, Equipagen, Büffelkarren; arabische Scheichs zu Pferde; aufgeputzte Schönen; ägyptische Truppen. Über uns in der Luft kreisen beständig mächtige Raubvögel, größer als unsere Bussarde. Es ist das der Schmarotzermilan, der zwischen Adler und Habicht im System steht. Aber er gleicht ihnen nur äußerlich, nicht im Charakter. Er hat nichts vom königlichen Aar an sich als das Flugbild. Er bildet in Afrika mit dem südlicheren Geier die Sanitätspolizei. Jeder von ihnen hat seinen Wirkungskreis in der Luft. Wie ein ins Wasser fallender Stein immer neue Wasserkreise zieht, so pflanzt sich das Herabstoßen eines Milans auf die Nachbarkreise der anderen automatisch fort. Stößt einer herab, so ist das für die Nachbarn das Signal, es gleichfalls zu tun. Infolgedessen sammeln sich um ein gefallenes Tier mit verblüffender Schnelligkeit zahlreiche Aasjäger und begraben es in ihren Mägen. Auch mit schlechterer Nahrung, die ihnen der Orientale vor die Tür schüttet, nimmt er vorlieb. — Man steigt auf die Straßen. Ein Gewimmel von R a s s e n : Aghpter (mehr als mittelgroß, gedrungen, kraftvolle Glieder, große Hände und Füße, braunrote Farbe, schwarzes, straffes Haar; intelligent und arbeitsam; meist Bauern und Beamte); — Sudanesen (in Hautfarbe und Haar ihnen ähnlich, aber nicht so groß und nicht von so schwerer Art, sondern schlank, grazil; vielfach Angestellte besonders in Hotels); beide rechnet man zu den Hamiten; — Araber (mittelgroß, sehnig, schlank, mit tief modellierten, ernsten Gesichtern, kräftig, von gelblicher Hautfarbe und straffem, schwarzem Haar; dem Ackerbau wenig geneigt); — Neger (Langkopf, meist schwarze Haut, schwarzes, krauses Haar, schwarze Augen mit porzellanartig weißem Augapfel, breitnüstrige, gesattelte Nase, wulstige Lippen, prognathe, vorgezogene Kiefer infolge der schräggestellten Schneidezähne, schlank in der Jugend, im Alter zur Fülle neigend, Glieder [Arme, Schenkel, Hände, Füße] überlang, etwas gebogen; sehr kräftig, Lastträger und gute Soldaten). — Kairo ist eine Abendschönheit. Die Lichtfülle ist außerordentlich groß. Ein kolossales Getriebe in den Hauptstraßen, besonders in der Muski. Ein schillernder Morast mit seltenen Blumen; brennende Sinnlichkeit, zitternde Sexualität: der große Totentanz des Lebens. Ein kurzes triebhaftes Leben, ein langes Elend. Junge, botticellihafte, biegsame Sudanesinnen, sammetbraun, nicht geizig mit ihren Reizen. Sie kennen ihrer Jugend werbende Anmut und die Welt. Gröber im Animalischen sind die Negerinnen. Eine verheißungsvolle Sprache der Augen über den Schleierrand hinweg. Das tiefe Schwarz des Augensterns glänzt heraus aus der porzellanartigen Weiße des Augapfels. Der Schleier bedeckt nur die untere Hälfte des Gesichts und wird gehalten durch eine Bronzespirale zwischen Nasenrücken und Stirnband. Prachtvolle weiße Zähne. In ihnen feiert die weibliche Eitelkeit wahre Bacchanale: Bronzeringe am Oberarm, am Handgelenk, am Fußgelenk, und sogar am großen Zeh ihrer unschönen Füße, die in vorn offenen Pantoffeln von rotem Saffian stecken mit Holzklötzen am Absatz und auch an der Spitze. Klappern gehört zum Handwerk. Die Gefahr der Ansteckung ist riesenhaft groß. Syphilis und Blindheit durch Undurchsichtigwerden der Hornhaut, ophthalmia aegyptiaca. Sie wird gefördert durch die leider auffallend große Unsauberkeit der ärmeren Schichten und zum Teil auch durch den Salzgehalt der Luft. Ein Siebentel der Bevölkerung ist blind. Ein erschütterndes Faktum. Die Sterblichkeit ist ungeheuer. Aber sie wird durch die noch stärkere Fruchtbarkeit der Lenden mehr als aufgewogen. — Kairo ist die Stadt krasser Gegensätze und darin ein Abbild von Afrika: Fruchtland im Norden und sonst Wüste ringsum; fürstlicher Reichtum und bettlerhafte Not; elegante Paläste und armselige Hütten; Überfeinerung und Schmutz; Bildung und tiefstes Mittelalter. Das fühlt man mit jedem Schritt, wenn man die Straßen an der Peripherie besucht. —— Diesen wimmelnden Ameisenhaufen hält England in Ordnung (seit 1882). Englisches Militär, ausgezeichnetes Material in Kasernen und Lagern ist Bürge dafür. England regiert, aber es sorgt auch für die Regierten. Es sorgt für Gesundung. Die engen schmutzigen, ungesunden Viertel in Kairo machen breiteren Straßen mit gesunden Wohnungen immer mehr Platz. — Dazu kommt eine geordnete und saubere Verwaltung, die man vorher nicht kannte. Noch unter Jsmael Pascha 1879 war das nicht der Fall. Ägypten hatte eine enorme Schuldenlast von über 100 Millionen ägyptischer Pfunde, d. h. etwa 2 Milliarden Reichsmark, die England dann zugleich mit den nichtfranzösischen Kanalaktien übernahm. England versteht zu herrschen. Es zeigt nicht seine Macht wie die Franzosen in Syrien; es regiert aus der Deckung. Es ist politisch klug, nicht eitel. Nur die oberen Ämter werden mit Engländern besetzt. — Und ganz besondere Verdienste hat sich England um den Bauernstand erworben. Noch unter Mehemed Ali (gest. 1849) war alles Land Kronland. Der Fellache war nur Pächter. Ein freier Bauernstand war nicht vorhanden. Erst 1854 trat eine Lockerung hierin ein: das Kronland wurde auf ein Fünftel beschränkt. Aber erst England machte den Bauern zum freien Herrn auf eigenem Grund und Boden. Dazu vergrößerte England die Überschwemmungsfläche. Sie war schon unter Mehemed Ali durch die Sperren im Delta vergrößert worden. Jetzt erhielt sie durch den Staudamm von Assuan (2 km lang, 48 m hoch, also höher als der Schlußphylon von Karnak) auch in der regenlosen Zeit Wasser. So konnten statt zweier Ernten drei erzielt werden. Und dazu wurden ferner gewinnbringendere Kulturen (Baumwolle und Zuckerrohr) eingeführt. Auf diese Weise wurde der Bodenertrag erheblich gesteigert. An manchen Stellen sieht man heute sogar moderne Dampfpumpen und Dampfpflüge. — Und schließlich hat England Schulen und Recht modernisiert. Das Fünffeddan-Gesetz (1 Feddan = 2 deutschen Morgen) sicherte den Bauer gegen Auswucherung. — Man sollte annehmen, daß England dafür Dank geerntet hätte. Weit gefehlt. Die Volksstimmung ist gegen England trotz alledem feindselig. Man will frei und unabhängig sein, will frei sein von Fremdherrschaft. Man vertritt das mit Leidenschaft. Und das, obgleich die

Ägypter seit dem Aussterben der Ramses-Dynastie (rund 1100 v. Chr.) oder der nachfolgenden Priesterherrschaft (bis 945) stets unter Fremdherrschaft gewesen sind: nordische Libyer, Äthiopier, Assyrer, Ptolemäer, Römer, Fatimiden, seldschukische, bahritische und tscherkessische Mamluken und Osmanen. Einen Dank in der Politik gibt es nicht. Das haben auch wir Deutschen sattsam an uns erfahren. Haben wir Dank in unsern afrikanischen Kolonien oder Hochachtung bei den Weltmächten dadurch errungen, daß deutsche Ärzte in selbstloser, opferreicher Arbeit die furchtbare Geißel der Schlafkrankheit mit Erfolg bekämpften? Haben wir bei Russen und Polen für unsere Kulturarbeit Dank geerntet? Ist nicht sogar in unsern einstigen Provinzen mit polnischer Grundbevölkerung, die wir durch Schule und Heer geistig und körperlich gehoben und zur Sauberkeit und Ordnung erzogen haben, der größte Teil der Saat unter die Dornen gefallen? Gewiß, es sind Fehler und Härten durch die starke Betonung des Unternehmerstandpunkts gemacht worden, welche diejenigen am meisten bedauert haben, die dieses Grenzland lieben lernten. Und das, trotzdem wir keinen Unterschied im großen ganzen zwischen deutschen und polnischen Staatsbürgern bei gleicher Eignung gemacht haben. Wir dürfen wohl sagen: ohne uns würden die Polen besonders in Oberschlesien an Trunk und Indolenz untergegangen sein. Aber die katholische Kirche hat mit Hilfe ihrer Kampftruppe, dem Zentrum, das Gedächtnis daran ausgelöscht. — Denn Preußen war protestantisch im allgemeinen. Daher hat die Kaplanspresse die religiösen Instinkte gegen uns aufgepeitscht, — hat eine sprachliche Einigung zwischen den wasserpolnisch sprechenden Oberschlesiern und den hochpolnischen übrigen Polen der preußischen Provinzen herbeigeführt, — hat das Gedächtnis an ein idealisiertes polnisches Königtum erweckt. Überall dasselbe Spiel einer übernationalen Kirche gegen den nationalen Staat. Quousque tandem, Catilina, abutere patientia nostra? Wie wir die polnischen Provinzen zu unserer Ernährung brauchten, so braucht England Ägypten und den Suezkanal zum Festhalten von Indien für den Export seiner Industrie. Es ist eine englische Lebensfrage. Und gerechterweise muß man zugeben, daß England es versteht, sein Interesse mit dem des regierten Landes zu vereinigen, wie wir. Aber auch hier steht gegen die nationalen Interessen die übernationale muhammedanische Kirche. — Die heute recht unzufriedenen Ägypter haben den großen Augenblick an sich vorübergehen lassen und haben Versprechungen vertraut. Die Freiheit war bei ihnen in nächster Nähe. Aber es war niemand da, der das Gewand der Göttin erfaßt hätte. Damals als deutsche Truppen nach dem Suezkanal griffen, da war der rechte Moment. „Was Du von der Minute ausgeschlagen, bringt keine Ewigkeit zurück".

Das Delta. Eine Fahrt von Kairo nach Alexandria ist von großem Interesse. Im Winter gleicht das Delta einem riesigen Getreidefeld von Weizen, Gerste, Klee, Erbsen, Linsen, Saubohnen; im Sommer einem Meere von gelben Blüten und weißen, aufgeplatzten Fruchtkapseln der Baumwollstaude. Es ist das eine Fläche halb so groß wie die Provinz Brandenburg; es ist mehr als die Hälfte der anbaufähigen Fläche des gesamten Ägyptens. Hier ist die Hauptquelle der Wohlhabenheit des Landes. Bedroht eine Krankheit wie im Jahre 1935 die Baumwollkulturen, so steht eine Hungersnot vor der Tür. Da zwischen Regierung und Regierten keine direkte Beziehung besteht, so hat England nur durch die Vermittlung der Kirche dieser alle bedrohenden Gefahr diesmal begegnen können. Eine gewisse Stabilität ist in dieses große Fruchtland erst durch Mehemed Ali gekommen, der die Stauwerke im Delta, wie schon gesagt, angelegt hat. Bis dahin war ein großer Teil des fruchtbaren Schlamms ins Meer hinausgeschwemmt worden. Nun wurde er festgehalten. Es ist nur ein Millimeter Schlamm, der alljährlich abgesetzt wird, aber er genügt zur Düngung bei einer ausgiebigen Bewässerung in diesem Lande minimaler Regenfälle, die im Delta nur 32 mm im Jahr und in Oberägypten noch weniger betragen (in Deutschland 550 bis 900 mm). Daher sieht man überall Kanäle, Schadufs (Hebelwerke) und Sakijen (Göpelwerke mit Tongefäßen), Windmotore, Dampfpumpen. Es ist ein Gebiet rastloser Arbeit. Drei Ernten im Jahr. Überall schöpfende, braune, halbnackte Fellachen; überall Büffel mit weitauslegenden Hörnern, die Räder der Sakijen drehend. Die Luft ist gefüllt mit ihrem eintönigen Lied der Arbeit. Ab und an ein Dorf: hohe Palmen, breitkronige Sykomoren, unseren Platanen im Habitus ähnelnd; fiederblättrige Nilakazien (Lebbakbäume); schlanke Minaretts; weißgekuppelte Hauswürfel. — Auf dieser flachen Ebene mit Einschluß von Kairo und Alexandria (400 000 Einwohner) sitzt die Hauptmasse der Ägypter. 1927 waren es 14 000 000 und zwar 12 000 000 Fellachen, ¾ Millionen Kopten (christliche Ägypter), ½ Million Araber, 120 000 Sudanesen (Nubier), 75 000 Sudanneger. 300 Menschen sitzen im Delta auf einem Quadratkilometer, die Siedlungsdichte Belgiens mit 200 und die Deutschlands mit 104 weit überschreitend. Das Ganze ist nicht nur eine rassische, sondern auch eine religiöse Einheit; muhammedanisiert mit Ausnahme der katholisch gebliebenen Kopten. Hier ist die Hauptsteuerquelle und die Hauptkraftquelle des Landes. Die Ausfuhr an Baumwolle betrug 1928 über 300 000 Tonnen im Werte von 38 000 000 ägyptischen Pfunden à 21.— RM., also rund $4/5$ Milliarde Mark. — Auf dieser Ebene ist die Fata morgana eine häufige Erscheinung.

Die Pyramiden von Gize. Sie sind am nächsten Vormittag unser Ziel. Es geht über die große Nilbrücke, die mit ihren 390 m fast

heranreicht an die Rheinbrücken bei Bonn und Köln (362 m, 410 m),
aber nur in der Länge, nicht in der Höhe. Ein Vergleich des Nils mit
dem Rhein erscheint uns anfangs sehr abwegig. Aber wir müssen be=
denken, daß jetzt, Ende März, die Zeit des niedrigen Wasserstandes ist.
Jetzt ist der Nil zahm, denn er hängt von der Wasserzufuhr der Talsperre
ab. Man müßte ihn sehen in der Hochflutzeit Juli/August, wo er kilo=
meterbreit das Tal bis an die Plateau=Ränder füllend, majestätisch dahin=
geht. Dann steht er acht Meter höher. Aus dem Wasser ragen dann nur
die hohen Dämme hervor, also auch die breite schöne Straße, auf der wir
jetzt nach Süden fahren und die dann nach Westen umbiegt. Sie ist breit
und mit Fahrbahnen für die elektrische Straßenbahn und für den übrigen
Fuhrverkehr ausgestattet. Sie ist verschönt durch eine Allee mit stattlichen
Nilakazien. Unser Ziel, die Pyramiden vor uns werden immer höher
und massiger. Am Ende der Straße steht ein Regiment Kamele, Riesen=
exemplare, Garde, für den üblichen Kamelritt. Es ist ein recht zweifel=
haftes Vergnügen. Diese Erkenntnis kommt den Reitlustigen schon beim
Aufstehen des Tieres und den ersten Paßgängen. Unglaubliche Situa=
tionen bieten sich dem lächelnden Beobachter. Aber der Kamelritt gehört
nun mal zum Programm. — Es ist die vierte Dynastie (2850—2750),
die hier in Gize mit ihrem Hofstaat begraben liegt. Es war das eine Zeit
größter Machtfülle der Pharaonen. Man könnte sie mit der Zeit
Heinrich III, des Deutschen Kaisers, 1039—56, vergleichen. Das
Priestertum war unter Cheops und Chephren dem Königtum unter=
geordnet; es war nur Diener an der großen Einheit des Staats, Berater
der Seelen. Der gesamte Grund und Boden gehörte dem König, war
Krongut des Königs. Davon war ein großer Teil als Lehen auf die
Bauernschaft zur Bearbeitung verteilt. Der Bauernstand war das Funda=
ment des Staats. Er bezahlte mit Steuern, Arbeits= und Kriegsdiensten.
Die Verwaltung besorgte die Beamtenschaft. Gaugrafen und ihre Gefolg=
schaft waren absetzbare Beamte wie bei uns zur Zeit Karls des Großen.
Es war also eine Beamtenmonarchie. Die Dienste der Beamten wurden
mit Land bezahlt. — Aber schon in der 4. und 5. Dynastie verschoben
sich die Machtverhältnisse im Staat zu Ungunsten des Königs. Aus der
Beamtenmonarchie wurde eine Lehnsmonarchie und schließlich ein
Aggregat von Kleinfürsten. Der absetzbare Dienstadel machte sich mit der
Zeit unabhängiger; es wurden schließlich souveräne, erbliche Fürsten.
Und aus ihrer Gefolgschaft entstand der grundbesitzende, erbliche, feudale
Adel. Das Krongut des Königs war zusammengeschmolzen. Es war ein
Schattenkönigtum. — Die Kriegsdienste trafen den Bauernstand immer
stärker; der Verfall seiner Anwesen und seine Not wurden immer größer;
er konnte sich von den erdrückenden Kriegslasten nur lösen dadurch, daß
er Hintersasse, Höriger des Adels wurde. Schließlich verbündeten sich die

Kleinfürsten mit der immer machtlüsternen Kirche. Es waren dieselben Vorgänge wie in Deutschland zur Zeit Heinrichs IV, V und der letzten Hohenstaufen, Gregors VII und Innocenz' III. — Wohl kamen Perioden des Aufschwungs wie in der 12. Dynastie unter den Sesostris' und Amenemhets' im Angesicht der drohenden Hyksos oder nach den Hyksos unter der 17. Dynastie der Amosis' oder unter der Militärdiktatur Haremhabs und der Ramses' (19. Dynastie). Aber im allgemeinen ging es unaufhaltsam abwärts. Und grade die Glanzperioden (Thutmosis, Amenophis; Ramses II und III) zermürbten den Staat am meisten. Eins nur wuchs beständig: die Macht des Priestertums, ihr Landbesitz, ihr Proletariatsanhang, ihre Suggestionskraft. Ihre höchste Macht war gleichbedeutend mit der niedrigsten des Staats. Man denkt an die Gürtelringer (Bältespännare) vor dem Museum in Stockholm (cf Norwegen, Merak). Die Monarchie zuletzt erinnerte an das Heilige Römische Reich Deutscher Nation. Es ist bemerkenswert, daß zwei große Kulturstaaten von verschiedener Rasse, die durch Jahrtausende getrennt sind, eine solche Übereinstimmung in ihrem Werdegang von der Beamtenmonarchie über die Lehnsmonarchie zur Vielstaaterei und Machtlosigkeit zeigen und daß in beiden die Kirche, die sich nicht einordnet sondern überordnet, eine verhängnisvolle Rolle gespielt hat. Discite moniti. — Aber eins bleibt konstant. Das war das rassische Erbgut. Das hat ausgehalten bis auf unsre Tage. Die ägyptische Nation liegt heute noch unter der Suggestion der muhammedanischen Kirche im Dornröschenschlaf. — Die Verhältnisse liegen hier ganz anders als in Griechenland. — Die Aufmerksamkeit konzentriert sich auf die Pyramiden von Cheops und Chephren. Die Cheopspyramide ist 137 m hoch, ihre quadratische Grundfläche hat fast einen Kilometer Umfang. Wer jung ist, kann sie ersteigen. Da die Spitze fehlt und an ihrer Stelle sich eine zehn Quadratmeter große Fläche befindet, so hat man einen bequemen Standort für den Blick in die Unendlichkeit des Sandmeeres einerseits und in das Niltal und Delta andererseits. Die Könige hatten sich ein hohes Ziel gesteckt. Sie bauten für die Ewigkeit. Ein kühner Himmelsdrang erfüllte sie gleich den Baumeistern der gotischen Dome. Und sie setzten ihre Werke fast vermessen an den Rand der Wüste; sie stellten sie also kühn gegen die Unendlichkeit. Denn man kann annehmen, daß sie die Wirkung des weiten, leeren Raumes auf ihre Bauwerke kannten. Dennoch bestehen sie vor ihm. Welche kolossale Arbeitsleistung! Sie ist um so bewundernswerter, als den Baumeistern jener Zeit nur geringe Hilfsmittel (Hebel, Keil, schiefe Ebene, Rolle) zur Verfügung standen. Sie mußten fast alles wettmachen durch Aufgebot von Menschenkraft. Nach Herodot sollen an der Cheopspyramide 100 000 Menschen 20 Jahre lang je drei Monate gearbeitet haben. Sie sind daher ein sinnfälliges Zeichen für die Macht und Geschlossenheit dieses Bauern=

staats; für die Stärke des Ewigkeitswillens der Gesamtheit; denn nach ihrem Glauben blieb nach dem Tode Volk und Fürst vereint, das Leben im Jenseits war eine Fortsetzung des Lebens im Diesseits. Ein schöner Glaube. Es war das eine Art Arbeitsdienst während der Zeit der Überschwemmung, wo der Ackerbau ruhte und die tragenden Flöße bis an den Rand des Plateaus kommen konnten. Die Steine wurden bei Heluan, 23 km südlich von Kairo, gebrochen. Man hat berechnet, daß 2,3 Millionen Nummulitenkalksteinblöcke (aus dem Eozän) für die Cheopspyramide herbeigeschafft werden mußten. Jeder war 1 cbm groß, wog also rund 100 Zentner. Man hatte nur den Keil, um sie abzusprengen, und, wie schon gesagt, nur die Rolle und die schiefe Ebene als Werkzeuge zur Fortbewegung und zum Heben zur Verfügung. Nach Lepsius wuchs die Pyramide durch beständige Ummantelung des Kerns während der Regierungszeit des königlichen Bauherrn. Der Nachfolger setzte die Spitze auf und überkleidete die Stufen mit polierten Granitplatten. Wie mögen diese Pyramiden, als alles noch funkelnagelneu war, im hellen Lichte geblitzt haben! Die Massen waren dann gleichsam im Licht aufgelöst. Bei aller Anerkennung der Materie doch auch wiederum eine Entmaterialisierungstendenz. In ihnen oder unter ihnen wurden die Könige begraben. Bei der Pyramide von Illahûn liegt die Grabkammer unter der Pyramide. Es ist das plastische Kunst, nicht Innenraumkunst. Denn was besagen die paar Kubikmeter Innenraum für das Grab gegen 2,3 Millionen cbm Festraum! Darin sind sie den Griechen in einem gewissen Grade verwandt. Und auch weiter in der Betonung der Horizontalen und damit der Ruhe. Denn bei der Cheopspyramide stehen 21 Morgen Grundfläche gegen 137 m Vertikale. Diese Betonung der Horizontalen bringt ihre Kunst in Einklang mit der Natur ringsum (Niltalebene, Delta, Wüstenplateauebene). In der Königskammer ruhte die Mumie des Königs, in der Königinkammer die der Königin. Der Gang zu ihnen von der Nordseite her war in der Cheopspyramide durch einen mächtigen, granitenen Fallstein gesperrt. Um sich vor Dieben zu sichern, hatte man bei anderen Pyramiden irreführende Gänge, Schächte, Scheintüren, Verschlüsse angelegt. Ein Musterbeispiel hierfür ist die Pyramide von Hawâra (12. Dynastie). — Noch bewundernswürdiger als die Arbeitsleistung ist die wissenschaftliche Leistung: die Konstruktion eines Riesenquadrats genau nach den Haupthimmelsrichtungen; die Genauigkeit der Abmessung der Seitenlängen (auf 230,348 m ist nur eine Differenz von 4½ cm vorhanden); die Höhe der Pyramide ist gleich dem Radius eines Kreises von gleichem Umfang wie der Umfang des Grundquadrats; die Genauigkeit der Irrationalzahl π, des Verhältnisses von Kreisumfang zu Kreisdurchmesser, geht bis auf die fünfte Dezimale 3,14159; alle Proportionen gehorchen dem Gesetz vom Goldenen Schnitt. Woher haben die ägyptischen

Baumeister (3700 v. Chr.) diese und andre genaue Maße, die die griechischen Mathematiker erst 3000 Jahre später wieder gefunden haben? Auch heute, wo die Feinmeßkunst ungeheuer gesteigert worden ist, wo man neue Urmaße verwendet [die Wellenlänge der gelbgrünen Spektrallinie des Krypton $= 565{,}11296\ \mu\mu$; $1\ \mu\mu = \dfrac{1}{1\,000\,000}$ mm; oder die noch kürzeren Wellenlängen der Röntgen- und der Alphastrahlen, um die Lichtwellenlängen im Rundfunk und die Atomdurchmesser $\dfrac{1}{(10\,000\,000}$ mm) oder die noch 10 000 × kleineren Atomkerndurchmesser zu messen], müssen wir uns in Ehrfurcht vor der Genauigkeit altägyptischer Meßkunst verneigen. Schon Napoléon gab seiner Bewunderung vor dieser geistigen Höhe Ausdruck in seiner Ansprache an die Truppen vor der Schlacht gegen die Mamluken am 21. Juli 1798: „Soldaten, fünf Jahrtausende sehen auf Euch herab; zeigt Euch als würdige Söhne Frankreichs." Noch mehr wächst der Respekt vor dieser alten Rasse, wenn wir uns vergegenwärtigen, daß sie auf einem Gebiet schon bewandert war, dem wir uns erst jüngst zaghaft zugewendet haben, der Kosmobiologie. Die Ägypter hatten so tief die Abhängigkeit allen irdischen Lebens von der Sonne erfaßt, daß sie Sonnenanbeter wurden und an ihre Sonnenkindschaft glaubten. Sie kannten auch die Sonnenflecke und betrachteten als ihre Ursache die großen Planeten Jupiter und Saturn, deren Umlaufszeiten und Stellungen sie berechneten. Daraus entwickelten sie wieder die Maxima und Minima der Sonnenflecke, wie wir aus der Stellung von Erde, Mond und Sonne Eintritt und Höhe von Ebbe und Flut im voraus berechnen. Von ihnen war nicht bloß das Wetter, sondern auch der Mensch abhängig. Sie gingen noch weiter. Sie konstruierten einen Zusammenhang zwischen Sonnenfleckenhäufigkeit und -größe und den schweren, großen Krisen im Völkerleben (Krieg, Revolution, Mißernten, Seuchen) und berechneten sie im voraus. Ihre Prognosen wurden gesucht und durch reiche Geschenke erhalten. Aus ihrem Glauben floß ihnen die Gewißheit an eine schicksalhafte Verknüpfung zwischen Mensch und Kosmos. — Wir nähern uns dieser Anschauung durch eine mehr verstandesmäßige Betrachtung der Dinge. Uns sind die Sonnenflecke elektro-magnetische Wirbelstürme in der Sonnenatmosphäre; die Erde ist uns ein elektro-magnetisches Kraftfeld; das Leben in allen Lebewesen von der Amöbe bis zum Menschen wird als ein elektrisches Potential, als ein elektrischer Spannungszustand betrachtet, der aus chemischen Prozessen entsteht. Macht man das Potential gleich null, so erlischt das Leben und der reine Zerfall beginnt. Das Leben, als elektrische Potential des Organismus aufgefaßt, ist somit eingespannt zwischen zwei großen elektro-magnetischen Kraftfeldern und muß daher von ihnen beeinflußt werden. Was der Glaube an ihre Sonnenkindschaft, die fromme Ahnung kosmischer und irdischer Zusammenhänge, den Ägyptern gefühlsmäßig geschenkt hatte, haben wir durch den Verstand erst mühselig erarbeiten müssen. — Neben der Pyramide des Königs lagen die Mastabas, die rechteckigen Gräber des Adels. Vor ihr lag im Osten der Totentempel. Er ist bei der Pyramide des Chephren noch erhalten. Aus dem Vorraum desselben kam man in eine breite, gedeckte und dann in eine tiefe, gedeckte Pfeilerhalle und darauf in einen offenen Hof. An seinen Seiten standen Riesenpfeiler mit der Statue des Königs und ließen hinter sich einen Umgang frei. Das ist der Ort, wo der Ka, der Schutzgeist, die Lebenskraft, der Doppelgänger der seelischen Kraft, in den Statuen wohnte und die Gaben der Liebe in Empfang nahm, von denen er lebte. Auch hier wie bei den Griechen war also der Stein aus Künstlerhand gewissermaßen belebt. Zu diesen Räumen hatte das Volk für Gebete und Opfer Zutritt. Für die Familie und die Priester lag dahinter ein dunkler Raum, das Allerheiligste gleichsam. — Diesen Tempel betrat man durch einen etwa 500 m langen gedeckten Gang, der langsam vom Rand des Plateaus an der Nilebene zu ihm aufstieg. Den Eingang bildete ebenfalls ein Tempel, der Torbau. Auch er bestand aus einem Vorraum und einem Pfeilersaal, dessen Decke von 16 monolithischen Granitpfeilern getragen wurde, vor denen die Sitzbilder des Königs standen. Ein schöner Einklang der Farben: das Weiß des Alabasterfußbodens, das Rot der Granitpfeiler, das Grün der Dioritstatuen. Ernst durch Einfachheit und Wucht der Steinsprache; Ruhe durch symmetrische Massenverteilung und durch die horizontalen Flächen. In ihren Totentempeln und Torbauten nähert sich die altägyptische Architektur der Raumkunst. Aber von einer wirklichen Raumkunst kann man auch hier trotz aller Innenschönheit noch nicht reden. Diese Tempel stehen immer noch dem Stollenbau nahe. Streng genommen wird die Raumkunst erst mit dem Gewölbebau geboren. Im Totentempel und Torbau dagegen wird die in der Vertikalen wirkende Last durch eine ebenfalls in der Vertikalen wirkende Gegenkraft darunter aufgefangen.

Der Sphinx. Er liegt neben dem Tortempel: ein Löwe mit den Zügen Chephrens; Symbol (Kraft, Erhabenheit, Ruhe) und Porträt zugleich. Es ist nubischer Sandstein von 20 m Höhe bis zum Scheitel und 50 m Länge (von den Krallen bis zur Schwanzwurzel). Ein Koloß. Die Nase z. B. ist 1,70 m groß. Der Blick der tiefen Augen ist nach Osten ins Wesenlose wie bei den griechischen Göttern gerichtet. Sie haben den politischen Niedergang des ägyptischen Volks gesehen, aber auch die Erhaltung der rassischen Reinheit und damit der Aufstiegsmöglichkeit. Vielleicht sehen sie einmal das Morgenrot einer ägyptischen Renaissance

(Wiedergeburt). — Dem Künstler war die symbolische Kraft der Horizontalen als eines sichtbaren Zeichens für etwas Unsichtbares, die Ruhe, zweifellos bekannt: der Scheitel, die Augenbrauenbogen, die Nasenbasis, der Mund, das Kinn. Dazu kamen im Laufe der Jahrtausende die horizontalen Absonderungsflächen des Steins, die Ruhesuggestion vergrößernd. — Der Künstler steigerte die Tiefe, das Volumen des Kopfes, durch die Perücke als Hintergrund; eine plastisierende (körperlich machende) Methode. Durch diese Perücke wird zu gleicher Zeit der Übergang von der Vertikalen des Kopfes und Halses zur Horizontalen der Schulter hergestellt, ein Mittel, das der Einheit der Linien dient und das auch die Griechen noch im Anfang ihrer Plastik benutzten (Apollo Ptoios). Welch ein Unterschied in der Ausdruckskraft zwischen dem Sphinx und z. B. dem frühgriechischen Kunstwerk der Thronenden Göttin in Berlin (etwa 500 v. Chr.)! Dort ein tiefes Gesicht, hier ein flaches; dort infolgedessen Licht und Schattenspiel und Lebensillusion, die sich hier nicht entwickeln kann. Damit steht fest, daß die großen Künstler der Ägypter in jener Zeit es schon verstanden haben, den Stein durch das Spiel von Licht und Schatten zu beleben. — Von gleicher Ausdruckskraft und von noch höherer Technik, denn es handelt sich um hartes, granitisches Gestein, um Diorit, ist die Sitzstatue des Chephren im Museum von Kairo. Die göttliche Inspiration des Königs symbolisiert (versinnbildlicht) hier der Horusfalke hinter dem Kopf; die königliche selbstbewußte Kraft symbolisiert die geballte Faust und die breite muskulöse Brust. — Den höchsten Ausdruck körperlicher und seelischer Spannung und die stärkste Ablösung vom Werkklotz erreicht die Kunst jener Zeit im alles überragenden S c h r e i b e r, der sich in Paris im Louvre befindet (2500, 5. Dynastie). Es ist für diese Zeit ein Werk von verblüffender künstlerischer Höhe. Das kann unmöglich ein Anfang der ägyptischen Kunst sein. Ihm muß eine Vorkunst vorausgegangen sein. Entweder ist sie noch irgendwo verborgen, oder sie ist durch geschichtliche Ereignisse in den drei ersten Dynastien vernichtet worden. Das Dunkel über dieser Vorgeschichte gibt Veranlassung zu mehr oder minder angreifbaren Hypothesen. Die eine nimmt an, es seien semitische Nomaden unter einem sagenhaften König Osiris, aus Syrien oder Arabien kommend, in Ägypten eingedrungen. Sie scheint mir wegen der Höhe der Vorkunst vor dem „Schreiber" wenig wahrscheinlich. Die Forschungen Hermann Wirths weisen von diesem ex oriente lux auf einen andern, gerade entgegengesetzten Weg. Nach ihm fanden drei Atlantikerwanderungen von riesigem Ausmaß, durch große Zeitabstände getrennt, statt (cf Bergen, Sonnenidiogramm). Besonders die mittlere Atlantikerwanderung käme hier in Betracht. Diese Menschenwelle teilte sich. Den kürzeren Weg wählte die, welche am Nordrand von Afrika entlang über Marokko, Algier, Libyen, Ägypten nach Palästina ging; die andre zog den ungeheuer langen Weg um Afrika nach Sumer an der Mündung des Euphrat. Die hohe Kultur dieser Atlantiker beweisen: Monolithe mit Sonnenidiogramm, Höhlenwandmalereien, Eisenbergwerke. Mir scheint es wahrscheinlicher, daß damals die Libyer Ägypten erobert haben. Dieses Kriegsvolk nordischer Herkunft hat von jeher Beziehungen zum Niltal gehabt. Die kriegerischen Auseinandersetzungen in der 5. und 18. Dynastie und die friedliche Durchdringung in der 19. und 20. Dynastie stehen geschichtlich fest. Es waren Beziehungen wie zwischen Römern und Germanen. Schon Ramses II rekrutierte sein Heer aus Libyern wie es Kaiser Augustus aus Germanen tat und Ramses III (1198—1167) tat desgleichen. Die unverbrauchten, harten Libyer lieferten den schließlich pazifistischen Ägyptern Soldaten, militärische Energie, und erhielten dafür Siedlungsland. Im ägyptischen Priesterstaat (1100—700) stellten die Libyer die Priesterkönige, wie im spätrömischen Reich die Germanen die Soldatenkaiser stellten. Von 404—341 waren die Libyer alleinige Herren des Nillandes. Es erscheint mir daher wahrscheinlicher, daß der Stamm der Libyer, der die Pharaonenherrschaft ausgeläutet hat, sie auch einläutete. Sie haben auch nach den Römern unter den Arabern eine Rolle gespielt. — In der Geologie ist etwas Ähnliches erlebt worden. Als der Vorhang über der Entwicklungsgeschichte der Lebewesen im Cambrium für den forschenden Menschen aufging, stand da eine Krebsart, unsern Asseln verwandt, der Trilobit, ein hochorganisiertes Tier. Auch das kann unmöglich ein Anfang sein. Jahrmillionen vorher muß die Entwicklung der Lebewesen eingesetzt haben. Aber diese Urschrift ist zu Grunde gegangen durch Auflösung oder durch Faltung der Erdrinde oder durch Kristallisation der Schiefer, also durch Umlagerung seiner Moleküle infolge hoher Temperaturen, die durch den Druck darüber abgelagerter, kolossaler Berglasten erzeugt wurden.

Ägyptische und griechische Plastik. Das aber darf bei aller Bewunderung uns nicht veranlassen, die überragende Höhe der griechischen Plastik herabzusetzen. Denn dieser großartige Schreiber ist doch unfrei. Zwar sind die Muskeln da, aber das sie einigende Band, der funktionale Zusammenhang fehlt. Ebenso irrig wäre es, wenn uns der ihm nahestehende, ausdrucksvolle Ranofer (5. Dynastie), den wir im ägyptischen Museum bewundern werden, zu dem Glauben verleitete, daß die Altägypter sich doch zur lebendigen Freiplastik durchgerungen hätten. Allerdings steht er vor uns in Schrittstellung. Aber diese Schrittstellung ist nicht eine Stand- und Spielbeinstellung; sie löst nicht eine Fülle von Hebungen und Senkungen und Drehungen im Hüft- und Schultergürtel aus. Diese Bewegung bleibt vollkommen isoliert. Es sind zwar Muskeln da, aber ihr Zusammenspiel fehlt und damit die Lebensillusion. Auch im Ranofer ist also, wie bei den übrigen Statuen, Leben nur im Kopf und zwar durch Licht- und Schattenspielmöglichkeit. Jeder aufmerksame Beobachter wird diese Grenze der altägyptischen Plastik erkennen. Die freie, durch funktionale Organik lebendige und bewegte Plastik bleibt das ewige, große Verdienst der Griechen.

Wo liegt der Grund für die Erstarrung der ägyptischen Plastik? Es ist bemerkenswert, daß diese Gipfelleistungen in der Plastik im Anfang der plastischen Kunst der Ägypter liegen. Und ebenso bemerkenswert ist es, daß sie darüber hinaus trotz aller technischen Höhe in der Bearbeitung des harten Steins nicht gekommen sind. Wo liegt der Grund für diese frühzeitige Erstarrung nach solchen verheißungsvollen Anfängen? War es ein angeborenes starkes Einheitsgefühl in der Kunst, das ja auch deutsche Art ist und im Barock zum Ausdruck kommt, das eine Unterordnung der Plastik unter die Architektur, eine Auffassung der Plastik als eine rein dekorative Kunst erzwang, oder war es kirchlicher Druck, der im Interesse des Totenkults die Plastik unfrei machte und so eine Weiterentwicklung verhinderte? Wahrscheinlich wirkte beides (Naturanlage und klerikaler Druck) zusammen. Die gleiche Erscheinung zeigt sich auch in der Reliefkunst. — Das vornehme Menahouse-Hotel am Eingang von Gize zeigt uns wieder, wie nahe in Ägypten Wüste und Paradies aneinander grenzen.

Nach Memphis. Es wird eine Autofahrt (18 km) von Gize zu den Ruinenhügeln dieser alten Stadt gemacht. Das war einst die Reichshauptstadt der ersten Dynastie (Gründer Menes). Seit 2500 sank es durch den Glanz Thebens. Theben und Memphis kämpften um den Vorrang wie die Bischöfe von Byzanz und Rom. Theben (Heliopolis) bekannte sich zum alten Sonnengot Re, Memphis zu dem neuen Sonnengott Horus. Kronos (Saturn) gegen Zeus. Das Symbol des Horus war der Horusfalke und die geflügelte Sonnenscheibe. Ihre Flügel breitete sie über Nord- und Südägypten aus wie der kaiserliche Doppeladler über beide Rom, Ost- und Westrom. Aber noch 1200 Jahre später, also um 1300, nach dem Sturz des Ketzerkönigs, war es trotzdem immer noch eine stille, mauerumgebene Stadt mit punktvollen Bauten (Palästen, Tempeln). Heute sprechen nur ein paar Ruinen von früherer Größe. Unter Palmen liegen dort zwei Kolossalfiguren von Ramses II, die eine aus Granit (8 m), die andere aus Kalkstein (13 m). Sie standen einst wohl vor einem Tempel des Ptah. — Vom Damm längs des Kanals sah man während der Fahrt jenseits der Fruchtfelder die Pyramidengruppen von Abusir und Sakkâra. Neuerdings soll in Sakkâra eine neue Gräberstätte aus der 2. oder 3. Dynastie entdeckt worden sein. Es sind 130 Gräber mit kostbaren Beigaben gefunden worden. — Hier befindet sich auch die Stufen-

Pyramide des Königs Zoser (3. Dynastie, 3000 v. Chr.), die sich in sechs Stufen 60 m hoch auftürmt. Sie zeigt uns, wie aus der rechteckigen Mastaba die quadratische Pyramide entstanden ist.

Reliefs in der Mastaba des Ti. Von besonderem künstlerischen Wert ist diese Mastaba des Baumeisters der 5. Dynastie (2500 v. Chr.). Durch einen kleinen Vorhof kommt man in eine große Pfeilerhalle mit einem Schacht, der zur Grabkammer führt. An sie schließt sich ein Korridor mit Neben- und Hauptgemach. Hier befinden sich farbige Reliefs von großer Schönheit: Ti im Papyrussumpf auf der Fisch- und Nilpferdjagd. Genaue Naturbeobachtung; Schärfe der Silhouetten von Mensch und Tier; Lebendigkeit der Szene; gotische Flächenfüllung; Einheit von Bild und Rahmen. Ebenso schön ist das Bild: Hirten mit der Herde, eine Furt durchwatend. Bewundernswert ist die feine Beobachtung der Beziehung zwischen Mutterkuh und Kälbchen, die gelockerte Komposition der Jungtiergruppe, die Erzeugung einer gewissen Raumillusion durch kulissenförmige Staffelung, die Umwandlung des Dahinter in ein Darüber mit perspektivischer Verkleinerung und Verunklarung. Ti ist ein feinfühliger Künstler. Durch Licht- und Schattenspiel gelingt ihm eine gewisse Lebensillusion der Gestalten. Dennoch bleibt im großen der Eindruck des Starren; denn auch ihm fehlte die Haupterkenntnis für die Lebensillusion: der funktionale Zusammenhang. Auch hier im Relief zeigt sich somit die hemmende Beeinflussung der Kirche. Nach dem schönen Glauben der Altägypter vom Jenseits trennte sich beim Tode die unsterbliche Seele vom Körper und ging in die ewigen Gefilde zu dem verstorbenen König, um in seinem Reich zu leben und zu arbeiten wie einst. Für sie gab es kein letztes Gericht mit Lohn und Strafe. Das ist erst eine spätere Priestererfindung. Der Ka, die Lebenskraft, dagegen blieb auf der Erde als Verbindungsglied zwischen Diesseits und Jenseits und wohnte in Statuen oder Reliefs, die sich durch sein ihn kennzeichnendes Bild als seine Wohnung auswiesen. Die Wirklichkeitstreue in Reliefs wie in Plastiken war daher aus religiösen Gründen eine Notwendigkeit. Der Künstler wählte daher für die Darstellung von Kopf und Gliedern die charakteristische Seitenansicht, für die Brust dagegen die Vorderansicht. Durch diese Aufnahme aus zwei Punkten wurden zwar Verkürzungen, Deformationen, die das Wiedererkennen behinderten, vermieden, aber dieser Schematismus verhinderte alle Weiterentwicklung der Kunst. Geht die Bewegung, wie das Bild zeigt, nach rechts, so wird der linke Arm und Fuß nach vorn, der rechte Arm und Fuß nach hinten gesetzt, Kopf und Gliedmaßen ins Profil-, die Brust in Facestellung gedreht. Die wichtigste Person des Bildes wurde durch Größe hervorgehoben. Das alles beweist, daß ein Fortschritt in der Kunst ohne künstlerische Freiheit nicht möglich ist. Es kann niemand zween Herrn dienen.

Die Gräber der Apisstiere. In einem Stollen von rund 350 m Länge, 6 m Höhe, 3 m Breite, stehen koloffale Granit- und Kalksteinsärge (4 × 2,5 × 3,5 cbm), welche die Mumien der Apisstiere enthalten. Die Stieranbeterei war von der 18. Dynaftie (Amenophis; Thutmosis) bis zu den Ptolemäern im Schwunge. Der Apis hatte sogar einen Hofstaat. Nicht die Geistlichkeit hat sich gegen dieses göttliche Viehzeug aufgelehnt, sondern der bitter bekämpfte Ketzerkönig. Allerdings ist die Verknüpfung von Göttern und Königen mit Tieren alt. Wir sehen das schon an der Sphinx des Chephren (4. Dynaftie). Ebenso gibt es Sphinxe in der 12. Dynaftie mit Löwenkopf und Löwenmähne; es gibt Götter mit einem Falken- und Schakalskopf. Isis, die Gemahlin des Totengotts Osiris, und Hathor, die griechische Aphrodite, trugen Kuhhörner. Eine Verknüpfung von Mensch und Tier war also immer da. Aber niemals eine Tieranbeterei. Die wurde erst um 1400 v. Chr. Mode.

Das Niltal und seine Entstehung. Eine Nachtfahrt führte uns nach Luxor. Man durchfährt das Niltal auf 740 km Länge bei rund 15 km Breite. Zu beiden Seiten liegt der Steilrand des Wüstenplateaus 150—200 m über dem Spiegel des Meeres (Eozäner Sandstein und Nummulitenkalkstein). Beide Schichten haben sich im Eozän im Anfang des Tertiärs, auf flachem und auf mitteltiefem Meeresboden gebildet. Diese Ablagerungen wurden im Laufe des Tertiärs gehoben und bildeten eine einheitliche übermeerische Scholle. Am Ende des Tertiärs kam dann die zweite große Erdfaltung, bei der sich die neuen alpinen Gebirge (Alpen, Atlas, Libanon) bildeten, die heute den Rand des ganzen Mittelmeers begleiten. Dabei traten in der neuen Kalk-Sandsteinscholle infolge Seitendrucks Brüche auf in Form einer Grabenbildung. Ein Feld von 15 km Breite und der Länge des Niltals sank in die Tiefe, während die benachbarten Seitenfelder sich hoben. Es hatte sich also ein ähnlicher Vorgang abgespielt wie bei uns daheim im Gebiet der Oberrheinischen Scholle, nur mit dem Unterschiede, daß sich hier ein etwa dreimal so breiter Graben (Oberrheintal zwischen Wasgau und Schwarzwald) bildete. Diesen Nilgraben begrenzte das arabische und libysche Plateau. Gleichzeitig mit diesem Grabeneinbruch entstanden auch die kesselförmigen Einbrüche von Fayum und von der Oase Siwah westlich davon. In dieses Grabenfeld drang das Meer im Pliozän und Diluvium ein und bildete einen tiefen, schmalen Fjord, eine niedrigere und längere Art von Sognefjord (6 km Breite, 1500 m Höhe, 180 km Länge). Später fand der obere Nil zu ihm den Weg wie bei uns der obere Rhein zum oberrheinischen Graben und füllte ihn mit Sinkstoffen. Dann trat eine Klimaänderung ein. Es bildete sich die Sahara. Die östlichen und westlichen Zuflüsse zum Nil wurden wasserleer, wurden Wadis, d. h. Täler, die nur selten Wasser führen. — Dieses Tal durcheilt nun unser Schnellzug etwa 10 Stunden lang. Schon beim ersten Morgendämmer standen wir am Fenster. Rosenrotes Licht lag auf den Plateaukanten im W.; das Tal erfüllte noch grünliche Dämmerung; ab und an blitzte der matte Spiegel des Nils auf. Draußen erwachte das Leben. Der Hirt öffnete seine von Schilfmatten umstellte Hürde, wo er bei der Herde, in seinen Pelz gewickelt, trotz der kräftigen Nachtkühle geschlafen hatte. Die Temperaturdifferenz zwischen Tag und Nacht ist im März noch recht groß. Trotz des gut geheizten Schlafwagens hatte ich mir eine starke Erkältung zugezogen. Auch aus den Hauswürfeln aus Nilschlamm und Häcksel treten Menschen heraus. In langen Reihen ziehen sie zu den Feldern, die Frauen auf Eseln reitend. Tiefes Schweigen. Phantasmagorisch zieht alles vorüber. Auf einigen Feldern ist man schon bei der Arbeit im langen Hemd mit dem Hakenpflug. Der Boden wird nur aufgeritzt, nicht wie bei uns mit der Pflugschar umgeworfen. Der Büffel hatte schon den ewigen Kreislauf am Göpelwerk seiner Sakkije wieder aufgenommen. So wie heute wird das Leben vor 5000 Jahren zur Zeit der ersten Dynastien gewesen sein. Der Mensch ändert seine Gewohnheiten nicht, wenn sich die Lebensbedingungen nicht ändern. Und die sind unverändert geblieben. Noch heute pendelt wie einst die Sonne zwischen den Wendekreisen und mit ihr wandeln die Zenithalregen und mit ihnen steigt und fällt der Nil und regelt Aussaat und Ernte der Bauern.

Konstanz der ägyptischen Rasse. Und wie die Natur und die Lebensart, so ist auch der Mensch unverändert geblieben: mittelhoch und rank, mit breiten Schultern, mit großen Händen und Füßen, mit tief modelliertem Gesicht steht er vor uns; aus dem Fellachen von heute blickt uns der ägyptische Typus an, der uns aus dem Sphinx des Chephren und aus den Reliefs des Ti ansieht. Es ist keine Blutmischung eingetreten. Denn der Ägypten erobernde Araber liebte den Ackerbau nicht; er blieb der Wüste und der Freiheit treu. Noch heute lebt er am Wüstenrand, vielleicht sogar in ungefähr gleicher Zahl wie einst; nur eine halbe Million. Im Tal dagegen sitzen die ägyptischen Bauern, die sich stark vermehrt haben. Und ebenso wie die Araber sind auch die anderen Landesherrn (Griechen, Römer, Libyer usw.) immer nur Oberschicht geblieben. — Unsere Gedanken fliegen zurück zum heiteren Griechenland. Wie anders dort Land und Menschen! Aufgeschlossenheit des Landes gegen Abgeschlossenheit hier; Aufgeteiltheit in Becken gegen Einheit; pantheistische Religion gegen dualistische; dort ringsum eine Natur, die eine frohe Lebensauffassung predigt, hier ringsum die ernste Wüste und der Tod; nicht mehr froher Lebensgenuß, sondern Arbeit ohne Unterlaß. Denn jeder Zoll Boden muß allezeit gegen die vordringende

Wüste verteidigt werden. Der Gang zur Arbeit ist daher feierlich wie der Gang zum Gottesdienst. Diese Feierlichkeit hat uns alle heute morgen ergriffen, mehr als das Farbenspiel des Sonnenaufgangs. Sie wird uns ein Erlebnis bleiben. — Am frühen Vormittag erreichen wir

Luxor. Wir sind südlich vom 26. Grad, also noch 2½ Grad vom Wendekreis entfernt. Einst war hier die Hauptstadt des mittleren Reichs (2100—1700), das hunderttorige Theben, von dem Homer in der Ilias spricht, das ägyptische Rom mit seinem Nationalgott Amon-Re. Nach der Vertreibung der Hyksos durch Ahmose I 1580 war es dann wieder die Residenz des Neuen Reiches geworden (1550—712). Man kann sich leicht vorstellen, welches Machtbewußtsein die Ägypter nach der Befreiung von den Hyksos erfüllte, obgleich sie nicht ganz ihr eigenes Verdienst war, denn sie war unter Mithilfe libyscher und anderer Söldner erfochten worden. Wie eine schwarze Wolke einen lichten Saum haben kann, so auch diese 150 Jahre semitischer Fremdherrschaft. Sie hatte mit vielen großen Übeln aufgeräumt. Alle Besitzenden waren enteignet worden: die Kleinfürsten, der Adel und die Kirche. Es war der ursprüngliche Zustand zur Zeit der Menes somit wieder hergestellt worden: das Land war wieder im alleinigen Besitz des Königs Amosis und seine Nachfolger hüteten sich, diesen Zustand zu ändern. Aber man brauchte ein Heer und Verwaltungsbeamte. Man mußte auf das Lehnswesen wieder zurückgreifen. Geld als Bezahlungsmittel gab es nicht. Man zahlte mit Land. Das Spiel konnte von neuem beginnen. Das geliehene Staatsgut wurde im Laufe der Jahrhunderte wieder Privateigentum. Anfangs allerdings zeigte diese Entwicklung wieder ihre günstige Seite. Die Bauern zahlten 20 % von ihrem Ertrage. Die Staatseinnahmen aus Steuern, Zöllen, Handel, Gewerbe, Bergwerken waren reichlich. Das große Machtbewußtsein, das Fürst und Volk damals durchströmte, erweckte das Bedürfnis nach einer Ausdehnung des Reichs, nach Kolonien. In den 50 Jahren der Dynastie Amosis wurde Nubien erobert. Dann folgte die glänzende Dynastie der Thutmosis und Amenophis. Palästina und Syrien wurden zu Kolonien gemacht. — Trotz der damals stürmisch bewegten Zeit der Kämpfe gegen vordringende Germanenvölker: der Hethiter (mittlere Atlantikerwanderung um Afrika nach Sumer und den Euphrat aufwärts), die sich in Kleinasien und Syrien festgesetzt hatten, der Philister, Pulsta (letzte Atlantikerwanderung quer durch das Mittelmeer), die 1400 v. Chr. in Palästina eingedrungen waren, der Kreter und der Libyer — hatte die Fürsten eine Baulust ergriffen, mit der nur die der weltlichen und geistlichen Fürsten in Deutschland um die Wende des 17. Jahrhunderts, also im Barock, verglichen werden kann. Die Ausgaben für diese glänzenden Bauten legten den erwerbenden Schichten untragbare Lasten auf. Die Kriege verminderten zahlenmäßig den Stand, der sie am meisten zu tragen hatte, den Bauernstand, und verschlechterten seine wirtschaftliche Lage. Das um so mehr, weil die Kirche steuer- und kriegsdienstfrei war. Eine Abwanderung vom Lande begann. Latifundien- und Sklavenwirtschaft setzten ein. Es entstand ein wurzellos gewordenes Proletariat, das in die Städte wanderte und Kost- und Parteigänger der Kirche wurde. Die allgemeine Unzufriedenheit und der Einfluß der Kirche wuchs. Man erkaufte ihr Wohlwollen durch Landschenkungen, was das Übel vergrößerte. So speicherten sich in dieser äußeren Glanzzeit die revolutionären, vulkanischen Gewalten auf, die später die 18. Dynastie zu Fall brachten. — An diese Schatten muß man denken, wenn man durch die Ruinen dieser ehemaligen Prunktempel in und um Luxor wandelt. — Heute ist Luxor wieder eine ansehnliche Kreisstadt von 20 000 Einwohnern und Winterkurort. Das Thermometer fällt auch in den Winternächten nie auf den Gefrierpunkt. Minimal- und Maximaltemperaturen: im Oktober 18,6 und 32 Grad Celsius, im November 12,9 und 31,1 Grad C., im Dezember 9,6 und 24,3 Grad, im Januar 7,6 und 23,1 Grad, im Februar 9,3 und 25,5 Grad. Immer Sonnenschein, immer trockene Luft. Und wer Ruhe sucht, hier ist sie zu finden. Das macht das einfache, nicht hastende Leben aus Urväter-Tagen; das macht das Zusammenwirken aller die Landschaft beherrschenden Horizontalen: die Horizontale des hier 400 m breiten Stroms und der Plateauränder; das macht der ruhige, wolkenlose blaue Himmelsdom. Der Frieden der Abende wird neben der Schönheit der Sonnenuntergänge jeden im Gedächtnis bleiben, der sie, auf hohem Nilufer sitzend, erlebt hat. — Den vornehmen Winterbesuchern entsprechen die großen, vornehmen Hotels inmitten ausgedehnter Parkanlagen. Eine fremde, schöne Pflanzenwelt in ihnen erregt unser Interesse: Palmen, Sykomoren, Nilakazien, akazienähnliche Tamarinden (Caesalpineen), zypressenartige Tamarisken (Myricaria). Charakteristisch sind die stark reduzierten, ganzrandigen, zum Teil nadelartigen Blätter und die rutenartigen Zweige. Weitere Anpassungserscheinungen an die Trockenheit sind: die Ablagerung von Öl und Wachs auf der Blattoberseite, um das Licht abzublenden; die geringe Zahl der Poren, der Milchsaftgehalt und die Sukkulenz der Zellen, um die Verdunstung einzuschränken; die dicke Unterhaut, Cutis; die Farbigkeit der Brakteen, Hochblätter, um die Insekten anzulocken (Bougainvillea, Poinsettia). Die Gartenhäuser sind natürlich von Bougainvillea in schwerer Menge übersponnen. Auch Euphorbia pulcherrima mit feuerroten Blättern ziert die Gärten. Daneben begrüßen uns alte, deutsche Bekannte: Petunia, Calendula, Goldlack, Levkojen, Reseda, Rosen. Die Vögel konzertierten vielstimmig vor meinem Fenster bei Sonnenaufgang. Mir schienen es heimatliche Lieder zu sein, denen ich, geborgen durch ein riesiges, von der

Decke bis zum Boden reichendes Mückennetz, Zanzariere, lauschte. Später wußten sie sich, buntfarbig wie die Blüten, geschickt im dichten Blätter= werk zu verbergen.

Der Amonstempel von Karnak. Wir fahren zu dem großen Amonstempel durch pralle Hitze und mahlenden Wüstensand. Die ägyptischen Tempelanlagen sind von ganz anderer Art als die griechischen. Es ist nicht ein einzelnes säulenumringtes, niedrigdachiges Haus, dessen Umgang für das Volk und dessen Inneres für das Götter= bild und die Priester bestimmt ist, sondern es ist ein Komplex von Höfen und Sälen für Priester und Volk. Eine einfache Tempelanlage des mitt= leren und neuen Reichs besteht aus zwei turmartigen, pomphaften Pylonen zu beiden Seiten des Eingangs, aus dem hellen Vorhof mit Säulenumgang innen, dem dämmrigen Säulensaal und dem dunklen Allerheiligsten, in dem sich die Statue Gott=Vaters (Amon) oder Gott= Mutter (Mut) oder Gott=Sohns (Chons = Thot) und die Sonnenbarke für Prozessionszwecke befindet. Meist und besonders hier sind mehrere solcher Tempelkomplexe aneinander gefügt. Das Ganze wird von einer hohen Mauer umgeben. Zu dem Tempel führt eine Prozessionsstraße von Sphinxen. An dem Tempel des Amon, vor dessen imponierender Fassade wir stehen, hat man vom mittleren Reich (Sesostris) an bis auf die Ptolemäer über 1½ Jahrtausend gebaut und immer in demselben Stil, also nicht wie z. B. an deutschen Burgen (Heidelberger Schloß) oder Kirchen im wechselnden Stil der Zeit. Diese Konstanz des architekto= nischen Stils ist für Ägypten ebenso charakteristisch wie die Konstanz der Rasse, der Erbmasse. Prozessionsweg, Höfe und Säle und Allerheiligstes kannte man auch in Altägypten (Torbau, Prozessionsweg, Tempel mit Vorhöfen, Sälen und Allerheiligstem), nur waren sie damals nicht wie hier die Hauptsache (Grabpyramide). — Der Haupt=Pylon hat 113 m Breite und 43 m Höhe und steigt schräg wie eine Festungsmauer an. Mit seinen beiden mächtigen, abgestutzten Türmen schließt er im Mittelteil ein hohes, rechteckiges Tor ein. Über ihm befindet sich die charakteristische Hohlkehle und die geflügelte Sonnenscheibe als Symbol des Sonnen= gottes Amon. Zum Schmuck dienen je 2 Flaggenmasten in Rillen der Mauer und auf der Oberfläche Reliefs. Diese Türme dienten den Wäch= tern als Wohnung; die Plattform oben war ihre Warte. — Es setzt dies Erzeugnis ägyptischer Baukunst nicht herab, wenn man im Geist die Fassade des Straßburger Münsters daneben stellt. Der Pylon ist ein Symbol, das sichtbare Zeichen für Abwehr der streitbaren Priesterkaste; der Münsterturm dagegen symbolisiert die Himmelssehnsucht nordischer Menschen und ihre Sehnsucht, die Materie zu überwinden. Dort eine geschlossene, massige, starre Außenfläche, hier eine tief aufgelöste, durch

Licht= und Schattenspiel auf Maßwerk, Wimpergen und Verharfungen belebte Fläche. Ägyptische Nüchternheit, Sachlichkeit steht gegen deutsch= nordische Phantastik, nordischen Unwirklichkeitsdrang. — Besteigt man den Pylon, so überblickt man von seiner Plattform eine mit Tempelresten übersäte, ummauerte Fläche und um sie ringsum schweigende Wüste. Der Amonstempel allein bedeckt 14 Morgen. So groß ist die Gesamt= fläche der Akropolis. Der gesamte Tempelbezirk mit Tempelruinen, heiligen Seen, Widder= und Sphinxalleen, die die Tempel unter sich und mit dem Nil verbinden, bedeckt etwa ¾ Quadratkilometer, also rund 300 Morgen. Ein Drang zum Kolossalen lebte in diesem Volk. Auch hier wie bei den Pyramiden eine riesige Arbeitsleistung, aber mit ganz anderm Ziel: dort für den König und seine Gefolgschaft, hier für die Priesterschaft und ihre Gemeinde. — Durch die Enge des Portals tritt man in einen g r o ß e n H o f (103×84 qm), der von Säulenhallen flankiert ist. Im Süden wird er vom Tempel Ramses III durchbrochen. Wir durchschreiten dann ein zweites, enges Pylonenportal und befinden uns in dem impo= santesten architektonischen Kunstwerk des mittleren und neuen Reichs, in dem großen S ä u l e n s a a l (103×52 qm, also rund 5400 qm). Der Kölner Dom hat 6100 qm. Es ist ein Wald von 128 Steinsäulen in 16 Reihen von ziemlicher Höhe (13 m) und Dicke (3,57 m, also von rund 10 m Umfang); Papyrussäulen mit offenem und Bündelsäulen mit ge= schlossenem Kapitäl; Abstand bis 9 m. Es sind drei Mittelschiffe und je 7 Seitenschiffe (basilikaler Stil). Der Umfang der Seitenschiffssäulen ist, ihrer Höhe und Traglast entsprechend, geringer (8,40 m). Das Licht fällt nur im Mittelschiff von oben ein. Dafür hatte man eine Art Licht= gaben geschaffen. Man setzte auf das Kapitäl der inneren Nebenschiffs= reihe einen fensterartigen Aufsatz von 8 m Höhe und legte darüber eine kassettierte Decke. Dadurch hatte das Mittelschiff 21 m Höhe (Köln 45 m; 19 m). Den weiten Raum erfüllte beruhigendes Dämmerlicht. Das ist eine gewisse Art von Raumkunst (Breite, Höhe, Tiefe, gegliederte Säule). Wandert man im äußersten Seitenschiff nach Osten und blickt dabei auf das Mittelschiff oder darüber hinaus, so überschneiden sich die Säulen, mit jedem Schritt wechseln die Bilder. Das ist malerischer Stil wie im Mailänder Dom. Das ist die Schönheit des Verunklarens. Die ägyptische Kunst appelliert also an das dunkle Gefühl durch diese malerische Form und durch die Mystik des Dämmerlichts im Innern. Sie steht uns dadurch näher als die verstandesklare griechische Kunst. Die Mittel, mit denen unsere deutschen Gotiker das Gefühl beschwören, sind allerdings stärker: der Himmelssturm in den Pfeilern und Diensten und Türmen ist größer; die Mystik (das Gefühl der Gottverbundenheit) ist durch Farbenaufglühen und =verglühen tiefer; die Entmaterialisierung beschränkt sich nicht bloß auf Dekoratives (Reliefs), sondern erfaßt das Material der Außenwand bis in die Tiefen (Fenster und Maßwerk) und ebenso das der Decke (Rippen). Aber in der Hauptsache bewegen sich ägyptische und deutsche Meister in derselben Richtung: auf das Gefühlsmäßige, auf das Dunkle, auf das Transzendente (das Übersinnliche). Die Kunst beider Völker zielt auf Suggestion. Es liegt mir daran, auf diese Übereinstimmung hinzuweisen.

Wandlung des architektonischen Ideals. Das architektonische Ideal der ägyptischen Rasse hat sich offenbar seit Cheops gewandelt. Es ist vom plastischen, ruhigen Ideal bei den Pyramiden zum bewegteren Raumideal der Säulensäle übergegangen. Auch bei den Griechen haben wir den Idealwandel vom ruhigen zum bewegten Stil sowohl in der Architektur wie auch in der Plastik feststellen können (Parthenon, Tauschwestern; Erechtheion, Sandalenbindende Nike). Aber nie sind die Griechen dabei zur Innenraumschönheit gekommen. Sie konnten es nicht wegen ihrer ganz anders gearteten geistigen und religiösen Veranlagung. Sie wollten die organische Belebung des Steins, die organische Einheit des Tempels, sie wollten das Klare, Mathematische, Verstandesmäßige, sie wollen aber nicht Mystik und Gefühlsmäßiges, Dunkles. Das aber gerade wollten die Ägypter. Den Griechen war der Tempel oder besser sein Peristyl (sein äußerer Säulenumgang) der Versammlungsort zum Plaudern, zum ästhetischen Genießen. Er war allen zugänglich, denen noch das Lämpchen glühte. Diesem Tempel des Amon aber nahte man sich nur in Prozessionen. Er war Suggestionsmittel. Die Suggestion der Priesterschaft auf die schwerarbeitenden, dumpfen Massen war ungeheuer. Sie ist es geblieben unter dem Muhammedanismus, denn auch die neuen Ägypter haben die Seele der alten Ägypter: einfach, gefühlschwer und ernst. — Die Außenwand dieses Saals trägt wohlerhaltene Flachreliefs: ein Heldenepos, ein Siegesgesang Sethos' I und Ramses' II, des Erbauers dieses Saals, über ihre Feinde (Nubier, Armenier, Assyrer, nordische Hethiter [Chetiter] und Amoriter), ein Schlachtengemälde von etwa 100 m Länge. König und Kirche, Thron und Altar waren damals wieder nach dem Intermezzo Echn-atons, so scheint es, einig. Die Staatsführung hatte sich unterworfen. Diese Wandbehandlung durch Reliefs ist auch eine Art der Wandauflösung. Tiepolo löst Wand und Decke der barocken Paläste durch Malereien auf (Würzburg), die Gebrüder Asam (Nepomukkapelle, München) durch Hochreliefs, die Ägypter durch Flach(Tief)reliefs, die Gotiker durch Verdichtungen und Verdünnungen der Wände (Stützpfeiler, Dienste, Kreuzrippen, Maßwerk; Deckenfüllung, Fenster). — Auf den großen Säulensaal folgen noch mehrere Pylone, kleinere Säulensäle, das Sanktuarium, Tempelreste des mittleren Reichs, ein großer Pfeilersaal und ein zweites Sanktuarium.

Dazwischen stehen Obelisken und Kolossalstatuen. Sie spielen eine dekorative Rolle. — Es ist kein ästhetischer Genuß, diese 350 m des Amontempels zu durchwandern. Es ist eine Arbeit. Und ohne Vorstudien wird man davon nur einen verhältnismäßig geringen Vorteil haben. Denn das hier ist ein Konglomerat, nicht eine architektonische Einheit. Diese war tausend Jahre später den Griechen vorbehalten. Wie leicht ist es, in den Ruinen von Selinunt für den Kenner zum Genuß zu kommen! In seinem Geiste richten sich die Säulen wieder auf, er rekonstruiert den Tempel wie der Paläontologe aus einem einzelnen Knochen das ganze Skelett und alle Muskeln des vorweltlichen Tiers; denn beides sind anatomische und funktionale Einheiten.

Der Tempel von Luxor. Er ist früher angelegt worden unter Amenophis III, Memnon, dem Vater des Ketzerkönigs. Unter Ramses II ist er vollendet worden. Er hat drei Vorhöfe mit doppeltem Innenperistyl. Ihnen folgt eine offene Säulenhalle (57×51 qm) und nach einem Vorraum das Sanktuarium. Vor dem Eingangspylon befinden sich zwei Ramseskolosse (Granit); auf den Außenwänden die angeblichen Siege Ramses' II gegen die Hethiter in Reliefs.

Im Tal der Könige. Eine Fähre setzt uns über den Nil. Dann geht's im Auto an den westlichen Talrand (rund 200 m hoch) und in das sich eingrabende, tief verästelte Tal der Könige, einen Wadi. Der Sonnenbrand von Jahrtausenden hat die Hänge zermürbt und ihre Oberfläche in ein Gewirr von Kalkblöcken aufgelöst. Es herrscht eine infernalische Hitze, bei der das Blut rebelliert; 40 Grad im Schatten. Im Oberlauf dieses Tals des Schweigens befinden sich die Grabstätten der Könige fern von allem Leben. Wie ganz anders empfanden die Römer! Sie bestatteten ihre Toten an den Heeresstraßen, an denen das Leben vorüberflutete. Via Appia. Die Unrast des Römers gegen die Friedenssehnsucht des Ägypters. Mehr als 60 Grabstellen sind bekannt. Nur wenige werden besucht: das Grab Sethos' I, Ramses' III und Amenophis' II. Auf der schiefen Ebene oder auf Leitern geht man hinab zu den pfeilergestützten Kammern. Eine drückende Schwüle in ihnen. Dort befindet sich der Steinsarkophag. In ihm steht ein Holzsarg und der goldene Sarg, der die Mumie umschließt. Wand und Decke der Gänge und Kammern sind mit Malereien von großer Farbenschönheit bedeckt. Sie behandeln die nächtlichen Schicksale der Sonne und der Seele nach dem Tode. Eine göttliche Komödie in Farben. **Pharaonenfluch.** Es wird vom Pharaonenfluch gesprochen. Es handelt sich um den Fluch eines Pharao in Hieroglyphen über den, der die Ruhe seines Grabes stört. Einige von den Forschern sind relativ früh gestorben. Zufall würde man ohne den Fluch sagen. Jetzt, in unsrer Zeit der überraschendsten Erfindungen, sind viele bereit, okkulte Kräfte dafür in Anspruch zu nehmen, ein Zeichen dafür, wie dünn die eigentliche Kulturschicht ist. — Zweifellos gibt es noch unbekannte Kräfte. Zweifellos gibt es Menschen, die für das Meer von Wellen und radioaktiven Strahlen, in dem wir uns befinden, eine besonders feine und synchrone Reaktionsfähigkeit haben. Wir wissen heute, daß vom lebenden Organismus elektrische Feinströme ausgehen, daß die organische Zelle wie ein galvanisches Element wirkt und durch Oxydation, also einen chemischen Prozeß, ihr elektrisches Potential andauernd erneuert. Es ist auf die Entfernung von Metern nachgewiesen, daß z. B. bei der Beugung von Muskeln an den Ansatzstellen positive und negative Elektrizität entsteht, die bei der Streckung ihr Vorzeichen ändert. Es ist nicht unwahrscheinlich, daß im Gehirn bei Gedankenoperationen elektrische Feinwellen, elektrische Strahlungen, entstehen. Damit lassen sich die Erscheinungen des Gedankenlesens, der Telepathie, wohl erklären. Aber das sind natürliche Kräfte, die dem Experiment unterliegen, nicht okkulte, also übernatürliche, sogar auswählende, gleichsam adressierte Kräfte. Sie sind eine reine Annahme. — Es läßt sich der verhältnismäßig frühzeitige Hingang der Gelehrten natürlich erklären. Wir alle sind heute durch die Glut und den ausdörrenden Staub der Wüste gefahren und haben nur ein paar Stunden in der Schwüle der Stollen zugebracht. Und es ist erst Mitte März. Trotzdem werden viele über nicht zu löschenden Durst geklagt haben, der Gefahren, z. B. Magenverstimmungen, in diesen Gegenden mit sich bringt. Denken wir uns drei und mehr Monate weiter in den Sommer hinein: gesteigerte Hitze, Staub, Schwüle und Gefahren beim Essen und Trinken und dazu die zermürbende, nervenaufreibende Arbeit durch viele Monate, die zahlreichen Aufregungen, die Gefahr der Malaria usw. Den Forschern ist ihre Person nichts, die Sache alles; sie gehen nicht haushälterisch mit ihrem Kapital an Kraft um. Es gibt daher kaum einen, der nicht ein Stück seiner Gesundheit seinem wissenschaftlichen Drang zum Opfer gebracht hätte.

Priesterliche Schiebungen. Während der Nacht fährt die Sonnenbarke, so lehrte man die Ägypter, unter der Erde über den Höllenstrom, den Urnes, den Styx der Griechen, von Westen nach Osten zurück, vom Untergangs- zum Aufgangspunkt. In ihr befindet sich der Sonnengott, Rê unter einem Riesenbaldachin, der von einer Schlange, der Uräusschlange, gebildet wird, und Isis und Genien. Der Strom enthält eine Reihe von Sperren, an denen Dämonen von der Seele des Gestorbenen das Losungswort verlangen. Nur wer die Losungsworte der Sperren wußte, durfte schließlich in die Barke des Sonnengotts steigen und konnte ins Elysium kommen, um in der früheren Art weiterzuleben. Wer sie nicht wußte, wurde vernichtet oder zum Tier degradiert. Es war also

nicht mehr ein reines, unbeflecktes Leben für Seligkeit oder Verdammnis
ausschlaggebend, sondern das Wissen um die Losungsworte. Und die
wußten nur die Priester. Diese ganze Höllenfahrt, dieser Kampf der Seele
mit einer unübersehbaren Anzahl von Dämonen, die die Seele zu ver=
nichten trachteten, war eine spätere Erfindung der Priester, die sich der
Todesfurcht bedienten, um die Menschen während des Lebens in der Hand
zu haben. Der Zweck heiligte auch ihnen schon das Mittel. Wie sind sich
doch diese politischen Priester innerlich verwandt! (Jsidorische Dekretalen.)
So waren die Ägypter aus Gottesfreien zu Gottesknechten, zu Pfaffen=
knechten geworden. Die Massen wurden gefügige Werkzeuge in der Hand
der Priester. Sie konnten jetzt mit diesen Hörigen den Kampf mit dem
Königtum wagen. Und sie gewannen, denn allezeit hat sich der Köhler=
glaube unter Priesterbeeinflussung als mächtiger erwiesen als die Macht
angestammter Herrscher. Als die Machtansprüche der Kirche schließlich
unerträglich geworden waren, hat der sogenannte Ketzerkönig Ameno=
phis IV (18. Dynastie) den Versuch gemacht, das Joch abzuschütteln, um
vom Polytheismus (Polydämonismus) zum alten einfachen Sonnen=
dienst zurückzukehren. Er ist gescheitert, wie vorauszusehen war. Amarna,
seine Hauptstadt, wurde dem Erdboden gleichgemacht, sein Andenken aus=
gelöscht. Man denkt an Dietrich von Bern, den Ostgotenkönig, der Italien
beherrschte. Er war Arianer. Ihm war Christus nur gottähnlich, aber
nicht gottgleich. Diese Glaubensdifferenz genügte der Kirche. Seine Asche
wurde von den Priestern der athanasianischen Kirche in alle Winde zer=
streut und sein Volk durch Justinian, den Kaiser von Byzanz, unterjocht.
Nach den willfährigeren Dynastien der Ramses erreichte dann die Priester=
schaft auch schließlich ihr Endziel. Sie war auf 150 Jahre scheinbar
alleinige Herrin des Landes. Aber wenn das freie Mannestum und seine
schöpferische Erbmasse erst vernichtet ist, muß auch die äußere Freiheit
eines Landes fallen. Diese Wahrheit bestätigte sich auch hier. Von da ab
regierten in Ägypten fremde Herren (Libyer 945—712, Äthiopier,
Assyrer, Ptolemäer, Römer usw.).

Wir besuchen Der el=bahri, den Terrassentempel der Königin
Hatschepsût (1501—1481, 18. Dynastie). Drei Terrassen mit Vorhöfen
und dahinter 200 m hoch die steile Felswand, im grellen Sonnenlicht
gleißend. Starrheit der Natur, Bewegtheit der Kunst. Man steigt durch
verbindende Rampen zur höchsten Terrasse auf: eine Säulenhalle in der
Mitte, Säulensäle zur Rechten und Linken und im Hintergrunde das in
Fels gehauene Heiligtum. Hier meldet sich dieselbe Tendenz zur Bewegung
an, die später beim Ketzerkönig beherrschend wird. Es ist der gleiche
Wandel von der Ruhe zur Bewegung, der sich mehr als ein Jahrtausend
später von den Doriern zu den Hellenen und Römern (Pergamon; Bal=

beck) vollzieht: Aufstaffelung, Terrassenbau. Von der oberen Terrasse genießt man einen umfassenden Blick auf die Nekropole, auf die Memnonskolosse, die aber infolge der entmaterialisierenden Kraft der Sonne nur wie aufgestellte Bühnenbilder aussehen. Hier in dieser grandiosen Umgebung möchte man im Mondschein sitzen und den letzten Akt von Verdis Aïda hören.

Auf dem Wege zum ägyptischen Rokoko. In den Felsengräbern von Schêch Abd el Kurna sieht man auf stuckierter Wand farbige Bilder von großer Schönheit und Leuchtkraft. Die Musikantinnen im Grab des Nacht sind um 1410, also im Anfang der Regierung Amenophis III (1411—1375), des Vaters Amenophis' IV, des Ketzerkönigs, entstanden. Wie ganz anders als im Grabe des Ti mutet diese Kunst an! Das klingt an die Kreterkunst an (Übersteigerungen; das Momentane), die wir im Nationalmuseum Athens auf Goldbechern bewundern konnten. Man fühlt, es bereitet sich in der ägyptischen Kunst ein Wandel vor. Das ist nicht mehr ganz das übliche, starre, ägyptische Reliefschema. Das klingt an an die bewegte barocke Kunst mit ihren verunklarenden Überschneidungen (durch Körper und Instrumente), mit ihrer lichtlichen Bewegung durch Dekoratives (Federbaretts, Ohrringe, Haartroddeln, Kolliers, Armbänder). Das klingt an an Rokoko durch Betonung des Vertikalen und durch Neigung zum Entmaterialisieren, zum Linienhaften, und zum Übersteigern (Beine, Arme, Finger). Das erinnert an chinesische Kunst: das Momentane, das Skizzenhafte (das nur angedeutete, durchsichtige Gewand und dazu die Schlitzaugen). Das ist Lebensillusion nicht allein durch Licht wie im Grab des Ti. Aber trotzdem erkennt man, daß die Fesseln der alten Reliefkunst doch noch da sind (linker Arm und linker Fuß voran, rechter Arm und rechter Fuß zurück, das Gesicht en profil, die Brust en face). Von funktionaler Organik der Griechen ist auch hier vorahnend kein Hauch vorhanden. Wir sind schon auf den Wegen Echnatons, Amenophis IV, und das ein halb Jahrhundert vor ihm. Seine Ziele sind uns im Grabe Tutanch Amuns, seines Nachfolgers und Schwiegersohns, der zur Religion der Priester reumütig zurückkehrte oder zurückkehren mußte, erhalten geblieben. Ein Wolkenbruch auf dem Wüstenplateau hatte mit seinen ungeheuren, abwärts gewälzten Sand- und Steinmassen dieses Grab tief verschüttet und es so gnädig der Vergessenheit mit all seiner Schönheit und seinem Reichtum übergeben. Wir werden es im Museum von Kairo sehen. Auf der Rückfahrt wurde an den Memnonskolossen halt gemacht. Nubischer Sandstein, einschließlich Sockel 19½ m hoch. Amenophis III, vor sich seine Gemahlin Teje und seine Mutter, beide nur kniehoch, aber dennoch ungefähr 6 m hoch. Erdbeben haben sie erschüttert und rissig gemacht. Ein Spalt in der Statue

Memnons war die Ursache, daß sie bei Sonnenaufgang tönte. Diesen Riß ließ Kaiser Septimius Severus (rund 200 n. Chr.) ausfüllen. Seitdem klagt Memnon nicht mehr. Dieser Koloß stand vor einem Pylon. Er und der zugehörige Tempel ist verschwunden. Bei Hochflut umspült ihn der Nil. Dann geht's zum R a m e s s e u m. Von Ramses II nach Beendigung der Hethiterkriege gebaut. Pylon 67 m breit; 2 Höfe mit gedoppelter Säulenhalle rechts und links; ein großer Säulensaal (60×30 qm, rund ¾ Morgen, mit 8×6 Säulen, also basilikal mit einem Mittelschiff und je 4 Seitenschiffen); ein kleiner Säulensaal (Bibliothek heiliger Bücher; Decke mit Sternenbildern). Osirispfeiler. — Wer durch Reisen eine Anschauung bekommen will von der Natur und der gesamten Kunst Ägyptens, von den Ewigkeitswerten, die diese Rasse geschaffen hat, von ihrer körperlichen und geistigen Konstanz durch 5 Jahrtausende, von ihrem seelischen Frieden, der darf sich nicht damit begnügen, Kairo gesehen zu haben. Denn dort kann er nur einen Teil der ägyptischen Kunst kennen lernen, nämlich die Kunst des alten Reichs und vom neuen Reich nur die Amarnakunst, nicht aber die des mittleren und neuen Reichs. Die Erkenntnis, daß trotz gleichbleibender Erbsubstanz dennoch ein grundlegender Wandel der künstlerischen Ideale stattgefunden hat (vom Ruhigen zum Bewegten; von der plastischen zur räumlichen Architektur; und von der Neigung zum Massigen, Zyklopischen zum Entmaterialisieren), wird ihm sonst schwerlich aufgehen. Es würde zur Erklärung dieser Erscheinung beitragen, wenn ein Historiker sich den Beziehungen zwischen Libyen und Ägypten widmen würde.

M u s e u m f ü r ä g y p t i s c h e A l t e r t ü m e r. Im Nachtzug fahren wir nach Kairo zurück und besuchen das Museum. In seinem Vorhof steht der Sarkophag des verdienstvollen französischen Archäologen Auguste Mariette, von Tamarinden umgeben. In den Anlagen am Eingang stehen sechs Exemplare von Persea (Mimusops, eine Lorbeerart), die der Isis heilig war. Neben den Franzosen haben die Engländer (Lord Carnavon, Carter), Amerikaner und Italiener auf dem Gebiet der Ausgrabungen mit großem Erfolg gearbeitet. Auch wir Deutschen stellen darin klangvolle Namen: Lepsius, Borchardt, von Sieglin. Das Museum enthält große Schönheiten und große Reichtümer. Das obere Stockwerk zeigt, auf wie hoher Stufe das ägyptische Handwerk zu allen Zeiten, besonders vom mittleren Reich an, gestanden hat. Es beweist auch, daß das ehrende Gedächtnis an ihre Toten zu allen Zeiten eine große Rolle im Leben der Ägypter gespielt hat. Was hat man den Toten nicht alles mitgegeben an Dingen, die das Leben vergänglich zieren! Da sind Diademe, Halsketten, Brustschilder, Armbänder, Fingerringe, Ohrringe, Tische, Stühle, Truhen, Dolche, Spiegel, Streitwagen. Von großer, lebendiger Ausdruckskraft ist die Totenmaske Tut anch Amuns, der an seiner Statt seinen

Kanzler Haremhab, den Vater Ramses' I, regieren ließ. Weiter sehen wir eine große Zahl von Holzsärgen und Mumien. — Und eine ebenfalls sehr große Zahl von Standbildern und Stelen: Könige, Prinzen, Oberpriester wie R a n o f e r. Seine Wirklichkeitstreue ist groß. Dazu kommt der Ausdruck an Ruhe und Würde und Selbstsicherheit und Kraft. Die Perücke gibt dem Kopf ein größeres Volumen. Von der Lebensillusion ist schon gesprochen worden. — S e s o s t r i s. Im Gesicht dieses Pharao steckt schon der Zweifel, die Sorge. Die alte Selbstsicherheit ist ver= schwunden. Er hat den Zerfall des mächtigen alten Ägypterreichs erlebt und fürchtet die wachsende Macht seiner Feinde, der Hyksos. Tiefere Augen und betontere Backenknochen als Vorbedingungen für die Lebensillusion durch Licht. Mehrere Standbilder sind vom K e t z e r k ö n i g u n d s e i n e r G e m a h l i n vorhanden. Ein ehrlicher Drang nach Wahrheit ohne Ansehen der Person beseelt sie alle. Nichts wird verschleiert, auch das Häßliche nicht. So die aufgetriebene Kopfform, die müden blasierten Augen, die feminine Beckenbildung des Königs. Und ebenso ist es mit der Königin: der Giraffenhals, die welken Brüste, der flache Brustkorb, der sinnlich verlangende Mund. Man kann die Bilder Echn=atons nur mit herzlicher Sympathie betrachten. Er war ein König, der keine Marionette der Priester sein wollte; — er war ein Mann, der die Gefahr durch eine übermächtige, sich überordnende Kirche sowohl für eine verantwortungs= bewußte Staatsführung als auch für den Staat richtig erkannte und den Mut hatte, darnach zu handeln; — einer der sich angewidert fühlte davon, wie sie die Seelen der Gläubigen durch Umfälschung des Glaubens zum Nutzen ihrer politischen Macht verängstigte und die Armenpflege zur Ver= hetzung benutzte. — Aber er war andrerseits auch ein weltfremder Idealist, der glaubte, sich gegen die Macht der Tradition und gegen die geistige Massenträgheit ohne persönliche Zaubergewalten durchsetzen zu können. Er war Fanatiker gegen die Anhänger des alten Glaubens. Er machte den Fehler, daß er seine Hauptstadt aufgab und damit die Fühlung mit dem Volke verlor. Sein Ziel war hoch. Er wollte den Sonnenkult in seiner ursprünglichen Reinheit wiederherstellen. Die Sonne sollte wieder die sinnliche Erscheinungsform für die kosmischen Energien (Kräfte) sein wie auch bei den Atlantikern. Keine Höllenfahrt, keine Losungsworte.
— Aber er selbst hatte nicht genug Eisen für dieses hohe Ziel in sich; die Sünden seiner glänzenden Vorfahren waren zu groß. Es war zu spät, die Unzufriedenheit zu groß; Kirche und Masse hielt zusammen. So teilte er denn das Geschick Ludwigs XVI, der die Sünden Ludwigs XIV und Ludwigs XV ausbadete. Die kirchliche Reaktion siegte. Der Atonskult wurde vernichtet wie die Atonsstadt Amarna. Das Rokoko ging unter im schwülstigen Barock der Ramsesbauten. — Haremhab, der Begründer der Ramsesdynastie, durfte nur die Ordnung wiederherstellen. Den Haupt=

staatsfeind durfte er nicht sehen. Trotz aller Prachtbauten, trotz aller Siege meist mit Fremdtruppen schritt die Staatszersetzung weiter fort. — D e r D o r f s c h u l z e, eine Holzstatue, 2500 v. Chr., ist von Interesse, weil er beweist, daß es damals schon mindestens zwei Rassen in Ägypten gegeben hat. Oberschicht und Unterschicht. Das ist slavischer Typus: Rundkopf, Flachgesicht, kurzer Hals, gedrungener, fetter Körper.

In den seelischen Eigenschaften der alten Ägypter gibt es vieles, was uns Deutschen verwandt ist. Wir machen einen Schluß aus der Kunst der Ägypter auf ihre seelische Art. In ihren Reliefs offenbart sich eine reiche Phantasie, ein großes Fabuliertalent. Sie erzählen gern von Heldentum und von Weidmannsleben. — Sie sind Tierzüchter und haben daher eine liebevolle und feine Beobachtungsgabe für die Natur und besonders für die Tiere. Sicher waren sie große Tierfreunde. — Die Sonne war ihnen nicht bloß der Licht und Wärme und Leben spendende Feuerball, sondern etwas Lebendiges, ein Gott (Amon-Rê, Horus). Etwas vom heiligen Franziskus klingt durch den Hymnus des Ketzerkönigs an die Sonne: „Du füllst die Erde mit Schönheit, du bezwingst sie durch deine Liebe". Die Sonne ist ihm also etwas Beseeltes, wie den germanischen Künstlern der Reliefs an den Extersteinen. Beide fühlen darin wie die nordischen Atlantiker. Mit letzteren haben die Ägypter den Sonnenkult gemeinsam und ebenso auch den Glauben an ein Fortbestehen nach dem Tode und an eine Wiederauferstehung, an eine Verbindung des Transzendenten (Jenseitigen) mit dem Diesseitigen. Daher sitzt hinter den Köpfen der Könige der inspirierende Horusfalke, wie auf den Schultern Wotans Hugin und Munin und bei Zeus der Adler. — Mit ihren Toten fühlen sie sich wie auch wir Deutschen verbunden. Das bekundet der Reichtum an Liebesgaben an den Stätten der Toten. Das bekundet der Totenkult und die Lehre vom Ka und von der unsterblichen Seele. — Dazu ist ferner ihre Rasse mit einer großen Suggestibilität behaftet wie die unsrige. Auch wir sind im Glauben und Aberglauben stark. Das haben ihre Priester bald erkannt und genützt. Auch die islamitische Priesterschaft hat sie erkannt und übt bis auf den heutigen Tag daher einen ungeheuren Einfluß aus. Wir folgern das auch aus der Existenz der zahlreichen Mönchsbruderschaften, der Derwische, der Fakire usw. Sie beherrschen die Masse souverän. Man muß den Reisenden immer wieder warnen, diesen vulkanischen Zustand zu übersehen; Fanatiker sind sie gegen alle Nichtmuselmanen. — Und weiter sind die Ägypter ein geborenes Bauernvolk. Auch diese Liebe zum Landleben ist ihnen mit uns gemeinsam. Sie sind der Scholle treu geblieben, trotzdem sie viel Mühe und wenig Gewinn brachte und auch nach 1850 bringt. Die Scholle ist nur zu halten, wenn man einfach, fast dürftig lebt (Brot, gebackene Maiskolben, Datteln, Zwiebeln, Saubohnen, Milch). — Weniger erfreulich ist die geringe Sauberkeit beim Fellachen. Gewiß, die Bauernarbeit ist nicht sauber, aber das entschuldigt nicht, daß z. B. die pflegliche Behandlung der Säuglinge geradezu abstoßend ist.

Neben dieser ägyptischen gibt es in Kairo eine arabische Kunst. Eine andere Rasse war in der Zeit, als der Arabersturm über Asien und Afrika ging, Herr in Ägypten geworden. Semiten zwar, aber reinrassig, nicht gemischtrassig wie die Juden (cf Paläſtina I). Daher besteht auch zwischen beiden eine große Antipathie. Der freie Sohn der Wüste, der Krieger und Nomade, haßt die Händlernatur. Die ranken, sehnigen, nicht fetten, fast ausgedörrten, mittelgroßen Männer mit gelblicher Hautfarbe und straffem, schwarzen Haar, mit tief geschnittenen ernsten Gesichtern haben wenig mit unseren Ostjuden (gedrungen, unsoldatisch, mit Neigung zu Fettansatz) gemeinsam. Man muß sie durch die Wüste haben marschieren sehen, weitschrittig, elastisch, oder sie im Sattel sitzen sehen; man wird sich ihrer freuen. Von den Ägyptern unterscheiden sie sich besonders durch die Hautfarbe (braunrot gegen gelb), durch größere Sehnigkeit und geringere Gewichtigkeit. Auch sie sind eine kunstbegabte Rasse, eine Rasse mit eigener Kunst. Seit 640 regierten in Ägypten ein Jahrhundert hindurch die Omajaden (Damaskus) durch Statthalter und dann ihre Nachfolger, die Abassiden (Bagdad), etwa 200 Jahre. In der Mitte dieser Zeit machte sich der Statthalter Ibn Tulun (868—83) auf ein Menschenalter unabhängig. Nach dem Vorbild der Kaaba in Mekka baute er die Moschee I b n T u l u n. Das ist eine L a g e r m o s ch e e. Sie hat einen großen, von einer hohen Mauer umgebenen Außenhof von rund 160 m Seitenlänge. Er wird durch einen schmucklosen Eingang betreten. Und nochmals stehen wir vor einer hohen Mauer und gehen wieder durch eine unscheinbare Tür in einen zweiten großen, ebenfalls quadratischen Innenhof von 90 m Seitenlänge. Er wird von Pfeilerhallen über etwas erhöhtem Boden, den Liwanen, umgeben. Die Pfeiler stehen an drei Seiten zweireihig und an der Ostseite fünfreihig. Dort liegt die Gebetsnische, der Mihrab. Die Pfeiler sind durch Spitzbogen verbunden, über welchen eine flache Decke aus dauerhaftem Sykomorenholz liegt. Diese Spitzbogen sind nur dekorativ. Sie haben mit unseren gotischen Spitzbogen nur das Aussehen, nicht aber die Funktion (Wand- und Deckenauflösung) gemeinsam. In der Mitte des Hofs befindet sich ein bekuppelter Brunnen. An der zinnengeschmückten Mauer erhebt sich ein Minarett, das wahrscheinlich erst die Mamlukenzeit hinzufügte. Der Unterschied zwischen arabischer und ägyptischer Kunst ist, dem Unterschied der Rassen entsprechend, groß. Das Vorbild für alle Moscheen ist das arabische Haus: ein mauerumgebenes Quadrat mit Brunnen, Liwanen und Mihrab. Zweifellos ein neues Bauideal: nicht ägyptische Wucht der Massen, sondern Leichtigkeit; nicht Vertikale, sondern Horizontale und Ruhe; nicht konglomeratisches Bauen, sondern Bauen nach einem bestimmten Bauplan. Ungefähr 200 Jahre nach Jbn Tulun wurde

die Gâmi el Azhar, ebenfalls eine Lagermoschee, gebaut. Sie ist mit mehreren Minaretts geschmückt. Heute dient sie als Universität. An ihrer Ostseite befinden sich neun Säulenreihen von Marmor zum Teil aus antiken Tempeln. Von der Decke hängen Lampen herab. Wer Cordoba oder Rabat kennt, wird sofort an sie erinnert werden. 15 000 Studenten aus allen Teilen der muhammedanischen Welt studieren hier Theologie oder Jurisprudenz oder Philologie, aber nicht Mathematik und Naturwissenschaften. Letzteren ist auch die muhammedanische Kirche mit ihrem wohl konservierten Mittelalter abgeneigt. Sie tun es oft mehr als 12 Jahre. Es ist gleichsam eine Verbindung des Gymnasiums mit der Universität. — Das Bauideal der Lagermoscheen in Kairo hat von 870 bis 1356 also rund 500 Jahre geherrscht. Dann trat ein Wandel vom ruhigen zum bewegten Stil ein.

Von der Lagermoschee zur Grabmoschee. Die Hasan-Moschee (1356—59) stammt aus der Zeit der Bahritischen Sultane, deren kaukasische Leibgarde, die Mamluken, auf der Nilinsel Bahr kaserniert war. Es war die Zeit, wo mit Mongolen und Osmanen erbittert gekämpft wurde. Gerade in dieser politisch stürmischen Zeit hat merkwürdigerweise eine Weiterentwicklung des arabischen Stils von der Lagermoschee zur Grabmoschee stattgefunden (cf Griechische Kunst; Peloponnes. Krieg). Es blieb der brunnengeschmückte Hof. Aber die Pfeiler- oder Säulenhallen der Liwane an jeder Seite wurden zu einem einzigen großen Raum mit spitzbogigem Tonnengewölbe verschmolzen. Dabei blieb natürlich der Ostliwân der bei weitem größte. Er bildete mit dem Mihrab die eigentliche Moschee. Hinter ihr, und das ist etwas Neues, hinter dem Mihrab also, erbaute man das Mausoleum, die überkuppelte Grabstätte des Sultans und gab der Kuppel eine überragende Höhe. Eine Fernwirkung der gotischen Welle? Der Übergang vom Quadrat der Mauer zum Kreis der Kuppel ist hier anders gelöst als in der Hagia Sophia. Die Ecken der Mauer werden in gewisser Höhe abgestuft. Dadurch wird vom Viereck zum Achteck übergegangen. Das wird innen durch eine Stalaktitendekoration verdeckt. In der Hagia dagegen wird dieser Übergang durch sphärische Zwickel erzielt. So groß aber auch die Umbildung erscheinen mag, dieser neue Typus läßt sich dennoch aus dem Urtypus, aus dem arabischen Haus oder der Lagermoschee, ableiten. Im Grunde ist nur die Angliederung der Grabstätte an die Gebetsstätte ein neues Motiv. Die Außenmauern werden durch Umbauung der Moschee mit Wohltätigkeitsanstalten (Schulen, Wohn- und Hörräume) verdeckt. Der Student befindet sich somit immer in den Händen der Kirche. An der Ostseite befinden sich zwei Minaretts mit ägyptischer Kulla, dem Wasserkrug. Eine organische Verbindung von Minarett und Moschee ist ebenso wenig vorhanden wie zwischen Campanile und Kirche in Italien. Dies Problem hat nur der Norden vielleicht nach syrischem Vorbild in seinen Kirchen gelöst. — Im arabischen Stil vollzieht sich somit die nämliche Entwicklung wie im ägyptischen: von der Ruhe zur Bewegung. Hier von der Pyramide zum Prozessionstempel, dort von der Lagermoschee zur Grabmoschee. Jene ist auf eine Fläche von rund 10 Morgen breit hingelagert und von geringer Höhe. Schon in der Hasan-Moschee ist die Grundfläche auf drei Morgen zurückgegangen und die Höhe erheblich gewachsen. Dazu kommt die starke Bewegung auch des Grundrisses und die Auflösungstendenz im Aufriß: zahlreiche Fenster, hoch und rechteckig; Rosetten und durch Säulen geteilte Rundbogenfenster; das Portal von großer Höhe. Es bekommt also die Neigung zu Barock und Gotik die Führung. Aber immerhin überwiegt noch in der Hasan-Moschee der Eindruck des Massigen. Erst in der G a m i K a i t B e y ersteigt diese Entwicklung den Gipfel. Die Horizontale beschränkt sich dekorativ auf farbige Steinlagen. — Die Moschee Kait Beys (1468—96) ist vom letzten Mamlukensultan gebaut worden. Er war ein Mann von großen militärischen und staatsmännischen Fähigkeiten. Aber trotzdem war er nicht imstande, die Mamlukenhauptleute und -obersten, die Emire, zu bändigen. Sie stürzten ihn angesichts der drohenden Osmanen, die Kairo ungefähr 20 Jahre später auch wirklich erstürmten. Die Moschee dieses Fürsten und ebenso die Mausoleen der Mamlukenobersten aus dieser Zeit sind von großer Schönheit. Von jetzt an also überwiegt Masse und Horizontale nicht mehr; jetzt herrscht die Vertikale und die Wandauflösung. Die Vertikalen werden betont in: Treppen, Portalen, Kuppeln (¾ oval; Rundtambour), Wandlisenen und in den beiden Minaretts. Die Wandauflösung zeigt sich an den Fenstern, an Loggien, an vergitterten Brunnen, am durchbrochenen Tambour, an den Dreipässen des Trapezes, am Übergang vom Viereck zum Achteck. Dazu kommt eine verschönende Materialillusion: die Kuppel ist außen wie mit einem Spitzenschleier überdeckt. Alles leicht, graziös, etwas Rokoko. Das ist ein Klang aus der westarabischen Kunst, aus der Alhambra. — Eine Reihe moderner Bauherrn hat heute diese Betonung der Vertikalen und der Wandauflösung auf arabische Profanbauten übertragen. Ein schönes Beispiel dafür ist das Hotel Heliopolis, Kairo.

A l a b a s t e r m o s c h e e. Von der Höhe des Mokattam sieht auf uns die Alabastermoschee Mehemed Alis herab. Das war die Kraftnatur, die auch der Mamluken Herr wurde. Sie waren nach dem Sturz Kait Beys auch unter der türkischen Regierung die eigentlichen Herren des Landes geblieben. M e h e m e d A l i hat sich ihrer auf eine allerdings barbarische Weise entledigt. 480 widerspenstige Emire wurden kurzerhand niedergemacht. Von Geburt Makedonier (cf Mustafa Kemal), also aus der Heimat Alexanders des Großen, also mehr nordischen Geblüts, aus armen Schichten, aber von großer Genialität und stahlharter Energie. Er kam nach Ägypten zur Zeit der Expedition Bonapartes, wurde Führer des Albanesenkorps und dann Pascha und Statthalter von Ägypten. Albanesen und Mamluken spielte er gegeneinander und gegen die Engländer und die westarabische Sekte der Wahabiten aus und bildete inzwischen eine Armee aus Landeskindern nach europäischem Muster. Er hat Großes gewollt und auch gewirkt. Aber die Ländergier der Großmächte hat ihn um seine Erfolge gebracht und ihn körperlich und geistig gebrochen. Seine Absichten waren für England ein Hindernis auf dem lange projektierten Weg zur Aufteilung der Türkei und zur Erwerbung Ägyptens. Daher durfte weder der Sultan noch der ägyptische Pascha in ihren Landen Ordnung schaffen. Um Indiens willen verfuhr England mit großer Härte. Politische Notwendigkeiten. Will England Indien festhalten, so muß es auch zur Zeit die Etappenstationen Gibraltar, Malta und den Suezkanal festhalten. Ein unabhängiges Ägypten ist ihm mit Recht gefährlich. Aber die Machtverhältnisse der Welt ändern sich. Zwar ist es im Weltkriege England noch durch Versprechungen gelungen, Ägypten auf seiner Seite festzuhalten. Diese Versprechungen müssen im großen ganzen nun eingelöst werden, und wenn das auch nur etappenweise geschehen sollte, um Zeit zu gewinnen. Denn heute sitzt Italien in Abessinien und in Libyen, im Rücken und in der Flanke Ägyptens. Das Wort Mussolinis von seinem imperium romanum im Mittelmeer ist schwerwiegend. Die Position des Khedive ist dadurch stärker geworden. Er ist der Repräsentant der Dynastie Mehemed Alis unter englischer Oberherrschaft auch heute noch. Wird das Orientalische (Passivität und Sinnlichkeit) in seiner Blutmischung überwiegen? Wird etwas von der großen Willenskraft des Ahnherrn in ihm noch übrig geblieben sein? — Die A l a b a s t e r m o s c h e e ist erst nach dem Tode Mehemed Alis 1857 vollendet worden. Sie ist eine Nachbildung der Nuri Osmanié, Stambul, also türkischer Stil. Die Kuppel ruht auf vier Halbkuppeln erster Ordnung und diese auf Halbkuppeln zweiter Ordnung. Die architektonische Stammtafel wäre: Mehemedié (1463—69), Achmedié (1609—14), Nuri Osmanić (1748—55). Die Tendenz zur Vertikalen unterstreichen die beiden schlanken, türkischen Minaretts. Die Moschee ist sowohl architektonisch von großer Schönheit als auch dekorativ mit erlesenem Geschmack und vornehmer Einfachheit ausgestattet: ein riesiger Teppich, ein mächtiger Kronleuchter mit dreifachem Kreis von Lampen und die Alabasterplattenbekleidung der Wände. Mehemed Alis Grab liegt am Eingang. Ruhe, Stille, Mystik umgeben es, die ihm im Leben fern gewesen sind.

Von der Höhe genießt man einen wunderbaren Blick auf die Pyramiden, auf den Nil, auf die arabischen Viertel, auf die Mamlukengräber. Besonders zur Abendzeit, wenn die Luft um die Pyramiden zimtfarbig wie mit Goldstaub gefüllt ist, und der Himmel dahinter in Zitronengelb und Violett leuchtet, ist das Farbenschauspiel von großer Schönheit. Ich erlebte dort auch einen Sandsturm. Beim Sonnenuntergang stiegen dunkle Wolken über Gize auf. Ich befürchtete einen Gewittersturm und beeilte mich. Doch schon am Fuße des Mokkatams hatte mich Wolke und Finsternis erreicht. Ein schwerer Sandregen ging um mich nieder. Mit einer Taschenlampe fand ich mich durch die fast nächtliche Finsternis und durch das unsichere arabische Viertel zur Hasan-Moschee zurück. — In Port Said werden wir eingebootet. Eine Nachtfahrt bringt uns nach Haifa.

Palästina

Was zieht uns hierher? Die Küste Palästinas liegt im Morgengrauen zur Rechten. Wir haben das Land vor uns, mit dem wir seit Kindesbeinen durch Schule und Kirche, durch Fibel und Bibel verwachsen sind; in dem Christus gelebt hat und gestorben ist. Wir tragen ein verklärtes Bild davon in uns. Es ist etwas Unwirkliches. Das vergessen wir zu leicht. Es ist in uns schöner, verklärter, teils durch eigene Phantasie, teils durch die unserer Malerpoeten. Es muß vorweg gesagt werden: wir werden um eine Enttäuschung reicher werden. Spannen wir unsere Erwartungen daher nicht zu hoch. Lassen wir uns daran genügen, den Boden des Heiligen Landes betreten, seine Luft geatmet und uns an seiner Sonne erfreut zu haben. Wir landen in

Haifa. Vor uns breitet sich eine weite, blaue Bucht. Zur Rechten der Steilabfall des Karmelgebirges (180 m; höhlenreicher Kalkstein); im Tal der Kison, an dem Elias die Baalspriester geschlachtet haben soll, und die Ebene von Jesreel; zur Linken winkt von drüben das alte Akko, der Sammelplatz für die Flotten der Kreuzfahrer und ihr letzter Stützpunkt, der 1291 in die Hand des ägyptischen Sultans fiel und zerstört wurde. Man erkennt seine alte Burgruine. Sie redet von der großen Zeit der Opferbereitschaft und zugleich von der Opferung der nordischen Oberschicht für die Interessen der katholischen Kirche, für ihr Phantom einer Weltherrschaft. — Vor vier Jahren bin ich hier gleichfalls an Land gegangen. Welch ein Wandel indessen! Heute ist Haifa eine Stadt von rund 70 000 Einwohnern. Einfuhr besonders von Holz, Baumwolle und Reis. Der jetzt fertiggestellte Hafen und die Öllinie Haifa—Mossul werden Haifa in Zukunft als Hafen und Umschlagplatz für die Länder des vorderen Orients eine noch größere Bedeutung geben. — Vor vier Jahren fuhr ich von hier in die benachbarte, ebenfalls fruchtbare Ebene von

Saron. Der gut ausgestattete Eisenbahnzug hatte die Vorberge des Gebirges von Juda zur Linken, die Dünen und das Meer zur Rechten. Man sieht von ihm aus anheimelnde, deutsche Siedlungen. Sie gehören den Schwaben von Korntal (Neckarkreis). Sie hat der religiöse Drang hierher geführt. Es gehört die ganze Glaubensinnigkeit eines deutschen Schwaben dazu, in diesem Lande der Enttäuschungen eine neue Heimat zu sehen. Man sieht ihren Häusern und Gärten die Arbeit und die Liebe an. Überall Terrassenbau, um den Humus festzuhalten. Das sind die Kräfte, mit denen in Palästina viel zu machen ist. Bevor der Zug das Gebirge erklettert, zweigt sich die Bahn nach T e l A w i w und Jaffa ab. Ersteres ist eine junge Gründung von amerikanischem Wachstum. Ein sehr betriebsames Leben. Ein vielgelesener Literat schreibt: „Die schon Eingelebten leben von denen, die sich einleben wollen". Das näher am Meer gelegene J a f f a wird in seiner Entwicklung durch eine mit kleinen Fahrzeugen passierbare Klippenbarre in etwa einem halben Kilometer Entfernung gehemmt. Eine Küstenströmung, vom Nil herkommend, setzt noch heute fruchtbaren Boden hier ab, der dann vom Dünensand überrieselt wird. Dann fuhr der Zug über Ramleh (Josef von Arimathia). Er muß fast 800 m Höhendifferenz überwinden. Es ist schön ringsum. Man möchte am liebsten aussteigen, ein Gefühl, das man selten im Orient hat. Es ist Mitte März. Das ist für Palästina Frühlingszeit. Wir Orientfahrer sehen also das Heilige Land gleichsam in bengalischer Beleuchtung. Schon im Mai ist Erntezeit. Wie ganz a n d e r s i s t e s i m J u n i, J u l i, A u g u s t, S e p t e m b e r, O k t o b e r ! Fünf Monate und mehr stets wolkenloser Himmel im tiefsten Blau, Wüstenwinde von Osten, kein Tropfen Regen, nur wenig Tau durch den Antipassat (SW) und den Seewind (W), der Boden pulverförmig aufgerissen; die Sonne hat alles Leben erbarmungslos weggebrannt; nur die Grundachsen einiger Zwiebelpflanzen liegen noch lebend in seinem Staub. Erst Ende Oktober oder Anfang November öffnet sich der Himmel und schickt Regen in Fülle. Die Zisternen im Haus und draußen füllen sich. Auch die leeren Wadis füllen sich, sie schwellen rasch zu reißenden Gießbächen an und rasen zum Meer abwärts, die Erdkrume mit sich führend. Gleich darauf wird gesät. Wenn wir in Deutschland unseren farbigen Herbst zu Grabe tragen und uns einwintern, hebt für Palästina die Landbestellung, das Säen und Pflügen an. — Diesmal wählte unsere Führung einen anderen Weg und ein anderes Verkehrsmittel, nämlich das Auto und die ansteigende Straße über Nazareth nach Jerusalem.

B o d e n w u c h e r u n d H a ß. Ein üppiger Kolonisationsdrang umgibt uns. Amerikanisch schnell wachsen besonders die Städte. Aus Riesenfonds kauft eine jüdische Siedlungsgesellschaft Boden auf, prüft die

Kandidaten, gibt Land ab. Anfangs waren es viel russische Bewerber, viele Kommunisten, die die Zerstörung des Glaubens und des National= gefühls, der Individualität und des Rechts Anderer auf Eigentum bisher gepredigt hatten. Aber dann kamen die Progrome und damit für sie die Notwendigkeit, die antimilitaristische Theorie zu korrigieren. Von da an beackerte man den Boden mit der Waffe in der Hand. In neuerer Zeit setzte dann besagter übler Bodenwucher ein. Gewiß, es steigen die Arbeits= möglichkeiten besonders für die arabische Unterschicht, es steigen auch die Löhne, aber noch weit mehr steigen die Mieten und Lebensmittel und Kleidung. Für fast nichts haben die arabischen Vorbesitzer ihren Boden abgegeben oder abgeben müssen. Sie haben sich durch die hohen Preise blenden lassen. Wir Deutschen kennen das. Heute sind sie proletarisiert. Es gärt gefährlich. Der Orient ist in Bewegung gekommen. Der Fana= tismus wächst. Es wächst das Gefühl, daß sie, die eigentlichen Landes= kinder, betrogen und heimatlos geworden sind. Die Steuern wachsen, denn die neuen Verkehrsmittel (Bahnen, Straßen) kosten Geld. Sie kommen aber fast ausschließlich der Neueinwanderung zugute. Und diese Ein= wandererflut wächst heute mehr denn je. Heute noch ist das Verhältnis von Juden und Arabern 200 000 : 900 000. Aber zehn Jahre so weiter und das Verhältnis hat sich umgekehrt. Hebräisch ist heute schon die Sprache der Ladenschilder und die Landessprache neben dem Englischen. Und dazu kommt, daß der kulturell tiefer stehende arabische Bauer, der noch nicht verkauft hat, auf die Dauer die Konkurrenz des jüdischen Grundherrn daneben nicht aushalten kann. Denn der arbeitet mit großen Kapitalien, mit besseren Maschinen und wertvolleren Pflanzungen, er versteht die Reklame und hat die ganze Welt zum Abnehmer. In diesem Jahr sind auf jüdischen Gütern 7 000 000 Kisten Jaffa=Apfelsinen zu 300 Stück, also über 2 000 000 000 Stück ausgeführt worden. Ihr An= bau wächst lawinenartig.

Araber und Jude. Sie sind beide semitischer Rasse, aber sie sind körperlich und seelisch durchaus verschieden. Der Araber ist mehr gefühlsmäßig veranlagt, der Jude mehr oder rein verstandesmäßig. Durch die Jahrtausende ist der Jude vom Nomaden zum Händler geworden; der Dämon des Geldes hat ihn umstrickt, nichts steht ihm höher als Geld und Macht und Luxus. Er selbst will im allgemeinen nicht körperlich arbeiten, sondern an der Arbeit anderer verdienen. Der Araber ist Nomade ge= blieben oder Bauer geworden. Es steht also der schwerfällige Land= und Handarbeiter gegen den wendigen, ausbeutenden Händler und Speku= lanten. Dazu sind beide von verschiedener Willensenergie: hier eine passive Natur, dort eine sehr aktive; der Jude ist mit Energie geladen. Sie sind also verschieden wie Feuer und Wasser. Keiner von beiden kann aus seiner Haut. Es ist ein Verhängnis für den Araber, daß sich der Jude gegen ihn drängt. Die jüdische Nervosität ist auf dieses Land des Friedens gefallen. Der Haß des Ausgebeuteten ist dem Ausbeuter sicher. Man sät Wind, man wird Sturm ernten. Und dazu kommt die Verachtung des Reinrassigen gegen den Gemischtrassigen und die Distanzierung durch den muhammedanischen Glauben. — Die Autofahrt braucht bei mittlerer Geschwindigkeit bis Jerusalem 4 Stunden. Noch 1910 legte Prinz Eitel= Friedrich von Preußen die nämliche Fahrt in 4 Tagen zurück. Man mußte damals in Zelten übernachten. Die Autos fahren glücklicherweise mit mäßiger Geschwindigkeit, was im Orient selten ist. Diese gestattet, sich von Land und Leuten ein Bild zu machen.

Kulturen, Pflanzen, Tiere. Im allgemeinen sind die Kulturen noch die alten: Weizen, Gerste, Mais, Saubohne, Erbse, Kichererbse, Linse, Zwiebel, Knoblauch, Gurke, Kürbis, Kümmel, Anis, Artischocke, Flachs, Olive, Sesam, Wein (ein heller Barsac). In den Gärten stehen Pfirsiche, Mandeln, Walnüsse. Auch die Maulbeere ist da. Ab und an Platanen und Ulmen und der Johannisbrotbaum. Die Kohlmeise sieht man eifrig bei der Arbeit. Man hört Drosselschlag und das Lied der Grasmücke. Auf den Höfen schießt unsere Schwalbe eifrig hin und her. Hühner und Tauben sind in Menge da. Stare und Bach= stelzen stolzieren auf Feldern und Wegen. Ab und an auch etwas Wiese; an feuchten Stellen glänzen gelbe Ranunkeln. Die früher versumpfte Jesreel=Niederung ist heute fruchtbares Ackerland. An den Hängen der kahlen Bergkuppen wachsen Steppenpflanzen, Dornbüsche und Dorn= bäume wie der Traganth, eine Astragalusart, eine Papilionacee mit gefiederten Blättern. — Rinderherden habe ich erst in der Nähe des Tiberiassees gesehen. Es gibt nur Grünfütterung, keine Stallfütterung. Büffel, Ziege und Schaf sind häufig, besonders schwarze Fettschwanz= schafe mit herabhängenden Ohren und einem etwa 10 Pfund schweren Schwanz. Das Pferd ist Verkehrsmittel wie Esel und Maultier. — Wie es in mittelmeerischen Landen im allgemeinen nicht anders zu erwarten ist, ist Wald nirgends vorhanden. In der Diluvialzeit war er noch da, nicht mehr aber in historischer Zeit. Vielleicht hat eine Klimaänderung mitgeholfen, ihn zu vernichten. Heute wird wieder aufgeforstet. Vielleicht wird dadurch nach ein bis zwei Menschenaltern die Unsicherheit der Ernten gemildert werden. Hasen und Rehe, Füchse und Schakale, Sperber und Eulen sollen natürlich auch da sein. Aber der flüchtige Reisende hat nicht das Vergnügen, sie zu sehen.

Nazareth. Fast 500 m ü. M., 9000 Einwohner. Bezeichnender= weise ist diese Heimatstätte Christi judenfrei. Hier wohnen nur muhamme= danische Araber und Christen. Die Besitzungen der Kirchen und Klöster machen einen geradezu wehrhaften und guten Eindruck. Man baut vor. Wir steigen den Abhang hinan. Ein starker verspäteter Regenguß ist soeben niedergegangen. Der breite Rinnstein des Städtchens hat sich zu einem ungebärdigen Gießbächlein schleunigst gewandelt, das stürmisch zum Kison rennt, um der aufsaugenden Wirkung der prallen Sonne zu entgehen, die schon wieder scheint. Die Kirche der Verkündigung ist über der Grotte, wo Christi Eltern nach der Rückkehr aus Ägypten gelebt haben sollen, im 10. Jahrhundert erbaut worden. Der Mosaikfußboden, der gezeigt wird, soll aus der Zeit der Hl. Helene stammen. In Wirklichkeit ist diese Grottenkirche erst 1620 und 1730 auf den angeblich noch vorhandenen Grundmauern wiederaufgebaut worden. Denn Nazareth ist 1263 von den Sarazenen zerstört worden. Vorher war es der Sitz eines Erzbischofs und ein besuchter Wallfahrtsort der Christen. Der ehrwürdige Brunnen der Maria hat wahrscheinlich schon zu Christi Zeiten Wasser gegeben. — Wir bleiben nun auf der Höhe des Kamms. Die Kuppenform des hier aufgesetzten T a b o r s, angeblich der Berg der Verklärung, 650 m hoch, zieht die Kameras an. Lange bleibt er in unserem Gesichtsfeld und erfreut uns durch seinen Frühlingsschmuck. — Weiter geht es über Nain (Jüngling zu Nain) und durch Endor (Hexe, Saul).

E r t r a g s f ä h i g k e i t d e s B o d e n s. Die Landschaft ist gut angebaut. Das Gebirge besteht aus mergelhaltigem Kalkstein. Der gibt beim Zerfall einen braunen, ertragreichen Boden. Jedenfalls ist er erheblich fruchtbarer als unser märkischer Sandboden. Man überzeugt sich immer wieder, daß eine Besiedlung Judäas erfolgreich sein kann, wenn man durch Terrassierung verhindert, daß der Wind die fruchtbare Ackerkrume verweht und die Gießbäche sie ins Meer tragen; wenn man Staubecken zur Aufspeicherung von Wasser für die trockene Jahreszeit anlegt; wenn der Boden von Bauernrassen mit Liebe bebaut, nicht aber zum Spekulationsobjekt einer Händlerrasse wird. — Nach rechts wird ein Blick in die Tiefe auf das blaue Mittelmeer frei. Vor uns liegt der Bergrücken von Gilboa, wo Saul, gegen die Philister kämpfend, 1033 fiel. Dschenin. Ein Zug Störche geht über uns hinweg. Vielleicht sind sie bei günstigem Wind morgen schon in Deutschland. Was treibt sie zu gleichen der Mutter, der wandernden Welt? Hier in Palästina ist doch noch Frühling und Nahrung in Fülle. Warum jetzt, wo die See stürmisch und in Deutschland die Nahrung dürftig ist? Ist es die allmächtige Liebe, die sie zur nordischen Heimat treibt? Ist es somit derselbe sexuelle Drang, der viele Fische z. B. den Aal nach siebenjährigem Aufenthalt im Süßwasser eine Metamorphose zum Tiefseefisch aufnötigt (er wird mager durch Fasten, silberglänzend und bekommt große Augen)? Erst dann zieht er über Tausende von Kilometern zum Ort seiner Geburt, zum

Golfstrom bei den Westindischen Inseln, um in 6000 m Tiefe Hochzeit zu feiern und inmitten neuen wimmelnden Lebens zu sterben. — Was aber führt die Wandervögel zum Süden zurück in der Fülle des deutschen Herbstes? Woher kommt ihnen die Vorahnung vom großen Sterben in der Natur, vom drohenden Hunger? Sind es Erfahrungen und Gewohnheiten, die in uralten Tagen sich zu Instinkten wandelten, als der besonders im Winter vorrückende Eisriese diese Wanderung erzwang? Und wer gibt ihnen das Signal zum Sammeln, wer das Rendezvous an, wer die Richtung durch Sturm und Nacht bei den oft gesondert wandernden Jungtieren? Sind es kosmische Ursachen, elektrische Strahlungen der Sonne, für die jede Tierart seinen eigenen, seinen Empfangsapparat mit gleicher Wellenlänge hat? Man denkt an die Wechselbeziehungen zwischen Kosmos und Leben. Viele Hunderte von Jahrmillionen steht nach unsrer heutigen Wissenschaft das Leben von seinem Uranfang an durch alle Entwicklungsstufen hindurch in beständiger Wechselwirkung zu den kosmischen Kräften. Alles Leben ist mit einem Wellenempfänger von verschiedener Feinheit und verschiedener Mannigfaltigkeit für kosmische Kräfte ausgestattet. Wir wissen, daß es z. B. einfache Leute gibt, deren elektrischer, persönlicher Feinstrom so hoch gespannt und so stark ist (300 Volt, 8 Milliampère), daß sie durch den Kopfhörer eines Radioapparats ohne Fremdstrom z. B. in Prag das Programm in München, Wien usw. hören. Alle sind wir im Banne dieser Kräfte, gleichgültig, ob wirs fühlen oder nicht; der gefühlsbeherrschte Idealist wie der geschäftsmäßig orientierte Materialist. Und auch hier regiert die Stunde, der persönliche Rhythmus. Dann dichtet oder komponiert oder erfindet es in seinem Auserwählten, dann lösen sich dem Wissenschaftler und Wahrheitssucher die Probleme, dann sieht der Künstler die reine Form seines Werks, dann überschauen die großen Meister der Politik hellseherisch die politische Situation und fassen ihre Entschlüsse. „Es gibt im Menschenleben Augenblicke, wo man dem Weltgeist näher ist als sonst, und eine Frage frei hat an das Schicksal." — Der kirchliche Mensch und besonders die Kirche wird diese tatsächlichen Wechselwirkungen umdeuten: die kosmischen Kräfte personifizieren, ihre Wirkungen zum Ausfluß eines göttlichen Willens machen und von Inspirationen (göttlicher Einflüsterung) und Prädestinationen (Vorausbestimmungen) reden. — Jedenfalls wird durch diese neu- und wiederentdeckten Tatsachen das Zusammengehörigkeitsgefühl zwischen uns und dem Kosmos gestärkt; wir fühlen uns wieder mehr als Kinder des Kosmos. Je reiner unsre Natur ist, desto mehr werden wir es sein. Eine neue Arbeitshypothese für Generationen von Forschern ist gefunden; ein neuer Weg für die Erklärung der körperlichen und geistigen Metamorphose aller Lebewesen, für ihre Aufwärtsentwicklung, ist gewiesen.

Und so lang du dies nicht hast,
Dieses Stirb und Werde,
Bist du nur ein trüber Gast
Auf der schönen Erde.   (Goethe.)

S a m a r i a. Dann Nablus, das alte Sichem, abgeleitet von Flavia Neapolis. Kaiser Flavius hat die von Vespasian zerstörte Stadt wieder aufgebaut. 17 000 Einwohner, meist Muhammedaner. Die Häuser sind würfelförmig. So entsteht eine Einheit zwischen Natur und Architektur. Wir nähern uns Jerusalem. Wir durchfahren den Villenvorort Bire. Was ist in den letzten 4 Jahren hier gebaut worden! Ein glänzender Ring von schönen Neubauten umgibt das alte Jerusalem. Es steht den Bauherren ein prachtvolles Baumaterial in dem festen Kalkstein zur Verfügung. Er hat eine natürliche zart rötliche Färbung. Die Fassaden sind schön ohne alle Zutat. Der King David nimmt uns auf. Ein vornehmes Riesenhotel. Von seinen Terrassen und Balkonen hat man einen köstlichen Blick auf die Südmauer von Jerusalem über das Hinnontal hinweg.

J e r u s a l e m. Der erste altkanaanitische Name ist Salem = Stein. In den Hieroglyphen wurde daraus Schalam. So hat also der Opferstein auf Morija zuerst dem Ort den Namen gegeben. Dann soll er im Besitz der aus Ägypten vertriebenen Hyksos gewesen sein, die ihn Jebus nannten. In den Amarnabriefen wurde aus beiden Namen Urusalim. Nach dem Sieg König Davids über die Jebusiter hieß er Jeruschalajim. In der hellenistisch-römischen Welt wurde daraus Hierosolyma. Seit 635 n. Chr. waren die Araber Herren der Stadt und nannten sie El Kuds = das Heiligtum. 1517 fiel es an die Türken und hieß Küdsi-Schêrif. Nach dem Weltkrieg ist Jerusalem die Hauptstadt des britischen Mandatlandes Palästina geworden. Jetzt hat es fast 100 000 Einwohner; zwei Drittel davon sind Juden.

L a g e. Jerusalem hat eine sehr bevorzugte Lage; es ist eine natürliche Festung. Die Stadt liegt auf einem Kalksteinplateau (Kreidekalk), das nach O., S. und W. zu den Tälern Josaphat (Kidron) und Hinnon ziemlich steil (bis 100 m) abfällt. Durch das jetzt zugeschüttete Käsemachertal (Tyropoeon) wurde es in einen Ost- (Morija) und einen Westflügel (Zion) geteilt. Eine stattliche Mauer mit starken Türmen umgab es. Im leichter angreifbaren Norden sicherte es sich durch drei Mauerzüge. Die mittlere Mauer war die des Hiskia (728—699), die der Assyrerkönig Sanherib 701 vergeblich zu stürmen versuchte. Es sind unendlich viele Stürme über diese Stadt Davids hinweggegangen. Es ist daher nur zu natürlich, daß aus Davids Zeit nichts, gar nichts mehr vorhanden ist als die Klagemauer. Das ist bitter für die Juden, die begreiflicherweise durchaus etwas als altheilig, als von Juden Geschaffenes, bezeichnen möchten. Sie halten sich heute an die Klagemauer. Das ist eine Substruktion, ein Unterbau, zur Verbreiterung des Tempelplatzes. Sie ist 48 m lang, 18 m hoch. Die unteren 9 m bestehen aus Riesenblöcken von 11 × 3 × 1 cbm, die ohne Mörtel aufeinander gelegt sind; die oberen 9 m der Mauer bestehen aus Ziegelsteinen; ein Stück von ihr steckt im Boden. Die Blöcke gleichen den kolossalen Blöcken in der Burg von Mykene, die nordische Völker aufeinander getürmt haben. Sie gleichen auch denen von Baalbek, ohne ihre Größe zu erreichen. Wer hat diese Zyklopenarbeit verrichtet? Von Juden stammt sie jedenfalls nicht her. Wahrscheinlich haben nordische Völker (Hethiter) sie aufgetürmt.

Was ist aus Salomons oder Christi Zeit oder aus der der Heiligen Helene vorhanden? Aus der Zeit Salomons ist nichts mehr da. Einmal ist auch unter ihm Jerusalem geplündert worden, mehr aber noch unter seinen Nachfolgern: so von den Ägyptern (970), so von südarabischen und philistheischen Völkern, so 839 sogar von den eigenen Stammesgenossen des Königreichs Israel. 586 hat es Nebukadnezar von Babylon zwei Jahre belagert und dann gründlich zerstört. Es kam die Babylonische Gefangenschaft. Zwei Menschenalter lag es wüste. Aber mit bewundernswerter Zähigkeit haben die heimgekehrten Juden ihre Stadt aus den Trümmern wieder auferstehen lassen, als Kyros sie 536 entließ (Serubabel, Esra, Nehemia). Eine neue Plünderung erfolgte unter Antiochius Epiphanes von Syrien 169 v. Chr. Dann endlich kam wieder eine Zeit des Glanzes. Judas Makkabäus (167—130) und seine Nachfolger stellten Ruhe und Ordnung her. Herodes der Große (37—4 v. Chr.) baute den Tempel auf. Zum Schutze seines Palastes legte er ein Turmdreieck an: den Phasael zu Ehren seines Bruders, die Mariamne, seiner Frau zu Ehren, und den Hippicus. Zu Christi Zeiten war Jerusalem eine Stadt von 250 000 Einwohnern. So berichtet der Historiker Josephus, der zur Zeit der Zerstörung Jerusalems 33 Jahre alt war. Von all dem Glanz, von all der Festigkeit der Mauern ist nur die Klagemauer und der Phasael übriggeblieben. Nichts sonst hat den wilden Zerstörungsmethoden der Römer unter Titus (70 n. Chr.) standgehalten. Alles ist dem Erdboden gleichgemacht worden. Zweifellos haben die Römer vor allen Dingen die wehrhaften Mauern von Grund aus zerstört. Deshalb sind von der wichtigen Hiskiamauer, an der die Via dolorosa außen entlang führte, nicht einmal die Fundamente einwandfrei festzustellen. Darüber hat man dann den Schutt der Häuser des eng- und hochgebauten Jerusalem getürmt. Einen Schutthaufen von der Höhe mehrerer Stockwerke ließen die Römer zurück. Jeden leisen Ansatz zu einem Wiederaufbau zerstörte zwei Menschenalter später Kaiser Hadrian (132—35). Auch dieser milde Herr hatte von den hebräischen Unruhestiftern schließlich übergenug. Der Phasael also redet allein von der Zeit Christi. Noch heute ragt dieser Hauptturm am Palast Herodes des Großen bergfriedartig, trotzig, mit hoher Böschungsmauer, als Kern der Zitadelle empor. Als 8 Menschenalter später — und das ist eine lange Zeit; in unserer Geschichte muß man zurückgehen bis auf den Großen Kurfürsten — die Heilige Helene, die Mutter Kaiser Konstantins des Großen (323—337 n. Chr.), die Lage der heiligen Stätten festzustellen versuchte, war man natürlich nur auf Vermutungen angewiesen. Der Verlauf der Via dolorosa ist nicht festzustellen. Dazu kommt, daß wahrscheinlich auch der Steinbruch, auf dessen Plateaurand Christus gekreuzigt wurde, in der Zeit von seinem Tode bis zur Zerstörung (70), also rund ein Menschenalter lang von dieser so volkreichen Stadt weiter abgetragen worden ist. Nehmen wir aber nun an, das wäre nicht der Fall gewesen und der gläubige Eifer habe die Heilige Helene richtig inspiriert, so daß also das Heilige Grab, die Grabeskirche, die Kreuzauffindungskirche an der echten, geweihten Stelle von ihr errichtet wurden, so fragen wir weiter: sind die heutigen Bauten mit denen der Helene identisch? Nein. Der fanatische Kampf späterer Eroberer: der Perser, Byzantiner, der Fatimiden, der Seldschukken und auch der Kreuzfahrer ist darüber hinweggeflutet. Auch sie sind vollkommen zerstört worden. Die Grabeskirche war es schon beim Kampf zwischen Byzanz und den Fatimiden im 10. Jahrhundert. Sie sind dann von den Kreuzfahrern nach der Erstürmung nach bestem Wissen wieder aufgebaut worden. Alle diese Kirchen sind also nicht Urbilder, nicht Originale, sondern Nachbilder, Kopien. Man kann sie daher schwerlich als heilig ansprechen. Man erlebt die Merkwürdigkeit, daß die Fachleute, die Archäologen, welche die Ausgrabungen machten, zugeben, daß nichts feststeht, daß aber die Laien, und dazu gehören auch die Mitglieder der kirchlichen Körperschaften, dafür um so fanatischer behaupten, daß alles feststehe. Fest steht nur das geschäftliche Interesse der verschiedenen Kirchen. Aber ob Original, ob Kopie, ob am rechten Ort, ob nicht, das ist alles im Grunde genommen für den Besucher nebensächlich. Hauptsache ist, daß er an diesen Stätten nacherleben kann, was in der Bibel so ergreifend steht. Das ist aber für den Besucher im allgemeinen ausgeschlossen. Das, was er hier sieht, ist ein Jahrmarkt, ein Ort des Bettelns, des Schacherns, der kirchlichen Beutelschneiderei, des widerwärtigen Streits der Konfessionen, des bloßen Gaffens. Überall sieht er Kitsch, geschmacklosen Lampenzauber, muffiges Mittelalter, pfäffisches Zelotentum. Es gibt gewiß in diesem wilden Tohuwabohu manches Schöne, so die wuchtige Kuppelrotunde über dem heiligen Grab, aber es fehlt die weihevolle Stille. Wo ist da eine Versenkung, wo eine Stimmung möglich! Vielleicht gewinnt man sie, wenn man abends allein oder mit einem Gleichgesinnten durch die Via dolorosa wandern würde, ohne danach zu fragen, ob das eine der Stationen ist: Richtspruch und Geißelung (ob sich Pilatus dabei in der Burg Baris-Antonia überhaupt aufhielt, ist nicht erwiesen), Kreuzauflegung, Ecce homo-Bogen, erster Zusammenbruch Christi, Begegnung Christi mit Maria, Simon von Kyrenes Hilfe, Veronika (Schweißschleier), zweiter Zusammenbruch Christi, Ansprache Christi an das Volk, dritter Zusammenbruch Christi, Kleiderablage am Fuß des Kalksteinbruchs, Annagelungsstelle, Kreuzaufrichtungsstelle, Standpunkt Mariä, Grabkirche, Engelskapelle. Ein auffallender Überreichtum, der befremdend wirkt, wenn man sich vergegenwärtigt, daß von Christus kein Wort fest verbürgt ist, daß die Aufzeichnungen der Evangelisten zwei Menschenalter später gemacht worden sind, daß die Übereinstimmung in ihnen mit den chinesischen und indischen Beschreibungen über Lehre und Leben Buddhas (7. Jahrh. v. Chr.) überraschend groß ist. — Man besuche die große Kuppelrotunde mit dem Grabe Christi (1,93 × 0,91 × 0,61 cbm), die Kreuzerhöhungskapelle, die Kreuzauffindungskirche, die Kapelle des Heiligen Jakobus, des Bruders Christi. — Und um diese Stätten von sehr anzweifelbarer Echtheit hat man vom ersten bis zum letzten Kreuzzug zweihundert Jahre gekämpft und mehr als eine Million Menschen besten nordischen Bluts dafür geopfert.

Die Kreuzzüge sind ein ungeheures Blutopfer der nordischen Rasse. Das hat die Kirche zu verantworten. Sie kannte die Geschichte dieser Stätten. Sie wußte, daß auf dem Tempelplatz nicht der Salomonische oder der Herodianische Tempel stand, den Christus gesehen hatte, sondern seit dem Ende des 7. Jahrhunderts eine wunderschöne, arabische Moschee. Sie mußte es wissen, denn seit Jahrhunderten gingen Pilgerzüge nach Palästina, die von der Kirche organisiert waren. Die Kirche war also in dauernder Verbindung mit dem heiligen Lande. Niemand hat sie während der Herrschaft der Omajaden (661—750) und der Abassiden bis 1048 behindert, trotzdem die beständig anschwellenden Züge für die Herren des Landes zu einer Gefahr geworden waren. Die heiligen Stätten waren nicht bedroht. Die Papstkirche hat zweifellos ihre Gefolgschaft über den wahren Sachverhalt getäuscht, und zwar aus Selbstsucht. Aus dem Streben nach Weltherrschaft, wenn nicht aus noch schlimmeren Gründen, hat sie dieses kolossale Blutbad veranlaßt und betrieben. Es war eine bewußte Irreführung. — Die katholische Kirche war sich zwar ihrer eigenen Macht über die Seelen und über die Römischen Kaiser deutscher Nation wohl bewußt, aber über die militärische Kraft des Gegners war sie mindestens schlecht unterrichtet. Sie rechnete außerdem nicht damit, daß auch die Gegenseite über die gleichen Imponderabilien (sittliche und religiöse Ideale . . .) im Menschen verfügte. Denn Jerusalem ist für den Islam nach Mekka der heiligste Ort, wie schon der arabische Name für Jerusalem El Kuds, das Heiligtum, besagt. Von Morija aus ist nach dem Glauben der Araber Muhammed gen Himmel gefahren. Und zudem war die Grundbevölkerung des heiligen Landes auch während der jüdischen Oberherrschaft wahrscheinlich arabisch wie vorher meist und nachher. Reale Heiligtümer verteidigte in Wirklichkeit nur der Araber. Er hat somit ein größeres Anrecht auf diese Stätte als der Jude und auch das Christentum. Das hätte alles erwogen werden müssen, ehe man sich entschloß, zweihundert Jahre lang den Okzident gegen den Orient zu treiben. Es war das, wie schon gesagt, ein ungeheurer Aderlaß für die führende nordische Rasse. Unersetzliches Erbgut ging verloren. Die Wirkung war außerordentlich groß. Gewinner ist allein der Jude gewesen. Die Renaissance hob ihn in pontifikale und fürstliche Stellen. Die Bahn für die Weltherrschaft wurde damals freigemacht. Von da ab standen Bürgertum und später die Masse ihm zu dienen bereit. Die Revolution von 1848 machte ihn sakrosankt (unantastbar). In allen Staaten wurde die Machtstellung der nordischen Rasse erschüttert. Ganz besonders wurde die nordische Oberschicht, der Grundadel, in Italien davon betroffen. Der Stern des Kaisertums und des ghibellinischen grundbesitzenden Adels sank, der des Papsttums und der guelfischen Partei stieg. Die Bankherren kamen in die Vorderreihe. Bürgertum und Handwerkerstand, also Schichten mehr mittelmeerischen Bluts, eroberten die Macht unter Führung der kapitalistischen Bankschicht. Nebenbei sei bemerkt, daß dieser Blutswandel bei den schaffenden Künstlern der Renaissance sehr gut, besonders in Florenz, zu beobachten ist. Der politische Erfolg dieser blutigen Operation war für Palästina null. Das Königreich Jerusalem brach zusammen. Die Ritterorden mußten Palästina verlassen: die Johanniter (Rhodiser, Malteser), die Tempelherren und die Deutschritter. Nur die letzteren fanden ein neues Ziel. Hermann von Salza führte sie auf den Hilferuf des Herzogs von Masowien nach dem Osten. Es begann die Christianisierung und Kultivierung des deutschen Ostens (Ostpreußen, Livland, Kurland). Ganz anders sähe wahrscheinlich Europa aus, wenn die Kreuzfahrer nach dem Osten statt nach Palästina gezogen wären. — Aber nicht bloß die Gefolgschaft der Päpste war Verlierer, sondern auch die Kirche selbst, wenn sie auch äußerlich noch an Macht stieg. Denn das furchtbare Erleben hatte einen seelischen Wandel hervorgerufen. Das Vertrauen zur Kirche als selbstloser Beraterin war mit Recht erschüttert. Der Gegner hatte sich nicht als der erwiesen, wozu die Kirche ihn gestempelt hatte. Auch er war tapfer und ritterlich, auch er kämpfte für Ideale, für seinen Glauben, für seine Heiligtümer, für sein Land. Man war innerlich unabhängiger von der Kirche geworden. In tausend schweren Nöten hatte man gelernt, sein Anliegen dem Herrgott selber vorzutragen. Man hatte erkannt, daß die priesterliche Vermittlung nicht unbedingt notwendig sei. Die Priesterschaft, diese Kampftruppe des Papstes, hatte an Ansehen gewaltig eingebüßt. Man sah den ewigen Kampf zwischen Kaiser und Papst nunmehr mit zwiespältigem Herzen an. Man sah nun auch die Mißstände in der Kirche. Die Glocke, die zur Reformation der Kirche rief, machte die ersten, leisen Schwingungen. — Es kommt beim Reisen nicht so sehr auf die Dinge an, die man sieht, als auf das, wozu sie anregen und auf die Konsequenzen, die man aus ihnen zieht. Jeder wird aus obiger Darlegung über die Kreuzzüge erkennen, daß eine internationale Kirche mit dem Anspruch auf Weltherrschaft und auf Unterordnung der Staaten eine Gefahr für letztere ist. Die Kirche muß Diener am Staat und Volk sein wie alle andern Organisationen des Staats. Sie darf sich nicht gegen ihn stellen, wenn die verantwortliche Staatsführung z. B. überzeugt ist, daß eine seelische Hebung des deutschen Menschen nur durch möglichste Reinhaltung des gesunden rassischen Erbguts und durch Fernhaltung von fremdrassigem Erbgut möglich ist; sie darf sich nicht zum Sammelbecken der Opposition machen. Denn aus diesem Erbgut stammen alle Ewigkeitswerte einer Rasse, wie Sprache und alle Kunst, Ethik und arteigne religiöse Vorstellungen; sein Steigen und sein Untergang. Und wenn der Staat den Hader der christlichen Konfessionen satt hat bei dem Gedenken an den 30jährigen Krieg, der von 18 Millionen nur 3 Millionen und ein wüstes Land übrig ließ, wenn wir Deutschen endlich ein wirklich einiges Volk von Brüdern werden wollen, nicht bloß in der Not des Schützengrabens, sondern für das ganze Leben, so sollte die Kirche dabei mithelfen. Deutsch stehe an erster Stelle, die Konfession an zweiter. Deutsch war der erste Stempel, den uns Mutter Natur und eine lange Reihe von Ahnen verliehen hat, die Taufe war erst der zweite. Mögen andre Staaten eine internationale Kirche bevorzugen; sie haben nicht durchgemacht, was wir erfahren haben. — Und nun zum Tempelplatz.

Tempelplatz und Felsendom. Wir betreten durch ein imposantes Tor den Haram esch Scherif. Es ist ein sehr ansehnlicher Platz von 13 Hektar = 52 Morgen. Seine Grenzen bilden Mauern, minarettartige Wachttürme, stattliche Tore, besonders das verschlossene Goldene Tor Solimans des Prächtigen, durch das Christus bei seinem Einzug in Jerusalem geritten sein soll, Häuser, Kasernen. Vom Wehrgang der Mauer blickt man in die Tiefe des Josaphat=Tals und jenseits auf den Ölberg. Über diesen stattlichen großen Platz sind Brunnenhäuser, Bethäuser, Zypressen malerisch ausgestreut. Sie dienen der Erfassung des Raums. Über den äußeren Tempelplatz erhebt sich ein zweites, kleineres Plateau von 2,4 Hektar, d. h. 10 Morgen. Zu ihm steigt man an vielen Stellen auf Treppen empor. Wir stehen am Fuße einer dieser Treppen und sehen durch die leicht geschwungenen, gotisch-arabischen Bogen (— Blickbeschränkung —) zu den blaugoldenen Fahencen und zur dunklen Kuppel des Doms empor, der sich vom blauen Himmel dahinter abhebt. Es ist ein Bild von unvergeßbarer Schönheit. Hier oben auf dem eigentlichen Morija finden wir endlich die bisher entbehrte Stimmung aus dem Kinderland der Bibel wieder. Hier möchten wir in einer Sommernacht sitzen vor einer der Sommerkanzeln, die sich an die Treppe anlehnen, den Dom vor uns; vor einem dieser leichten, dünnen, hochgestelzten, rokokoartigen Torbögen mit den schweren Eckpfeilern; vor diesen zierlichen Sommerkanzeln mit bekuppelten Baldachinen. Sie alle erinnern wie der Trinkbrunnen Kait Behs mit der spitzenüberzogenen gereckten Kuppel und den vergitterten Fenstern an die letzte Periode arabischer Kunst in Kairo. Das ist steingewordene Musik. Dieser Innenplatz ist mit Kalkplatten belegt und auch von einer niedrigen Mauer umgeben. Auf ihr lag ein Felsblock von außergewöhnlich großen Maßen, wahrscheinlich ein erratischer Block aus der Periode der Libanonvergletscherung. Er hat, wie schon gesagt, der Stadt den Namen gegeben. Ihn haben schon die Hethiter, Atlantiker, die wahrscheinlich von Sumer her eingedrungen waren, zum Opferaltar erkoren. Abraham und Melchisedek sollen auf diesem heiligen Stein (also gegen 1900 v. Chr.) geopfert haben. Auf ihm, sagt die Bibel, wollte Abraham den Isaak opfern. Und Jakob hat hier im Traum die Himmelsleiter gesehen. Dieser Stein war der Brandopferaltar des Salomonischen Tempels und stand außerhalb vor ihm. Von diesem Stein, sagt die arabische Schrift, ist Muhammed gen Himmel gefahren. Er ist also auch den Arabern heilig. Und daher schlossen sie ihn folgerichtig in ihren Tempel ein. Er bildet seinen Mittelpunkt. Da beide Tempel, der des Salomon und Herodes und der der Araber zu diesem Opferstein eine verschiedene Lage haben, so kann der jüdische Tempel nicht an derselben Stelle gestanden haben wie heute der arabische. Die Kreuzfahrer waren irregeführt, als sie diesen arabischen Tempel für den salomonischen hielten und anbeteten.

Der Felsendom. Der arabische Felsendom ist eins der Wunderwerke der Baukunst. Er ist ein Achteck von je 20 m Seitenlänge und 50 m Durchmesser. Acht Wandverstärkungen auf jeder Seite wechseln mit 7 Nischen. Der untere Teil ist mit Marmor, alle übrigen Teile mit blaugoldenen Fahencen bedeckt. Im oberen Teil dieser Nischen befinden sich 8×7 Alabastergitterfenster. Darüber liegen Frieslagen. Ihre Horizontalen halten den vertikalen Lisenen (Wandverstärkungen) das Gleichgewicht. Dann folgt ein Flachdach bis an das Oktogon des Tambours, der von 8×4 Alabastergitterfenstern durchbrochen ist. Dann ein vorkragendes Dach und schließlich die gestelzte Halbkuppel, dunkelfarbig, gerippt, 20 m

Durchmesser, 30 m Höhe. Es ist eine wundersame, ruhige, farbige Schönheit der früharabischen Kunst (691). Unter dem Flachdach liegt der Umgang, unter der Kuppel der Felsen, beide getrennt durch 8 Pfeiler und dazwischen je 8×3 Säulen mit Arkaden. — Wir treten durch einen Vorraum ins Innere und zwar in den Umgang um den zentralen Teil. Dämmeriges Licht; ein weicher, glühend roter, riesiger Teppich uns zu Füßen; eine horizontale Holzdecke mit Rot in Abstufungen uns zu Häupten; die Außenwand durch zahlreiche (8 × 7) Alabasterfenster aufgelockert; das schmiedeeiserne Gitter wie ein Goldnetz uns zur Seite. Letzteres ist ausgespannt zwischen den acht Pfeilern und den antiken Säulen von grünem Stein mit vergoldeten Kapitälen, zwischen denen sich schwarz-weiß gebänderte Bögen (Basalt, Marmor) schwingen. Über ihnen liegt eine tonnenartige Hochwand mit Fries, mit Gebälk und Mosaiken in Grün, Gold, Rot; und darüber der Tambour mit seinen Alabastergitterfenstern (8×4) und die Kuppel. In diese Alabastergitter sind Gläser von wunderbarer Leuchtkraft eingelassen. Bei geschlossenen Türen leuchten die Fenster als Ganzes; denn es ist kein Teil an ihnen, der undurchsichtig wäre, wie etwa die Bleifassungen unserer heimischen Kirchenfenster. Ein farbiges Wunder. Tiefe Ruhe, mystische Stimmung. Auch der Mihrab (die Gebetsnische) ist schön. — Es reicht nicht aus, rein gefühlsmäßig eine so hohe Schönheit aufzunehmen. Wir denken an eine andere mystische, stille Schönheit, an die Hagia Sophia. Sie ist rund 150 Jahre vorher (532—38) entstanden. Dieses byzantinische Kleinod ist von ganz anderer Art. Sie ist in ihrer Weite, Übersichtlichkeit, Einheitlichkeit eine Raumschönheit allererster Ranges und darin dem arabischen Felsendom weit überlegen, der bei seinem verhältnismäßig niedrigen Umgang und abgeschlossenen Zentralraum dieser Schönheit entbehrt. Und dazu ist die Hagia durch ihre scheinbar schwebende Riesenkuppel (32,5 m) ein architektonisches (bauliches) Wunderwerk (Pfeiler, Gurte, Halbkuppeln, sphärische Zwickel). Aber in der feierlichen Kirchenstimmung ist ihr der Felsendom gewachsen; und in der Licht- und Farbenschönheit besonders der Fenster übertrifft er sie; und noch mehr tut er es durch seine einzigartige Lage und sein Äußeres. Es sind beides Wunderwerke der Baukunst: der Felsendom und die Hagia. Der Felsendom klingt in manchem auch an San Vitale an. Man könnte an eine byzantinische Beeinflussung denken, denn die Byzantiner waren Vorbesitzer des Landes. Aber das wäre irrig, denn in der Grundidee sind beide vollkommen verschieden: San Vitale ist auf Bewegung, der Felsendom auf Ruhe eingestellt. Die Omar-Moschee ist ein rein arabisches Kunstwerk. Darauf weisen auch die beiden mauerumschlossenen Höfe der beiden Plateaus mit ihren zahlreichen Wachttürmen hin, die Grundelemente der arabischen Kunst sind. — Man steigt herab auf das untere Plateau zur

Aksa-Moschee. Sie ist eine Raumschönheit: große Raumtiefe, erhebliche Breite, eine stattliche, wenn auch mäßigere Höhe. Kaiser Justinian hat sie wie die Hagia bauen lassen. Vom Eintritt an wird der Blick in die Tiefe gezogen durch die glühenden Alabastergitterfenster über der Gebetsnische (dem Mihrab) ganz hinten jenseits des Triumphbogens mit seinen grün-goldenen Mosaiken. Über der Vierung befindet sich eine arabische, hochgestelzte Kuppel mit relativ hohem Tambour. Es war ursprünglich eine dreischiffige Basilika, die später durch je 2 Seitenschiffe verbreitert wurde. Dadurch wurde die Breite im Verhältnis zur Höhe noch mehr gestärkt, was der Ruhe, die diese Kirche atmet, förderlich war. Allerdings wurde zugleich auch der Gegensatz dazu, die malerische Tendenz, gestärkt: es ist jetzt ein Wald von Säulen. Die Hochwand des Mittelschiffs wurde wahrscheinlich zur Verstärkung der malerischen Wirkung durchbrochen. — Ungern nimmt man von diesem Tempelplatz, von dieser mit Schönheiten der Natur und Kunst begnadeten, einzigartigen Stelle Abschied. Noch einen Blick schickt man aus seiner Höhe auf Jerusalem: auf seine Häuserwürfel, auf seine flachen, meist weiß bekuppelten Dächer, auf seine Höfe, seine nickenden Palmen.

Innenstadt. Dann hinab in das Gewirr, in das Auf und Ab seiner Straßen mit der eng gewundenen Häuserzeile. Im Erdgeschoß sind wie im Orient allgemein die gewerklichen und Verkaufsstätten. Man sieht den Schmied am Blasebalg und Amboß, den Schuster mit Leisten und Hammer. Sie alle haben Zeit. Man plaudert, man raucht, der aus dem langgestielten Tschibuk, jener aus dem Nargileh, der Wasserpfeife. Niemand krankt an der Nervosität Europas und Amerikas. Ab und an begegnet man einem schönen Brunnen (z. B. dem Kettenbrunnen). Dann taucht man in das Dämmer der Übertunnelungen, wo die Gemüse- und Kleinhändler sich aneinander drängen und eine Wolke von zweifelhaften Gerüchen ausströmen. Ein Menschengewimmel bewegt sich auf den schlüpfrigen, schmutzigen Steinen. Juden aus dem Osten, Aschkenasim, und Juden aus dem Westen, Sephardim (seit 13—1400), Bauern (Fellachen) und ab und an Beduinen. Frauen mit dem Wasserkrug auf dem Kopfe gehen vorüber. Hier und da ein Wasserschlauch(Bocksbeutel)-Träger. Sehr selten sieht man Männer, die an die alten Patriarchen erinnern. Aus den holzvergitterten Balkonen, die oft mehr Vogelbauern gleichen, schaut frauliche Neugierde auf uns herab. Dann stehen wir im Gewühl der Klagemauer. Davor eine Menge Betender. Mittelalterlich gekleidete Juden mit Rembrandthüten und Fuchsschwänzen. Es ist eine Ironie des Schicksals, daß die Juden sich an diese wahrscheinlich hethitische Mauer als einziges Heiligtum aus der Väterzeit klammern müssen. Wahrscheinlich glauben diese Beter auch, daß Palästina seit grauer Vorzeit ihr Land gewesen sei. Tatsächlich ist die jüdische Herrschaft nur eine Episode mit Unterbrechungen von rund 1200 Jahren gewesen in einer Gesamtgeschichte von weit über 4000 Jahren. Wahrscheinlich waren die Juden während dieser Zeit auch nur Oberschicht, die Araber dagegen Grundschicht. Von letzteren haben sie viele Sitten und Gebräuche und auch die Hausbauart übernommen, als sie städtebewohnend wurden. In der Baukunst sind sie nie zu einer Originalität gekommen. Es ist durch die Bibel bezeugt, daß auch der Salomonische Tempel nicht von jüdischen Architekten, sondern von phönizischen gebaut war. — Wir besuchten die Stiftungen des deutschen Kaisers Wilhelm II für die katholische und evangelische Kirche. Sie können sich natürlich nicht mit der hohen Kunst, die wir soeben auf Morija besuchten, vergleichen; aber es ist beste deutsche Kunst unserer Zeit, die man wohl gelten lassen kann. Man muß es daher bedauern, daß wir es uns haben gefallen lassen, daß eine feile Presse bei uns daheim schon vor dem Weltkriege diesen Fürsten hat herunterreißen dürfen. Wer hätte vor diesen Leuten Gnade gefunden, wenn er nicht jüdischer Abkunft war! Man zielte bei allem höher. Man zielte auf die Unterwühlung des Treueverhältnisses zwischen Fürst und Volk und damit des Deutschen Reichs. Aber wir Glaubensseligen merkten das nicht. Auf diesem Platz hat einst der Muristan, das Krankenhospital der Johanniter seit den Kreuzzügen gestanden. Der Sultan hat diese 4 Morgen an den Kronprinzen Friedrich Wilhelm geschenkt anläßlich seines Besuchs in Palästina nach Eröffnung des Suezkanals. — Auf dem Rückweg zum Hotel gehen wir durch die neuen Viertel der Stadt. Ein Ring von glänzenden Gebäuden legt sich um das alte Jerusalem. Gutes Baumaterial ist auch heute noch in Fülle vorhanden in zahlreichen Kalksteinbrüchen. Sie lieferten auch im alten Jerusalem Material. Davon legen die verlassenen Steinbrüche Zeugnis ab, die später Wasserreservoire wurden entweder in ihrem natürlichen Zustand oder ausgemauert. Die Regenlosigkeit während des größten Jahresteils und die ausdörrenden Wüstenwinde machen diese Wasserbehälter zu einer Notwendigkeit, zu einer Ergänzung der Hauszisternen; denn nur der Antipassat bringt in gewisser Höhe etwas Regen.

Teiche. Im hochgelegenen Hinnontal liegt der Birket Mamilla, der 32 000 cbm faßte (90×60×6 cbm) und zugleich den halb so großen Hiskia-Teich versorgte. Doppelt so groß war der im mittleren Hinnon-Tal gelegene Birket es Sultan, der jetzt kein Wasser enthält. Dazu kommen die Teiche von Sitti-Mirjam und von Siloah und Bethesda. Sie sind heute hochgradig verschlammt und verunreinigt und bilden bei Seuchen eine große Gefahr. Kismet.

Bethlehem. Im Auto fahren wir nach dieser alten ehrwürdigen Stadt (8 km; Buch der Richter, Geschichte von Ruth und Boas) an der Grenze der judäischen Wüste. Es ist der Schauplatz des Herodianischen Kindermords. Heute 7000 Einwohner. Hier wurde Christus auf der Reise von Galiläa zur Volkszählung geboren. Die Kirche ist von der Heiligen Helene über der angeblichen Geburtsstätte Christi erbaut worden. Das fünfteilige Schiff mit den schönen, antiken, roten Porphyrsäulen und korinthischen Kapitälen und dem horizontalen, offenen Gebälk mutet durchaus basilikal, altchristlich an. Das ist der älteste Teil. Aber Vierung, Kreuzarme, Chor mit Apsiden sind romanisch. Vielleicht stammen letztere aus der Kreuzfahrerzeit. Die Apsis der alten Basilika ist somit hinausgerückt worden. In der Krypta befinden sich zwei Kapellen für die Geburt Christi (Stern) und für die Krippe mit dem im Orient üblichen Materialzauber (silberne Leuchter und Hängelampen). Auch hier das übliche Gedränge und Geschäft, das uns mit Widerspruch erfüllt. Wie ganz anders verstehen es die Malerpoeten, die biblischen Erzählungen in uns zum Klingen zu bringen! van der Goos in seiner Geburt Christi (Florenz) oder Correggio in seiner „Heilige Nacht" und besonders Grünewald im Isenheimer Altarbild usw. Diese Bilder, aus Märchenduft gewoben, bringen jede Wirklichkeit zum Verblassen. Das Schiff der Geburtskirche ist sicher in der Ausgewogenheit seiner Massen, der Einfachheit des offenen Dachgestühls, der Gedämpftheit der Farben ein stimmungsvoller Ort. Dennoch gehen wir ärmer weg, als wir gekommen sind. Man kann sich das alles viel schöner und würdiger denken. Welch ein Gewinn wäre es schon, wenn man alle Mönche hinausfegte! — In derselben Richtung liegt H e b r o n (1000 m ü. M.), das von einer 10 m hohen Zyklopenmauer (Blöcke bis 11 m) umgeben ist. Dort ist angeblich das Kenotaphium (Leergrab, Ehrenmal) Abrahams und Saras. In seiner Nähe lag der Hain Mamre. Wie der in einem deutschen Herzen aussieht, zeigen uns besser die Bilder von Schirmer in Karlsruhe.

Gethsemane. Das ist eine besonders große Enttäuschung. Ein dürftiges Gärtlein von etwa 70 m im Geviert liegt in einem Meer von christlichen, muhammedanischen und jüdischen Gräbern aus aller Welt. Einige zwar alte, aber selbst bei der Annahme von Wurzelausschlag unmöglich zweitausend Jahre alte Oliven sind vorhanden. Das Ganze ohne alle Weihe. Daneben die Gethsemane-Kapelle, eine Hallenkirche mit 3×3 Jochen, mit Flachkuppeln und 3 Apsiden und einer Vorhalle. Das Gemälde: Christus im Gebet am Ölberg ist eine moderne, etwas aufdringliche Mache. Auf der Höhe des Ölbergs liegt die H i m m e l f a h r t s - k i r c h e (828 m ü. M., 148 m über dem Kidrontal). Man kann von hier aus den bleiernen Spiegel des Toten Meers erkennen. Ein kleines Ka=

pellchen, ein minarettartiger Turm. Es wird die Fußtapfe Christi in der Rotunde gezeigt. Man muß mit einer kolossalen Glaubensseligkeit ausgestattet sein.

Das Tote Meer. Die Fahrt dorthin führt am Westabhang des Gebirgs von Juda in Serpentinen (es sollen 180 sein) über zahlreiche Terrassen fast 1200 m abwärts. Man sieht seitwärts auf Kalk- und Kreideschichten der oberen Kreidezeit. In der Kreidezeit lag also Palästina, das Ghor und Peträa als einheitliche Scholle auf dem Grunde eines bald flacheren, bald tieferen Meers. Im Flachmeer bildeten sich die Sandsteinschichten, im Tiefmeer die Kalkschichten. Im Anfang des Tertiärs trat um das Mittelmeer eine Bodenerhebung ein als Vorbote der beginnenden Gebirgsfaltung. Mitte des Tertiärs war obige Scholle eine Hochfläche. Dann kam die Erdfaltung. Es entstanden im späteren Tertiär Alpen, Atlas, Libanon und Antilibanon usw. Durch den Seitendruck trat Grabenbildung ein (cf Niltal). Das Mittelfeld (der Graben) sank in die Tiefe und bildete das Ghor. Das Grabenfeld hatte ungefähr 180 km Länge und 10—16 km Breite. Die Senkung war ungleich; am stärksten war sie über dem Nordteil des Toten Meers. Dort liegt die obere Kreideschicht, die an anderen Stellen des Randgebirges 1000 m ü. Mm. liegt, noch 300 m unter dem Spiegel des Toten Meers. Die Gesamtsenkung ist demnach hier 1000 + 400 + 300 = 1700 m. Es war also hier eine Senkung von über Riesengebirgshöhe eingetreten. Unter dem Toten Meer hebt sich dann der Boden der Jordanmulde wieder schnell. Schon nach 76 km erreicht er am Südende fast die Oberfläche. Dort ist die Tiefe des Toten Meers nur noch 4 m. Und dann läuft das Ghor in den Wadi el Akaba aus. Auf dieser Senkungsspalte drangen besonders im Süden vulkanische Massen nach oben und ebenso Bitumen (Asphalt) und salzreiche, heiße Quellen. Nach dem Material- und Wärmeverlust der Erde in dieser zweiten Faltungs- und Eruptionsperiode sank die Temperatur. Es kam die feuchtkalte Eiszeit. Der Libanongletscher füllte das Ghor Jahrtausende lang. Dann trat eine Wärmeperiode ein. Die Vergletscherung verschwand wahrscheinlich vor 60 000 Jahren wie bei uns und ließ die Grundmoräne aus Rollsteinen, Lehm, kalkigem Mergel zurück. Die Schmelzwässer füllten das Tal bis zu mindestens 426 m Höhe. Dafür legen die Strandterrassen mit Süßwassermuscheln im Wadi el Akaba Zeugnis ab. Die Temperatur stieg im Diluvium dann noch weiter. Es begann die Wüstenbildung (Judaea, Petraea). Infolge der heißen Winde und der stärkeren Verdunstung fiel der Spiegel des aufgestauten Sees, und es begann die Salzanreicherung. Sie stieg im Toten Meer bis auf 25 %. Der Wasserreichtum des Jordans, des Jarmuks und des Jabboks waren nicht imstande, diesen Verlust infolge Verdunstung auszugleichen. Der Spiegel des Sees sank schließlich unter den des Mittelmeers. — England soll sich mit dem Plan tragen, hier ein zweites Ägypten zu schaffen: eine Sperrmauer am Genezareth (wie bei Assuan); ein Hauptkanal parallel dem Jordan und Zweigkanäle senkrecht darauf; Aufstauen des Genezarethsees und des Meromsees; allmähliche Aussüßung des Bodens. Das subtropische Klima würde dann hier im Ghor wertvolle Kulturen ermöglichen. Das Tote Meer, abgesperrt vom Zufluß, würde allmählich zur Salzpfanne und zum Salzbergwerk werden. Im Süden, in der Gegend von Sodom und Gomorrha, liegen schon heute Salzberge von 215 m Höhe, die durch übergelagerten Gips sich erhalten haben. — Zweifellos ein großartiger Plan! Vorbedingung für sein Gedeihen ist es allerdings, daß es England gelingt, den Haß zwischen Arabern und Juden zu beseitigen. Die Aussichten sind hierfür gering. — Ein Bild von der Fruchtbarkeit des Bodens gibt uns J e r i c h o ! Bananen, Apfelsinen, Mispeln und der Melonenbaum, Carica Papaya mit aralienartigen Blättern. Alt-Jericho war einst eine der bedeutendsten Städte Palästinas und Residenz Herodes des Großen. Auch hier macht man Ausgrabungen. Hier sind die Juden etwa 1250 in Palästina eingedrungen. Hier ist die Taufstelle Johannes des Täufers. Heute findet an ihr ein blühender Verkauf von Jordanwasser statt. Mahyers sind zwar schon längst christlich, aber eine kleine Rückversicherung bei Jehova kann nicht schaden. Wie eng sind doch die Beziehungen zwischen Berlin und Abdera! Die am meisten beständig über Aberglauben spötteln, tragen seine stärksten Ketten. — Während der Heimfahrt verschönt das Abendlicht die sanft gewellten Kalkberge von Moab, die mit ihren rissigen Leibern wie eine Herde verzauberter Lindwürmer daliegen. — Es wurde dann auch das angebliche Grab Absaloms besucht. Es gibt wirklich noch heute nach allen bitterharten Erfahrungen verächtliche Gesellen, die sich damit begnügten. Meist Profiteure des Kriegs. Wir anderen hielten es für eine Ehrenpflicht, an den G r ä b e r n derer zu stehen, die gefallen sind, damit wir leben können. Es sind viele Hunderte, die hier liegen. Sie sind für ein hohes Ziel gestorben. Kam der Suezkanal in deutsche Hand, so mußte England aus der Kampffront ausscheiden und Frieden machen. Denn Indien mit seinen 300 Millionen Menschen, dies wichtigste Exportland für die englische Industrie, war dann durch Unterseeboote so gut wie abgeschnitten. Leider ist es uns nicht gelungen. England fand neue Hilfe. Sein erschöpfter Säckel und seine erschöpften Menschenreserven wurden wieder aufgefüllt. Das war das Werk der zionistischen Bewegung.

D e r Z i o n i s m u s. Ich halte es nach dieser Erfahrung für notwendig, etwas über die zionistische Bewegung hier zu sagen. Denn es gibt trotz aller Offenkundigkeiten doch noch Menschen, welche nichts darüber wissen; auch nicht nach einer Palästinafahrt. Das, was ich darüber sage, finde ich bestätigt in einem durchaus projüdischen Buch Dr. Weisls „Der Kampf um das Heilige Land" aus Ullsteins Verlag, Berlin, das ich in der Bibliothek des Lloyd fand. Es stammt aus einer Zeit (1925), wo Judäa glaubte, die Maske abwerfen zu können. Die zionistische Bewegung bestand schon lange vor dem Kriege. Ihr Ziel war: die Aufrichtung eines jüdischen Weltreichs nach der Verheißung, die Gott laut Bibel Abraham und seinem Samen gemacht haben soll („und ich will dich zum großen Herrn machen" usw.). Das war allgemein bekannt. In diesem Ziel waren die beiden führenden, sichtbaren Kräfte des Judentums einig: die Bank= fürsten und die demokratischen Publizisten der zionistischen Bewegung. Sie unterschieden sich im Grunde nur durch das Tempo und durch die Methode. Die vorsichtigere jüdische Bankschicht hatte folgende Bedenken: wir Juden sind kein Bauernvolk; es fehlt uns somit die Grundlage für eine eigene Staatsgründung. Unsere Entwicklung ging vom Nomaden direkt zum Händler. Eine solche Entwicklung von Jahrtausenden kann man nicht rückgängig machen. Man kann aus einem abbauenden, dekom= ponierenden Lebewesen nicht ein organisierendes, aufbauendes machen. Die jüdische Rasse hat durch diese Entwicklung bestimmte Fähigkeiten ver= loren und andere dafür gewonnen. Wir sind eine rein verstandesmäßige Konstruktion geworden. Aus diesen Gründen halten wir unsere bisherige Methode zur Eroberung der Weltherrschaft für geeigneter und aussichts= reicher. Der Erfolg beweist es uns. Wir lenken die Völker unsichtbar durch unsere Geldmittel und durch unsere Suggestivmittel (Presse, Theater, Kino). So die Massen durch die sozialdemokratische Partei, das Bürgertum durch die Wirtschaftsparteien, die bürgerlichen Stadtverwal= tungen durch die Loge, die Regierungen durch die Parlamente, die höchsten Personen durch den Einfluß von Männern wie Rathenau. Die Ober= schicht ist durch Mischung zum Teil schon unser Verbündeter geworden und wird es täglich mehr. Wir sind also im besten Zuge, die Völker in einem Paneuropa zu verbreien. Zweifellos können wir nur existieren auf einem werteschaffenden Wirtsvolk. — Trotz dem Gewicht dieser Gründe drang die jüdische Finanz nicht durch. Die demokratischen Führer wie Theodor Herzl, Waizmann waren gegen diese ihnen zu langsame, schleichende Zer= setzung der Wirtsvölker. Sie hielten den jetzigen Moment, wo England erschöpft war, für geeignet, ihr Ziel im Sturm zu nehmen. Und tatsächlich versprach ihnen England in dieser Stunde der Gefahr Palästina als Sied= lungsland, obgleich es den Arabern schon versprochen war. Dafür ge= wannen die Zionisten ihrerseits Wallstreet und damit die amerikanische Regierung. Der Fall Titania, Unterseebootkrieg, wurde konstruiert. Amerika schickte Gelder und Regimenter. Das türkische Kalifat wurde durch das arabische ersetzt. Wir waren die Opfer dieses Geschäfts. Wer könnte das vergessen! — Die Juden hatten es gut bei uns. Sie hatten fast alle Macht in den Händen. Sie hätten alle treu zu uns halten müssen durch dick und dünn. Das war man uns schuldig. Aber das talmudistische, kasuistische, selbstsüchtige Denken, das anfangs nur der Geheimführung des Judentums seit dem 5. Jahrhundert zu eigen war, hatte nach und nach das ganze jüdische Volk ergriffen und durchsetzt. Und das war nur möglich, weil auf dem Grunde seiner Seele der fanatische Glaube an seine Auserwähltheit durch Gott wohnte. Die Folge war die Hybris, die Selbstüberhebung, und die kaltschnäuzige Rechenkunst, der das Wirtsvolk nur ein Mittel für selbstsüchtige Zwecke ist. Ein Wort wie das freche von Rathenau: „Die Weltgeschichte hätte ihren Sinn verloren, wenn Preußen auch diesmal wieder mit siegenden Adlern heimgekehrt wäre", kann und darf nie vergessen werden. Rathenau hat das Vertrauen des Kaisers getäuscht im Interesse seiner Rasse. Kein Volk darf vergessen, daß sein Gastvolk es in der Stunde der Not verraten und verschachert hat. Diese bittere Erfahrung hat uns die Augen geöffnet dafür, daß man den Feind nicht im Lande behalten darf und daß durch Mischung mit artfremdem Blut jedes Volk entartet und daß dies der wahre Grund des Untergangs der Völker ist. Das hat uns die Herzen gehärtet. Ein Narr, wer nicht lernt. Die drei Millionen Tote dürfen nicht umsonst gefallen sein. Alle Schuld rächt sich auf Erden. Aber erst Hitler hat die Konsequenz aus dieser Erkenntnis gezogen. Wir erinnern uns, daß auch schon das römische Imperium mit den Juden die gleichen Erfahrungen gemacht hat, trotzdem es ihnen Gleichberechtigung gegeben hatte. Erst Konstantin der Große hat die Juden degradiert. Er nahm ihnen die Berechtigung zum Heeresdienst und, was schmerzlicher war, auch die Berechtigung zum Dienst in der Verwaltung. — Heute fühlen es alle, daß die jüdischen Bankherren die besseren Psychologen waren. Wer sich zum Ausbeuter entwickelt hat, kann nur auf produktiven Völkern gedeihen. Man kann niemand zum Bauern machen, der nicht innerlich Bauer ist, der nicht die Scholle liebt. Die Händlernatur wird die Scholle immer als Handelsobjekt betrachten. Das erleben die Juden jetzt an sich selber. Der Strom der Palästina=Einwanderer geht in die Städte und besonders nach Jerusalem. Ein kolossaler Bodenwucher macht sich seitdem breit. Keiner kann aus seiner Haut. Es liegt eine große Tragik in der naturwissenschaftlichen Erkenntnis: alle Lebewesen, die sich einseitig spezialisieren, können nicht mehr umkehren und scheiden aus dem Kreislauf aus. Ein hartes Naturgesetz.

Jerusalem hat nur einen Ort voller Schönheit. Das ist der Tempelplatz. Alles übrige ist eine mehr oder minder große Enttäuschung. Aber zwei Erkenntnisse werden sich in jedem Nachdenklichen hoffentlich auf diesem Boden vertieft haben: Palästina ist für zwei selbstsüchtige Internationalen, die nach der geistigen und nach der materiellen Weltherrschaft zielten, das Hypomochlium, d. h. der Hebeldrehpunkt gewesen, um den Einfluß der nordischen Führerrasse zu brechen: für die Kirche (Kreuzzüge) und für das Judentum (Weltkrieg). — Und noch heute arbeiten sie zusammen. Der Schleier fällt von dem wohlbehüteten Geheimnis über die eigentlichen Drahtzieher am Weltgeschehen. Man sieht die verderbenspinnende Ate unter den Völkern. Man sieht jetzt auch anderwärts ihre Fäden zu allen Machtzentren: zur Kirche (Jesuiten), zu den Staatsregierungen (Parlamente), zu den Massen (Sozialdemokratische Partei), zum Bürgertum (Wirtschaftspartei), zur Oberschicht (Loge). Aber nur bei uns sind diese Fäden meist durchgeschnitten. Im allgemeinen aber bestehen sie noch heute und ketten unsere Feinde auch heute noch aneinander. Das militärische und politische Kraftzentrum scheint heute in Rußland zu liegen. Wer aus dem großen Erleben im Weltkrieg und nachher das nicht gelernt hat, der ist überhaupt nicht imstande, aus der Geschichte und aus seinem Erleben etwas zu lernen.

Wir fahren den Weg zurück, den wir gekommen sind. Palästina ist nur klein. Der Religionsunterricht hat es nicht nur mit einem Nimbus umgeben, sondern es in uns größer gemacht. Von Jerusalem bis zum Tabor sind es nur rund 100 km, also im Auto in 2½ Stunden bei mäßiger Fahrtgeschwindigkeit durchmeßbar.

Galiläa, Genezareth. Wir sind in Galiläa. Die Landschaft wird milder, anmutiger. Es treten Wiesen auf. Mentha- und Arnikaduft umweht uns. Es ist eine Landschaft ganz anderer Art als das harte, steppenartige Judäa. Und wenn ein Land auf die seelische Verfassung der Bewohner wirken kann, woran ich glaube, so müssen hier anders geartete Menschen gelebt haben als in Judäa. Das werden viele beglückt empfinden. Denn heute ist für viele Menschen die Vorstellung unerträglich, daß Christus ein Jude und Maria eine Jüdin gewesen sei. In einem Juden kann unmöglich die frohe Botschaft von der Nächstenliebe geboren worden sein. Man nimmt daher gern zur Kenntnis, daß in Galiläa und Syrien viele Jahrhunderte vor der Judeneinwanderung der nordische Stamm der mächtigen und kunstbegabten Hethiter (Konstantinopel, Serailmuseum) das Land besaß, daß die Bewohner also vor und nach und auch unter der jüdischen Oberherrschaft nicht oder nicht rein jüdischer Abstammung waren. Und weiter, daß zu Christi Zeiten hier eine römische Germanenlegion ihr Standquartier hatte. — Der Spiegel des Sees von Genezareth wird ab und an sichtbar. Unfern seines Nordendes nimmt uns eine Kölner Mission gastlich auf. Pater und Schwestern haben ein anmutiges Heim mit schönem Garten hart am Seeufer geschaffen. Es ist von blühenden Bougainvilleen übersponnen und von blühenden Mimosen umduftet und überschattet. Der Abend beschert uns einen stimmungsvollen

Mondaufgang und eine köstliche Mondnacht. Man denkt an die Bilder Caspar Friedrichs und an Thoma. Romantik ringsum. Man fühlt sich fast daheim. So hat man sich das Land vorgestellt, aus dem Christi Eltern entsprossen sind. — Am folgenden Tage halten wir vor Capernaum mitten auf einem Feld mit blühenden, gelben Kamillen, rotem Mohn, blauen Malven und riesigen Marienbisteln. Hinter einem Wäldchen von Zypressen liegt das Städtchen. Dann geht es nordwärts auf der Straße, die wahrscheinlich vor 4000 Jahren (1900 v. Chr.) Abraham nach Hebron mit seinen Herden nomadisierend gezogen war. Er kam aus Ur, aus dem Lande der Sumerer, einem Volk mit hoher Kultur (zylindrische Spiegel aus Lapis Lazuli als Zeugen der Kunst des Steinschneidens; Gold=
schmiedekunst; Waffen aus Eisen). Er war daher seiner späteren Umwelt in Samaria und Judäa weit überlegen, denn er konnte lesen und schreiben und besser rechnen. Er war den Phrat (Euphrat) aufwärts und dann west=
wärts durch die Steppe nach Syrien und Palästina gewandert.

Damaskus

Fahrt nach Damaskus. Im Hintergrund leuchtet uns der schneebedeckte Hermon entgegen, der südliche Teil des Antilibanons, der im Kasr Antar 2860 m, also fast Zugspitzenhöhe, erreicht. Vulkanisches Gestein und Kalk. In ihm entspringt der Jordan. — Der Weg steigt. Der Hermon begleitet uns. Dann überqueren wir lange Zeit eine vulkanische Hochfläche. Auf seinem steppenartigen Boden weiden Ziegenherden. Der Hirt steht noch da wie in den ältesten Zeiten, mit langer Lanze und Schleuder bewaffnet. Darüber hinweg tauchen in der Ferne rechts die nördlichen Vorläufer des vulkanischen Hauran auf. Seine Basaltberge steigen bis zu 1700 m auf. Das war einst eine Kornkammer. Dann senkt sich die Straße. Nach langer Fahrt machen wir halt und schauen auf das grüne, gartenumrahmte Damaskus hinab. Es ist eine der ältesten Städte. In seinem stattlichen Mauergürtel finden sich Riesenblöcke aus der Hethiterzeit vermauert. Wir sind in der Nähe der Grenze des einst mächtigen Partherreichs, das den römischen Kaisern und später den byzantinischen gefährlich war. Der römische Kaiser Julianus Apostata hat hier persönlich den Oberbefehl geführt. Er hat natürlich in Damaskus geweilt, das er „das Auge des Ostens" genannt hat. Er ist es, der die berühmte Waffenfabrikation für Damaszener Klingen hier ins Leben ge=
rufen hat. Auch Justinian, der berühmte Byzantinerkaiser, war hier an der Front und schätzte Damaskus ebenfalls hoch. Zeiten von ganz be=
sonderem Glanz hat es unter den Omajaden, den arabischen Kalifen, gesehen. Damals war es die Hauptstadt des arabischen Reichs, das von Hindostan bis an die Säulen des Herkules reichte. Es war eine Stadt des

Prunks und der Lebenslust, besonders in der arabischen Troubadourzeit. Das Damaskus von damals war mit einer großartigen Kanalisation versehen. In jedem Hof sprangen Brunnen. Von dem Luxus jener Zeit kann uns das Jagdschloß eines arabischen Fürsten nahe der Mekkabahn, die Meschetta, ein Bild geben. Ein Stück seiner Umfassungsmauer wurde Kaiser Wilhelm II vom türkischen Sultan geschenkt und befindet sich im Kaiser-Friedrich-Museum, Berlin. Seine Wand ist mit Filigranarbeiten bedeckt. Sie besteht aus einem Kalkstein, der weich aus dem Boden kommend, an der Luft erhärtet und wie der Poroskalkstein der Athener geschnitten werden kann. Aus dieser stolzen Zeit stammt die Omajaden-Moschee. Dann verblich der Glanz von Damaskus durch ein helleres Gestirn. Die Abassiden, die Nachfolger der Omajaden, hatten ihre Residenz nach Bagdad verlegt, der Märchenstadt Harun al Raschids, des Zeitgenossen Karls des Großen. Aber es erhob sich wieder unter den Ejubiden und besonders unter ihrem Sultan Saladin, einem Kurden, einem Kaukasier (1193), der dort auch gestorben und unfern der Moschee begraben ist. Auch heute noch hat Damaskus 350 000 Einwohner. Und es wächst. Es ist die Hauptstadt des französischen Syriens. Es ist der Ausgangspunkt der Karawanenstraßen und für die Pilgerfahrer nach Mekka.

Die Omajaden-Moschee. Ihr gilt unser erster Besuch. Eine gewaltige Lagermoschee. Ein mächtiger ummauerter Hof mit Pfeilerhallen und Rundbogenarkaden über den erhöhten Liwanen, mit Brunnen und mit einem viereckigen, schwerfälligen Minarett. An den Glanz alter Zeiten erinnern spärliche Reste von Wandmosaiken, die einst die ganze Innenseite bedeckten. Mehrere Portale führen in die riesige Säulenhalle der Moschee. Drei hohe Schiffe mit Säulenarkaden in zwei Geschossen (attische Basis; korinthisches Kapitäl) geben dem Ganzen Hallencharakter. In der Mitte befindet sich ein Vierungsquadrat aus mächtigen Pfeilern und Triumphbögen, die nach oben in ein Achteck und eine Kuppel übergehen. Das Ganze bedeckt ein offener Dachstuhl. Es ist ein weiter, lichter, fast nüchterner Raum: nicht Dämmer, nicht Mystik. An der dem Hof abgekehrten Seite befindet sich die Gebetsnische. — Die Straßen ringsum sind orientalisch eng der harten Sonne wegen. Es sind hohe Häuser mit Flachdach. Nachts schläft man auf ihnen. Die Gitter vor den Fenstern machen den Harem kenntlich. Natürlich ist der Selamlik vom Haremlik getrennt. Im Erdgeschoß arbeitet das Handwerk. Alles spielt sich offen ab. Es ist gerade Mittagszeit. Meister und Gesellen sitzen am Boden um die Kupferplatte, auf der sich Hammelfleisch mit Reis und Brot befinden. Daneben steht der Wasserkrug zum Händewaschen. Man langt mit der Rechten in die Schüssel. — Das Handwerk spielt eine relativ größere Rolle als bei uns, besonders die Schmiede. Zwar werden die einst berühmten Damaszener Klingen hier nicht mehr gemacht, seitdem Timur Lenk 1399 beim zweiten Mongolensturm die Schmiede nach Samarkand entführt hat. Aber es wird noch viel Schönes gemacht und angeboten. Ein Bild davon gibt der große Basar. Es sind besonders Seidenwaren und Sattlerarbeiten, die den Besucher anziehen. Nahebei befinden sich die Chane, die überwölbten Warenspeicher. — Auf der breiten Hauptstraße mit baumbestandener Mittelpromenade entfaltet sich ein buntes jahrmarktähnliches Treiben. Ochsengespanne, Pferde- und Eselfuhrwerke, Kamelkarawanen. Meist sieht man armes Volk: langes Hemd, Fez, Tarbusch oder Turban auf dem glattrasierten Schädel. Dazwischen tummeln sich ranke, schlanke Beduinen mit tief geschnittenen Gesichtern, scharfrückiger Nase, stolzer Haltung, das langschaftige Gewehr um die Schulter gehängt. Ab und an fährt auch eine vornehme Frau vorüber: Topfhelm mit Münzen, Jacke mit Stickereien, Schuhe aus rotem Leder, viel Armspangen, Nasenflügelring. Der Schleier spielt eine große Rolle als Gesichtsschleier oder als großer Schleier, der vom Kopf bis zum Fuß reicht und um die Taille geschlungen wird. Eine noch größere Rolle spielen bei ihnen Farbentopf und Riechfläschchen.

Baalbek

Auf dem Wege nach Baalbek. Wir übernachteten in einem ansehnlichen Hotel. Am nächsten Vormittag fahren wir durch eine Villenvorstadt am wildbrausenden, schönen Barada aufwärts. Schattige Alleen mit platanenähnlichen Riesenbäumen bis 4 m Durchmesser; der Frühling blüht auf allen Wegen. Die Straße zielt auf die Lücke zwischen Hermon im Süden und dem etwa 200 m niedrigeren Antilibanon im Norden. In Terrassen steigt der Weg. Walnußbäume, Feigen- und Obstbäume; manches köstliche Ruheplätzchen. Ein Stück fahren wir auf einer alten Römerstraße. Ein Engpaß mit einer steinernen Brücke. Der Barada fängt an, stärker zu musizieren. Die Landschaft bekommt ein klein wenig vom Charakter der Bayerischen Voralpenlandschaft. Die Natur wird wilder, romantischer. Man sieht Weideland mit Herden. Aber es ist nur ein leiser Anklang an unser Bayern. Es fehlen die lachenden Seespiegel, die einladenden Häuser, die rauschenden Wälder, die fröhlichen Menschen. Aber immerhin sind die Gesichter doch weicher geworden; die Backenknochen sind nicht mehr so betont. Etwas nordischer Einschlag. Man sieht germanische Langköpfe und Langgesichter. Denn zur Zeit der ägyptischen Thutmosis und Ramses waren die Hethiter Herren des Landes und später die Makedonier (Seleuciden) und schließlich lange Zeit die Römer; alles Völker nordischen Geblüts. Ungefähr 100 Jahre lang lag hier die Front der germanischen Legionen Roms gegen die mächtigen und kriegerischen Parther (Trajan 98—117, Hadrian, Antoninus Pius 138—61, Marc Aurel, Septimius Severus 193—211). Und dann nach der Teilung des römischen Reichs waren es wieder germanische Truppen, die für die byzantinischen Kaiser hier kämpften. Diese starke germanische Bluteinfuhr erklärt den oben bemerkten nordischen Einschlag der Bewohner. — Die Autokolonne hat die Senke hinter sich und ist nun in Syrien (As-Syrien), in Coelesyrien, einer Hochebene von rund 1100 m. In seiner Längsachse fließt in fruchtbarer Ebene der Leontes zum Mittelmeer. Von dem ehemaligen Reichtum dieser Kornkammer ist nichts mehr vorhanden. Der Fanatismus der Araber und ihr Kismet hat hier Reichtum und Menschen vernichtet. Auch der Fanatismus der Kreuzfahrer hat seinen Teil dazu beigetragen.

Baalbek. Nur die Ruinen von Baalbek reden noch von der zyklopischen Kunst der Hethiter und von der bewegten Kunst der Römer. Wer behauptet, daß die römische Kunst nur eine Nachahmung oder Erweiterung der griechisch-dorischen Kunst sei, steht noch im Vorhof des Kunstverständnisses. Die dorische Kunst zielt auf Ruhe, die spätgriechische und römische auf Bewegung. Es sind also zwei grundverschiedene Stile. Die Dorier kennen keine Raumkunst. Die haben erst die Römer mit Hilfe des Keilsteins geschaffen. Sie haben das Tonnengewölbe vielleicht zwar nicht erfunden, aber genial angewendet (Verona, Arena). Auf den Schultern der Römer steht alle spätere Raumkunst der byzantinischen, romanischen, gotischen und barocken Zeit. Sie haben die Gewölbe verwendet, um ihre Baukomplexe in der Vertikalen aufzustaffeln. Nur ein Volk, in dessen besten Männern ein so raumumfassendes, politisches Ideal lebte, konnte dieses Element zur Grundlage eines neuen, raumumfassenden, architektonischen Ideals machen. Ihnen war dies das Mittel, mit dem sie souverän die Natur ihrem baulichen Ideal dienstbar machten sowohl zur Erweiterung wie auch zur Aufstaffelung von Flächen. So z. B. am Flavier- und Septimius-Severus-Palast auf dem Palatinus oder am Kolosseum. Hier in Baalbek hatten sie das nicht notwendig. Sie fanden hier die Tonnensubstruktion der Hethiter vor. — Die Römer sind weiter nicht bloß in der Politik große Organisatoren gewesen, sondern auch in der Anlage von Baukomplexen. Das ist eine neue originale Seite der römischen Kunst. Davon reden gleichfalls die Kaiserpaläste auf dem Palatin, das Trajans-Forum, die Thermen, die Tempel am Pergamonberg. Auch Baalbek ist dafür ein Beispiel. Es ist ein Komplex aus: Propyläen, Vorhof, Altarhof und Jupitertempel. Auch hier erkennt man die große Kunst der Römer, die Baumassen zu organisieren, die verschiedenen Motive zu einer Einheit zusammenzufügen und das Ganze in der Horizontalen und Vertikalen in Schwingungen zu versetzen. — Wir stehen vor der Freitreppe der Propyläen. Eine Vorhalle (Säulenhalle) mit zwei Seitentürmen. Frontbreite 55 m, Tiefe 11 m. Von den 12 Säulen des Mittelportals sind nur die Basen übrig. Das Fassadenmotiv mit 2 Seitentürmen könnte man im ersten Augenblick als ägyptisch (Luxor) ansprechen. Das wäre aber irrig. An erster Stelle steht hier in Baalbek die Säulenhalle und erst an zweiter Stelle die Türme. Es ist also umgekehrt wie in Luxor. Dies neue Motiv vereinigt Schönheit mit Wehrhaftigkeit. Es ist wahrscheinlich syrischem Boden entsprossen. Mit ihm ist die Grundlage für den Fassadenbau der romanischen Kirchen gewonnen. Dies syrische Baumotiv ist also der Vorläufer der Silhouettenkunst (Schattenrißkunst) des romanischen Stils, z. B. des Limburger Doms. — Wir durchschreiten die Vorhalle und befinden uns in einem oktogonalen Vorhof. Es ist ein Ring von 15 m Dicke und 61 m Durchmesser mit drei Ein- und drei Ausgangstoren. Dieses Oktogon (Achteck) führt auf den Altarhof, der von zwei Säulenhallen auf 7 m hohem Basament (Sockel) flankiert wird (134 m × 113 m). Das war gleichsam die Introduktion. Es folgt eine hohe Freitreppe. Sie liegt vor dem hohen Stereobaten (Unterbau des Tempels) (12 m) und Stylobaten (Fußgestell der Säulen), auf dem sich das Peristyl (Säulenumgang) des **Jupitertempels** (89 × 49 qm) erhebt. Ursprünglich bestand es aus 10 Frontsäulen und 19 Seitensäulen: Abstand 2,6 m; Säulen nicht kanneliert mit korinthischen Kapitälen; 2,20 m Durchmesser am Grunde. Davon sind im Süden noch 6 (1751 noch 9), im Norden 4 übrig geblieben. Sie sind 21 m hoch und tragen Architrav (unteres Gebälk), Fries (oberes Gebälk), vorkragendes Karnies (Gesimskranz) von 4,5 m. Die oberste Lage liegt demnach 12 + 25,5 = 37,5 m über dem Boden. Der erste und der letzte Sonnenstrahl trifft diesen Tempel. Die Zella (Tempelhaus) ist ganz verschwunden und wird nicht vermißt. — Ein schönes Bild genießt man von der Plattform innerhalb des Peristyls. Man sieht in der klaren Luft die kühnen Formen des schneebedeckten Libanons, der zuweilen an die Dolomiten gemahnt. Sie stehen vor einem tiefblauen Himmel. Ringsum liegt eine fruchtbare, blühende Ebene. — Eine andere großzügige und sympathische Art der Römer ist es, alte ehrwürdige Baukunst mit Achtung zu behandeln und sie mit dem Eigenen zu einer Einheit zu verschmelzen. Auch lassen sie dem fremden Künstler sowohl dem hellenistischen wie auch dem syrischen Schaffensfreiheit. Zum Unterbau für den Jupitertempel wurde eine Zyklopenarbeit wahrscheinlich der Hethiter verwendet. Die Fläche beträgt 325 × 97 qm, die Höhe 12—15 m. Es sind 13 Schichten von Blöcken übereinandergelegt. Durch diesen Unterbau laufen 2 oftwestliche Tunnels (je 160 m) und ein nordsüdlicher. Die Blöcke sind von einem riesigen Ausmaß und mit Brustbildern an den Gurten geziert. Einer der kolossalen Blöcke befindet sich noch in den alten Kalksteinbrüchen von

Baalbek: 21,35 m lang, 4 m breit, 4,33 m hoch, ein Gewicht von etwa 37 000 Ztr. Er ist noch teilweise mit dem lebenden Gefels verbunden.

Der Bacchustempel ist ein Musterbeispiel für römische Innenraumkunst auch ohne Gewölbe und für ihre malerische, dekorative Kunst. Wir haben es hier mit einem Peripteros (Tempel mit Säulenumgang) (68 × 36 qm), mit einem templum in antis (Tempel mit vorspringenden Mauern) und mit einer Säulendoppelreihe im Osten zu tun. Er steht, echt römisch, auf einem hohen Stereobaten. Die Säulen (15 × 8) sind Syenit-Monolithe, die den langen Weg von Syene (Affuan) bis hierher gemacht haben. Basis, runder Schaft, korinthisches Kapitäl und vielteiliges, korinthisches Gebälk. Der Umgang ist mit gewölbten Deckplatten (4,8 qm, 1½ m Dicke) mit Brustbildern in der Mitte und an den Ecken bedeckt. Die Zella trug kein Tonnengewölbe, sondern ein griechisches Giebeldach. Das erkennt man an den Zapfenlöchern oberhalb der Pilaster. Es beweisen das auch alte Münzen, auf denen sie es trägt. Es ist herabgestürzt. Man hat den blauen Himmel nun über sich. Die einschiffige Zella (49 × 26 qm) aus Kalksteinblöcken, nicht aus römischen Plattenziegeln, war ursprünglich in den Tempelraum und das kleine Adyton, das Allerheiligste, dahinter geteilt. Dies Adyton lag 1½ m höher. Beide Teile trennte früher eine beiderseits von Säulen flankierte Wand, die eingestürzt ist. Dadurch hat das Ganze zweifellos an Raumschönheit gewonnen. Die Langseiten der Zellawand waren durch je 6 kannelierte (geriefte) Halbsäulen, die mit Statuennischen in zwei Reihen abwechselten, rhythmisch gegliedert. Die Wand schwingt gleichsam vor- und rückwärts. Römische Bewegungstendenz. — Das Schönste aber ist das Portal (12,8 × 6,4 qm). Der Türrahmen ist 4reihig in der Vertikalen und 10reihig in der Horizontalen gegliedert und mit Reliefs bedeckt: Trauben, Weinblätter, Ähren, Mäander. Eine köstliche Arbeit. Eine entzückende Volute (Schneckenschnörkel) auf der rechten Seite. Das ist malerischer Stil, Malerei mit dem Griffel statt mit dem Pinsel. Das ist eine neue Seite der römischen Kunst. Man wird an die Früh-Renaissance der Italiener erinnert, z. B. an die Fassade der Certosa di Pavia oder an Ghibertis Erztüren an der Taufkapelle in Florenz oder an Raffaels Vatikanische Loggien, und an die Malereien in der Farnesina. Der Tür-Schlußstein hat sich beim Erdbeben 1759 gesenkt, ist aber seit 1870 wieder gestützt. — Den ganzen Tempelbezirk umgibt ein Mauerring von 3 bis 6 m Höhe. Die zermürbende Zeit, die nimmer ruhende vulkanische Kraft, der religiöse Fanatismus und die schmutzige Habgier der Menschen hat viel zerstört, aber dennoch ist auch heute noch über diese Stätte viel Schönheit gebreitet.

Libanon

Nach Beirut. Es geht aufwärts über den Libanon. In Kehren steigen die Autos an seinen Hängen hinauf. Wir überqueren die Bagdadbahn und die Poststraße Beirut—Damaskus (112 km). Je näher wir Beirut kommen, desto kühner werden die Formen des Gebirges (bis über 3000 m). Sie nehmen manchmal dolomitischen, phantastischen Charakter an. Während auf dem Ostabhang die Steppe überwiegt, hat der Westabhang tiefe, fruchtbare Täler. Da gibt es noch Haine von Eichen und Pinien, und Zypressen, Platanen, Walnüsse, Ölbäume, Maulbeeren. Auch begegnet man der Libanonzeder mit hohen Stämmen und im Alter mit schirmförmiger Krone (die Himalajazeder ist mehr pyramidenförmig und hat überhängende Spitzen). Es ist eine immergrüne Lärchenart (Nadeln an Kurztrieben). In diesen schönen Tälern hat der Glaubensfanatismus wilde Orgien gefeiert. Erbittert und vernichtend hat man um Glaubenshaarspaltereien gekämpft. Die der katholischen Kirche mehr geneigten Maroniten sind dabei von den mehr muhammedanischen Drusen fast ausgelöscht worden. Ein Blick über das Meer wird frei. Beirut entfaltet seine prachtvolle Lage. Es ist die Villeggiatur für alle heißen Länder des vorderen Orients. Es ist die Hauptstadt des französischen Mandatgebiets. 180 000 Einwohner. Dattelpalmen wiegen sich an der Küste.

Die Reise geht zu Ende. Taormina, Neapel, Genua cf II.

Der Zug übersteigt den Apennin, in dessen unteren Lagen der Frühling noch blüht. Wilde Gebirgstäler und Schluchten, zahlreiche Tunnels. Wir überqueren den Po. Pavia taucht auf und seine liebliche Certosa. Die spätromanische Kirche mit ihren Apsiden ist vom Zuge aus gut erkennbar. Es waren schöne Stunden, als man einst ihre köstliche Früh-Renaissancefassade, dieses Gemisch von Gotik und Renaissance studierte und den schönen Klosterhof mit dem Blick auf die Kirche durchwandelte.

Mailand

Mailänder Dom. Ich beschloß, die Nacht in Mailand zu bleiben, um den Dom wieder einmal zu besuchen und um in der Scala Verdis Aida zu hören. Eine Stunde später tauchte ich in den Säulenwald des Doms und genoß sein von Mystik durchwehtes Farbendämmer. Deutsche Spätgotik. Hallencharakter. Der Blick geht in die Breite, nicht in die Tiefe. Der Blick wird daher vom Chor abgelenkt und zu den peripherischen Seitenfenstern hingelenkt. Man hat aus diesem Grunde den Chor durch hohe verdunkelnde Schranken von der Wirkung der polygonalen Fenster dahinter abgeschlossen; man hat die Hochwand des Mittelschiffs, die den Blick in der Hochgotik zusammenhält und zum Chor führt, stark reduziert. So zwingt man das Auge auf die Seite der Schiffswand. Zur Verstärkung hat man dann noch die Seitenschiffe verschmälert (18 : 10) und in ihren Fenstern relativ erhöht (50 : 34) und so die farbensprühende Außenwand an das Mittelschiff herangezogen. Denn in diesen Fenstern liegt das Wunder des Doms. Es ist also hier im spätgotischen Mailänder Dom gerade umgekehrt verfahren worden wie rund 100 Jahre früher im hochgotischen Kölner Dom; denn in Köln ist das Hauptstück der scheinbar entmaterialisierte Chor. Auf ihn konzentriert sich die ganze Lichtfülle der Fenster des polygonalen Umgangs und der Fenster des Hochschiffs. Auf ihn wird der Blick gezwungen durch die enge Gasse der Pfeiler, durch Hochwand und Triforium des Mittelschiffs, durch Abschaltung des Lichts der peripherischen Außenschiffsfenster, und zwar durch relative Niedrighaltung und relative Breite der Seitenschiffe. Man suche daher im Mailänder Dom nicht das Hauptschiff auf, sondern das nördliche, also linke Seitenschiff und schreite in ihm vorwärts mit dem Blick auf die besonders im Frühling bald auf-, bald verglühende farbige gegenüberliegende Wand. Es ist, als ob man durch den deutschen Wald ginge, durch dessen Stämme die untergehende Sonne schimmert. Beständig wechseln bei diesem Vorwärtsschreiten die Bilder; die mächtigen Säulen scheinen sich zu verschieben. Der Stimmungsgehalt ist ganz wunderbar. Hier in dieser Farbenmystik ist wahre Kirchenstimmung. Auch die Decke ist, um den Blick nicht in die Höhe und somit von der Breite abzuziehen, folgerichtig reduziert. Es ist wieder ein romanisches Tonnengewölbe; die Rippen darauf sind Dekoration und nicht Träger der Decke. Die Decke nimmt also hier nicht an der Auflösung der Wand teil wie beim Kölner Dom. Hochgotik und Spätgotik haben eben ganz verschiedene Ziele. Das eine geht auf Ruhe und Einbild, das andere auf Bewegung und Mehrbilder. — Deutsche Meister sind hier im grundlegenden ersten Baujahrhundert führend an der Arbeit gewesen; und Fürsten nordischen Gebläts wie die Viscontis haben sie finanziert. Im zweiten Baujahrhundert war der Krummstab, die beiden Erzbischöfe Grafen Borromei am Regiment. Andere Baumeister traten auf. Sie versuchten den Dom, soweit es ging, im Sinn des Renaissance-Stils (Horizontale; Plastiken) zu wandeln. Das war nur noch an der Fassade möglich und im Dekorativen. Man kann eben nicht auf die Dauer gegen das eingeborene, mehr mittelmeerische, ästhetische Ideal eines Landes bauen. Das nordisch-mittelmeerische Milieu empfindet anders als das nordisch-deutsche. Wenig störend ist der Vierungsturm, der zu dem Licht von der Seite noch Oberlicht bringt. Auch vermisse ich den Fassadenturm nicht. Im Gegenteil, ich würde ihn sogar als störend empfinden, denn auch im Innern der Kirche, dem Hauptteil

also, ift der Blick auf die Horizontale eingeftellt. Selbft in Deutfchland ift
er nicht immer an Hallenkirchen vorhanden (Frauenkirche in Nürnberg).
Störend dagegen für uns Deutfche find die widerfpruchsvollen Elemente
beider Stile (Gotik und Renaiffance) an der Faffade und das überreiche
Kleid von Plaftiken (6000) zu Gunften der Horizontalen. Davon ab=
gefehen, hat auch die Außenfeite malerifchen deutfchen Charakter: Stüt=
und Strebepfeiler find da, wenn auch letztere infolge der hohen Fenfter
und der hohen Dachbrüftung verdeckt find. Man fieht fie am beften auf
dem Dache felbft, wo man zugleich einen prachtvollen Blick auf die Alpen
hat. — Wenn ein Teil der Befucher enttäufcht ift, fo liegt das daran, daß
der große Platz vor dem Dom auf ihn drückt und ihn fo niedriger
erfcheinen läßt, als er ift; und daß fie ferner die gewohnten himmel=
ftrebenden Türme unferer Kirchen vermiffen. Vor allen Dingen aber
liegt es daran, daß fie die Innenfchönheit nicht ganz zu würdigen ver=
ftehen. Es fehlt ihnen die verletzerte Stilkunde; fie fuchen daher die Schön=
heit da, wo fie nicht ift. Das muß alles gelernt werden. — Der Mailänder
Dom ift das fchönfte, fpätgotifche Monument.

  Teatro della Scala. Die italienifche Opern=
und Gefangskunft. Es war mir noch gelungen, ein Plätzchen
in den oberen Rängen der Scala zu erhalten. Auf dem Platz davor erhebt
fich die Geftalt Leonardos da Vinci, des richtunggebenden Meifters der
Renaiffancemalerei, der zugleich Plaftiker, Architekt, Ingenieur und
Naturforfcher war. Ein nordifcher Univerfalgeift.

  Der Innenraum des Theaters ift fehr groß und hoch; 6 Logenreihen
türmen fich übereinander auf. Trotzdem hört man jedes Wort und den
leifeften Ton. Das liegt nicht nur an der guten Akuftik, fondern auch an
der Kraft und Tragfähigkeit der italienifchen Stimme, die außerordentlich
groß ift. Mühelos fcheint der Sänger den weiten Raum zu füllen. Die
Tonbildung geht vorn im Munde vor fich. Die an ein Inftrument
erinnernde Klangfarbe ift Geheimnis der italienifchen Singfchulen. Zur
Erhöhung der Stimmkraft fetzt man beliebige Fermaten ein. — Der
Gefang und damit der Sänger hat bis auf den heutigen Tag in der
italienifchen Oper die Führung. Die Melodie, die fchöne Tonlinie, die
Cantilene, der bel canto, ift beherrfchend wie in der Malerei die Kontur.
Sie und der Reichtum an Melodien ift italienifche Eigentümlichkeit und
zeichnet ganz befonders Verdi aus. — Auch das Seelifche bringt die
Stimme zum Ausdruck durch Triller und Koloraturen. Dadurch wird
zuweilen ein Widerfpruch zwifchen Inhalt und Form, dem tragifchen
Moment und der hüpfenden Melodie, erzeugt, der uns Deutfchen gegen
das Gefühl geht. So z. B. im Troubadour: „ich lächle unter

Trä—ä—ä—ä—änen". Aber das ist eine notwendige Schattenseite der allbeherrschenden Melodie, des allbeherrschenden Gesangs. Bei uns wird diese Überlastung der Stimme vermieden, indem wir den Gefühlsausdruck, besonders seit Wagner, auf das Orchester übertragen, das in seiner Polyphonie dazu geeigneter ist. Auch in Italien hat man sich dazu teilweise entschlossen und ist dadurch jetzt im deutschen Fahrwasser. Das hat auch Verdi besonders in seinen letzten Opern getan und noch mehr Puccini. Italienische Melodik gegen deutsche Harmonik. — Neben der Kantilene ist die Stimmungsmalerei echt italienisch und ein großer Vorzug der italienischen Musik. So in Aïda die letzte Szene (Aïda, Radames, Amneries, Triumphgesang der Priester), so in der Kerkerszene des Troubadours das Miserere, so im Rigoletto die Gewitterszene mit Terzett. — Dazu kommt die leichte Verständlichkeit des Stoffs und die große schauspielerische Kraft der italienischen Sänger, so daß auch der einfache Mann der Darbietung leicht folgen kann. Die italienische Opernkunst ist daher populär. In den italienischen Stoffen handelt es sich zudem meist um elementare Dinge: sinnliche Liebe und Haß. Große, tiefere Probleme meidet man, wie sie Wagner im Fluch des Goldes und in der Erlösung durch die aufopfernde und verstehende Liebe eines Weibes behandelt. Italienisches Pathos steht gegen deutsches Ethos. Wir sind hierin tiefer und schwerer. Man kann nicht zu Gunsten der Popularität von diesem hohen Ziel abgehen. — Und weiter wird dieser leichtere Stoff nur in locker aneinander gereihten Bildern in Arien, Duetten, Terzetten, Ensembles vorgetragen. An einen so gewaltigen Stoff wie die Wagnerschen Nibelungen kann man sich in Italien nicht wagen. Die Verknüpfung des Ganzen durch Leitmotive zur Einheit, was Wagners unsterbliches Verdienst ist, gibt es original nur in der deutschen Kunst. — In der Aïda spielt außerdem das Nationale eine Rolle und der starke Rhythmus der Märsche. Das ist französischer Import. Aber von den französisch-jüdischen Methoden der Einstellung auf den Effekt à la Meyerbeer, Giacomo Meyer-Beer, auf das Reißertum, auf das von Natur nicht Zusammengehörige, wie die Einfügung von Balletts, hat man sich in Italien stets ferngehalten, trotzdem es in diesem Falle (Aïda ist zur Eröffnung des Suezkanals 1871 gedichtet worden) nahegelegen hätte.

Am nächsten Morgen gehe ich zur Erholung für eine schlechte Nacht auf ein halbes Stündchen in den Dom und dann nach Sta Maria delle Grazie. Zu der Vierungskuppel und den drei Apsiden in farbenfreudiger, lombardischer Früh-Renaissance soll Bramante den Plan geliefert haben. Das Schiff hat spätgotischen Hallencharakter. Das Refektorium, der Speisesaal der Dominikaner, enthält das Riesenfresko Leonardo da Vincis (9×4 qm). In einem durch das Gleichgewicht der

Vertikalen (Wandteppiche) und Horizontalen (Balken der Zimmerdecke, Tafel) ruhigen, ernsten, einfachen Raum sitzt Christus mit seinen Jüngern beim letzten Abendmahl.

Leonardos Abendmahl. Es geht eine leidenschaftliche Bewegung durch das Bild. Christi Wort: „Einer unter euch wird mich verraten" ist die Ursache. In je zwei Wellenbergen schieben sich die Jünger zu je drei kulissenartig zusammen; die Mienen sind gespannt, die Gesten dramatisch. Die Bewegung verliert in den äußeren Wellenbergen aus natürlichen Gründen an Intensität. Durch den Zusammenschub überschneiden sich zwar die Oberkörper, aber die Köpfe bleiben frei. Sie, als die wesentlichen Teile, werden nicht verunklart und verlieren nichts an ihrer Ausdruckskraft. Man liest aus ihnen den Zweifel, den Protest, die Sorge, die Liebe zu Christus. Dagegen haben die vorderen Köpfe durch den dritten als Hintergrund an Volumen, an Plastik gewonnen. Nur ein Gesicht wird verunklart, das des Judas. Es liegt im Schatten der Lichtquelle an der Gegenseite des Raums. Die Köpfe wenden sich Christus zu, zeigen also ihr Profil und liegen wie die bewegten Arme in der Bildfläche. Die Hochrenaissancekunst ist eine Flächen- und nicht eine Raumkunst. Nur ein Gesicht sieht aus dem Bild in die Weite: das des Herrn. Seine Hoheit (Abstand) und seelische Ruhe und Gelassenheit (Horizontalen im Gesicht; Haltung der Arme) dämpft den seelischen Aufruhr der Gemüter. Dazu sitzt Christus nahe der Symmetrielinie des Bildes. Die beiden Bildseiten sind ausgewogen in Massen, in Bewegung, in Farbe und Licht. — Um bei der Enge des Raums und der großen Zahl der Personen eine Verunklarung zu vermeiden, hat Leonardo die Wahrheit geopfert (Zahl der Gedecke und Beine gegen die der Personen). Das Bild ist das erste Morgenrot der Hochrenaissance. Alle ihre Hauptelemente: Ruhe, Plastik aber nur in Bezug auf die Köpfe, Kontur, Schönheit, Klarheit und relative Einheit sind hier vollendet zur Darstellung gebracht. — Das Bild hatte in fast 4½ Jahrhunderten (1495 bis 1498) sehr gelitten. Es ist in Öl an die Kalkwand aufgetragen worden. Beide sind nicht zur rechten Verbindung gekommen. Infolgedessen war das Bild zum Teil abgeblättert. Dazu kam eine wenig respektvolle Behandlung. Die Mönche, die berufenen Hüter, haben es fertig gebracht, eine Tür unter der Gestalt Christi durch die Wand zu brechen. Und die Franzosen haben das Refektorium sogar zu einem Heumagazin degradiert. Aber auch in diesem etwas ruinenhaften Zustand war das Bild für Tausende das Pilgerziel. Heute hat man es erneuert. Es ist zu hoffen, daß die Zeit manches an ihm mildern wird.

Durch den Gotthard-Tunnel, längs des Vierwaldstätter Sees und über die Juraketten führt uns der Zug nach

Basel.

Ich bin immer gern in Basel gewesen (150 000 Einwohner). Ich liebe sein lebensfrohes, behäbiges, wie mir scheint, etwas materialistisches Bürgertum, wenn es uns Reichsdeutschen auch wenig geneigt ist. Das habe ich oft mit Bedauern festgestellt. Besonders die Zeitungsschreiber sind arg unzufrieden mit uns. Man legt es uns als Überheblichkeit aus, wenn wir bei uns „Deutschland, Deutschland über alles, über alles in der Welt" singen. Wir singen doch nicht „Deutschland über alle in der Welt". Sein Vaterland über alles zu lieben, kann doch unmöglich ein Verbrechen sein. — Man macht sich darüber lustig, daß wir eine reine Rasse sein wollen. Das wollen wir ja gar nicht. Reinrassige Völker gibt es wohl nirgend. Das ist jedermann bekannt. Wir sind aber auch kein Konglomerat (cf III, Ragusa). Wir sind ein Volk von rein germanischer (Germanen, Kelten, Illyrier) und rein slavischer (ostischer) und von gemischt germanisch=slavischer Erbmasse. Germanen, Kelten Illyrier (Lausitzer Kulturleute) wiederum sind entstanden aus der Mischung der nordischen Rasse (der Megalithleute und der Schnurkeramiker) mit den nichtnordischen Bandkeramikern. Diese Mischung mit Slaven besteht seit mehr als 1200 Jahren und hat in Not und Tod zusammengestanden. Für sie ist der Begriff Arier geprägt worden. Es hat also eine zweimalige Mischung von Nordischen mit Nichtnordischen stattgefunden. Die Germanen sind die erste, die Arier die zweite Mischung. Nach dem naturwissenschaftlich anerkannten Mendel'schen Gesetz geht aus der gemischt germanisch=slavischen Erbmasse ein Viertel rein germanische, ein Viertel rein slavische und ½ germanisch=slavische Erbmasse wieder hervor, so daß die Gemischtrassigen die Quelle neuer relativ Reinrassigen sind. — Was geht es weiter die Schweizer an, ob wir parlamentarisch regiert werden oder nicht und ob wir ein Soldatenvolk sind oder nicht. Wo blieben wir, wenn wir bei unseren ungeschützten Grenzen nicht Soldaten wären! Die wachsende slavische Flut im Osten und die französische Eifersucht würden uns ausstreichen. Und die Schweiz würde uns davor schwerlich bewahren. Man sollte dankbar anerkennen, daß Deutschland der Fels ist, an dem der Bolschewismus zerschellt. Wir lieben die Freiheit genau so wie die Schweizer. Jeder muß dafür tun, was er kann. Wir haben die Freiheitsliebe der Schweizer immer gepriesen. Wer hat dem schweizerischen Freiheitsheroismus ein schöneres Denkmal gesetzt als unser Schiller! „Nichtswürdig ist die Nation, die nicht ihr Alles freudig setzt an ihre Ehre". — Wir lieben die Schweiz. Wir haben die Schweizer immer als Brudervolk betrachtet. Der deutsche Schweizer ist genau so gut Alemanne wie der Badener oder Elsässer. Wo wird z. B. Böcklin und Burckhardt und Keller mehr geschätzt als in Deutschland! Es wird wenig gebildete Deutsche geben, die das Baseler Museum nicht würdigen. Konrad Witz und Hans Holbein sind uns gute Bekannte. Wer das Glück gehabt hat, die Böcklin=Ausstellung 1930 zu sehen, freut sich dessen sein Leben lang. Man sollte in der Schweiz aufhören, uns zu befehden. Man sollte sich des Guten an uns mehr freuen. Denn wir haben allezeit unseren Mann gestanden. Bei uns im ganzen Reich wäre ein Denkmal wie am Bahnhof zu Basel, das vom enfant de Straßbourg, unmöglich.

Das Baseler Münster. Und wer von uns Deutschen fühlt nicht des Baseler Münsters hohen, architektonischen Klang! Ich bin oft und gern in Basel gewesen und habe nie den Besuch dieses Kleinods versäumt. Es ist zu einer Zeit gebaut worden, als Basel noch zum Reiche gehörte. Kaiser Heinrich II, der auch den Bamberger Dom vorher erbaut hat und das Baseler Bistum wieder aufgerichtet hat, ist bei seiner Einweihung 1019 zugegen gewesen. — Das große deutsche Fabuliertalent, das am Münster in den Reliefs zum Ausdruck kommt, ist mir stets besonders sympathisch gewesen. So an der Galluspforte die Kapitellzone am Gewänd mit ihren Tieren; so am Chor außen der Weinlesefries über dem Blendbogen, so im Chorumgang innen die Kapitelle (Pyramus und Thisbe, Dietrich von Bern, Sintram und der Drache); so in der Krypta die Fabel vom kranken Löwen im Fries und die Hirschjagd. — In diesem Münster mischte sich Spätgotisches mit Romanischem, nach dem Erdbeben 1356. Von der romanischen Zeit zeugen außen die Grundgeschosse der wuchtigen Westtürme, die Galluspforte (Türsturz und Bogenfeld und Gewänd), das burgundische Glücksrad darüber und besonders der Chor (die Blendrundbogen vor der Krypta, die großen Rundbogenfenster mit Tiergestalten vor dem unteren Chorumgang und der Rundbogenfries; die Halbrundfenster vor dem oberen Emporenumgang). — Von noch größerer Schönheit ist das Innere. Stehen wir drinnen an der Westseite, so haben wir vor uns einen Raum, der zwar nicht besonders tief und breit (62×12 m) aber relativ hoch ist. Das Auge wird durch die Hochschiffswand zusammengehalten (mit ihrem Rhythmus der Pfeiler und gotisch=burgundischen Bogen, den dreigeteilten Emporen mit Doppelsäulen und den Lichtgadenfenstern) und magisch durch das ruhige Licht der Chorfenster in die Tiefe gezogen. Denn dort befinden sich: das Rundfenster im unteren Umgang, die Halbkreisfenster im oberen Umgang hinter der stabförmigen Verharfung und vor allen Dingen die drei die ganze Hochwand ausfüllenden, großen und breiten Fenster. Diese drei bilden die Hauptlichtquelle des Münsters. Dagegen fallen von meinem Standpunkt am Westchor aus die übrigen großen und schönen Fenster nicht ins Gewicht wegen ihrer Entfernung von etwa 10 m. So die Radfenster im Querschiff und so auch die unteren Außenfenster des fünfteiligen Schiffs. Und auch die Oberlichter des Lichtgadens sind wegen ihrer Höhe und relativen Kleinheit nicht wirksam. Der Kirchenraum ist voller Ruhe und Stille. Zu diesem ruhigen, vollen Licht aus der Tiefe kommt weiter das Gleichgewicht der Strebungen, die den Stein negieren (vollendete Wandauflösung im Chor und beginnende in der Empore) und derjenigen, die ihn bejahen (der hohe Lichtgaden); und ferner das Gleichgewicht der emporreißenden Vertikalen (Rundbogendienste, Kreuz- und Querrippen) und der Horizontalen (das durchgehende schachbrettartige Gesims, die Altarstufen, die Bodenfläche). — Auch wenn man vom Altarchor zum Sängerchor mit der Orgel, dem ehemaligen Lettner, blickt, hat man ein ruhiges, ernstes Bild vor sich. — Ein ebenfalls schönes Bild bietet sich auch draußen vom Wasen, dem Garten des großen Kreuzumgangs, aus: auf den Kreuzgang selbst mit seinen großen, spätgotischen Fenstern (Fischblasenmuster); auf die Sakristei; auf das südliche Seitenschiff; und auf die beiden asymmetrischen Westtürme mit offenen, spätgotischen Helmen. — Es ist nach allem Schönen, was man draußen in der weiten Welt gesehen hat, ein deutsches Meisterwerk, dessen man sich von Herzen freuen kann.

Und dann stehe ich wieder auf der Pfalz, der Plattform, die das herrliche Münster ziert, und schaue hinab etwa 20 m tief auf den immer jungen, brausend dahinjagenden Rhein. Er bleibt, auf das kurze Menschenleben bezogen, derselbe; wir, seine Bewunderer, welken. Ich stehe wieder an den Grenzen der deutschen Heimat, die ich vor mehr als 4 Wochen verließ, um im Süden Sonne, Freude, Schönheit und Wissen zu suchen. Und ich trage ein großes Glücksgefühl in der Brust, daß ich wieder in den bläulichen Duft über Wasgau, Rheinebene und Schwarzwald schauen kann.

Entstehungsgeschichte der Oberrheinischen Tiefebene. Diese Dreiheit ist im Laufe der Erdgeschichte immer eine Einheit gewesen. Als die beiden großen Kontinente Atlantis und Gondwana (cf IV Island) dem Urmeer entstiegen waren, lag diese Scholle noch während des Silurs und Devons auf seinem Grunde. Diese Zeit mit Einschluß des Karbons schätzt Haeckel, der große Meister der Biogenese, auf 20 Stunden seines großen Erdentags, der vom Beginn des organischen Lebens bis heute dauert und den er auf rund 100 Millionen Jahre anschlägt. Es ist das nur ein Teil des Erdenalters, etwa $^1/_{20}$, das man aus dem prozentischen Zerfall des Urans in Blei und Radiumstrahlung und aus der Änderung der Bahnform der Planeten berechnete. Es hatten sich während der 80 Millionen Jahre über der granitischen Erdrinde die kristallinischen Schiefer, Gneise, Urtone, Urkalke und Ursande abgelagert und dabei die Pflanzen- und Tierwelt des Archäozoikums (Urzeit) und Paläozoikums, also des Altertums der Erde, des Zeitalters der Schädellosen und Fische, in sich begraben. In der nun folgenden Karbonzeit, Steinkohlenzeit, faltete sich die Erdrinde. Von dieser Faltungsbewegung wurde auch unsere oberrheinische Scholle ergriffen und türmte sich zu einem Hochgebirge auf. Dasselbe Schicksal teilte damals: Rheinisches Schiefergebirge, Sächsisches Erzgebirge, Sudeten, Böhmer Wald, Harz usw. In den Buchten dieses oberrheinischen Hochgebirgs wuchsen die Wälder der Karbonzeit, die wir z. B. in der Saarmulde heute abbauen. Dieses Gebirge wurde dann während des Karbons und Perms durch die gleichen Kräfte, die heute noch wirken, nämlich durch Atmosphärilien, Gletscher und Ströme abgebaut, abgetragen und eingeebnet. Aus dem Gebirge wurde so allmählich eine Ebene, deren ehemalige Faltungs= gebirgsnatur man nur noch an der inneren Struktur erkannte. Dann trat eine Senkung des Feldes bis zum Meeresspiegel und unter ihn ein. Die Brandungswelle vollendete das Werk der Atmosphärilien. Immer tiefer sank das Feld und belud sich mit Grauwacken, Sanden (Buntsand= stein), Kalken (Muschelkalk) und Keuper. Was einst Hochgebirge gewesen war, war nun schließlich Tiefsee geworden. So verging in wechselnder Tiefe der größte Teil der Sekundärzeit (Trias, Jura, Kreide), des Meso= zoikums, des Zeitalters der Reptilien, nach Haeckel etwa 11 Millionen Jahre. Erst gegen den Schluß des nächsten Zeitalters, des Tertiärs, des Kainozoikums, der Neuzeit der Erde, der Säugetierzeit, fand eine neue Kernschrumpfung und Erdfaltung statt. Es entstanden jetzt die alpinen Gebirge um das ganze Mittelmeer (Alpen, Atlas usw.) und das Mittel= meer selbst. Dadurch wurde ein ungeheurer Seitendruck auf unsere neu beladene oberrheinische Scholle im Meeresgrund ausgeübt. Sie wurde zuerst über das Meeresniveau gehoben und dann gespalten. Es trat Grabenbildung ein (cf Jordan= und Niltal). Zwei etwa parallele Bruch= spalten bildeten sich. Das Mittelfeld von etwa 30 km Breite sank um etwa 1000 m hinab. An den Bruchrändern stiegen vulkanische Massen in die Höhe. Es waren das die Basalte des Kaiserstuhls und die Phonolite des Hegaus. Das Bild bekam jetzt Ähnlichkeit mit dem heutigen. Infolge der ungeheuren Arbeitsleistung bei der Faltung und infolge des inneren Materialverlusts und Wärmeverlusts durch vulkanische Tätigkeit trat eine Abkühlung ein. Eine Kälteperiode, eine Eiszeit, zog herauf. Ganz Norddeutschland lag unter den skandinavischen Gletscherströmen begraben, die Schweiz und Bayern unter denen der Alpen. Auch der Schwarzwald trug einen kleinen Gletscher (der Mummelsee ist ein Moränensee). Es war dies eine Zeit gewaltiger Nivellierung besonders der neuen alpinen Gebirge. Auch Schwarzwald und Vogesen lieferten große Schottermassen, die den oberrheinischen Graben füllten. Er war damals noch isoliert; er hatte noch keinen Abfluß und keinen Zufluß. Der Hochrhein floß damals zur Rhone und zum Mittelmeer. Nur ein kleiner Teil von ihm floß über den Jurariegel und stürzte als Wasserfall an der Baseler Pfalz ins Oberrheintalbecken. Aber schließlich wurde dieser Riegel durch den rückwärts schreitenden Rheinfall und ebenso der des Rheinischen Schiefergebirges zwischen Bingen und Koblenz durchgesägt und der heutige Zustand hergestellt. Die Schottermassen des Oberrheintals wurden nach Norden weitergetragen. Immer tiefer grub sich der Rhein in das Schiefergebirge; nur an den Hängen des Wasgaus und des Schwarzwalds blieben Schotterterrassen zurück. Es ist ein großartiges Wandelbild durch Jahrmillionen, das das Heraklitische Panta rhei predigt. Nichts ist beständig als der Wandel. Es mag das alles manchem noch märchenhaft klingen. Es hat aber nichts mit Phantastik zu tun. Es ist ein Mosaikbild, zu dem Tausende von Geologen und andere Wissenschaftler die bunten Steinchen in unendlich mühevoller Arbeit geliefert haben. — Das nächste Ziel ist Freiburg. Der Schwarzwald schiebt seine Massen nach Westen vor und drängt die Bahn an den Rhein.

Die Einheit der Rheinebene. Man sieht hinüber in den Sundgau, ins Mühlhausensche. Der Frühling blüht auf beiden Seiten in gleicher Schönheit. Es ist ein einziges weißes und rosenfarbenes Blütenmeer von Kirschen und Birnen und Äpfeln. Der Frühling hat sich nicht an die Politik gekehrt, als der Sonnenkönig das Elsaß dem Deutschen Reich raubte; er kehrt sich auch heute nicht an den sog. Vertrag von Versailles. Es ist nicht bloß die gleiche geologische Vergangenheit, nicht bloß der gleiche Boden, der die beiden Seiten des Rheins eint, sondern es sind auch die gleichen klimatischen Verhältnisse, die gleichen Pflanzen und gleichen Kulturen rechts und links des Rheins: Edelkastanie, Wein, Hopfen, Tabak, das gleiche Gartenland an Obst und Gemüse. Da der Regenwind von Westen kommt, so liegt der angrenzende Schwarzwald auf der Regenseite und hat die größere Feuchtigkeit, der Wasgau dagegen liegt im Regenschatten. Infolgedessen ist die Moorbildung im Schwarzwald größer und Kiefer und Fichte und Tanne vorherrschend; im Wasgenwald dagegen ist die Moorbildung geringer und die Buche überwiegt. — Aber vor allen Dingen eint beide Teile das Blut; es ist eine rassische Einheit in Gestalt, Charakter, Fühlen und Denken; Alemannen rechts und links des Rheins; deutsche Sprache und deutsche Kunst rechts und links; überall deutsche Burgen; die bäuerlichen Häuser und die bürgerlichen Bauten atmen deutschen Geist. Die geistigen Güter bleiben unser gemeinsames Band. Wenn auch der Elsässer mehr als der Badener der Suggestion der Schlagworte der französischen Revolution unterlegen ist, solange im Elsaß noch die deutsche Sprache gesprochen und gelesen wird, bleibt es uns innerlich verbunden.

Freiburg

Die meisten Mittelmeerfahrer, die Hunderte von Kilometern zurück=
gelegt haben, um sich fremder Schönheit zu erfreuen, hasten an ihm
vorüber. Das ist ein Unrecht. Ich mache hier auf deutschem Boden Rast.
Es ist schon Nachmittag. Also hinauf zum Café Dattler am Burgberg.
Beim Aufstieg steht das Münster im Brennpunkt mit seinem malerischen,
von Strebewerk umrankten Chor und seinem hohen Turm. Man genießt
von den breiten Fenstern des Cafés einen prächtigen Blick: auf Freiburg,
auf die Rheinebene, auf den Kaiserstuhl, auf den Turm von Breisach. Im
Lichterglanz ist Freiburg von hier aus besonders schön. Dann zur Burse.
Deutsches, fröhliches Studentenleben. — Der Morgen eines schönen
Ostertages lacht ins Zimmer. Ich wandere zum M ü n s t e r, zu Frei=
burgs größter Schönheit, zu seinem ragenden Turm. Im unteren Teil
noch romanisch, geschlossen, wehrhaft, setzt er sich als Einturm vor das
Mittelschiff. Er betont damit nach deutscher Art die Tiefenrichtung und
nicht die ausgewogene Ruhe der Massen an der Fassade zu beiden Seiten
der Symmetrieachse, wie es die meisten, darin französisch beeinflußten,
romanischen und gotischen Dome tun. Über diesem blockartigen Teil steht
das gotisch aufgelöste Oktogon und darüber der wunderbare Helm. Auch
hier wieder ganz deutsch: nicht auf den Zweck, den Schutz des Dachgestühls
gerichtet, sondern auf die Idee, auf die symbolische Überwindung des
Steins, der Materie. In diesem Punkte wird er nur vom Einturm des
Ulmer Münsters übertroffen. — Ein Umgang um das Münster zeigt uns
ein basilikales Schiff (d. h. mit Hochschiff) mit großen, gotischen Seiten=
schiffsfenstern zwischen den Stützpfeilern; ein romanisches Querschiff mit
Radfenster und mit Renaissancevorhalle; Hahnentürme im Winkel, die
unten romanisch und oben spätgotisch sind; und einen langen Chor mit
dem malerischen Kleid von hohen Stützpfeilern mit Fialen und Strebe=
bögen. Zwischen ihnen liegen die hohen, spätgotischen Fenster des Um=
gangs und darüber die des Hochschiffs. Phantastische Wasserspeier recken
sich heraus und vervollständigen das malerische Bild. — Wir betreten die
Vorhalle: ein einfaches, gotisches Außenportal; ein schönes gotisches
Innenportal; auf dem Mittelpfeiler Maria mit dem Kind; auf dem Ge=
wänd Christus und die klugen Jungfrauen und der Verführer mit den
törichten Jungfrauen. — Dann öffnet sich die Kirche. Der Blick wandert,
vom Rhythmus der gotischen Bogen geführt und von der wenig auf=
gelösten frühgotischen Hochwand zusammengehalten, durch die einengende,
romanische Vierung in den lichterfüllten, aufgelösten Chor mit den großen
Fenstern des Umgangs und des Hochschiffs und dem mit Netzrippen über=
sponnenen Tonnengewölbe. Es ist eine Raumtiefe von fast 100 m bei
8 m Breite. Die ziemlich geschlossene Hochwand des Schiffs (ohne

Triforium) leuchtet im zarten Rosenrot des Rotsandsteins. Die Rund=
dienste der Bündelpfeiler ziehen den Blick an ihr aufwärts zu den Kreuz=
rippen der Decke in 25 m Höhe. Im ziemlich breiten Seitenschiff glühen
die schönen, großen, farbigen Fenster. Eine große Gemeinde von Betern
und eine Orgel von großer Klangfülle und Klangschönheit füllen den
Raum. Raum und Farbenschönheit und Mystik und Kirchenstimmung.
Im Umgang sind die Stützpfeiler zum Teil einbezogen und zu Kapellen
verwendet. Der Hochaltar trägt im schönen Schnitzrahmen das Gemälde
„Krönung Mariä" von Hans Balbung=Grien. Auf seiner Rückseite die
Kreuzigung. Bildwerk und Schnitzwerk ist in Menge und in großer
Schönheit vorhanden. Das Schnitzhandwerk stand in hohem Ansehen. —
Außerhalb des Gotteshauses flutet das behagliche Leben Freiburgs: in
den Hauptstraßen, auf den breiten Promenaden, an der Dreisam, auf den
Wegen des Schloßbergs.

Der deutsche Frühling. Wo gibt es einen Frühling, der
von solcher Schönheit wäre wie der deutsche! Er ist anderswo oft farbiger,
aber nirgend so zart und nirgend so voll Werdens wie bei uns. Und
nirgend singen die Vögel so schön wie bei uns im Frühling. Denn in
anderen Ländern suchen sie Schutz vor den Härten des Winters, bei uns
aber feiern sie Hochzeit.

Breisach

Ich mache einen Ausflug nach Breisach, um die Fresken von Alt=
meister Schongauer zu sehen. Das Züglein fährt durch die Schotterebene
des Rheins, überschreitet die Wildwässer der Dreisam und fährt am Süd=
hang des vulkanischen Kaiserstuhls entlang, wo ein trefflicher Wein
gedeiht. Alt=Breisach nahe der Rheinbrücke ist eine alte, heiß umkämpfte,
kleine Feste. Sie liegt auf einem etwa 100 Morgen großen und 246 m
hohem Basaltplateau. Zähringer, Habsburger und Franzosen sind zeit=
weilig Herren darin gewesen. Von der früheren Bedeutung des Städtchens
legt die Münsterkirche Zeugnis ab, die wohlbeschirmt auf der Höhe liegt.

Die Schongauerschen Wandfresken im Gegensatz
zu den italienischen. Auf die Wand dieser Kirche hat Schongauer
seine Fresken gemalt. Hier kann man sich den Unterschied zwischen italie=
nischer und deutscher Kunst im allgemeinen und insbesondere den zwischen
italienischer und deutscher Freskomalerei klarmachen. Materie anerkennen
steht gegen Materie überwinden; Ruhe steht gegen Bewegung. Das sind
die fundamentalen Unterschiede. Im Fresko Leonardo da Vincis wird
Wand und Wandfläche betont und respektiert (cf Mailand). Der Aufbau
der Dinge und Personen vollzieht sich parallel der Oberfläche der Wand: so

Tischkante, Deckengebälk, doppelseitige, kulissenartige Ineinanderschiebung der Jünger, Richtung der Gesichter und Bewegung der Arme. Aber trotz aller äußerlichen und innerlichen Bewegung der einzelnen ist doch das Ganze voller Ruhe. Das macht der symmetrische Aufbau (Gleichgewicht von rechts und links) und die äußerliche und innerliche Ruhe der Hauptperson. — Ganz anders bei Schongauer. Die Seelen fliehen vor der Macht des Teufels, der außerhalb der Kirche herrscht, in sie hinein durch das Maschenwerk der Mauermaterie hindurch. Die Solidität, Kontinuität der Mauer wird also negiert. Der Teufel greift den Menschlein nach und peinigt die Verdammten (auf der rechten Bildseite). Die Bewegung ist hier also nicht parallel der Bildfläche, sondern senkrecht oder schräg auf sie. — Dazu kommt: Leonardo stellt etwas Gegenständliches dar. Die Personen heben sich von einander und von der Umgebung ab durch die Kontur. Jede Person ist charakterisiert und wird in den wesentlichen Teilen nicht durch Überschneidung verunklart. Denn Klarheit ist neben der Ruhe ein Grundprinzip der italienischen Renaissance-Kunst. Die Plastik fällt bei Leonardo noch nicht ins Gewicht. Schongauer dagegen stellt nichts Gegenständliches dar, sondern eine Vision, eine Bewegung. Die Personen heben sich nicht klar vom Raum ab, denn die deutsche Kunst betont die Einheit von Raum und Ding; sie fließen stellenweise ineinander, überschneiden und verunklaren sich. Das ist die deutsche Schönheit des Unklaren, die der Phantasie Raum läßt und sie nicht einengt. Die italienische Malerei meidet alles, was über die Körperillusion hinausgeht. Das aber gerade sucht die deutsche Malerei.

Der gotische Schnitzaltar. Von großer Schönheit ist auch der gotische Schnitzaltar mit der Krönung Marias durch Gott-Vater und Gott-Sohn. Es ist keine Königin, sondern es ist eine Mutter aus dem Volk, die die Himmlischen krönen. Das Werk ist wahrscheinlich zwischen 1515 und 30 in Freiburg geschnitzt worden von Menschen in beengtesten Verhältnissen, denen der Glaube und ihre Arbeit ihr ein und alles war. Solcher unbekannten Meister gibt es in Deutschland in großer Menge. Das waren Menschen von ganz anderer Art als die jenseits des Wasgaues im Reiche Franz I und die jenseits der Alpen im Zentralreich der Renaissance. Nicht Geld und nicht Ruhm war ihnen Antrieb, sondern einzig die Liebe zur Sache. Man erkennt die spätgotischen Elemente: die Betonung der Vertikalen (der heilige Geist, Krone, Maria, Gewandfalten, die gereckten Gestalten von Gott und Christus); die Betonung des Unkörperlichen (von Gott-Vater ist nur das Gesicht, Hand und Fuß vorhanden); die phantastische Bewegung der Gewänder als Ausdruck der ekstatischen Gefühle; die schon barocke Aufreißung der Oberfläche für Licht und Schatten, für Bewegungsillusion; die Raumfüllung; die Raumtiefe

(Bewegung der Haare und der Engelscharen aus der Tiefe); die Einheit des Ganzen in der Verschmelzung der unteren Gewänder. — Auf den Seitentafeln zwei männliche Heilige.

Das Hauptwerk unseres großen Malerdichters, Matthias Grünewald, ist das Altarbild des Klosters Isenheim bei Kolmar. Heute befindet es sich in einer zum Museum umgestalteten Kirche Kolmars. Es ist zur besseren Betrachtung in seine Teile zerlegt worden und hat dadurch keineswegs gelitten. Dieses Kolmar liegt nur ein paar Kilometer von der deutschen Grenze entfernt. Es ist eine behagliche, elsässische Stadt mit schönen Promenaden an Stelle der ehemaligen Festungswerke. Trotz der paar Kilometer aber ist es auch heute noch recht umständlich, dorthin zu kommen. Wer nicht hart an der Grenze wohnt, muß einen Paß der Heimatbehörde mit französischem Visum vorweisen. Den hatte ich diesmal glücklicherweise, da Syrien französisches Mandatsgebiet ist. So beschloß ich denn, diese Gunst auszunutzen.

Matthias Grünewald. Das Leben dieses großen Meisters ist in Dunkel gehüllt. Man weiß weder seinen Geburtstag, noch sein Geburtsjahr, noch seinen Geburtsort. Wahrscheinlich ist er Franke aus der Nähe von Aschaffenburg und nicht Elsässer, Alemanne. Um 1490 soll er in Straßburg und Basel tätig gewesen sein und um 1500 mit Dürer in derselben Werkstatt gearbeitet haben. Gegen den Schluß seines Lebens lebte er am Hofe des Kardinal-Kurfürsten von Mainz Albrecht von Brandenburg-Hohenzollern, des Bruders des Kurfürsten Joachim Nestor von Brandenburg. Es ehrt den Kardinal, daß er diesen Mann in der Sturmflut der Italienisierung der deutschen Kunst in seinen Dienst genommen und darin gehalten hat, diesen Mann, der an seinen deutschen Kunstidealen festhielt, als alles wankte. Leider war das Licht, das von Dürer, dem großen Wegbereiter der italienischen Überfremdung, ausging, so hell, daß es um diesen anderen, noch größeren deutschen Maler dunkel war. Ihn hat die größte Tragik schaffender Künstler getroffen, daß er lange vor seinem Tode vergessen war. Man weiß nicht einmal seinen Todestag und sein Todesjahr.

Die italienische Kunstinvasion. Die neue plastische Kunstform drang schon in den ersten Dezennien des 15. Jahrhunderts vor und zwar von Norden und von Süden her. Im Norden waren Vorkämpfer die van Eycks, besonders Jan van Eyck, im Süden Konrad Witz. Wahrscheinlich malte er zwischen 1430 und 1437 seine plastischen, wuchtigen, waffenklirrenden „Helden Davids" in Basel. Das Zentrum der Bewegung war Italien. Dort verherrlichte der große Maler-Plastiker Andrea del Castagno in der Nähe von Florenz seine Herrenmenschen, die heute im Kloster St. Apollonia, Florenz, die Kunstenthusiasten anziehen. — Nur spärlich war die Zahl der Treuen. Pacher im Salzburgischen († 1498), Altdorfer († 1530), Baldung=Grien, Burgkmayr. Sie waren und blieben auf den deutschen Wegen, die zu Rembrandt führten. Der Sieg der italienischen Kunst in Deutschland war vollkommen, als Dürer zu ihr überging. Noch bis heute tragen die meisten Deutschen in sich das italienische Kunstideal: Plastik, Konturschönheit, Klarheit, Flächen= aufbau, Ruhe. Raffael ist für sie der Gipfel der Kunst. Darin sollte end= lich einmal ein Wandel eintreten. Und darum möchte ich hier an Grüne= walds Bildern den großen Unterschied zwischen deutscher und italienischer Kunst auseinandersetzen. Ich stelle Grünewald und Dürer als Repräsen= tanten dieser beiden Richtungen gegeneinander. Natürlich soll damit kein Urteil über Dürer abgegeben werden. Das liegt mir ganz fern und dazu fühle ich mich auch nicht im mindesten berufen. Zugleich aber möchte ich dem Verständnis dieses solange vergessenen und verkannten, echten, deutschen Kunstwerks in Kolmar dienen.

Grünewald und Dürer. Sie vertreten zwei verschiedene Kunstideale (Raumillusion gegen Körperillusion); zwei verschiedene Welt= anschauungen (die monistische und die dualistische); zwei verschiedene Arten des Sehens (absolute Einheit des Bildes, Verschmelzung, Verunklarung gegen relative Einheit, Abheben durch Kontur); zwei verschiedene Ziele (den Beschauer erschüttern durch Wahrheit und Bewegung gegen den Be= schauer beruhigen und erfreuen durch Schönheit und Ruhe). Grünewalds Kunst zielt auf Raumdarstellung und auf Bewegung besonders der Farb= flecke an erster Stelle. Durch Licht und Farbe führt er in die Tiefe. Im Vordergrund wird ein Farb= oder Lichtton angeschlagen, aus der Tiefe klingt er zurück. Der Farbfleck hat keine Kontur und ist daher bei wech= selndem Licht scheinbar beweglich. — Dürer dagegen zielt auf Plastik und Ruhe in erster Stelle. Der Farbfleck hat Kontur und ist daher auch bei wechselnder Lichtintensität fest und ruhig. Er baut die Dinge kulissen= förmig in der Fläche auf und nicht in der Diagonale. Die Dinge sowohl wie Farbe und Licht halten sich in bezug auf die Symmetrielinie im Gleich= gewicht. Das Licht ist ihm ein plastisierender Faktor, kein raumbildender wie bei Grünewald.

Erklärungsversuch für die beiden verschiedenen Kunstideale. Von der Macht des religiösen Gefühls und von der priesterlichen Suggestion auf das künstlerische Schaffen und ebenso von dem Einfluß des freien Willens der künstlerischen Persönlichkeit auf das Ideal habe ich schon gesprochen (Erechtheion; Ägypten). — Ferner hat zweifellos die Erbmasse auf das Kunstideal einen besonders großen Ein=

fluß. Nun sind in der Erbmasse der führenden Schichten Deutschlands und Italiens zwar die Grundelemente (Germanen, Kelten, Illyrier, Slaven) die gleichen, aber die prozentische Mischung ist verschieden. Und dazu kommt in Italien noch der Einschlag aus der mittelmeerischen Grundrasse. Es besteht also doch eine wesentliche Differenz, die auch in der Kunst zum Ausdruck kommt. — Ebenso wichtig aber bei der Formung eines Kunstideals scheint mir die Wirkung des klimatischen Milieus zu sein. Dadurch entstehen die verschiedenen Sehbilder nördlich und südlich der Alpen. Wandert man auf der Via Appia gegen die Albaner Berge, so steht ihre Kontur klar und deutlich und unverändert ruhig während des ganzen Marsches vor uns. Befinden wir uns dagegen nördlich der Alpen am Chiemsee und blicken auf den Zug der alpinen Berge, so ändert sich das Bild beständig; bald ist es heller und scheint uns näher zu kommen, bald ist es ferner, verschleiert sich und taucht im Raum unter. Es ist immer durch den Raum in Bewegung und hebt sich selten klar ab. Das Sehbild im Süden und Norden der Alpen ist also durchaus verschieden. Der Grund hierfür ist die konstante oder variable, relative Feuchtigkeit der Luft. Unter relativer Luftfeuchtigkeit (F) versteht man das Verhältnis von tatsächlicher Dampf(Dunst)menge (m) und möglicher Dampfmenge (M) in einem bestimmten Raum bei einer bestimmten Temperatur; in formula $F = m/M$. Steigt die Temperatur, so wächst die Dampfaufnahme= fähigkeit M und F fällt; sinkt die Temperatur, so steigt F. Wird durch einen feuchten Wind Wasserdampf zugeführt, so steigt m und damit auch F. Die relative Feuchtigkeit hängt somit von der Temperatur und von der Wind= richtung ab. Südlich von den Alpen und besonders südlich des Apennin weht während des Sommers der NO=Passat, ein Wind aus nördlicheren in südlichere Breiten, also ein trockener Wind; m ist daher konstant. Mit steigender Sonne wächst die Temperatur täglich und vergrößert M und vermindert F, was aber hier bei der Kürze der Zeit der Beobachtung wenig ins Gewicht fällt. Das Licht passiert bei meist blauem Himmel somit eine relativ trockne Luftschicht und verliert wenig durch Absorption. Die Hellig= keit der reflektierenden Gegenstände ändert sich fast nicht. Der Gegenstand erscheint uns ruhig, hebt sich klar von der Umgebung ab, hat Kontur. Ding und Raum sind getrennt; Dualismus. Ganz anders ist es bei uns nördlich der Alpen. Hier liegt das Gebiet der veränderlichen Winde, der Minima und Maxima, der sich bewegenden Tief= und Hochdruckwirbel mit entgegengesetzten Winden an der Vorder= und Rückseite, an der Nord= und Südseite, und mit feuchten auf= oder trocknen absteigenden Winden im Zentrum. Hauptwindrichtung ist die von Westen. Es wechseln be= ständig feuchte und trockne, kalte und warme Winde, blauer und bedeckter Himmel. M und m und F verändern sich beständig und besonders stark im Frühling. Das Licht passiert somit ein sich beständig in der Luftfeuch=

tigkeit änderndes Medium; die Lichtabsorption wechselt und ebenso die Helligkeit der Gegenstände, das von ihnen reflektierte Licht. Der Gegenstand erscheint bald heller und scheint sich dem Beobachter zu nähern, bald wird er dunkler und scheint sich zu entfernen, um schließlich im Raum zu versinken. Die Dinge sind in beständiger Bewegung und meist unklar, ohne Kontur; sie heben sich vom Raum nicht ab; Ding und Raum bilden eine Einheit; Monismus. Bewegung, Raum, Verunklarung sind die Elemente des deutschen Sehbilds; Klarheit, Plastik, Ruhe, Kontur die des italienisch-mittelmeerischen Sehbilds. — Dazu kommt noch die wechselnde Abblendung des Lichts bei uns durch Bewölkung. Diese verschiedenartigen Sehbilder nördlich und südlich der Alpen beeinflussen in einer oder mehreren Generationen schließlich Vorstellung und Gedächtnis, also Sensorium und Phronema, und damit die Erbmasse.

Noch stärker als im Freien wirkt diese relativ hohe Luftfeuchtigkeit im deutschen Wald, eine Naturform, die es im Mittelmeerischen im allgemeinen nicht gibt. Hier treten daher die oben beschriebenen Erscheinungen noch stärker auf. Das Licht und scheinbar die Dinge in ihm sind in noch größerer und beständiger Bewegung; das Nähern, Entfernen, Verschwinden von Farbflecken, das Vertiefen und Verblassen von Schatten, kurz das Lichtweben ist hier noch viel lebhafter. Dazu kommt die beständige Verschiebung der Bilder durch Projektion. Denn wenn man beim Wandern nicht auf das Einzelne, sondern auf das Ganze sieht, so überschneiden und verunklaren sich die Stämme, sie verschieben sich und manchmal scheinen sie zu kreisen. Und dazu kommt schließlich die wirkliche Bewegung im schwankenden Blätterdach. Es lispelt und flüstert und rauscht. Hier im deutschen Wald ist die Heimat des Mystischen (Gottnähe, Dämonennähe) und des Phantastischen, das die deutsche Seele erfüllt. Auge und Gefühl beeinflussen den Menschen im Norden der Alpen anders als im Süden.

Und nach diesen Erwägungen komme ich zu einer vielleicht haltbaren Erklärung, warum Dürer der italienischen Sturmflut nicht standhielt. Seine Vorfahren hatten zu lange in der waldlosen Pußta gelebt. Es hatte ihnen zu lange der Zauber des deutschen Waldes gefehlt. Sie haben zu lange um sich das gleichmäßige Licht der ungarischen Steppe gehabt.

Es ist bezeichnend, daß Dürer für den deutschen Wald mit seinem Lichtleben und seiner Mystik, dessen Zauber andere Maler seiner Zeit umstrickt hat, wie Altdorfer, Grien, Burgkmayr, und selbst Cranach, kein Auge gehabt hat. Und doch ist er für das Lichtweben sonst ein feiner Beobachter gewesen (Hieronymus im Gehäuse).

Das berechtigt aber auf keinen Fall zu der Dreistigkeit, ihn Ungar zu nennen, wie es im Jubiläumsjahr in Nürnberg öfters gehört wurde.

Darin lag eine durchsichtige Absicht von Leuten, die gewohnt sind, alles unter politischen Gesichtspunkten zu sehen. Dürer war ein durchaus deutscher Mann in seinem ganzen Empfinden. Er war ein deutscher Phantast, ein Grübler, ein Visionär, dem das deutsche Herz schon aus der Wahl seiner Themen herausleuchtet: das Glück des Schaffenden (Hieronymus), die Fruchtlosigkeit alles Grübelns (Melancholie), die Freude am furchtlosen, freien Rittersmann, der nicht nach Tod und Teufel fragt. Er war ein Herzenskündiger, der uns die großen Männer seiner Zeit lebendig erhalten hat. Er war sein Leben lang ein Schönheits- und Wahrheitssucher, der alles nur um der Sache willen tat. Er hat sich ja auch am Schluß seines Lebens in der niederländischen Atmosphäre zum deutschen Stil wieder zurückgefunden. Er hat das Goethe'sche Wort vorausahnend empfunden, daß man ganz Großes nur schaffen kann nach dem Gesetz, nach dem man angetreten. Nicht mehr erheben durch Schönheit will er jetzt, sondern in seinen Aposteln will er den Beschauer durch die Ausdruckskraft ihrer Feuerköpfe erschüttern. Daher im Interesse der Konzentration die Einfachheit des Gewandes und die Farbenaskese in diesem Bilde. Damit hat er das Ziel deutscher Kunst wieder zu dem seinigen gemacht.

Die Isenheimer Altarbilder. Und nun zu den Bildtafeln.

Die Geburt Christi. Die Weihnachtsbotschaft: „Siehe, ich verkündige Euch große Freude . . .". Erde und Himmel nehmen teil, wenn der Menschheit ein Erlöser geboren wird. Deutsche Raumkunst. Eine Flut von Licht bricht aus dem Himmel, aus Gott, und bringt sich verbreitend diagonal von links oben hinten nach vorn unten, eine Fülle von gotisch zarten Engelsgestalten, ein phantastisches Gebirge und die Hirten auf dem Felde umspielend. Es legt um das reiche, herabfließende Haar Marias eine Aureole. Das ist keine italienische Himmelskönigin, sondern eine einfache deutsche Mutter, eine Mutter, wie sie Stephan Lochner in seinem Kölner Dombild (1442) geschaffen hat, eine Gottesmagd: schmalschultrig, flachbrüstig, ein flaches Gesichtsoval mit hoher Stirn, ohne Augenbrauen; sie lächelt glückselig befangen; die Gewänder sind papieren, gotisch; alles unplastisch. Aber das Christkind ist plastisch durch alle Mittel der Renaissance-Kunst: Sprache der Gelenke; Hauptachse gebogen und gedreht; die Sekundärachsen (Arme und Beine) in den Raum gestreckt. Grünewald kennt die Mittel der Renaissance-Kunst und beherrscht sie. Er kennt sie wahrscheinlich von Basel her, von Konrad Witz. Und dieses Christkind lächelt wirklich. Das konnte damals nur Grünewald. Das Christkind ist in Farben angelegt und nicht in äußeren und inneren Konturen verfestigt. Das kann die ganze italienische Renaissance nicht, das kann auch Raffael nicht. Das kann er auch gar nicht wollen, denn seine Kunst ist auf Ruhe und nicht auf Bewegung eingestellt. Das kann erst Rembrandt wieder. Bei ihm hat es sicher schon mancher wahrgenommen. Wer vor der Nachtwache Rembrandts im Amsterdamer Rijksmuseum an einem Frühlingstag gestanden hat oder vor dem Bruyning im Kasseler Museum, hat es gewiß beobachtet, daß die Figuren in der Nachtwache sich gegen einander zu verschieben scheinen und ebenso gegen den Beobachter und daß die Gesichtszüge Bruynings sich beleben. Grünewald erzeugte dieselbe Bewegungsillusion rund 150 Jahre früher.

Und daneben das köstliche Engelstabernakel, eine Vorahnung des Sebaldustabernakels, mit dem Peter Vischer 1519, also neun Jahre später, nach elfjähriger Arbeit die Nürnberger erfreute. Eine graziöse Verschmelzung von Linien, Figuren und Blumen. Spätgotik, deutsche Phantastik. Und darin die Fülle unkörperlicher Gestalten, die aus der Tiefe hereinschweben. Mozart'sche Musik in Licht und Farben, die duftig und zart sind wie Rokokofarben (mattgelb, mattrosa, hellila). Eine überquellende Phantastik. Vorn ein plastischer Engel mit der Viola da gamba. Alles übrige unkörperlich, eine Vision. Auch Dürer hat manches schöne Stilleben geschaffen (die Flucht; die Ruhe auf der Flucht; den Hieronymus im Gehäuse), aber dennoch nirgend ein so köstliches Idyllion.
— Eine ähnliche Himmelsfreude lebt nur in den musizierenden Engeln Melozzos da Forli (Rom, Vatikan). Der Gipfelpunkt aber ist die elfenhafte Erscheinung (Katharina?), die unter Eva und Sibylle aus dem Tabernakel schreitet. Sie schreitet wirklich. Die Bewegungsillusion ist ganz überzeugend. Man muß aber manchmal Geduld haben. An grauen, lichtlosen Tagen kann sich natürlich dies malerische Wunder nicht offenbaren. Das hier sind keine Bilder, die für Leute gemacht sind, welche nur kommen, um da gewesen zu sein, und die für diese Vision nur ein paar Minuten übrig haben. Sie sind gemacht für Klosterbrüder, die gläubig waren und Zeit hatten für dieses geheimnisvolle Farbenwunder.

Die Verkündigung. Ein Engel von königlicher Erscheinung mit fürstlichem Prunk verkündet Maria die frohe Botschaft, die sie mit seligem Erschrecken anhört. Die Eile des Engels ist noch in seinem Mantel sichtbar. Er tritt schräg nach vorn auf Maria zu, also nicht parallel der Bildfläche, sondern in der Diagonale. In dieser befindet sich auch das Buch, Maria und der Vorhang. Diese körperliche Diagonale wird durch die rote Farbendiagonale (Engelsmantel, Vorhang) und durch die Lichtdiagonale auf dem Gesicht Marias und auf ihrer Haarflut und der des Engels verstärkt. Auch das Licht der spätgotischen Fenster und an der Decke zieht das Auge in die Tiefe. Das alles dient der Form, der Raumillusion.

Die Kreuzigung. Dieses Bild will den Beschauer erschüttern. Die Wahrheit des Vorgangs, auch wenn er grausig ist, soll zum Ausdruck kommen. Hier stellt Grünewald aus symbolischen Gründen die Plastik an die erste Stelle. Der schwere plastische Körper Christi soll die Sündenlast der Menschheit und die Größe des Opfers symbolisieren. Das Querholz des Kreuzes biegt sich unter ihr. Der Körper reißt fast auseinander (Höhlen am Schlüsselbein, an der Achsel, an den eingezogenen Weichen). Die Muskeln sind verkrampft, die Finger auseinandergespreizt, das Gesicht aufgedunsen, die Füße verschwollen, der Leib mit Verwesungsfarbe überzogen und mit Dornen gespickt. Alles durchaus realistisch. — Ergreifend schildert Grünewald auch den Schmerz der Hinterbliebenen. Der Schmerzparoxysmus der Maria Magdalena wird in gotischer Art durch den Wirbel des Gewandes zum Ausdruck gebracht. Das Gewand ist Ausdrucksmittel und hat Eigenleben. Es ist hier nicht Diener zur Erhöhung der plastischen Illusion wie in der griechischen und Renaissancekunst. Es klingt an an den Bamberger Chormeister. Den wilden Schmerz des Johannes drückt der schreiende Mund aus. Die Mutter Christi sinkt ohnmächtig zusammen, vom Schmerz ausgelöscht. Nur Johannes der Täufer scheint gefaßt. Er hat alles vorausgesehen. Ihm ist alles eine harte Notwendigkeit. Nun ist erfüllt, was die Schrift sagt. Auch bei ihnen hat die Farbe (rot) symbolische Bedeutung: die Liebe. — Das Geheimnisvolle, die Mystik dieser Stunde bringt Grünewald durch die blaugrüne Nacht und durch das überirdische, phosphorische Licht zum Ausdruck, das auf dem Plateau von Golgatha liegt. — Es dient das zu gleicher Zeit der Raumillusion, die in diesem Bilde an zweiter Stelle steht. Dadurch wird das Auge in die Tiefe gezogen. Und diese Raumillusion wird noch verstärkt durch die Körperdiagonale (Magdalena, Kreuz, Golgatha) und durch die Farbendiagonale (gelb — grüngelb). — Die Nachmittagssonne trifft die Lanzenstichwunde, aus der Blut tröpfelt. Die rote Farbe hat bei Grünewald eine wunderbare Leuchtkraft. Das Blut scheint wirklich zu fließen. Es ist eine Illusion, ein Sinnentrug, der auf tiefgläubige Gemüter jener religiös tief aufgewühlten Zeit sicher von überwältigender Wirkung gewesen sein muß. — Was uns heute abstößt, ist, daß Christus für Grünewald ein Jude war. Grünewald war ein strenggläubiger Katholik. Die Kirche lehrte es so, sie lehrt es ja auch noch heute. Die Anzahl derer, die aus vielen Gründen nicht mehr daran glauben, wird immer größer. Im auferstandenen Christus hat Grünewald sich die Freiheit genommen, ihm nordische Züge zu geben.

Die Auferstehung Christi. Hier steht im Zentrum der mystische Vorgang. Aus der Erde Dunkel, aus der Körperwelt, steigt, aller Materie entkleidet, Christus empor in die Welt der Klarheit, des

Lichts, der Ruhe. Daher an ihm die Betonung der Horizontalen (im Gesicht, in der Schulterlinie, in der Verbindungslinie der Hände) und des symmetrischen Gleichgewichts. Daher hier die Aureole und die ihn umschreibende, von der Welt ablösende, blaurote Gloriole. Aus dem Herzen Christi bricht das flammende Rot der Liebe. — Wieder erkennen wir, daß Grünewald die Mittel der Renaissance souverän beherrscht. Oben die Ruhe und seine Form dafür (Horizontale und Symmetrie), unten die Unruhe und die dafür entsprechende Form (deutsche Raumdiagonale). Die drei Bewaffneten stürzen in der Diagonale schräg nach vorn. Die plastische, körperlich machende Illusion wird durch die raumgreifenden Bewegungen der drei Krieger hervorgebracht, besonders an dem Erwachenden. — Die Verbindung zwischen oben und unten bildet eine zweite Diagonale, die Einheit des Bildes herstellend. Sie führt aufwärts und in die Tiefe des Bildes. Sie führt vom Stahlblau der Panzer über das Eisblau des Leichentuchs zum Blau des Gewandes Christi. Es sind also zwei Diagonalen: durch Körper und durch Farbe. Sie führen aus der Welt der Körper in die Welt des Unkörperlichen.

Die Gedanken fliegen zurück nach Venedig in die Kirche dei Frari, zur Assunta Tizians. Auch hier oben die himmlische Ruhe, unten die Verworrenheit der Jünger. Nichts aber von der deutschen Entmaterialisierung. Das hätten die sehr materialistisch gesinnten Venezianer des cinquecento auch gar nicht verstanden. Künstler und Milieu waren besonders damals in Italien von ganz anderer Art als in Deutschland. Der Italiener läßt die Schönheit auch körperlich in das Reich des Immateriellen, der Idee eingehen. Ähnliches in der Raffael'schen Transfiguration. Die drei Werke sind zeitlich nicht weit von einander entfernt (1510 Grünewald, 1518 Tizian, 1520 Raffael), aber Künstler und Milieu waren es himmelweit.

Die Versuchung des Hl. Antonius. Es ist das eine Ermahnung an die hexen- und spukgläubige Zeit vor der Reformation: „Wenn du felsenfestes Vertrauen auf Gott hast, so wird er dir helfen." Der ägyptische Einsiedler Antonius im Kampf mit Traumgestalten. Es sind im matten Licht auftauchende, phantastische, spukhafte Gestalten, die in doppelter Diagonale auf den Heiligen eindringen. Raumillusion. Hinten in weiter Ferne leuchten die phantastischen Schneegipfel. Gott-Vater wacht stilleuchtend über Wolken. Durch sie wird das Auge des Beobachters in die Tiefe gezogen, hinweg über die Spukgestalten, die in der Horizontalen das Haus des Heiligen zerstören.

Antonius und der Einsiedler Paulus. Es ist das ebenfalls eine Mahnung zum Festhalten am alten Glauben in dieser Zeit, wo selbst in Rom der Unglaube (Alexander Borgia; Leo X) regierte. Dem Menschen mit seinen Zweifeln wird die Natur mit ihrem Frieden gegenübergestellt. Der ägyptische Einsiedler Paulus besucht in seines Zweifels Nöten Antonius, der sich schon zum Seelenfrieden durchgerungen hat. Der zerrissene seelische Zustand besonders des Paulus wird nach gotischer Art durch das Gewand ausgedrückt. Auch hier weisen die leuchtenden Schneeriesen nach oben und hinten in die Klarheit des Himmels. Diagonalen zum Raumaufbau. — Aus der geisterhaften Gebirgsszenerie dieser beiden Bilder hat man eine Anlehnung an Leonardo da Vincis Felsgrottenmadonna oder Mona Lisa zu konstruieren versucht. Ein Grünewald bedurfte ihrer nicht. Aber außerdem hatte er in Basel gearbeitet; es ist daher sehr wahrscheinlich, daß er den Jura überwandert und die Alpen gesehen und das Gesehene übersteigert hat.

Der Hang zur Ausländerei ist beim Deutschen oft getadelt worden. Die Orientfahrer sollten an diesem deutschen Wunderwerk nicht vorüberhasten, sondern einen Tag daran setzen, um Kolmar zu besuchen. Was die Mitwelt Grünewald schuldig geblieben ist, sollte ihm die Nachwelt geben. Man gebe endlich Gerechtigkeit unserem großen Meister, der in der Stille des Klosters Isenheim in deutscher Art unbeachtet dichtete und malte, als Raffael in der Camera della Segnatura seine pomphaften Wandgemälde schuf, vor denen sich die meisten Italienbesucher noch heute mit Recht bewundernd drängen. — Auch hier kann man sagen: die Völker sollten wenigstens bei beweglichen Kunstwerken endlich aufhören, sich mit fremden Federn zu schmücken. Dieses ergreifende Altarwerk ist die Schöpfung eines spezifisch deutschen Meisters.

Straßburg

Straßburg. Es ist nicht fern und lockt. Und es ist lange her, daß ich vor seinem Münster gestanden habe. Mit Behagen wandert man durch die engen und gewundenen Straßen der Altstadt. Die Häuser zu beiden Seiten sind meist gotisch aus dem 13. Jahrhundert, als Straßburg noch 30 000 Einwohner hatte und trotzdem nach Köln die zweitgrößte deutsche Stadt war. Sie sind hochgereckt, schmalbrüstig, spitzgieblig, zuweilen abgewalmt, oft Stufengiebel, mit hohen, lukenreichen Dächern und mit schmalen, verhältnismäßig hohen Schornsteinen. Die Wand ist gotisch aufgelockert durch schmale, rechteckige Fenster, die nur wenig Wand zwischen sich übrig lassen. Unten befinden sich die Laubengänge. Es sind vielfach noch Fachwerkhäuser: unten Mauerwerk, oben Holz. Und sie kragen sich in Stufen malerisch vor. Ein Musterbeispiel ist das Kammerzell'sche Haus. — Daneben stehen ruhige Renaissancebauten mit Betonung der Horizontalen in Linie und Fläche. Und auch bewegtere Barockbauten oder Rokoko wie der Palast Rohan trifft man an. — Ganz besonders malerische Tiefblicke bietet die Stadt an den Kanälen und von den sie überquerenden Brücken. Hier ist der Kontrast zwischen der ruhigen Horizontalen des Wassers und den bewegten Vertikalen besonders stark und anziehend. So an der Martinsbrücke beim Mühlenplan, am Pflanzhof, am alten Fischmarkt, am Gerbergraben, am Nikolausstaden, am Schiffsleutstaden. In vielen Häusern mischen sich geschmackvoll die Baustile: Hotel de Commerce (gotisch und Renaissance). — Um dieses noch mittelalterlich anmutende und einheitliche Milieu hat auf dem Terrain der niedergelegten Wälle die Wilhelminische Zeit gebaut. Meist sind es wuchtige, stark bewegte, barocke Steinkolosse mit Rustika: Kaiserpalast, Universität, Landesausschuß. An sich nicht unschön, aber Fremdlinge in diesem Milieu. Natürlich hat man das dem Kaiser zur Last gelegt. Gerecht ist es nicht. Dieser unglückliche Fürst hat genug zu tragen. Er hat den Wurm im Gebälk des Reichs nicht erkannt. Sein Volk erst recht nicht. Andre Völker und Fürsten auch heute noch nicht (cf Palästina). Erst das große schmerzliche Erleben hat uns alle hierzu reif gemacht. Auch hat er das militärische Genie, das sich meldete, leider nicht erkannt. Die Macht der unkontrollierbaren Hofatmosphäre ahnen wir erst seit Bismarck. Niemals hätte unter Ludendorffs Führung ein Hentsch sein undurchsichtiges Spiel machen können; die Franzosen hätten nie das Marnewunder erlebt; und Straßburg wäre noch heute deutsch. Aber das alles gibt niemand das Recht, dem Kaiser unrecht zu tun. Man kann einen Fürsten doch nicht haftpflichtig machen für eine Zeit architektonischer Impotenz. Wir leiden ja noch heute darunter. Es wird doch niemand behaupten wollen, daß es in der verflossenen Republik der Kritiker und Kritikaster besser geworden wäre. Ganz im Gegenteil. Wie weit sind die Bauten dieser kunstentfremdeten Zeit entfernt von echter nordisch-deutscher Baukunst! Was verstand die regierende Fremdrasse von dem, was die Besten der schöpferischen Rasse unsres Volks und gleichrassiger Völker unter unserem nordischen Himmel innerlich stets bewegte und wie sie das in der Kunst zum Ausdruck brachten! Ich stelle einige unsrer seelischen Anlagen neben die ihnen entsprechenden künstlerischen Ausdrucksformen in der Architektur: Die starke seelische Bewegung auf allen Gebieten, der ruhelose Drang aus dem Dunklen zum Licht; die himmelstürmenden Türme der romanischen und besonders der gotischen Zeit und die bauliche Massenbewegung in der Horizontalen und Vertikalen im Barock; — die Sehnsucht nach Überwindung des Materiellen sowohl persönlich als auch in der Kunst; die wirkliche Wand- und Decken- und Turmhelmauflösung und die scheinbare Oberflächenauflockerung durch lichtliche, plastische und farbliche Mittel; — der Totalitätsdrang, der innere Zwang, das Einzelne dem Ganzen unterzuordnen, die Einzeldinge nicht zu isolieren und zu plastisieren, sondern sie durch Überschneidungen, Projektionen, Verunklarungen zu einer absoluten Einheit zu verschmelzen; deutsche Hallenkirchen oder der Mailänder Dom; — die Liebe für die unendlichen Weiten des Raums, welche in den Atlantikern, Germanen, Wikingern, Normannen lebte; die Raumkunst ihrer Kirchen in Tiefe, Breite und besonders Höhe; — die Verbundenheit mit dem Transzendentalen (Überirdischen), der Hang zur Mystik; Farbendämmer der gotischen Dome und die Tendenz in barocken Kirchen, die natürlichen Lichtschwankungen zu scheinbaren Bewegungen des Steins zu verwenden. Von alledem redet die alte Kunst in Straßburg. In der jüdisch-demokratischen Republik ist davon keine Rede mehr. Die Künstler jener trüben Zeit waren der Rasse ihrer Auftraggeber, dem Orient oder dem Mittelmeerischen, verhaftet. Ihre Kunst war rein verstandes- und zweckmäßig und nicht gefühlsmäßig orientiert; sie betonte die Ruhe, die Horizontale; sie betonte das Materielle ganz besonders. Sie schufen daher die klotzigen Turmbauten als Symbol des ihnen innewohnenden Materialismus; sie produzierten in endloser kubistischer Monotonie Wohnkisten, Schulkisten, Kirchenkisten, Verwaltungskisten usw., deren bettlerhafte Dürftigkeit sie mit ein paar griechischen Säulen an der Fassade zu verdecken suchten. Das ist das Negativ einer nordisch-deutschen Kunst. Die wird niemals ein Echo in der Seele des nordisch beeinflußten deutschen Volks finden. Da ziehe ich doch des Kaisers Schul- und Kirchenbauten in Straßburg vor: die höhere Mädchenschule, die evangelische Garnisonkirche. Und auch sein Goethedenkmal kann sich sehen lassen. Bei der kritischen Veranlagung der Straßburger möchte ich den sehen, der ihnen oder ihrer Presse genügt hätte! — Gutes haben die Franzosen in der Kanalisation unterdessen geleistet. Daß es darin auch bei uns ganz erheblich besser geworden ist, wird niemand leugnen können.

Und nun zu dem Großen in diesem Raum, der überall herübergrüßt, zum Straßburger Münster.

Münsterturm. Mit klopfendem Herzen stehen wir vor seiner Fassade, an der Meister Erwin von Steinbach, sein Sohn und sein Neffe (Kunze) seit 1284 gearbeitet haben. Der ursprüngliche Plan, die Zweiturmfassade, die sogen. französische Gotik, also die Tendenz auf Massengleichgewicht, schimmert noch durch, die starke Horizontale der Figurengalerie unterstützte diese Ruhetendenz. Aber viel stärker als diese französischen Elemente sind die deutschen: die Abstimmung auf Entmaterialisierung und auf Bewegung und malerische Wirkung. — Der Ausdruck „französische Gotik" ist übrigens irreführend. Man könnte glauben, die damaligen Meister aus den Grenzgebieten links des Rheins wären Franzosen der heutigen Rassenmischung gewesen. Als Erwin von Steinbach 1284 wirkte, also 150 Jahre vor der Jungfrau von Orleans (1429), gab es noch gar kein Frankreich im heutigen Sinne. Es gab wohl ein großes, einheitliches Deutsches Reich, aber nicht ein einheitliches, geschlossenes Frankreich. Die mächtigen germanischen Teilfürsten an seiner Peripherie waren fast unabhängig (Elsaß, Lothringen, Brabant, Burgund, Bretagne, Normandie). Das aber waren die künstlerisch schöpferischen Teile. Schiller gibt ein getreues Bild der politischen Zerrissenheit zur Zeit der Jungfrau von Orleans. Zur Zeit Erwins war die Vormachtstellung des germanischen Bluts im Randgebiet des jetzigen Frankreichs noch unbestritten. Man war damals erst dabei, sie durch Inszenierung der Kreuzzüge zu brechen; aber diese Maßnahme hatte sich noch nicht ausgewirkt. Erst durch die Gewaltmethoden Ludwig XI (1461—83) fast 200 Jahre später entstand ein französisches Reich, in dem der germanische Bestandteil und Einfluß auf den Gebieten der Politik, Wirtschaft und Kunst zu Gunsten der mittelmeerischen Rasse stark vermindert war. Die französische Revolution war der Abschluß dieser Entwicklung. Damals, 1792/95, wurde zugleich mit der nordischen Führerschicht die bewegte Raumkunst des Rokoko von Watteau bis Fragonard ausgelöscht und die mittelmeerische ruhige Flächenkunst Louis Davids an seine Stelle gesetzt. Die neu emporgekommene Führerschicht hatte damit den ihr angemessenen Stil gefunden. Die Kirche, die Banken (Juden) und die Zünfte (Bürgertum) wirkten dabei mit genau wie in Italien. Die Gotik ist also unbestritten ein Produkt nicht des germanisch-mittelmeerischen, sondern vorzugsweise des germanisch-nordischen Bluts besonders links und rechts des Rheins. Der Ausdruck „französische Gotik" ist eine contradictio in adjecto, denn französisch betont die Horizontale und die Ruhe und Gotik betont dagegen die Vertikale und Bewegung. Aber der Ausdruck „französische Gotik" ist nun einmal üblich. — Meister Erwin und seine Sippe hat die drei unteren Stockwerke geschaffen. Sie sind stärker gereckt; stärker aufgelöst, sie haben große, hohe Fenster mit Stab- und Maßwerk; ein köstliches, großes gotisches Rad; hohe gotische Figurenportale und Wimperge. Die horizontale Statuengalerie hatte sie wohl mit in Kauf nehmen müssen. Den Verzicht auf die Doppeltürme hat erst Ulrich von Ensingen, der große Meister vom Münster zu Ulm und auch am Mailänder Dom, durchgesetzt. Damit war die sogen. französische Gotik verlassen. Seitdem trägt das Münster den Stempel der deutschen Gotik. Mit dem hochgereckten Oktogon mit den Treppentürmen, das später in seiner Abwesenheit von Johann Hultz (1428—39) konsequent mit dem offenen Helm gekrönt wurde, ging man auf diesem Wege weiter. Und schließlich zog man die letzte Konsequenz und endete im malerischen, deutschen spätgotischen Stil. Man überzog die unteren Stockwerke mit einem schweren Schleier von Stabwerk. So verunklarte man das Dahinterliegende und lieferte es dem Spiel von Licht und Schatten aus. Die Fassade gewann Lichtleben und Raumtiefe. Dadurch war es nicht mehr französische Flachgotik, sondern deutsche Tiefgotik. — Und auch die enge Umbauung kam der Fassade zugute. Man wird genötigt, den Kopf stark zurückzulegen, wenn man den Helm ganz erfassen will. Der Turm scheint dann zu wachsen und scheint bei ziehenden Wolken bewegt. Höhe 142 m (Köln 156 m). Die Enge um das Straßburger Münster wirkt also entgegengesetzt wie die Weite um den Mailänder Dom. Der Turm wächst. Wo findet sich in ganz Italien eine Fassade von solcher Ausdruckskraft! Himmelssturm, Erlösungssehnsucht, Negation der Materie, Illusion des Lebens bei jedem Schwanken der Lichtintensität. — Ehe man das Münster durch das Hauptportal betritt, verweilt man gern am Figurengewänd, am Bogenfeld, Tympanon, und besonders an der Madonna vor dem Türpfosten.

Der Innenraum des Münsters. Man überschreitet die Schwelle und überschaut den ganzen farbendämmernden Raum des dreiteiligen Schiffs. Es hat einen gewissen Hallencharakter: das macht der germanische Weitschritt der Pfeiler; die Höhe ihrer gotischen Arkaden; die Nähe der leuchtenden Nebenschiffsfenster. Es ist ganz anders als beim Kölner Dom, obgleich beides Basiliken sind, d. h. eine Hochwand haben. Hier in Köln läßt der französische Engschritt der Pfeiler, die relative Enge der höheren Pfeilergasse (16 : 45, also rund 1 : 3 gegen 16 : 31, also rund 1 : 2) und die Abschaltung der entfernteren Außenwand durch je zwei Nebenschiffe ein Abschweifen des Auges in die Breite nicht zu. Das Auge muß hier in Köln, der fortschreitenden Entmaterialisierung folgend, in die Tiefe von 150 m zum architektonischen Wunder des Chors. Ein solcher starker Zwang besteht in Straßburg nicht. Aber in die Tiefe gezogen wird der Blick auch hier. Er geht an den Triforien und aufgelösten Lichtgaden vorüber durch den Triumphbogen vor der Vierung zu dem stilleuchtenden, großen Fenster in der Rundapsis inmitten des matten, bläulichen Schimmers der Mosaiken. Es sind nur 110 m. Die Apsis schließt sich direkt an die Vierung des hohen Querschiffs ohne Vermittlung von Chor und Halbchorjoch an, wie in einer altchristlichen Basilika. Das Straßburger Münster hat soweit zwei Seelen in der Brust: die eine verneint die Materie (Gotik), die andere bejaht sie (Romanik); die eine redet von Licht und geistiger Freiheit, die andere von mittelalterlichem Dunkel und priesterlichem Gesetz. In der Architektonik kommt also der damalige Kampf zwischen Bürgerschaft und Bischof (1250—1275) zum Ausdruck. Während dieser Kämpfe ist der neue Grund zum Münsterschiff und Turm gelegt worden.

Ekklesia und Synagoge. Wir treten heraus durch das Südportal (romanisch in Säulengewänd, Türsturz und Rundbogenfeld). Uns zur Rechten und Linken stehen zwei plastische Meisterwerke deutscher Kunst des 13. Jahrhunderts. Nicht tiefplastische Kunst (körperliches Volumen; schwere Faltung), die in Nordfrankreich in Reims, Chartres, Amiens geübt wurde; nicht die Kunst Nicolo Pisanos im Baptisterium zu Pisa, sondern gotisch plastische Kunst (Betonung der Vertikalen; schlanke, gereckte, nicht in die Breite und Tiefe gehende Körper; in dünnen Falten herabfließende Gewänder). Nicht körperliche Schönheit allein ist das Hauptziel, sondern besonders seelische Ausdruckskraft. Erinnerung an den Bamberger Dom (vor 1239) und an den Naumburger Lettner und Ritterchor (nach 1249). Es war die Zeit, wo sich die plastische Kunst im Norden von Frankreich von der deutschen schied. Wir sind verschieden gerichtet seit mehr als 700 Jahren. Jene wendet sich der Antike zu mit ihrer Tendenz zur Horizontalen und zur Tiefplastik und zur schönen Linie, diese der Gotik. In Deutschland bilden Plastik und Architektur fortan eine Einheit. — Wir stehen vor einem dramatisierten Gespräch, vor einem Disput zwischem Neuem und Altem Testament, zwischen Ekklesia und Synagoge. Auf wessen Seite das Herz des Künstlers steht, kann nicht zweifelhaft sein. Er kennt noch keinen körperlichen Rassenunterschied, er kennt auch nicht den seelischen Unterschied, der mit dem körperlichen verbunden ist. Beide Streiterinnen sind Germaninnen: schlank, mit nordischen Gesichtern. Nur Symbol und Haltung unterscheidet beide: das Kreuz, die aufrechte Haltung; die zerbrochene Waffe, das geneigte Haupt, der gesenkte Blick. Man fühlt die zitternde Träne unter dem Schleier. Es ist das Recht des Künstlers, Wahrheit mit Märchenzauber zu verweben. Davon hat dieser unbekannte Meister reichlich Gebrauch gemacht. — Es gibt noch manches Schöne am Münster: Vierung und Chor, die Krypta, die Katharinenkapelle und das spätgotische malerische Portal der Laurentiuskapelle, den spätgotischen Taufstein, die spätgotische Kanzel, den Ölberg, die astronomische Uhr.

Was Goethe vom Münster gesagt hat, klingt in uns wieder: „wenn das letzte deutsche Wort verklungen ist, werden seine Steine reden". Was deutsch ist, wird deutsch bleiben. Wir haben gegen eine Welt von Feinden gestanden und nur durch inneren Verrat dies Kunstwerk und dieses schöne Land verloren, das uns gehört von Bluts und Rechts wegen. Wir halten fest am Glauben an eine Gerechtigkeit. Exoriare aliquis ex nostris ossibus ultor. Wir blicken hinüber nach dem Odilienberg, nach der Hohkönigsburg, nach dem Münstertal. Was wir empfanden, als wir die Brennerstraße am Anfang der Orientfahrt südwärts fuhren, das empfinden wir hier am Schluß unserer Reise wieder. Deutsch sind die

Namen und deutsch sind die Herzen; wir sind getrennt, aber im Geist sind wir eins.

> „Und ob wir wieder heimwärts geh'n,
> Wir wenden unsern Blick
> Und schauen nach des Wasgaus Höh'n
> Wie nach dem Turm zurück."
>
> Max von Schenkendorff.

II. Die Madeirafahrt

Bremen, Bremerhaven (cf IV, Spitzbergen)

Fahrt durch den K a n a l. Sie ist bei bei gutem Wetter interessant und besonders da, wo England und Frankreich sich nahe sind. Küstenlichter bald rechts, bald links, Schiffslichter ringsum. Die Schiffsleitung hatte die Freundlichkeit, ihre Passagiere in die Geheimnisse der seemännischen Orientierung einführen zu lassen: die Ermittlung des Schiffsorts durch Lichttelegraphie und Unterwassertelephonie; die der Meerestiefe durch Tiefenlotungen, durch Echolot oder Stoppuhr. Jede Küstensignalstelle hat ihr eigenes rhythmisches Zeichen (lichtlich) und unterwassertelephonisch). Dadurch kennt man die Endpunkte der Strecke und ihre Entfernung (Tabelle), also die Basis für die Berechnung. Aus der Gleichheit der Tonstärke auf beiden Seiten des Kopfhörers ermittelt der Seemann während der Fahrt die Lage der Mittelsenkrechten über dieser Basis. Durch Peilung stellt er den Winkel an der Spitze des gleichschenkligen Dreiecks fest. Durch Berechnung oder Tabelle findet er die Entfernung von der Basis. — Das Tiefenlotungsverfahren durch Schallwellen: Ein elektromagnetisch bewegter Hammer schlägt gegen eine Stahlplatte außenbords unter der Wasserlinie. Der Schall läuft mit 1500 m Sekundengeschwindigkeit zum Meeresboden und wird dort reflektiert. Der Reflex wird von einem Mikrophon als Schallempfänger in etwa 2 m Entfernung vom Schallgeber aufgenommen. Er geht über einen Verstärker zum Anzeigegerät mit automatischer Registriereinrichtung (Echograph). Dort leuchtet eine Neonlampe im Moment der Schallabsendung auf und läuft längs einer auf Tiefe geeichten Skala bis zur Ankunft im Schallempfänger. Auf ihr wird die Tiefe abgelesen. — Einfacher aber weniger exakt ist es, mit der Stoppuhr den Zeitabstand und durch Berechnung oder Tabelle die Tiefe festzustellen. — Dann ändert sich die Fahrtrichtung. Es öffnet sich die Biskaya, die große Bucht zwischen Frankreich und Spanien. Für einen großen Teil der Reisenden ist es eine gefürchtete Strecke, denn im allgemeinen ist Dünung da.

D ü n u n g. Das ist eine Interferenzerscheinung von Wellen, die entgegengesetzte Fortpflanzungsrichtung haben, wie es bei einem zur Küste gehenden Wellenzug mit dem von ihr reflektierten der Fall ist. Es ist dieselbe Erscheinung, die auf gespannten Saiten und Flächen durch

Anstreichen entsteht. Diese Aufeinanderfolge von schwingenden Strecken und toten Punkten oder von schwingenden Flächen und toten Linien kann man bekanntlich sichtbar machen. Stehende Wellen; nicht fortschreitende Wellen. Die Dünung entsteht, wenn der Wind längere Zeit in derselben Richtung zur Küste geweht hat. Sie dauert infolge des Trägheitsgesetzes auch nach dem Aufhören des Windes an. — Über die Höhe der Wellen sind die Vorstellungen oft irrig. Man redet leicht von haushohen Wellen. Im allgemeinen hängt die Höhe der Wellen von der Tiefe des Meeres ab. Sie beträgt $1/350$ der Tiefe. Die Wellenlänge ist im allgemeinen mehr als das Zehnfache der Wellenhöhe. — Gegen die Seekrankheit fand ich bewährt: Mäßigkeit im Essen und Trinken; Aufenthalt mitschiffs; horizontale Lage; eine warme Leibbinde. In der Gefahrenzone ist ein heißer Seemannsgrog wohl zu empfehlen.

Lissabon

L a g e. Wir fahren den Tajo 6 km aufwärts, vorbei am malerischen Kloster Belem. Lissabon hat eine bevorzugte Lage: nahe am offenen Weltmeer und an einem breiten (2 km), tiefen Strom mit hafenartiger Ausweitung und im Schutze stattlicher Höhen (100—200 m), die leicht befestigt werden können. Auch hier kann man wieder die schicksalhafte Bedeutung einer geographischen Lage erkennen (cf I, Ursachen des Untergangs der altgriechischen Rasse). Sie fordert die tüchtigen Eigenschaften einer Rasse heraus, so den Wagemut mit Einsatz des Lebens. Es waren viele da, die dazu bereit waren. Es gibt viele Namen in Portugal von gutem Klang, die sich für die Umfahrung von Afrika eingesetzt haben. So Prinz Heinrich, Bartholomeu Diaz, Vasco de Gama. Portugal war infolgedessen am Schluß des Mittelalters eine bedeutende Kolonialmacht, besonders als der Seeweg nach Ostindien gefunden war. Lissabon wurde der Stapelplatz für indische Waren. Aus den Seefahrern wurden dann Kaufleute und Handelsherren. Ihr Reichtum lockte und bewirkte eine Abwanderung aus dem Bauernstand, der harte Arbeit und wenig Gewinn brachte, und eine innere Abkehr von diesem Nährstand des Landes und diesem Erneuerungsquell eines jeden Volks. Der Bauernstand ging infolgedessen zu Grunde. — Ein zweiter Faktor war die Einwanderung Fremdrassiger. Bisher saßen im Lande: Lusitanier, Westgoten, Araber. Es kamen Juden und Neger dazu. Und nun trat eine Rassenverschlechterung ein. — Den Niedergang vollendete dann die geistige Knechtung durch die Jesuiten. Das sind Faktoren, die die Kraft jeder Nation brechen müssen. Der Niedergang begann. Seitdem hat England ein Auge auf diesen Hafen geworfen. Seit Anfang des 19. Jahrhunderts ist sein Ein=

fluß hier maßgebend. Vielleicht wird Lissabon einmal ein Hafen des
seemächtigen Albions, wenn der indische Seeweg um Afrika wieder
größere Bedeutung bekommen sollte.

Lissabon und Neapel. Zweifellos ist Lissabon auch eine
schöne Stadt. Aber mit Neapel kann sie nicht verglichen werden. Dieser
oft gezogene Vergleich stammt von Lord Byron. Er war damals erst
21 Jahre alt. Und Lissabon war noch funkelnagelneu, neu aufgebaut nach
dem Erdbeben von 1755, also damals ein halbes Jahrhundert alt. Worin
sollte wohl Lissabon sich mit Neapel vergleichen können? Man kann im
Ernst den gewiß breiten, imposanten Tajo doch nicht mit dem Golf von
Neapel mit seinen Inseln und Halbinseln auf gleiche Stufe stellen; oder
den schönen Linienschwung der Höhen um Lissabon mit den neapolitanischen
Landlinien mit dem Vesuv als Zentrum; oder Lissabon selbst mit Neapel,
mit seiner Geschichte, seiner alten und neuen Kunst, seinem brausenden
Leben, seiner engen Verbindung mit Rom. Lissabon ist ein schöner Ort
wie viele andere. Das wird jeder bei einer Rundfahrt durch die Stadt
erkennen. Schöne Plätze, breite Straßen. — Das Automobil führt uns
dann durch die Umgebung nach Cintra. Die Vegetation ist üppig. Die
Opuntien erobern auch hier Boden. Die Baukunst an den Schlössern
beweist, daß selbst auf dem höchsten Punkt der Machtentfaltung um 1500
unter Emanuel dem Großen der architektonische Geschmack der reichen
Portugiesen nur mäßig entwickelt war. Cintra ist eine Kompilation, eine
Zusammenstoppelung spätgotischer und maurischer Elemente. Schön ist
nur der Blick auf das Meer. Noch schlimmer ist es in Schloß Pena, das
mehrere Jahrhunderte später 1848 von einem Coburger Prinzen gebaut
worden ist.

Monserrate; Sanssouci. Großartig sind dagegen die
Parks. Das milde Klima begünstigt sie, denn die Küste ist knapp 6 km
entfernt. Auf sie öffnen sich die Täler. Sie öffnen sich damit dem warmen
Hauch des Golfstroms, der im Sommer abkühlend, im Winter erwärmend
Portugals Küste bestreicht. Von besonderer Schönheit ist der Park von
Monserrate. Man glaubt ein Stück aus dem Urwald vor sich zu haben,
das parkartig durchforstet ist. Weite Täler, malerische Schluchten und
subtropische Pflanzen. Aber alles ist Import. Ursprünglich herrschte hier
Lorbeerbuschwald und Steppe. Jetzt sieht man Fieder- und Fächerpalmen
(Dattelpalmen, Mauritiuspalmen, Zwergpalmen, Jubäa), Flaschen-
bäume, Trompetenbäume (Datura arborescens), Feigen, subtropische
Farnbäume. Dazu kommen Araukarien, Platanen, Paulownien und eine
ganze Allee von Mimosen, die, in Stamm und Blättern unseren Akazien
ähnlich, schon jetzt Mitte März süß duftend blühen. Dazwischen blühen

Rosen, Azalien, Kamelien, Bougainvillien. Eine wilde paradiesische
Pracht. Ein Märchenwald. Aber das Beste hat doch hier Mutter Natur
beigesteuert. Man denkt, auch ohne daß die überschwengliche Bewunderung
den Widerspruch herausforderte, an seine heimische, stille Schönheit im
Haveltal, an Sanssouci. Da stand nur eine Bruchlandschaft und eine
lockere Düne dem Künstler zur Verfügung, also zwei Ebenen in ver=
schiedenen Niveaus und ein sie verbindender Abhang. Die geniale Art
und Weise, wie man die schiefe Ebene an der einen Stelle zur Hauptsache
gemacht und ihr alles (Architektur und Anmarschstraße) untergeordnet
hat und an der andern Stelle umgekehrt sie den architektonischen und
natürlichen Schönheiten der Umgebung dienend untergeordnet hat, das
ist die große, einzigartige Schönheit Sanssoucis, die es heraushebt aus
allen andern Parks. Die Natur ist hier nichts, die Kunst alles. Wie
klingen Architektur und Treppe in beiden Formungen zusammen! Bei
der großen klassischen Treppe ist sie die Hauptsache und das Rokoko=
schlößchen oben nur die Krönung. Alles ist in der Bildebene aufgestaffelt
und voller majestätischer Ruhe. Dazu die grandiose Introduktion der
Anmarschstraße mit der Claude Lorrain'schen Bildbeschränkung. Bei der
barocken Treppe daneben am bewegten Abhang ist dagegen die bewegte
Architektur der Orangerie und die bewegte Natur ringsum (sizilianischer
und nordischer Garten) die Hauptsache und die geteilte Treppe nur Mittel,
die vor= und umliegenden Schönheiten von allen Seiten zu zeigen. Diese
Künstler vergewaltigen die Natur nicht, sondern sie fühlen sich in sie ein,
erfühlen, was sie andeutet und sprechen es dann übersteigernd aus. Das
hier im unvergleichlichen Sanssouci ist wahre, große Gartenkunst. — Auch
da, wo man ein in das Milieu von Sanssouci hineinpassendes architekto=
nisches Werk entlehnte, hat man im Zusammenklang die Wirkung beider
gesteigert. So bei der Friedenskirche. Man hat das Bild der altchrist=
lichen, ernsten und stillen Basilika San Clemente aus dem engen, lauten,
stimmungslosen Drang des Häusermeers um das Kolosseum in Rom in
die wasserumrauschte Melancholie der Mark entführt. Man hat ihr ver=
schönernd um den Hals eine Zwerggalerie als Perlenkette geschlungen und
zur Steigerung einen leichten, in Arkaden aufgelösten Campanile von
solcher Schönheit an die Seite gestellt, wie man ihn in ganz Italien nicht
findet. — Kein Zweifel, die Schönheit Monserrates ist groß. Aber es ist
nur ein geschmackvolles, farbenglühendes Mosaikbild über einem bewegten
Gelände unter einem milden Himmel. Man soll sich fremder Schönheit
von Herzen freuen, aber sie nicht mit ungerechtem Gefühlsüberschwang in
den Himmel heben. Wer reist, sei seiner feineren, aber stilleren heimat=
lichen Schönheit nie uneingedenk, sonst ist er in Gefahr, daß er am Schluß
seiner Fahrt die Heimat weniger liebt als vorher. Das darf aber auf keinen
Fall das Resultat der Reise sein.

Wir sagen Lissabon Lebewohl. Ich denke zurück an ein Erlebnis vor einem Menschenalter, als ich im Hochsommer hier mit einem Schiff der Levante-Linie war. Wir waren bis nahe Mitternacht an Land geblieben und mußten uns einbooten lassen. Zum erstenmal lernte ich dabei das Meerleuchten kennen. Von den Rudern rieselten Millionen mattleuchtender Tropfen. Ein Hund, der ins Wasser gesprungen war und sich schüttelte, war in einen Funkenregen gehüllt. Noctiluca miliaris. Von da ab begleitete mich das Schauspiel bis Konstantinopel. Allabendlich fesselte es uns. Im Kielwasser waren noch auf hunderte von Metern große Quallen von etwa 20 cm Durchmesser im mattbläulichen Licht zu erkennen.

M a d e i r a. Wir nähern uns Madeira. Es ist eine von Grund auf vulkanische Insel des Atlantischen Ozeans, ungleich Teneriffa und den Canaren, die zwar auch vulkanisch sind, aber auf den Fels des neugebildeten Atlasgebirges, also auf afrikanischen Boden, aufgesetzt sind. Alle drei liegen am Rande einer Bruchstelle der Erde. Zum Verständnis greife ich auf die Entwicklungsgeschichte der Erde zurück. Zuerst war das Urmeer da, auf dessen Grunde sich die kristallinischen Schiefer (Gneis, Glimmerschiefer, Phyllit) im noch heißen Meer durch Auflösung der Rinde (Granit, Syenit, Diorit) bildeten. Dann tauchten zwei Riesenkontinente auf: Atlantis (Nordamerika, Grönland, Island, Spitzbergen) und Gondwana (Indien, Afrika, Südamerika). Ein Mittelmeer trennte beide, die Tethys. Sie verband die Seiten des Großen Ozeans und reichte vom Nordfuß der späteren Alpen bis zum Südfuß des späteren Atlas. Dieses Erdbild blieb trotz der Erdrevolution bei der Bildung der Karbonalpen bestehen während des Mittelalters der Erde und des größten Teils der Neuzeit, also während der mesozoischen und känozoischen oder der sekundären und tertiären Zeit (cf I, Oberrheinische Tiefebene). Erst am Schlusse des Tertiärs, kurz vor Auftreten des Menschen, trat eine neue kräftigere Rindenfaltung ein. Es entstanden die Gebirge um das Mittelmeer (Pyrenäen, Alpen, Apennin, Libanon, Atlas, Sierra Nevada). Der Seitenschub dabei hatte kolossale Wirkungen. Ein neues Erdbild entstand. Es zerbrachen die alten Karbonschollen wie die oberrheinische Scholle und auch die Urkontinente. Untergang der Agäisscholle, Bildung des Agäischen, des Jonischen und des Tyrrhenischen Meers; Zerbrechen des nördlichen Urkontinents Atlantis in Grönland, Island, Spitzbergen und des südlichen Urkontinents Gondwana in Asien, Afrika, Südamerika; Absinken der zwischenliegenden Teile und Bildung des Indischen Ozeans und des mittleren Atlantischen Ozeans; Aufsteigen jüngerer vulkanischer Massen (Basalt) an den Bruchstellen und Bildung von Santorin, der Vulkane der Bracciano- und Albanogruppe und von Madeira, Teneriffa und den

Canaren. Und zwar stieg Madeira auf vom Grunde des untergesunkenen Gondwanaschollenrandes, Teneriffa und die Canaren dagegen von Spalten in der Abrasionsterrasse des neuaufgestiegenen Atlasgebirgs. Die vulkanischen Massen lagen anfangs beide unter dem Spiegel des Meeres. Bei der dann nachfolgenden allgemeinen Hebung wurden sie Inseln. Madeira steht heute auf einem Abrasionssockel von etwa 3 km Breite in 200 m Tiefe. Um so viel war der Durchmesser der Insel also anfangs breiter. Die Abrasionsterrasse ist Arbeit der Brandungswelle des Meers. Erst jenseits dieses Sockels stürzt die Tiefenlinie auf Ozeantiefe von 3 bis 4000 m hinab. — Madeira ist ungefähr 800 qkm groß, was der Größe des ehemaligen Fürstentums Reuß entspricht. Seine Steilküste ist 100 bis 400 m hoch. Es ist ein vulkanisches Bergland von Höhen bis fast 2000 m.

  Bevölkerungsdichte. Der Boden ist fruchtbar wie jeder vulkanische Boden, dem es nicht an Wasser fehlt. Das aber ist reichlich vorhanden. So ist dadurch die Möglichkeit für eine dichte Besiedlung gegeben. Sie beträgt 220 pro qkm, was der Siedlungsdichte des Königreichs Sachsen entspricht. Diese enge Besiedlung kommt einem erst zum Bewußtsein, wenn abends die elektrischen Lichter eingeschaltet werden. Dann bietet das amphitheatralisch aufgebaute Funchal einen bezaubernden Anblick. Die Lichter der Villen, der Quintas, vereinigen sich mit denen der erleuchteten Wege der lockeren Siedlung und dem reichen Netz der Handels- und Autostraßen. Diese Wege sind oft wellenförmig, rutschbahnähnlich und, da sie mit glatten Basaltrollsteinen gepflastert sind, fordern sie dazu heraus, die Räder vielfach durch Schlittenkufen zu ersetzen. Allerorten sieht man diese leichten Korbschlitten. — Mutter Natur ist schön und lieb. Es gibt eine Unzahl von importierten, tropischen und subtropischen Pflanzen. Ihre Farbenschönheit ist groß: Bignonien, Bougainvillien, Passifloren, Poinsettien, eine wilde Wolfsmilchart mit farbigen großen Hochblättern in gelb oder rot. Man möchte wohl an das Märchen vom Glück dieser Insel, vom Paradies der Erde glauben. Aber nichts' wäre falscher.

  Paradies und Rassenmischung. Madeira und ebenso Teneriffa sind nicht ein Geschenk des Himmels. Im Gegenteil, hier ist alles durch schwere Arbeit errungen. Im Anfang hatte die Natur Steppencharakter (Zwiebelsteppe). Ohne die Intelligenz der Oberschicht und ohne die Kraft der Neger wäre es so noch heute. Erst Terrassierung und Bewässerung haben sie zum heutigen Fruchtgarten umgeschaffen mit Riesenfeldern von Zuckerrohr und Bananen, die sich alljährlich von selbst erneuern. Wenn zur Zeit der Ernte der Fruchtstamm abgehauen wird, steht am Grunde schon der Fruchtstamm des nächsten Jahres. — Dieses

Land haben zuerst die Guanchen bearbeitet, ein in sehr frühen Zeiten (Afrikaumwanderung der Atlantiker) eingewanderter nordischer Stamm (rank, blondhaarig, blauäugig), die Karl V wahrscheinlich wegen ihres Heidentums ausrotten ließ. Glaubensfanatismus. Vielleicht haben die Taucher, die unser Schiff umkreisen, blutliche Beziehungen zu ihnen. Die dann nachdringenden Hispano-Lusitanier konnten die schwere Arbeit des Bebauens nicht leisten. Man importierte Neger. Als dann 1807 die Abschaffung des Negerhandels und die Freilassung der Negersklaven erfolgte, blieben sie im Lande und mischten sich mit den Weißen. Seitdem begann die Vernegerung. Ein großer Teil der Bewohner trägt heute Negermerkmale.

Negertypus. Den Neger charakterisiert: schmaler hoher Schädel, prognather, vorstehender Kiefer infolge schiefer Zahnstellung, wulstige Lippen, schwarze Augen, meist gequetschte Nase mit breiter Basis, dunkle Hautfarbe, krauses Haar, überlange und etwas gebogene Gliedmaßen. — Mit der äußerlichen Vernegerung geht die innerliche Hand in Hand; die geistige und körperliche Indolenz (bis 80 % Analphabeten); eine übergroße Suggestibilität für religiöse und politische Agitatoren und eine starke Hemmungslosigkeit in sexueller Beziehung und zum Trunk (Zuckerrohrschnaps). Der Kinderreichtum ist gewaltig, aber ebenso auch die Sterblichkeit infolge schlechter Ernährung und fehlender Hygiene. Wahrscheinlich ist auch der Kalkmangel an dieser Abwärtsentwicklung zum Tier schuld. — Revolutionen sind hier häufig. Sie sind ein Aderlaß zur Beruhigung. Die Militärdiktatur ist eine von den herrschenden Banken begünstigte Institution. — Trotz dieses rassischen Niedergangs fühlt man dennoch instinktiv und allgemein, wo der Sitz des Verderbens ist. Man fühlt es im ganzen hispano-lusitanischen Gebiet. Man möchte den Neger aus dem Blut wieder entfernen. Mindestens versucht man, ihn zu verbergen. Die verräterischen Lunulae, die Halbmöndchen am Fingernagelansatz, die bei der nordischen Rasse weißlich sind, färbt man mit Henna gelb. Man distanziert sich von den dem Neger Näherstehenden. Man unterscheidet Quinteros, Quarteros, Terzeros, Mulatten. Aber trotz dieser offenkundigen Erfahrung hier, in Amerika und anderswo und trotz der Erfahrungen in der Tierzüchterei, daß Mischung mit artfremdem Blut Degeneration erzeugt, gab es doch bei uns Leute und Parteien, die die Rassenmischung für eine Vorbedingung zur Rassenaufbesserung wahrheitswidrig und aus egoistischen Gründen hinstellten als eine der Möglichkeiten, die Menschheit um eine Stufe zu erhöhen. Das ist eine Theorie, gemacht von und für Juden, die merkwürdigerweise frühzeitig die rassenzerstörende Wirkung der Blutmischung in ihrem Kampf um die Weltherrschaft erkannt haben und bewußt verwendeten. Ihre Maxime war und ist es: entarte deine Feinde, so wirst du sie beherrschen. Und die internationale Kirche? Sie segnet diesen Bund. Wo wären wir, wenn wir in der Landwirtschaft besonders in der Viehzucht solchen Irrlichtereien gefolgt wären! Auch in Spanien hat man die degenerierende Wirkung der Blutmischung mit Negern und mit Juden erst erkannt, als es zu spät war. Man stellte Abstammungslisten auf. Aber wem übergab man sie vertrauensselig zu treuen Händen? Dem Jesuitenorden, dem internationalsten aller katholischen Orden, den der Jude Lainez organisiert hatte. Sie nutzten dieses hohe Vertrauensamt aus, um Unbequeme zu vernichten und um ihre Güter einzuziehen. Wen der Herr verderben will, den schlägt er mit Blindheit. Als man die verderbenbringende Wirkung der Rassenmischung erkannte, war es schon zu spät. Denn selbst die höchsten Stellen hatten sich mit artfremdem Blut gemischt. In der Galerie des Doms von Granada schaut von der Wand das Bild Ferdinands des Katholischen, des allerchristlichsten Eroberers von Granada. Der Typus ist ganz unverkennbar jüdisch. — Abends nochmals ein Blick auf das lichterstrahlende Funchal. Besonders den Damen wird es schwer, von diesem Lande der Madeiradeckenstickereien Abschied zu nehmen, einer Kunst, die durch Deutsche hier zur Blüte gekommen ist und jetzt von portugiesischen Händen ausgenutzt wird.

Teneriffa

Teneriffa (r. 29 Grad Breite). Am nächsten Morgen liegt der riesige Zuckerhut von Teneriffa, der Pic de Teyde, vor uns. Er ist vulkanischer Natur (Basalt), aber sein Fundament ist, wie schon gesagt, afrikanisch. Auf seiner Spitze trägt er zwar einen Krater, aber nur die Krater auf den Hängen sind, wenn auch selten, tätig. Er ist eine imposante Erscheinung. Über 3700 m erhebt er sich über den Meeresspiegel. Er überragt somit den Ätna um 400 m und nähert sich dem höchsten Berg der Ostalpen, dem Groß-Glockner (fast 3800 m). Bis auf 300 km soll er sichtbar sein. Seine Flanken sind tief radiär gefurcht. Das ist eine Folge der Passatregen.

Die Passatregen und ihre Entstehung und wirtschaftliche Bedeutung. Der Passat entsteht in der Zone der stärksten Einstrahlung der Sonne zwischen den Wendekreisen in einer Breite von etwa 20 Grad (20 × 111 km). Diese Zone liegt also in der Zeit der Tag- und Nachtgleichen, den Äquinoktien, am Äquator; in der Zeit des kürzesten und längsten Tags an den Wendekreisen. In dieser breiten Zone steigt die Luft vertikal aufwärts und fließt nach den Polen ab. Das sind die beiden Gegenpassate, Antipassate. Sie würden sich parallel den Meridianen nach Norden und Süden bewegen, wenn die Erde stillstände. Da diese aber und die über ihr liegende Lufthülle vom Westen über Süden nach Osten rotiert, so werden sie nach NO und SO abgelenkt. Denn die Luft, die aus Breiten mit höherer Geschwindigkeit nach solchen mit geringerer Geschwindigkeit strömt, muß nach dem Beharrungs-(Trägheits-)gesetz den meridionalen Erdpunkten vorauseilen. Dabei senkt sich der Gegenpassat und kommt nach etwa 30 Grad zur Erde. Von dort kehrt er infolge Überdrucks im Norden und Unterdrucks in der Ausgangszone zum Ausgangspunkt zurück. Es spielt sich dabei der umgekehrte Prozeß ab. Der Passat strömt nach Südwesten, kommt also aus Nordosten. Im Sommer verschafft er dem Mittelmeer den immerblauen Himmel. Dieser Nordostpassat steigt an den Flanken des Pics von Teneriffa in die Höhe, leistet dabei Arbeit, verliert an innerer Wärme, kühlt sich infolgedessen unter den Taupunkt ab und schlägt seine Wassermengen auf ihn nieder. — Die hier meist arabische Bevölkerung ist in der Wasserbaukunst wohl erfahren. Überall befinden sich in den kanonartigen Furchen des Bergs Staumauern und Stauweiler. Von ihnen aus wird das Wasser über das ganze Land verteilt und so die Steppe in Fruchtland verwandelt. — Eine Autofahrt bringt uns von Sta. Cruz in zahlreichen Kehren auf die mit Lorbeerbuschwald bedeckten Hänge des Pics und dann nach Orotawa. Dort besichtigte man einen besonders starken Drachenbaum (Dracaena Draco, eine Liliacee) und den berühmten botanischen Garten (Alexander von Humboldt, 1799).

Casablanca

Casablanca, Rabat. Die Küste von Afrika macht sich während der Überfahrt bemerkbar: die Temperatur steigt. Casablanca ist während des Weltkriegs amerikanisch gewachsen. Es war ein Stapelplatz für die Verbündeten. An einer mächtigen Mole mit Wellenbrecher legen wir an unsern eines Mekkafahrers. Die Stadt hat stark europäischen Charakter, wenn man sich auch bei einer großen Anzahl von Gebäuden (Post, Justizpalast) des heimischen, schönen, spätarabischen, mehr aufgelösten Stils bedient hat und nicht des abgeschlossenen altarabischen. Ein prunkvolles Denkmal mit einem französischen General und dem Sultan spricht auf dem Sockel schön und schwungvoll von Völkerverbrüderung zwischen Franzosen und Marokkanern, von der man sonst nichts bemerkt. Jedenfalls war die Behandlung der andrängenden marokkanischen Gepäckträger durch französische Polizei nicht sehr brüderlich. Wir gehen an der Kaserne der Fremdenlegion vorüber. Wie oft mag sie ihre Haut für Frankreich schon zu Markte getragen haben!

Die Mauren (span. moros). Sie sind nicht reine Araber, sondern ein Mischvolk aus Arabern (Semiten) und Berbern, die mehr nordischen Bluts sind (nordafrikanische Atlantikerwanderung). Nacheinander besaßen das Atlasgebiet nach den Römern: die Vandalen (429—534), die Byzantiner und schließlich die Araber (seit etwa 700) und Marokkaner. Unter ihrem Feldherrn Tarik gingen sie über die Meerenge von Gibraltar, schlugen die Westgoten bei Xeres de la Frontera 711, eroberten Spanien und drangen in das Frankenreich ein. Dieser Ansturm wurde von Karl Martel zwischen Tours und Poitiers 732 gebrochen und ebbte dann zurück. Es bildeten sich in Spanien viele Teilfürstentümer. Das bedeutendste war das Kalifat von Cordova. Hier gründete Abderrahman, der letzte omajadische Prinz, der den Abassiden entronnen war, 756 ein Kalifat. Er ist auch der Erbauer der Moschee. Seit 1150 regierten in Spanien marokkanische Fürsten. An Kaiser Heinrich VI, den mächtigen Staufer, zahlten sie Tribute. Hier also lag einst die Machtgrenze des Deutschen Reichs. Der Gegenstoß der nordischen Mächte wurde durch die Franken eingeleitet besonders unter Karl dem Großen und von Ferdinand und Isabella von Aragonien und Kastilien mit der Eroberung von Granada 1492 vollendet. Die maurischen Fürsten kehrten nach Marokko zurück.

Ein moderner Eisenbahnzug führt uns am nächsten Tage nach R a b a t, der Residenz des Sultans. Man durchfährt felsiges Land, von schmalen Flüssen ziemlich tief durchschnitten. Steppe, Weideland für Ziegenherden. Die M o s c h e e ist unser Ziel. Zwar liegt sie in Trümmern, aber, wenn man die Moschee von Cordova kennt, die ihr Vorbild ist, so ist es nicht schwer, sie zu rekonstruieren. Es war eine Lagermoschee ähnlich Ibn Tulun, die Gami el Azhar in Kairo, die Moschee in Kairouan und die von Cordova (755—1000). Man erkennt den mit hoher Mauer umgürteten Hof, das stattliche Minarett, den Brunnen und die Baumreihen des Hofs. Mit ihm steht in offener Verbindung der Wald der Säulenreihen der Moschee, in deren Hintergrund sich einst der Mihrab befand. Schwieriger ist es, sich ein Bild von der Schönheit des Inneren zu machen. Dazu muß man ihr größeres und glänzenderes Vorbild in Cordova schon gesehen haben. Dort in Cordova hat man vor sich einen tiefen, dämmernden Raum von 19 Schiffen. Die Decke macht den Eindruck einer Horizontalen, ist aber in Wirklichkeit mit 19, der Anzahl der Schiffe entsprechenden, flachen Tonnen gedeckt. Es ist ein niedriger Raum von nur 12 m Höhe. Diese Niedrigkeit bedrückt uns. Jede Rasse hat ihre eigenen Schönheitsideale. Unser Auge ist an hohe Räume gewöhnt. Der Araber empfindet anders. Auf ihn würde das Gotische, Titanische, Himmelstürmende ebenso beklemmend wirken wie auf uns der niedrige Raum. Die auch uns packende Schönheit liegt wo anders. Da Licht weder von oben noch von der Seite eintritt, so würde der Raum dunkel sein, wenn nicht unzählige Lämpchen ihn erhellten. In Cordova sind es 280 Hängeleuchter mit mehr als 7000 Lampen. Ihr Licht spiegelte sich in der glänzenden Oberfläche der Säulen, in den Wänden mit arabischen Flachreliefs, in dem glatten Mosaikfußboden und wurde von der Decke reflektiert. Jede Religion hat ihre besonderen Mittel, den Kirchenbesucher aus seinen Sorgen und Nöten herauszureißen und ihn aus dem Verstandesmäßigen in das Gefühlsmäßige zu leiten in die Welt des Transzendentalen, Überirdischen, Mystischen. Hier tut es das Meer von Licht in unzähligen Spiegelflächen. Dazu überschneiden sich ferner bei jedem Schritt die Säulen und die gezackten Arkaden über ihnen. Das ist malerischer Stil mit seinem Bildwechsel und der Schönheit des Unklaren. So ähnlich, wenn auch nicht so großartig, wird auch diese Moschee im Innern einst ausgesehen haben. Man muß sich also vorstellen, daß die hier fehlende Decke noch da wäre; daß der dunkle Innenraum durch zahlreiche Lampen dämmerig erhellt wäre; daß Säulen und Wände mit polierten Platten bekleidet wären und ebenso wie der Fußboden das Licht der Lampen ringsum widerspiegelten. — Wir besuchen die Stadt. Eine hohe Mauer umgibt sie. Längs derselben drängen sich innen die Verkaufsstätten, die zugleich Wohnraum sind. Davor sitzen die Kleinhändler. Es ist eine dichte Menschenmenge, die sich im engen Raum drängt. Aber niemand bettelt uns an, niemand belästigt uns. Ihr Stolz hält sie davon ab. — In der Burg eine Unzahl von Störchen. Wahrscheinlich machten sie auf der Wanderung nach Norden Rast. — Der Sultanspalast steht in unmittelbarer Nähe des französischen Gouvernementsgebäudes. Der französische Staat hält strenge Wacht. — Unser Schiff wendet sich der Meerenge zu.

Gibraltar

Eine an Spanien durch Schwemmland angegliederte, felsige Insel aus Jurakalk von etwa 4 km Länge, im Durchschnitt 1 km Breite und bis 425 m Höhe. Entfernung von der afrikanischen Küste rund 20 km. Das Mittelmeer in seiner jetzigen Gestalt und diese Meerenge ist bei der zweiten großen Erdfaltung am Ende des Tertiärs entstanden, also zugleich mit den neuen Gebirgen, z. B. Atlas, Sierra Nevada, zugleich auch mit der beginnenden Angliederung Andalusiens an die kastilische Urscholle. Es ist eine Festung ersten Rangs; der Schlüssel zum Mittelmeer. Seit 1704 englisch. Eine unterirdische Schwelle in 320 m Tiefe behindert den Austausch des Salzgehalts und der Temperatur: 3,6 % des Ozeans gegen 4 % des Mittelmeeres; ozeanische Tiefentemperatur um den Gefrierpunkt gegen 13 Grad des Mittelmeeres. Ein salzärmerer Oberstrom strömt ins Mittelmeer, ein salzreicher Unterstrom aus ihm heraus. Ohne diese Schwelle würde die Temperatur des Mittelmeers erheblich tiefer sein.

Malaga

ist eine ansehnliche Stadt von 160 000 Einwohnern. Längs des Meeres dehnt sich ein vornehmes Viertel: Paläste spanischer Granden, reiche Villen mit Vorgärten, breite Trottoirs, eine breite Straße mit palmenbestandener Mittelpromenade und mit Wegen für die Elektrische und für anderen Wagenverkehr. Ich steige hinauf zur imposanten Kathedrale, die mich schon vom Meer aus angelockt hatte. Ihre Fassade hat zwei Türme von ungleicher Höhe, der eine ausgebaut mit 86 m, der andere nur mit 3 Stockwerken.

Spanische Spätgotik im allgemeinen und hier. Die Kirchen in Spanien sind im allgemeinen spätgotische Hallenkirchen. Die Hochwand des Mittelschiffs und damit der Lichtgaden ist meistens stark reduziert. Eine spezifische Eigenschaft derselben ist der Trasetto und der Coro. Eine hohe Querwand (Trasetto) und zwei hohe Längswände sondern einen erheblichen Teil des Mittelschiffs ab. Dadurch wird ein Sonderraum für den Sängerchor der Priesterschaft, der Coro, hergestellt. Die architektonische Raumschönheit des Ganzen wird dadurch im Interesse der religiösen Konzentration der Kirchenbesucher stark beeinträchtigt. Der Beter soll hören und nicht durch Sehen abgelenkt werden. Beides ist hier in Malaga nicht der Fall. Trasetto und Coro fehlen. Wir treten in einen breiten, hohen und tiefen Raum von fast gleich hohen und gleich breiten Schiffen. — Eine andere Eigenschaft der spanischen Kirchen ist französischer Import. Die Stützpfeiler sind nach innen einbezogen und zu einem umlaufenden Kranz von Kapellen ausgebaut, deren größte die Kapelle in der Mittelachse ist. Diese Kapelle ist in Spanien ganz besonders betont, es ist die Capilla Mayor. So ist es auch hier. Infolge der Tiefe dieses Kapellenkranzes ist die Belichtung durch die untere Außenfensterreihe fast gleich null. Diese großen Fenster mit ihrem schönen Stab- und Maßwerk sind somit nur dekorativ für die Außenansicht da. Oft ist dazu auch noch die seitliche Lichtwirkung der Oberfenster der Außenwand eingeschränkt. Als Ersatz für den Ausfall dieser beiden Lichtquellen dient das spezifisch spanische Cimborium, eine Art Renaissance-Vierungskuppel mit Tambour, Kuppel und Laterne, die Licht von oben sendet. Auch dies Cimborium fehlt in diesem Dom. Diese Abweichung von der spanischen Gotik erscheint mir als eine Dokumentation der inneren Abneigung gegen die Kastilianer. Sie hat Malaga im heutigen Bürgerkrieg auf die Seite der Aragonesen und Bolschewiken geführt. Ligurer gegen nordisches Blut?

Panoptikumkunst. Auf einem Seitenaltar befindet sich eine Panoptikumfigur der Himmelskönigin. Es ist eine bekleidete Wachspuppe in Lebensgröße von hoher Schönheit und Delikatesse, eine Kunst, die in spanischen Kirchen sehr verbreitet ist. Die Krone ist von zartestem Goldfiligran; Gewand und Mantille von feinstem Stoff; an kostbaren Stickereien und Spitzen ist sie überreich; die Schuhe von großer Zierlichkeit. Die spanische Kirche stellt sich auf den Geschmack des Volkes ein. Nicht erheben, sondern hinabsteigen; Tuchfühlung behalten.

Am nächsten frühen Morgen steht ein Extrazug für den Lloyd auf den Gleisen des Güterbahnhofs bereit. Auf der kurzen Strecke beim Überschreiten der zahlreichen Gleise überraschte uns in dieser Herrgottsfrühe ein atemraubender Wolkenbruch mit Wirbelwind, der in den wenigen Minuten keinen Faden an uns trocken ließ. Man troff. Zum Glück war der Zug wegen der zu übersteigenden, erheblichen Vorhöhen der Sierra Nevada gut geheizt. Die Bahnbeamten trockneten den Boden mit Sägemehl. Die Fürsorglichkeit der Reiseleitung spendete auf einer der ersten Stationen vorzüglichen Kaffee und Gebäck. Die rechte Stimmung war infolgedessen bald wieder hergestellt. Die durchfahrene Gebirgsszenerie ist grandios: tiefe Quertäler mit Ausblicken auf die mit blendendem Neuschnee bedeckte Sierra; rauschende, imposante Wasserfälle. — Es war Sonntag. Auf den Stationen war die Bevölkerung im Sonntagsstaat. Es waren Z i g e u n e r, Gitanos. Mädchen und Kinder von besonderer Grazie, mit schwarzen, lebendigen, dunkelbewimperten Augen, einem feinen Mund, zierlichen Händen und Füßen, mit schwarzem, straffem Haar, von dunkler Hautfarbe, die Backenknochen etwas betont. Im Äußeren etwas Slavisches, jedenfalls nichts Nordisches und nichts Arabisches. Ein leichtes Völkchen, das Musik und Tanz liebt. Über unsere Gebefreudigkeit quittierten sie mit liebenswürdigem Anstand. Sie können einem wohl gefallen nach Aussehen und Benehmen. Aber ihr Charakter soll wenig sympathisch sein. Man sagt ihnen Schlimmes nach. Sie sollen feige, rachsüchtig, servil, treulos und diebisch sein. Es sind geschmeidige Händlernaturen und besonders gewandte Roßtäuscher. Es ist ein Volksstamm, dessen Heimat wahrscheinlich Indien ist. Seit 800 traten sie auf dem Balkan, seit 1450 in Spanien auf.

Granada

Im Auto geht es nach der Alhambra, vorbei an der Plaza de Toros und der Kathedrale. Durch ein schattiges Tal mit rauschendem Wasser und schönen Ulmen führt eine Auffahrt auf die Höhe des Plateaus der Bergzunge, auf deren Spitze, weit in die Lande schauend, der Bergfried steht. Die Fläche von 48 Morgen wurde einst größtenteils eingenommen von den Kasernements der Palastgarden des Kalifen und von Räumen für die Dienerschaft. Zwischen beiden in der Mitte liegen, nur 3 Morgen umfassend, die drei schönsten Höfe des maurischen Fürstensitzes: der

Löwenhof, der Myrtenhof, der Garten der Daraxa. Das Ganze wird von einer hohen Mauer mit festen, trotzigen Türmen umgeben. Die Raumdisposition des Hauses ist noch altarabisch geblieben: Selamlik und Haremlik getrennt; rings um beide Höfe Liwane mit Säulengängen; und in der Mitte ein Brunnen oder eine Wasserfläche. Aber der ruhige Ernst früherer Zeiten hatte in der Mitte des 13. Jahrhunderts, also am Ausgang der Kreuzzüge, einem bewegten arabisch-maurischen Rokoko Platz gemacht, einer leichten, graziösen Illusionskunst: leichtes Material (Holz, Alabaster, Stuck) mit Ausnahme der wehrhaften Teile (Mauern und Türme); leicht schwingende Säulenumgänge; Materialverdeckung der Wände durch Imitation von Teppichen und Gardinen, durch Tropfsteinnachbildung, durch farbige Azulejos (Fayenceplatten), durch Intarsia (Einlegearbeit) von Elfenbein an der Decke wie im Peristyl des Myrtenhofs; alles in die Farbenzartheit des Rokoko getaucht. Das ist Mozart'sche Musik in die Sprache der Architektur übersetzt. Es ist alles leicht und duftig gebaut wie ein Zelt. Es sollte die Bewohner vielleicht erinnern an die Zeit, wo die Vorfahren noch in der heimatlichen Wüste lebten, ehe sie seßhaft wurden. Dem angeborenen Hang zur Inaktivität, zur Träumerei, zum Märchen kommt die Kunst entgegen. Zwischen Kunst und Leben besteht hier somit noch eine Einheit, wie sie in der Zeit Watteaus, in der Zeit des französischen Rokoko, bestand. Das Leben war eine Tändelei; Musik, Maskerade, Theater füllte es aus. Daher gewinnt auch in dieser Umgebung die blutlose Historie leichter Leben. Die Gestalten wandeln wieder durch den Raum, die hier geliebt, gelacht und geweint haben. Wer möchte den Stimmungsgehalt nicht auskosten! Wer möchte nicht hier oben im hochgestimmten, kleinen Kreise einen Abend verbringen! Mondenschein, Nachtigallensang aus dem Ulmental herauf; leichte, frische Luft und das Klingen des gleichmäßig fallenden Springbrunnens.

Wir umwandeln im rhythmisch geschwungenen Peristyl den L ö w e n h o f, Patio de los leones, 20 × 35 qm, den Selamlik. Schlanke, leichte Säulen wie Zeltstangen mit Basis und Kapitäl, hochgestelzte arabische Bögen mit Imitation von Häkeleibehängen. Die Wand mit zartfarbigen, mathematischen Reliefs bedeckt; nicht eingeritzt, sondern erhaben; gegliedert durch vertikale Streifen als Fortsetzung der Säulen und durch Architrav, Fries, vorkragendes Gebälk und Dach. An den Schmalseiten einige Flachkuppeln. Es ist Marmorstuck von großer Dauerhaftigkeit auch der Farben. Die Monotonie, die einschläfernde Eintönigkeit der Muster ist nur scheinbar; sie gehen langsam wie die Visionen eines Träumers ineinander über; es sollen über 150 sein. In der Mitte der Löwenbrunnen. Die Löwen sind plump. Aber wir befinden uns im Rokoko, d. h. in einem Einheitsstil. Es kommt also nur auf den Gesamteindruck an, nicht auf das Einzelne. Das Wasser fließt von ihm in offenen, flachen Kanälen ab, Kühlung verbreitend. Die eintönige Musik des fallenden Tropfens unterbricht das Schweigen, stört aber nicht. An den Seiten befinden sich Säle: sala de los Mocarabes (Verbindung mit dem Myrtenhof); sala de Abencerrajes (Boabdil soll hier das vornehme Geschlecht der Abencerrajen haben niederhauen lassen, weil er auf einen von ihnen Verdacht hatte, seiner Frau näher gekommen zu sein, als erlaubt ist); sala de las Hermanas (Verbindung mit dem Mirador und Patio de Daraxa). Alle aus schwerem Mauerwerk als Zufluchtsstätten gegen die sommerliche Glut der Sonne. Alle Säle dekorativ eine Einheit. Ferner der sala de Justicia mit drei größeren und zwei kleineren Sälen, erstere nach dem Hof offen, ein Fenster nach außen; Fliesen, Azulejos, Marmorstuckornament und Gardinenimitation. Der Übergang vom Quadrat zum Kreis und zur flachen, ziegelgedeckten Kuppel wird durch arabische Wabenkonstruktion verdeckt. — Der Mirador de Daraxa (Lindaraja) mit großen Fenstern nach dem mit Bäumen geschmückten Garten. — Patio de los Arrayánes, der Myrtenhof, der Haremlik. Er ist etwas größer als der Löwenhof. Eine verhältnismäßig große Wasserfläche; Geborgenheit und Stille und Weltenferne; alles geeignet aus der realen Welt zu entführen in das Reich der Träume. An der Schmalseite über der Sala de Embajadores (11 qm Fläche, 18 bis 19 m Höhe, große Fenster in der dicken Turmwand) erhebt sich schützend der Turm Comares von 45 m Höhe. Von ihm führt eine Galerie zum Torre del Peinador (Frisier-, Toilettenturm) mit einer prächtigen Aussicht über Granada und über die Vega. Steil fällt der Burgfelsen zum Darro ab. Die Langseite des Hofs trägt über den Lauben, deren Decke aus Zedernholz mit Elfenbeinintarsia besteht, die Zimmer der Fürstin: vergitterte Fenster, Reja; säulengetragenes niedriges Dach. Alles luftig und leicht.

In alle diese zierliche Pracht hat Kaiser Karl V, Carlos Quintos, seinen Renaissancesteinkoloß hineingedrängt, den jeder als eine Geschmacklosigkeit empfindet und niemand sehen möchte. Ein Kürassierstiefel in einem duftgewobenen Spitzengewebe. Als man Kaiser Karl die Moschee von Cordoba zeigte, in die man, und zwar mit Delikatesse, eine katholische Kirche eingebaut hatte, soll er ungnädig gesagt haben: „Ihr habt erbaut, was man überall hat; Ihr habt zerstört, was man sonst nirgend in der Welt hat." Es wird einem schwer, anzunehmen, daß dieser feinsinnige Fürst, der Freund Tizians, den Auftrag dazu gegeben habe, dieses Palastungeheuer hierher zu setzen.

Generalife. Wir steigen etwa 50 m aufwärts zum Generalife (aus Ginalarife, aus Djennatal-Arif, Garten des Arif, des Architekten). Hier wohnte der Hof in den heißesten Monaten. Er ist mit zierlich ver=

schnittenen Myrten und Orangen bepflanzt, hat eine Größe von 50 × 12 Quadratmeter und einen außerordentlichen Reichtum an springenden Wassern. Von diesem Hof hat man eine prächtige Aussicht durch die Mauerbögen auf Granada. Auf der Höhe steht ein Schlößchen. Die Aussicht von ihm auf die Alhambra und die Ketten der Sierra Nevada ist wunderbar.

Kathedrale. Sie ist eine spätgotische Hallenkirche mit französischem Einschlag (einbezogene Stützpfeiler; Kapellenkranz; Capilla Mayor) und mit der spanischen Spezialität: Coro mit Trasetto. Die Capilla Mayor ist von besonderer Größe (rund 46 m im Durchmesser) und hat über dem Hauptaltar eine Kuppel. Die ebenfalls große Capilla Real enthält die schönen Grabmonumente von Ferdinand († 1512) und Isabella († 1504), den Eroberern von Granada, den härtesten Kämpfern für die politische Macht des Königtums gegen den alten, steifnackigen germanischen Landadel und für die religiöse Volkseinheit. Davor liegt ihre Tochter Johanna und ihr Schwiegersohn Philipp, der Sohn Kaiser Maximilians und Vater Kaiser Karls. Ferdinand und Philipp und Karl waren zeit ihres Lebens harte Kämpfer für die Macht der Kirche in ihren Ländern. Ihr Nachfolger Philipp II war nur noch Knecht der Kirche.

Malaga liegt hinter uns. Die schneeglänzende Sierra Nevada ist noch lange in Sicht. Dann tritt der ebenfalls Neuschnee tragende Atlas an ihre Stelle. Wir fahren an seiner Küste entlang auf Palermo zu. Am nächsten Tage grüßte uns über Algier Notre Dames de la Garde. Dann wandelt die Nordküste von Sizilien an uns vorüber. Sie ist reich an schönen Bildern. Der isolierte Eryx hält meinen Blick gefangen. Einst sah ich ihn von der anderen Seite, vom griechischen Theater in Segesta aus. Dann erscheint der fast 600 m hohe Mte Pellegrino, der Eirkte, in dessen Schutz Palermo liegt.

Palermo

Es ist von Phöniziern gegründet und war Hauptstützpunkt der Karthager gegen die Römer bis 241. Dann war es römisch, dann ostgotisch bis 535, dann byzantinisch, dann seit 830 arabisch-sarazenisch, dann normännisch, dann hohenstaufisch, dann arragonesisch-spanisch und bourbonisch. Seit 1860, wo es Garibaldi erstürmte, ist es eine italienische Stadt. Ich bin auf mir liebem und vertrautem Boden. Ich werfe einen Blick auf die Marina am alten Hafen, wo mich einst im Spätmärz abends neben der malerischen Aussicht auf die farbenreiche Meeresbucht und auf die duftigen Konturen des Pellegrino die doppelte Baumreihe von Erythrina corallodendron und Cercis siliquastrum durch ihr rotes Blütenmeer entzückte, das eine einzige Gewitternacht hervorgezaubert hatte. Es ist bei der Beschränktheit der Zeit nicht daran zu denken, den schönen botanischen Garten (Flora) zu besuchen oder eine Fahrt durch die neuen Stadtteile mit ihren baumbepflanzten Mittelalleen, breiten Trottoirs und schönen Villen nach der Favorita oder der Villa Igea zu machen. Die Autos stehen bereit zur Fahrt nach Monreale. Es geht vorüber am Teatro Massimo. Am D o m wird gehalten. Es ist an ihm viel normannisch-englische Frühgotik, besonders an den Türmen, im Campanile und im überlangen Schiff. Die Renaissance-Vierungskuppel und das Innere steht dazu im Widerspruch. Es ist Fuga'sche Renaissance: kassettierte Tonnendecke, einbezogene Stützpfeiler für Kapellen. Den Eingang und die Außenseite des Chors schmücken Erinnerungen an die Sarazenenzeit (tunesische Araber). Das Weihevollste für uns sind die Gräber der Hohenstaufen: Porphyrsarkophage von Kaiser Heinrich VI (1197) und seiner Gemahlin Konstanze, der Tochter König Rogers; von Kaiser Friedrich II und von König Roger II. Wir durchfahren dann die Conca d'oro; ein Meer von Orangen, Mispeln, Zitronen, Blüten und Früchte nebeneinander. Zum 5. Mal bin ich in Palermo. Wieder betrete ich durch die Pforte mit den ritterlichen Zeichen den Weiheraum des Doms von

M o n r e a l e. Ich trete zurück zur Westwand und lasse wieder den unvergänglichen Zauber der Raumschönheit und die Märchenpracht der goldschimmernden Mosaiken und Farben auf mich wirken. Man übersieht fast den ganzen Raum in einer Tiefe von 102 m und einer Breite von 40 m. Was man nicht sieht, ist unwesentlich. Die Blickführung zum Hochaltar durch Schiff und Vierung und durch die beiden kulissenartig vorgeschobenen, hinteren Wandpfeiler des Chors und die vorderen der Apsis ist einzigartig. Zur Raumtiefe kommt die Raumhöhe. Denn die Bauzeit liegt um 1176, wo die gotische Höhentendenz sich überall durchsetzte. Sie wird von dem verhältnismäßig hohen Lichtgaden, dem offenen Dachstuhl und der schiffskielartig gewölbten Decke in Vierung und Chor betont. — Der Blick bleibt an den Christusköpfen in der Apsis und im Triumphbogen haften. Das sind Mosaikbilder von außerordentlich großer Ausdruckskraft durch ihre gotisch-byzantinische Übersteigerung in Kopf und Augen und Fingern. — Noch stärker als die architektonische Wirkung ist die dekorative. Alle Wände und Pfeiler und Laibungen sind überdeckt von Mosaiken auf Goldgrund aus der Geschichte Christi. Das Gebälk ist mit Farben bedeckt. Welche Unsumme von Arbeit und Liebe auch des einzelnen Arbeiters! Und dazwischen die Brustbilder der Normannenkönige. Priester und Fürst waren damals einträchtig wie immer, wenn der König sich unterordnet. Und das taten die letzten Normannenfürsten. Daher sind auch die Sarkophage von Wilhelm I und II, den Erbauern der Kirche, hier aufgestellt. Diese Gefügigkeit der letzten Normannenkönige hat die Machtgier des Klerus und besonders die Roms nur gesteigert und die Stellung der Hohenstaufen erschwert, die das Primat der Kirche trotz aller gefälschten Jsidorischen Dekretalen nicht anerkannten. — Es haben viele Meister gleichzeitig ihre Kunst an diesem Dom erprobt. Es ist daher ein Stilgemisch: byzantinischer, arabischer und gotisch-normännischer Kunst; byzantinische, farbenschimmernde Glasstiftmalerei; arabische Linien- und deutsche Gestaltenphantastik; aber alles klingt in diesem Raum und um ihn harmonisch zusammen. Wenn durch das große Radfenster der Westfassade das ruhige Abendlicht fällt und diese farbige Welt aufleuchten läßt, so ist die belebende Wirkung außerordentlich groß.

Auch der Kreuzgang ist von stimmungsvoller Schönheit. Es sind 52 m im Quadrat, von 216 Säulen mit phantastischen Kapitälen und mosaizierten Spitzbogen umgeben. Ein riesiger Reichtum an Phantasie. Der schöne Brunnen an der Seite erfüllt mit leisem Tröpfeln die Einsamkeit und Stille. — Und zum Schluß der Klostergarten mit uralten Gummibäumen und mit einem großartigen Blick in die kahle, kühne Bergwelt, in die blüten- und früchteschwere conca d'oro und auf das blaue Meer; ein wirkungsvoller Gegensatz zwischen Kultur und wilder Natur. — Es ist kaum verständlich, wie der Schönheitssucher Goethe sich dieses architektonische und farbige Wunderwerk hat entgehen lassen können. Er war ganz in der Nähe wegen einer Münzsammlung. Auch die Größten hängen zuweilen von vorgefaßten Meinungen ab (Antipathie gegen die Kirche).

Auch die Capella palatina ist schön durch ihr goldschimmerndes Mosaikenkleid. Aber sie ist eben nur eine Palastkapelle für die Könige. Interessant ist der Übergang vom Quadrat zur hochgezogenen Kuppel durch arabisch-hochgezogene Stelzbögen in zwei Stockwerken über Eck. Deckenbelebung durch Stalaktiten (Tropfsteinimitation).

Diese arabische Technik kann man auch in San Giovanni degli Eremiti bewundern, wo es sich um eine arabische Flachkuppel über einem Tambour mit 4 Öffnungen handelt. Sehenswert sind ferner die Mosaiken auf Goldgrund in der Martorana, einer kleinen Hallenkirche von 3 × 3 Quadraten.

Entwicklung der sizilianisch-griechischen Plastik. Museo nazionale. Dieses Museum ist von großem Interesse für jeden, der sich für die Entwicklung der griechischen Plastik interessiert. Hier sind die Metopen aufgestellt, die man vor über 100 Jahren unter den Ruinen in Selinunt gefunden hatte. Sie entstammen drei Perioden: die vom Tempel C aus den Jahren kurz nach der Gründung Selinunts 628; die vom Tempel F, dem mittleren auf dem Osthügel, etwa 40 Jahre später; und die vom Tempel E aus der Zeit kurz vor der Zerstörung der Stadt (450—415), also aus der Zeit des Phidias. Die erste Gruppe (Viergespann; Perseus und Meduse; Herakles und Kerkopen) ist noch unfrei. Die Plastiker sind abhängig vom Architekten, von ihrem priesterlichen Auftraggeber und vom ägyptischen Vorbild. Die Plastiken haben noch kein organisches Leben, sind noch starr. Die Figuren sind streng, fast ängstlich symmetrisch aufgebaut; haben gleiche Höhe trotz verschiedener Standpunkte; haben ägyptische Körperhaltung und Schrittstellung, gehen also ägyptisch mit voller Sohlenfläche; kennen noch nicht das Harmoniegesetz, wonach die Köpfe der Figuren derselben Metope gleiches Einheitsmaß haben müssen; verwenden die Haarzöpfe noch wie die Ägypter, die Haarperücke; stellen auch das Häßliche dar. — Die zweite Gruppe (Kampf der Artemis mit einem Giganten; Kampf des Dionysos mit einem Giganten) bringt in 1½ Menschenaltern einen großen Fortschritt. Die Unnatur der ägyptischen Profil=Facekombination ist erkannt. Die Verbundenheit der beiden eine Gruppe bildenden Figuren ist natürlicher. Die Gelenke fangen an zu sprechen. Körper und Gewandung passen sich aneinander an. — Die dritte Gruppe sind: Herakles und Amazone; Zeus und Hera; Artemis und Aktäon; Athene und Gigant. Die Figuren fangen an, sich vom Hintergrund durch Einschnürung an der Übergangsstelle abzulösen. Man verfügt schon über verschiedene Mittel, in ihnen eine Lebensillusion hervorzurufen. Das Hauptmittel ist die Erkenntnis des funktionalen Zusammenhangs im ganzen Körper. Man weiß jetzt, daß z. B. die Änderung der Lage eines Beins notwendigerweise eine Drehung in Hüft= und Schultergürtel nach sich ziehen muß, um das gestörte Gleichgewicht wieder herzustellen. Auch bedient man sich der Materialillusion. Man täuscht eine Weichheit, ein Schwellen der Lippen, eine Schwere der Lider vor, indem man sie doppelt konturiert. Und schließlich zieht man auch die Wirkung des schwankenden Lichts zur Lebensillusion heran. Man wagt aus diesem Grunde tiefer mit dem Griffel zu graben. Man vertieft die Augenlage, die Gesichtsfurchen (die Nasen=Mundfalte, das Grübchen am Kinn) und verstärkt dadurch die Möglichkeit für Licht= und Schattenspiel auf dem Gesicht. Ändert sich nun die Lichtintensität, so ändert sich die Schattentiefe und erweckt den Glauben an eine Lagenänderung in der Gesichtsfläche durch Leben. Man wagt sich sogar an das Seelische heran. Die Amazonenkönigin lächelt unter Tränen; denn sie fällt durch das Ideal ihrer Träume. Auch das Gewand verdeckt nicht mehr die funktionalen Zusammenhänge, sondern verschönt nur die leeren Stellen.

Aus der Fülle, die in diesem Museum weiterhin noch geboten wird, greife ich heraus: die Architekturteile von Tempeln mit ihren Original=Farben; den Widder; den Herkules mit der Hirschkuh; das Triptychon von Mabuse (Madonna, Bambino, Engel); Adam und Eva von van Eyck.

Selinunt

Und wieder wandle ich in seinen Ruinen und habe den blauen Himmel des italienischen Frühlings über mir und um mich seine warme, weiche Luft. Das weite Meer blaut und rauscht sein ewiges Lied heute noch wie ehemals; die Düne wandert noch heute. Die Melancholie der Stätte ergreift mich wieder: die ewige Schönheit der Natur, die Vergänglichkeit allen Menschenwerks, die Trauer um den Untergang dieser herrlichen griechischen Rasse, dieses herrlichen Sohns der Götter. Und Schillers Totenklage kommt mir auf die Lippen:

„Aber sie steigt aus dem Meer mit allen Töchtern des Nereus
Und die Klage hebt an um den verherrlichten Sohn.
Siehe, da weinen die Götter, es weinen die Göttinnen alle,
Daß das Schöne vergeht, daß das Vollkommene stirbt."

Von 600—409 lag hier eine Stadt von 20 000 Einwohnern, überreich an kriegsgefangenen Arbeitskräften besonders nach der Schlacht bei Himera. In demselben schicksalsschweren Jahr, wo das Mutterland die semitisierten Perser bei Salamis im September 480 vernichtend schlug, hatte Syrakus und Akragas den Karthagern das gleiche Schicksal bereitet. Aber das Gemeinsamkeitsgefühl, das Mutterland und Kolonie aus der semitischen Sturmflut gerettet hatte, ging bald wieder verloren. Parteifanatismus und Partikularismus waren zu stark. Keiner wollte sich unterordnen, jeder wollte der Erste sein. Hader im Mutterland, Hader in den Kolonien, Hader zwischen Mutterland und Kolonien. Dadurch gewann der Karthager, der semitische Hauptfeind, wieder an Boden. Mit Segesta verbunden, griff er Selinunt an. Nach neuntägigem Sturm wurde es genommen und bis auf die Tempel dem Erdboden gleichgemacht. Diese stürzten dann im frühen Mittelalter bei einem Erdbeben zusammen.

Selinunt lag auf zwei Muschelkalkrücken (500 m lang, 300 m breit, 30—40 m steil ansteigend). Beide trennte einstmals ein 700 m breiter Hafen. In seinem Innenwinkel lag der Markt. Eine hohe Kalksteintuffmauer von $4 \times 1\frac{1}{2}$ km umgab das Ganze. Heute hat der Dünensand alles erobert, den Steilabfall von fast 40 m ausgeglichen und den Hafen verschüttet. Es blüht auf der Düne Acanthus und Myrte, Lentiscus und wilder Fenchel. Schweigen und Einsamkeit herrschen ringsum.

Von dem Kolossaltempel des Apollo steht nur noch eine hohe Säule. Er bedeckte eine Fläche, die dreimal so groß war wie die des Parthenons. Er war nach alter Art zugleich Versammlungs- und Kultort, während der Parthenon nur Kulttempel war. Die Zella war lang und relativ schmal, mit einem Adyton (Sanktuarium), hypäthral, d. h. mit offenem Dach über der inneren Säulenreihe, mit Posticum im W, mit einem Prostylos (die Vorhalle, Pronaos, nur durch Säulen getragen und nicht auch durch vorspringende Zellamauern, Anten) im O. Aber dafür war zweckentsprechend der Umgang außerordentlich breit (11 m). Der Stylobat hatte 50 × 110 qm; der untere Säulendurchmesser betrug 3,4 m; die Säulen hatten also einen Umfang von mehr als 10 m, so daß ich mich in ihre Rillen hineinstellen konnte. An Größe gleicht ihm nur das Olympieion in Akragas (Girgenti). — An der Südseite des Plateaus liegen die Ruinen des Tempels der Hera, der dem Parthenon an Größe gleich ist. Unter ihm fand man die fünf köstlichen Metopenplatten im Museum Nazionale in Palermo.

Ich gedachte der Stunden, die ich vor fast einem halben Jahrhundert vor den Tempeln in dem damals noch einsamen Paestum zugebracht habe. Es waren das die ersten griechischen Tempel, die ich sah. Ich zeichnete die Grundrisse und Aufrisse am Neptunstempel, maß die Säulenumfänge und die Abstände und vergaß des unbehaglichen, schwarzen Gesellen, des Büffels, der im hohen Schilf nahebei weidete. Doch mußte ich mir am Schluß gestehen, daß ich damit der Schönheit des griechischen Tempels nicht näher gekommen war. Man kann wohl seine konzentrierte Kraft, seine majestätische Ruhe und vielleicht auch seine organische Einheit dabei erfassen, nicht aber die Lebensillusion, das Spiel der Kräfte (Entasis; Schrägstellung und Konkavität der Flanke; Engerstellung der Ecksäulen). Dennoch werde ich diese einsamen, glücklichen Stunden nicht vergessen.

Fahrten durch Sizilien. Es ist schön und lehrreich, im offenen Wagen durch sizilische Lande im Frühling zu fahren, gleichgültig ob man als Ziel Selinunt oder Segesta oder Girgenti wählt. Weite Kornfelder, zahlreiche, oft dicht besiedelte Bergkuppen mit Städten bis zu 40 000 Einwohnern. Aber die Verhältnisse in ihnen sind sehr primitiv und ländlich. An Unterkünfte darf man nur die bescheidensten Anforderungen stellen. Nach dem Osten bedient man sich von Palermo aus bequemer der Eisenbahn entweder längs der Meeresküste oder quer durch das Zentrum der Insel nach Catania. Goethe hat diese Strecke zu Pferde zurückgelegt, eine tüchtige reiterliche Leistung. Die Landschaft hat hier zuweilen heide= oder gar wüstenartigen Charakter. Man kommt durch das Gebiet der Schwefelgruben. Das hier gesprochene Sizilianisch (niuru statt nero, vrancu statt bianco) unterscheidet sich vom Hochitalienischen erheblich.

Mussolini

Hier war das Zentrum der verflossenen Maffia und Comorra. Die Energie Mussolinis ist mit ihr leicht fertig geworden, was keiner Regierung seit Jahrhunderten gelungen war. Man fühlt auf Schritt und Tritt, daß man im neuen Italien Mussolinis ist. Dieser Mann ist ein Phänomen von Bismarckscher Größe; ein Mann aus dem Volke der Pöbelraniederung; eine kraftvolle, sprühende Persönlichkeit mit hohen, eigenen Idealen, mit dem Zauber der Beredsamkeit, die alle in seinen Bann zwingt, besonders wenn er von der Heraufführung des Imperium Romanum, von dem Glauben an sein Volk spricht. Ein Mann mit glühendem Herzen, einem eisernen Willen und einer selbstlosen, riesigen Arbeitskraft. — Er hat den politischen, militärischen, wirtschaftlichen und seelischen Aufstieg in Italien eingeleitet. Er hat die Landwirtschaft errettet und ist dabei, sein Land durch innere und äußere Kolonisation (Tripolis; Abessinien) unabhängig vom Ausland zu machen. Italien stand nach dem Kriege vor dem politischen und finanziellen Zusammenbruch. Die Zügel der Regierung schleiften am Boden. Die Arbeiterschaft war durch sozialistische Gewerkschaften, die den Instinkten des niedern Mannes schmeichelten und den Haß gegen die Besitzenden schürten (Besetzung der Fabriken, Eisenbahnerstreik, Deserteurorganisationen), verhetzt und ins bolschewistische Lager geführt worden. Heute haben die Gewerkschaftler nur eine beratende Stimme und die Arbeiter sind Nationalisten geworden. Er hat die Komödie eines Parlaments von Unverantwortlichen, hinter denen internationale Drahtzieher standen, und die nur Hetzreden zum Fenster hinaus hielten, kurzerhand beendet; ihre Tagungen sind nicht mehr öffentlich. Das Parteiunwesen politischer Seiltänzer ist ausgeschaltet; die internationale Interessen vertretende Presse ist gebändigt; die Machtstellung der internationalen Loge besonders in den Städten hat aufgehört. — Er ist abgerückt von den Bundesgenossen (England, Frankreich), die vergessen hatten, daß der Eintritt Italiens in den Krieg der kopflos gewordenen, militärisch überrannten Entente (Marneschlacht) wieder Rückgrat gegeben und den Stellungskrieg und damit den Hunger und Materialkrieg über Deutschland herbeigeführt hatte, die ihre Kolonieversprechungen ignorierten (siehe Palästina: England, Arabien, Zionismus). Er hat das Bündnis mit Deutschland betrieben, das beiden Teilen dient. Es besteht ein Parallelismus der Zustände und Maßnahmen in Italien und Deutschland. Aber Mussolini hat es leichter gehabt als Hitler. Der Italiener ist eher geneigt, den politischen Gegner anzuhören; er ist realistischer veranlagt; er ist nüchterner, weniger Phantast, weniger suggestibel (beschwatzbar). Das soll natürlich kein Vorwurf gegen unsre Art sein; denn dieser Schatten ist die Vorbedingung für unsere geistige und besonders künstlerische Höhe. Dazu ist der Italiener stolzer auf die Geschichte seines Landes und mit ihr vertrauter. Ein Römer möchte jeder Italiener sein. Bei uns dagegen gab es recht viele, denen es gleichgültig war, ob sie Deutsche oder Franzosen oder Russen waren. Und weiter spielt die damals temporisierende internationale Kirche bei weitem nicht die Rolle in Italien wie bei uns. — Ich liebe dieses Sonnenland mit seinen fröhlicheren Menschen und seiner Fülle an ewig schöner Kunst. Ich bin besonders vor dem Kriege fast alle Jahre zu Ostern in ihm gewesen. Ich verdanke ihm viele glückliche Stunden meines Lebens und habe aus allen Bevölkerungskreisen manche persönliche Freundlichkeit erfahren. Ich bin daher stets geneigt gewesen, das, was uns Italien Böses angetan hat, aus dem Druck der Zeit und der andern Erbgutveranlagung zu verstehen und daher weniger hart zu beurteilen. Gewiß habe auch ich es schmerzlich empfunden, daß der eherne Schritt der Geschichte die Tiroler niedertrat. Tragik der Grenzländer. Aber das war ja besonders Sache Österreichs. Und wie das oder seine Regierung dazu in Wirklichkeit steht, sehen wir heute. Die Maskerade ist zu Ende. — Man muß sich an die Tatsachen halten, wenn man nicht ungerecht urteilen will. Es bestand ein deutsch=österreichisch=italienisches Defensivbündnis und ein französisch=italienischer Neutralitätsvertrag gegen Angriffe einerseits von Rußland und Frankreich und andrerseits von Deutschland. Auch letzterer Vertrag war der deutschen Regierung bekannt (Bericht von Graf Monts). Wir wissen, daß Frankreich und England der ganzen Welt suggeriert hatte, wir Deutschen seien die Angreifer. Die Sozialdemokratische Partei hatte das sogar zur Rechtfertigung ihrer Revolution wider besseres Wissen benutzt. Daß Italien nicht bei der Neutralität stehen blieb, sondern übergegangen ist, ist sehr verdammenswert. Aber eine freiwillige Handlung war das nicht. Wer war in diesem Kriege überhaupt frei außer England und Frankreich! Italien handelte unter dem Druck der englischen Kanonen, die einen großen Teil der italienischen Städte in wenigen Tagen in Asche gelegt hätten (Genua, Neapel, Palermo, Rom ..). Es handelte unter dem Druck der Arbeiterschaft. Ohne englische Kohle mußten die Fabriken stillgelegt werden und die Revolution war da. Es handelte unter dem Druck der Oberschicht; Irredentismus, Haß gegen Österreich. Nibelungentreue ist für den realistisch eingestellten Italiener ein Phantom, ein Luftgebilde der überspannten Phantasie. Ich will die Verirrung nur erklären. Ich will sie nicht beschönigen. — Aber im Italien Mussolinis denkt man anders als damals. Der Deutsche, gegen den in Wirklichkeit nie ein Haß bestanden hat, wird geschätzt. Man fühlt beiderseits, daß das Bündnis für beide Teile eine Lebensnotwendigkeit ist. — Wer hat den Faschismus und den Fascio, die Partei, geschaffen? Einmal das drohende Gespenst eines italienischen Bolschewismus; zum andern die fortschreitende Entwertung der Lira und die fortschreitende Inflation; und weiter das Gefühl des Betrogenseins durch die mächtigeren Verbündeten in der Kolonialfrage (Abtretung von Tunis) und durch das Verbot der Einwanderung in Amerika; und schließlich der Fall Fiume. Dies wurde Italien abgesprochen. Freiwilligenregimenter unter d'Annunzio (Tyrtäus und Catilina zugleich; längst distanziert) besetzten es und hielten es gegen die eigene, zaghafte Regierung. Eine ungeheure

Erbitterung flammte auf; der rechte Mann erstand. Am 31. Oktober 1922 wurde unter Benito Mussolini Rom genommen. Marcia su Roma. Der König fügte sich ein. — Der Erfolg war: die Korruption und Schlamperei bei den Behörden (Eisenbahn, Schiffahrt, Post..) hörte auf unter der Kontrolle des Fascio, der gesetz- und etatsmäßigen faschistischen Miliz; — der Klassenkampf war zu Ende; Aussperrungen und Streiks waren als verlorene Volksarbeit verboten; die Werksgemeinschaft, die Carta del Lavoro 1927, Schiedsgerichte, Zwangsbeiträge für Unternehmer und Arbeiter, das Existenzminimum des Arbeiters wurden eingeführt; — die Wohnungsnot wurde weitgehend gemildert; —das erschreckende Defizit im Staatshaushalt wurde durch Reorganisation des Steuerwesens, durch Sanierung der staatlichen Monopolbetriebe, durch energische Sparsamkeit ausgeglichen. Die italienische Lira ist von ihrem Tiefstand 1 Dollar = 30 Lire (1927) auf 1 Dollar = 19 Lire (1937) hinaufgeklommen. Die Aufwertung wurde durchgesetzt und von der vorbildlich arbeitenden Arbeiterschaft ohne Murren getragen. — Die reichen Wasserkräfte besonders der Alpen werden in steigendem Maße ausgenutzt. Schon 1928 wurden 10 Milliarden kWh erzeugt. Dazu kommen große Stauwerke. Der Verbrauch an Elektrizität ist ganz außerordentlich groß. Es sind kolossale Elektrizitätswerke in Betrieb. Apennin und Alpen ersetzen die mangelnde Kohle in immer steigendem Maße. Die Entfernung der Alpen von den Städten der Poebene erreicht nicht 90 km, die des Apennin vom Meer und seinen Hafenstädten selten 100 km. Die Sonne ist Italiens große Maschine. Der im Fallen arbeitende Wasserstrom steigt als Dunst wieder zu seiner Energiequelle empor. — Die Ausfuhr in Textilprodukten (Baumwolle, Rohseide, Kunstseide) und in der Automobilindustrie ist gewachsen. Die Automobilzirkulation ist erheblich. — Die Produktion der Landwirtschaft wurde gehoben: Bodenmeliorationen, Be- und Entwässerung, moderne Maschinen, Elektrisierung, Agrarkredite. Wettbewerbe um die größte Weizenernte pro Hektar; Battaglia del Grano, Kornschlacht. Aufklärung der Landwirte durch die Cattedre ambulanti di agricoltura (Landwanderschulen) über Intensivierung der Wirtschaft durch Maschinen, Saatgut, Düngemittel; — 1928 übernahm die Bonifica Integrale 2 300 000 ha = rund 10 Millionen Morgen Ödländereien zur Urbarmachung. — Trotzdem blieb die Unterbringung des Bevölkerungsüberschusses, da besonders Süditalien ein gesundes Großfamilienideal besitzt, das Mussolini energisch unterstützt (Junggesellensteuer), eine brennende Frage. Diese Frage mußte Mussolini lösen, wenn er die Auswanderer nicht im großen Meer des Auslands untergehen lassen wollte. Und er hat sie jetzt durch die Eroberung Abessiniens bis auf weiteres gelöst. — Die Aufforstung der Wälder wurde gefördert; — Arbeitsfriede. Eine wehrhafte, opferbereite Giovinezza; eine glühend eifrige Ballila. — Das Parlament berät die Gesetze ohne Öffentlichkeit. Die Gewerkschaft hat nur beratende Stimme. — Die Tradition blieb gewahrt. Warum sollte sich ein König nicht lieber hinter einen großen Mann stellen wie die Millionen seines Volks, als hinter ein schwankendes Parlament? Dadurch war das Königtum, der Adel, die geistige Elite und ein großer Teil des Bürgertums, also alles, was über das Mittelmaß hinausragte, vor den Wagen des Faschismus gespannt. — Auch mit der Kirche wurde 1929 ein Abkommen geschlossen, wenn auch Pius XI (der Lombarde Ratti) die Unterordnung der Kirche unter das nationale Staatsziel ablehnte und der Gründung der katholischen Volkspartei, Partito Popolare, 1919 geneigt war, die jetzt aber ziemlich einflußlos ist. Es wurde ihm die Souveränität über das vatikanische Gebiet mit etwa 500 Untertanen zugebilligt. Dafür ist die italienische Kontinuität für den Stuhl Petri gewonnen worden. Da von 66 Kardinälen die Hälfte Italiener und davon 27 sogar in Rom sind, so ist auf absehbare Zeit die Wahl eines Ausländers als Papst ausgeschlossen. Da ferner der Staat besonders den unteren, ärmlichen Klerus geldlich unterstützt, so gewinnt er an Boden; denn auch der Priester ist zuerst Italiener. — Aber einer allein regiert. Er ist der Geschichte und seinem Gewissen verantwortlich, sonst niemand. Und alle vertrauen ihm, seinem Genie, seiner Arbeitskraft, seiner Makellosigkeit, seinem Herzen.

Taormina und der Ätna

Es gibt Namen von magischem Klang. Dazu gehört Taormina (120 m über M.). Nirgends gibt es einen Ort, der so wunderschöne Ausblicke auf das Meer, die Küstenlinie und den Ätna und die Höhen über Taormina bietet. Die Stunden, die man in den Hotels am Hange zugebracht hat, bleiben unvergessen. Der Blick vom griechischen Theater auf die schön geschwungene sizilianische Küste und auf den Ätna, der im Frühling noch tief mit Schnee bedeckt ist, gehört zum Allerschönsten. Die Eisenbahnfahrt von Giardini nach Messina im Frühling ist über die Maßen köstlich. Rechts und links Gärten voll goldglühender Orangen. Ein Paradies an Fruchtbarkeit. Ab und an ein Blick auf Meer und Küste und auf breite Fiumaren (außerordentlich breite, versandete, im Sommer fast leere Flußbetten). Der Ätna, der Erderschütterer, der dies Paradies geschaffen hat, erinnert uns daran, daß er es auch vernichten kann. Die Bahn durchquert ein paar Lavaströme, die einem steingewordenen Rhein an Breite und Tiefe gleichen. Messina ist noch heute voll von Einnerungen an seine Schreckenstage. Wir befinden uns an der Bruchspalte (Rom, Neapel, Messina, Palermo, Kap Bon, Atlas), an der bei der Alpen- und Apenninbildung der westliche Teil des Apennin abgesunken ist und die Tiefe des Thyrrhenischen Meers gebildet hat. Besonders im

Südteil dieses Erdrisses ist schon seit Jahrtausenden eine Gegenbewegung im Gange, die zum Ziele hat, die alte Verbindung Sizilien—Afrika wieder herzustellen. Von der Westküste Siziliens bis nach Kap Bon liegt die untermeerische Schwelle nur noch 200 m unter dem Meeresspiegel. Der Ätna mit seinen über 3300 m und seinem kreisförmigen Umfang von 180 km an der Basis ist ein Produkt des Vulkanismus und dieser allgemeinen Bodenhebung. Einst befand sich an seiner Stelle eine Meeresbucht. Der Ätna war also zuerst untermeerisch. Diese Erhebung läßt sich überall besonders an der Küste verfolgen. Die Unbrauchbarkeit der alten Marina in Palermo ist darauf zurückzuführen und ebenso die Verlandung des Monte Pellegrino.

Neapel

Der Dampfer nimmt Kurs auf N e a p e l. Der Stromboli unterhält uns eine Weile mit seinen artigen Kunststücken im Speien. Im Morgengrauen liegen wir vor Capri. Die beiden Faraglioni scheinen in der Dünung auf und nieder zu schwanken. Dann öffnet sich der Golf von Neapel: zur Rechten die Halbinsel Sorrent und ihre Verlängerung Capri (Kalkstein), zur Linken die vulkanischen Fortsetzungen der Phlegräischen Felder (Procida, Ischia), vor uns in der Mitte der Küste der Vesub mit seiner Rauchfahne und der Kranz kleiner Städte und Neapel selbst. Wo in Europa gibt es ein abgeschlosseneres Bild von solcher Schönheit! Wo eine solche Fülle von Aussichtspunkten: von Capri, vom Vesub, vom Castel St. Elmo, von Camaldoli? (Vedére Nápoli e poi morire.) Und schließlich die endlose Zahl von Ausflügen: nach dem Posilipo, (Blick auf den Kraterrand), nach den Phlegräischen Feldern, dem Avernersee, nach Cumä (Blick vom alten Forum), nach Camaldoli (auf der Höhe des Kraterrands), nach Pompeji, auf den Vesub, nach Sorrent, nach Capri. — Wir legen an gegenüber dem düsteren Castel Nuovo. In früheren Zeiten eine trotzige Feste; eine Notwendigkeit, denn nicht nur der Boden Neapels ist vulkanisch, sondern auch der Mensch darauf, Volk wie Fürst. Und noch mehr waren es die Fürstinnen aus dem Hause Anjou (Johanna I (1343—81), II und Maria).

F a h r t n a c h P o m p e j i. Auf der neuen Autostraße führt sie vorüber an vielen durchschnittenen Lavaströmen und bietet köstliche Blicke über das Meer und die Hänge des Vesubs.

P o m p e j i. Man wandert sinnend immer gern durch seine engen Straßen, über das polygonale Basaltpflaster mit tiefen Wagenspuren und mit Trittsteinen an den Übergängen und über seine Trottoirs. Durch diese Enge polterten nach Sonnenuntergang die hochrädigen Wagen mit den vollscheibigen, speichenlosen Rädern. Eine öffentliche Straßenbeleuchtung gab es nicht. Der fackeltragende Sklave bahnte dem abends heimkehrenden Römer oder den Sänftenträgern den Weg. Einst war es oskisch-griechisch, dann samnitisch und schließlich römisch. Es war eine Provinzialstadt von etwa 20 000 Einwohnern zur Zeit des Kaisers Tiberius. Die Straßen sind im allgemeinen heute langweilig, denn die Außenfront der Häuser ist und war schmucklos und nur die in sie eingebauten Läden für Juweliere, Kaufleute und Kleinhändler (Bäcker, Öl- und Getreidehändler) belebten und verschönten sie. Man sieht heute in Riesentöpfe aus Ton, welche Weizen enthalten haben oder Saubohnen (Fagi) oder Öl oder Wein, Dinge, die auch heute noch der Italiener anbaut. Nur die Reiskultur ist in sumpfigen Gegenden dazu gekommen. Daneben spielte das Handwerk damals eine erhebliche Rolle, besonders die Tuchmacherei (Chalcidicum = Tuchhalle). Da in einer Landstadt Mietskasernen fehlen, sind die Häuser wie über einen Kamm geschoren. Man tritt durch ein Vestibulum, eine Vorhalle, in den umbauten Wohn- und Werkhof (Atrium). An den Wänden liegen die offenen Arbeitsräume und darüber die Schlafräume (Treppen wie Hühnerstiegen). Das nach innen abfallende, säulengestützte Dach läßt eine Lichtöffnung frei. Unter ihr liegt ein Bassin für den Regenfang, die Zisterne, Impluvium. Letzteres war in der spätrömischen Zeit durch die Wasserleitung überflüssig geworden. Den Abschluß des Atriums bildet das Tablinum, das Kontor des Hausherrn. In ihm lagen die Kontrakte auf wachsüberzogenen Holztafeln oder auf Bleirollen. Die Lateiner waren harte Gläubiger (Schuldrecht). Dahinter liegt der Wohnraum der Familie, das mehr griechische Peristyl, das Viridarium, der Blumengarten mit Piscina, das Vorbild für den Klostergarten, der zweite Hof. Um diesen liegen die Konversations- und Speisezimmer (Triclinium). Seine Wände waren durch Wandmalereien und Gobelins verschönt, der Fußboden mit Marmor oder Mosaiken bedeckt. Zur Beleuchtung an Wintertagen dienten Kandelaber mit zahlreichen Öllämpchen oder tragbare Tischlampen aus Metall oder Ton, die durch ihren Qualm die Luft verschlechterten.

Man stand vor der Sonne auf, frühstückte dann sehr einfach gegen 9 Uhr (Brot, Käse, Honig, Wein). Den Vormittag widmete man den Geschäften und empfing den Besuch seiner Klienten, deren Rechtsbeistand man war. Man besuchte Gerichtsverhandlungen, denn das Interesse an Justiz und Verwaltung und auch die Prozessierwut war groß; der Advokat stand in hohem Ansehen. Da das Theater vormittags spielte, besuchte man es ab und an. Gegen 12 Uhr nahm man das Prandium (il pranzo), das zweite Frühstück, ein, das ebenfalls sehr einfach war. Nach dem Nachmittagsschlaf suchte man die Thermen auf. Die Hauptmahlzeit lag zwischen 5 und 6 Uhr und war ein Herrenessen. Nur die

Hausfrau war anwesend. An den 3 Seiten des quadratischen Anrichtetisches lagen je 3 Triklinen (Lager mit Lehne). Gewöhnlich ging dem Essen ein Reinigungsbad voraus. Mit Wasser waren die Römer der Kaiserzeit verschwenderisch ausgestattet. Die Aquädukte lieferten durch Bleirohre Wasser für Bad und Springbrunnen ins Haus. Man legte Schuhe und Toga ab und trug beim Essen nur die Tunica. Die Gerichte wurden auf silbernen Platten aufgetragen und durch den Vorschneider zu Mundhappen geschnitten. Statt Messer und Gabel bediente man sich der Finger, wie man es noch heute im Orient tut. Nach jedem Gang wurden die Hände gewaschen und getrocknet. Dem Vorgericht (Art schwedischer Platte) folgten die Hauptgerichte (Fisch, Fleisch, Geflügel) und der Nachtisch (Obst, Gebäck). Natürlich richtete sich die Anzahl der Geladenen nach dem Vermögen des Gastgebers. Die Gastfreiheit war groß, da es gute Gastwirtschaften nicht gab. Im kaiserlichen Triclinium standen bis 30 Tafeln zu je 9 Lagern. Bei einfachen Leute aßen die Sklaven am Tisch der Herrschaft; die Hauptmahlzeit war dann Polenta (Mehlspeise). Die Tischunterhaltung wurde durch Literaten, Schauspieler, Akrobaten, Tänzerinnen gepflegt. An festlichen Tagen in der Zeit des Verfalls wurden Symposien (Trinkgelage) veranstaltet; der Trunk war ein Laster vieler geworden. — Abends lustwandelte man auf den Foren (politische Kannegießerei, Agitation, Klatsch). — Ebendort lagen auch die Schlafzimmer mit sehr engem, aufgemauerten Bettgestell für Auflegung von Matratzen; wenig behaglich besonders im Winter, da das Haus nicht unterkellert und die Heizung durch tragbare Kohlenbecken unzureichend war. Hinter dem Peristyl ist oft ein Gemüsegarten vorhanden. Die schönen Wanddekorationen befinden sich meist im Museum Nazionale, Neapel. — Jeder freie Römer hatte Sklaven. Ihr Dienst war leicht. Die Behandlung war im allgemeinen human. Sie hatten es besser als viele arme Freie. Der Herrenstandpunkt wurde nicht stark betont. Die Sklaven gehörten zur Familie. Ihre Kinder wurden meist mit denen der Herren zusammen erzogen. Sie konnten frei werden. Die soziale Frage war somit sehr einfach gelöst, es herrschte sozialer Frieden. Wenn in Italien die Beziehungen zwischen Besitzenden und Nichtbesitzenden nicht die Schärfe angenommen haben wie in Deutschland, so wird das vielleicht dieser Nichtbetonung des Herrenstandpunkts und dem noblen leben und leben lassen mitverdankt. — In der römischen Zeit erhielt die Stadt schöne Plätze. So das Geschäftsforum, Forum civile. Seine Schmalseite füllte der Tempel des Jupiter, an seiner Längsseite stand der Tempel des Apollo. Es war von bedeckten Säulengängen und von öffentlichen Gebäuden (Gerichtsbasiliken, Verkaufshallen, Bädern) umgeben. Luxusbäder wie in Rom (es hatte über 900; die Caracallathermen waren 44 Morgen groß) gab es natürlich nicht. Es waren vereinigt: das Tepidarium (laues Luftbad), das Frigidarium (kaltes Bad), das Caldarium (heiße Bäder) und das Laconicum (Schwitzbad) mit hohlem Fußboden, (Hypocaustum) für Heizung von ¾ m lichter Weite und auch mit hohlen Wänden (7 cm). — Bad, Massage, Ölung (auch gegen Ungeziefer, z. B. Laus). — Ballspiele, Kugeln, Fechten mit Rapier. — Man hatte Zeit. Die Hast des Lebens war noch nicht auf sie gefallen. Außer diesem Geschäftsforum gab es noch ein zweites für die abendliche Erholung. Das war das Forum Triangulare (foro triangolare). Es lag auf der Höhe eines alten Lavastroms. In seine Flanke waren die Sitze des Theaters eingegraben. Nebenan lag die Gladiatorenkaserne. Von diesem Forum hatte man einen schönen Blick auf das damals nahe Meer, die Halbinsel Sorrent und den Vesuv. An der Landstraße außerhalb der Stadtmauer lag der Friedhof, die Gräberstraße. Das Leben rauschte an den Gräbern der Toten vorüber. Man liebte damals die abgeschlossenen Friedhöfe nicht, wie es das heutige Italien tut. Die Bewegung auf den Landstraßen war in der römischen Kaiserzeit außerordentlich groß: Wagenposten mit Relaissystem für kaiserliche Befehle; Reiteilboten, Stafetten; Schnelläufer; Geschäftsreisende im Kabriolett mit Schnelltraber für ihre Auftraggeber im Großhandel, für Import und Export mit Riesenprofiten; Möbelwagen; Vergnügungsreisende in der Räda mit Viergespann und Beduine als Vorreiter; expediti, Truppen in Eilmärschen bis 60 km täglich. Das alles schob sich im Staub der sommerlichen Landstraße durcheinander und vorüber. Ein immer bewegtes Bild für die Schaulust. — Im Theater saß eine Gruppe von Besuchern. Ihr Cicerone legte ihnen die Frage vor: warum besuchen wir Pompeji? Die Ausbeute war erstaunlich kläglich. Und doch liegt die Antwort auf der Hand. Wir möchten wissen, wie die Römer bauten und lebten, und ob eine Beziehung besteht zwischen einst und heute. Sie besteht und ist sogar sehr eng und recht interessant. Sie zeigt uns die Kontinuität der italienischen Entwicklung. Das ist wohl zu verstehen. Das Erbgut in der italienisch-römischen Rasse hat sich seitdem nicht wesentlich verändert. Die Überfremdung, die schon zu Caesars Zeit erheblich war, ist zurückgegangen. Der Bauernstand ist schon in der Goten- und Langobardenzeit wieder das Fundament des Staats geworden. Die Latifundienwirtschaft wurde eingedämmt. Wenn sie auch später wieder Raum gewann, so ist das jetzt wieder gutgemacht worden. Das Plus an slavischem Blut ist durch das Plus an germanischem aufgewogen worden. Die Abwanderung ist in Italien seit Jahrhunderten gering. Der Italiener erwirbt wohl draußen Geld, aber er kehrt dann im Gegensatz zum Deutschen wieder zurück. — Boden und klimatische Verhältnisse sind unverändert dieselben. Ja man kann sogar sagen: auch heute ist dieses alte italienische Volk infolge Blutauffrischung immer noch recht jugendlich; denn sein Kinderreichtum ist groß in allen Schichten, viel zu groß für den bisher beengten Raum. Es bedarf daher nur der Blickschärfung und jeder wird die engen Beziehungen von einst und jetzt bestätigen. — Noch heute sind die umbauten Höfe mit ihrer Durchlüftung und Durchlichtung ein Vorzug der römischen Baukunst in ganz Italien. Besonders schön sind die sich aufstaffelnden Höfe der Paläste in Genua. Ich habe beim Bacchustempel in Baalbek (I) auf die Beziehungen zwischen der malerischen Kunst römischer Fassaden und der der italienischen Frührenaissance hingewiesen. Ich möchte erweiternd hinzufügen, daß die Italiener auch den dort hervorgehobenen stolzen Zug der römischen Baukunst ins Grandiose bewahrt haben. Zum Beweise hierfür führe ich einige Maße von St. Peter, Rom, an: seine Baumasse mit Einschluß der Kolonaden deckt 60 Morgen; die innere Raumtiefe des Doms beträgt 187 m; die Tonnengewölbe, welche den Seitenschub der Kuppel auffangen, haben bei 25 m lichter Weite 45 m Höhe; der Umfang der 4 Kuppelpfeiler ist je 70 m; der innere Kuppeldurchmesser 44 m; der Kuppelumfang innen 136 m, außen 192 m; der Kuppelscheitel 117 m. Und ebenso redet das Nationaldenkmal am Hang des Kapitols eine gewaltige Sprache. — Auch heute noch nimmt das Handwerk im Organismus des italienischen Volks eine starke Position ein. Es arbeitet noch immer im Erdgeschoß; man kann dem Handwerker bei seiner Kunst zusehen. — Auch heute noch sieht und hört man den hohen, zweirädrigen Karren durch die Straßen poltern. Selbst seine Spurweite ist die altrömische geblieben. — Auch heute noch liebt der Italiener den Aufenthalt auf der Straße und auf den öffentlichen Plätzen wie einst die Römer. Er plaudert gern und politisiert gern, aber er zankt sich nicht. Er ist nicht nervös. Und er hat die glückliche Fähigkeit, sich ruhig und leidlich gewandt auseinanderzusetzen. Trotz allen Temperaments geht es bei Menschenansammlungen daher im allgemeinen ruhig zu. Man hat gute Manieren, ist nicht hemdärmelig. Auch in den Kneipen zeigt sich das. Man sitzt in ihnen des Essens und der Unterhaltung wegen, aber nicht des Trinkens wegen. Die Wasserflasche auf dem Tisch spielt trotz des guten Weins eine große Rolle. Ich bin mehr als ein dutzendmal in Italien gewesen. Ich habe auch bei großen, mehrtägigen Festen nie einen Betrunkenen, nicht einmal einen Berauschten gesehen. Wir könnten daran lernen. Der Trinker setzt sich in den Augen seiner Mitmenschen herab. — Die Genußsucht überhaupt hält sich auch heute noch im allgemeinen in bescheidenen Grenzen. Die Erwerbs- und Raffsucht der korrumpierten römischen Oberschicht, besonders der homines novi, hat sich auf die Italiener nicht übertragen. Im Gegenteil, man ist heute wieder einfach im Leben und in der Kleidung. Auch heute noch trägt der Italiener seinen dunklen Wollmantel mit Fransen. Es ist das ein sympathisches Festhalten an der Art der Väter. — Man sieht auch auf niemand scheel, der ein besseres Kleid hat, wie es

leider bei uns ist oder war. Man weiß, daß auch der Wohlhabende seine
Sorgen hat und oft mehr als der Ärmere. Der Wert des Besitzes wird
nicht wie leider bei uns überschätzt. — Auch heute noch liebt der Italiener
die Landarbeit und den Aufenthalt auf dem Lande wie einst der Römer.
Seine Felder sind daher in guter Ordnung. Alles was man darüber
Gegenteiliges sagt, ist leichtfertige Schwätzerei. Die meisten Leute, welche
reisen, verstehen von der Landwirtschaft nichts. Man sehe sich den großen
Garten der Lombardei beim Durchfahren möglichst genau an. Er hält
jeden Vergleich aus. — Auch heute noch marschiert hinter dem Heer der
Ingenieur. Man gliederte das Neuland dem heimischen Kernland sofort
an durch Heerstraßen, Brücken, Viadukte. Der Italiener versteht zu kolo=
nisieren wie der Römer. In Abessinien haben sie diese alte Art jüngst
wieder bewährt. In den größeren Standquartieren baute man sogar
Aquädukte, Thermen, Triumphbögen, Theater. — Auch heute noch sind
die Italiener nationalstolz. Das alte, stolze „civis romanus sum" gilt
heute immer noch. Sono romana hört man noch oft bei Frauen. —
Sprachlich sind sie trotz aller früheren politischen Zerrissenheit durch ihren
großen Dichter Dante eine Einheit geblieben. Der Italiener versteht die
Sprache seiner römischen Vorfahren vor mehr als 2000 Jahren besser
und verhältnismäßig mehr als der Deutsche seinen Walter von der
Vogelweide aus der Zeit der Hohenstaufen vor mehr als 700 Jahren. Die
sprachliche Einheit ist viel größer als in Deutschland. Es sind somit sehr
starke Bande, die den modernen Italiener mit dem alten Römer
verbinden.

Daneben zeigt uns Pompeji aber auch, daß man sich im Zeitalter
des römischen Niedergangs befindet. Der Isistempel auf dem Foro
Triangolare beweist uns, daß die Religion nicht mehr die alte Kraft hatte.
Der Glauben an die alten Götter war ins Wanken gekommen, zum Teil
durch das Urchristentum. Auch die Sitten waren zur Zeit der ersten
römischen Kaiser im Niedergang. Die Frauen bewahrten nicht mehr die
alte Zucht. Die altrömische Sittenstrenge und Schamhaftigkeit der
Frauen war besonders bei Frauen der Ritterschaft und der Großfinanz
selten geworden. Sie trugen Netzkleider und durchsichtige Seidenkleider.
Gegen die eheliche Treue wurde auf beiden Seiten gesündigt. Die Männer
hielten Mätressen aus, die Weiber einen bezahlten Cicisbeo. In den
Luxusbädern z. B. von Bajae, in dessen Nähe die kaiserliche Flotte vor
Anker lag, war öffentliche Polyandrie nichts seltnes. Das Vorkommen
von Bordellen in einer Landstadt läßt tief blicken. Der Bankadel übte
mit seinem Luxus eine nachteilige Wirkung aus. Auri sacra fames, die
verfluchte Geldgier, war zuletzt groß geworden. Und dazu wurde die
Mischung mit Fremdvölkern asiatischen und afrikanischen Ursprungs

immer ärger (cf Museo Nazionale, Neapel). Die Erbmasse verlor an
Wert. Der rassische Untergang schien unabwendbar. Aber dann nach
Pompejis Verschüttung kam, und das dürfen wir nicht außer acht lassen,
die starke germanische Invasion (Goten, Langobarden, Deutsche) und da=
durch eine Blutauffrischung durch Bauern. Die Oberschicht bekam neuen
nordischen Einschlag. Allerdings wanderten ein paar Jahrhunderte später
auch die Slaven ein (Rundkopf, breites Gesicht, feinere Gliedmaßen, breite
Hüften, Neigung zum Fettansatz und zur Üppigkeit, besonders bei den
Frauen, dunkle Augen, schwarzes Haar, dunklere Hautfärbung). In
summa: der nordische Typus ist auch heute noch zu einem erheblichen
Prozentsatz vorhanden: Langkopf, Schmalgesicht, sehnige große Hände und
Füße, schlanke Körper, nicht betonte Hüften; oft sind die Backenknochen
stärker betont, es weicht das Kinn etwas zurück, die Nase hat eine geringe
Krümmung und in der Mitte eine geringe Verdickung; die Hautfarbe ist
meist brünett, das Haar dunkel geworden im Sonnenbrand der Jahr=
hunderte. — Wer bei der Durchwanderung Pompejis diesen Zusammen=
hang zwischen einst und heute, wer die Einheit des römisch=italienischen
Volksorganismus begriffen hat, für den hat die Fahrt hierher ihren Zweck
erfüllt.

Der Vesuv vor 79 n. Chr. und nachher. Vor seinem Aus=
bruch war der Vesuv (63 und 79 n. Chr.) ein abgestumpfter kegelförmiger
Kraterberg von 600 m Höhe, wie es z. B. in der Nähe Roms viele davon
gibt. Es war einer der vielen, wie man annahm, erloschenen Vulkane mit
einem Kraterdurchmesser von nur 3½ km. Er war mit Wäldern bedeckt,
in denen Jagden abgehalten wurden. Am 5. Februar 63 n. Chr. kündigte
ein starkes Erdbeben an, daß man sich über die Natur des Berges geirrt
hatte. Tempel, Thermen, Häuser in Pompeji stürzten ein, die Bevölke=
rung flüchtete. Aber der Mensch vergißt rasch. Man baute wieder auf,
wenn auch nicht mit der früheren Solidität. 16½ Jahre später am
24. August 79 n. Chr. kam nach diesem Vorläufer der eigentliche Aus=
bruch. Der Westteil des Kraterrings wurde in die Luft geblasen. Es blieb
nur der Nord= und Nordostteil übrig, die jetzige Somma. In ihrem
Zentrum bildete sich ein neuer Krater. Diesen Ausbruch schildert der
jüngere Plinius, dessen Onkel die kaiserliche Flotte am Cap Misenum
kommandierte, als Augenzeuge: Erdbeben, Giftgase, Aschen= und Bim=
steinregen, dunkle Nacht, ein wilderregtes, zurücktretendes Meer. Die
meisten Einwohner konnten sich retten. Schließlich erreichte die Aschen=
schicht eine Höhe von 7—9 m und wurde durch die Wassermassen des mit
dem Ausbruch verknüpften Gewitters verkittet und hart. Das näher=
liegende Herculanum dagegen wurde mit Lava zugedeckt. Dann gab der
erschöpfte Berg wieder Ruhe für längere Zeit. Stärkere Ausbrüche ver=

zeichneten die Jahre 1631, 1794, 1822, 1871/72. Der Innenkegel wuchs dadurch, seine Gestalt beständig ändernd, bis auf 1300 m Höhe, die Somma weit überragend. Sein Kraterdurchmesser beträgt nur ¾ km. Zwischen ihm und der Somma liegt das Atrium del cavallo und das Atrium del inferno. Die Städte waren verschollen. Planmäßige Ausgrabungen bestehen erst seit der kurzen Regierung Murats 1808—15. Das Hauptverdienst hat die Neuzeit.

Der Vulkanismus auf der Bruchspalte an der Westseite Italiens. Er betätigte sich erst um Neapel, nachdem er den größten Teil seiner Kraft um Rom berausgabt hatte. Es folgten also aufeinander: Auffaltung des Apennins; Bildung einer Bruchspalte; Versinken des Westapennins mit dem Riesenfeld westlich davon und Bildung des Tyrrhenischen Meers (Tiefsee); Aufsteigen von Lavamassen auf der Bruchspalte, Bildung untermeerischer Vulkane um Rom, um Neapel und Messina; Hebung des Felds nahe der Bruchspalte. Es sind also Vorgänge wie die schon geschilderten, gleichzeitigen und gleichartigen bei Madeira. Die älteren vulkanischen Gebilde westlich und östlich von Rom in der Tolfagruppe und dem Albanergebirge sind von viel größerem Ausmaß. Zu der Tolfagruppe gehören die großen Kraterseen von Bracciano, Bolsena, Vico. Der Kraterring des Albanergebirgs hat einen Umfang von 30 km, also etwa 10 km Durchmesser. Das ist fast das dreifache des alten Sommakraterrings und das rund 13fache des neuen (78 n. Chr.) inneren Vesubkraters. Der Ringwall von Albano erhob sich 800 m hoch und erreichte bei Velletri 936 m. Sein Atrium (Kratergrund) war 550 bis 600 m hoch. Auf diesem Ringwall bildeten sich neue Ausbruchskrater, die heute noch zum Teil mit Wasser gefüllt sind, die Seen von Albano und Nemi und der ausgetrocknete von Ariccia. In seinem Zentrum stieg ein neuer Zentralkegel auf, der Monte Cavo 949 m, der auf seinem Gipfel wiederum einen Krater trug und darin das Campo di Annibale. Das sind doch andere Maße als am Vesub! Die Campagna di Roma ist mit ihrem Tuff gleichfalls eine Auswirkung jener Zeit. Es ist das Produkt von unterseeischen Eruptionen, die durch das Meer geschichtet wurden und bei der nachfolgenden Hebung des Bodens, die, wie schon gesagt, noch heute andauert, an die Oberfläche kamen. Die Katakomben liegen in diesem Tuff und die Via Appia, die Königin aller Landstraßen, geht über ihn hinweg. Das Mittelmeer bietet einen besonders überzeugenden Anschauungsunterricht für das panta rhei Heraklits, also dafür, daß die Bewegung unserer Erdrinde das Normale ist und nicht ihre Ruhe. Zur Zeit liefern auch andre Küsten hierfür gute Beispiele. So ist Japan vom September 1923 bis Ende 1933, also in 10 Jahren, von über 3000 Erdbeben heimgesucht worden. Es sind Beben entweder tektonischer (Kernschrumpfung) oder vulkanischer (meist kosmischer) Natur. Bei ersteren sinkt die Rinde dem sich infolge Wärmeverlusts zusammenziehenden Kern nach. Gewöhnlich bildet sich die faltenartige Einsenkung zuerst unter dem Meere; ihr folgt dann eine Hebung der Küste und des Landes und zwar beides fast unmerklich für den Menschen. Bricht aber der Boden unter dem Meere rasch ein, so entsteht eine Springflut, die sich verheerend gegen die Küste wälzt. Oft entstehen dabei Doppelrisse (Grabenfelder) oder auch einfache Risse, in denen sich die beiden Felder vertikal oder horizontal verschieben. So z. B. verschiebt sich Kalifornien, gleichsam schwimmend, längs einer solchen Gleitfläche jährlich 5 bis 40 cm nach NW. Treten Hindernisse dabei auf, so werden sie schließlich mit einem erderschütternden Ruck überwunden. — Was wir heute an den japanischen Küsten erleben, kann uns eine Vorstellung geben von den Erschütterungen der Apenninküste bei der Bildung des Tyrrhenischen Meers.

A u f d e n V e s u v. Mit Pompeji verbindet man eine Auffahrt auf den Vesuv entweder nur bis ins Atrio del Cavallo oder gar bis auf den Gipfel (Autostraße; Funicolare [Seilbahn]). Der Ausblick auf die Wüste der eisenklirrenden Lavaschollen vom Atrio del Cavallo aus ist von großartiger Wildheit. Wendet man sich, so hat man vor sich das Meer mit all seiner eindrucksvollen, außerordentlichen Schönheit. Kontrastwirkung.

Museo Nazionale. Unerläßlich ist der Besuch dieses Museums. Es hat Statuen und Bilder von außerordentlichem Wert: Die Venus von Capua, den Narziß, die sitzende Agrippina (Mutter Neros), den ausruhenden Hermes, den tanzenden Faun, den Homer, die Flora, den Zeus von Otricoli, den Farnesischen Stier, den Farnesischen Herkules, die Mosaik der Alexanderschlacht. — Raffaels donna del divino Amore, Tizians Paul III und Tizians Danae, Sebastiano del Piombos Clemens VII, Correggios Zingaretta, Velasquez' Trinker.

D e r R a s s e n n i e d e r g a n g a n d e n B r o n z e s t a t u e n u n d a n d e n K a i s e r s t a t u e n. Weniger wegen ihres ästhetischen Werts als wegen ihrer Sachlichkeit, die uns den rassischen Niedergang der Römer infolge Mischung beweist, sind die Plastiken aus Herculanum studierenswert. Ihre Besteller gehörten zweifellos der Oberschicht von Herculanum an. Man achte auf die Zeichen der Rassenmischung und Dekadenz: die Nase mit breiter Basis und semitischem Schwung, die vollen Genießerlippen, den überheblichen Gesichtsausdruck, die angewachsenen Ohrläppchen, die sehr stark betonten Backenknochen. Es ist raumumfassende, auf Lichtwirkung und Leben zielende, nachhellenistische Kunst. — Eine große Zahl von Ganzstatuen und Köpfen der Kaiser zeigt ebenfalls den rassischen Wandel auch in dieser höchsten Schicht: das Nordische an den Köpfen der Julier, den slavischen Typus bei den Flaviern, das Negerhafte an Septimius Severus und Caracalla, das Semitische an Galba (68; nach Nero).

Pompejanische Fresken. Besonders wertvoll sind die pompejanischen Fresken. Wir wüßten wenig von der griechischen Malerei des Zeuxis und Apelles (Zeit Alexanders des Großen), die von den Griechen selbst höher als ihre plastischen Meisterwerke geschätzt wurde, wenn sie nicht wären. Wahrscheinlich haben sich die pompejanischen Meister eines griechischen Motivbuchs bedient und uns so einen Abglanz ihrer Vorbilder hinterlassen. Diese Meister bedienten sich des Gewands und der Farben, um die Lebensillusion zu verstärken: das Plastische, Schwellende an Büste, Hüfte, Schenkel. Sogar das Schwebende ist ihnen gelungen. Und ebenso haben sie auch den flüchtigen seelischen Ausdruck einzufangen versucht. Sie bedienen sich der Perspektive. Sämtliche pompejanische Wandbilder sind al fresco mit Wasserfarben auf den frischen, dicken Mauerbewurf aufgetragen. Ihre griechischen Vorbilder dagegen waren in tempera (Leim, Eigelb, Farbe) oder in enkaustischen Farben gemalt (Wachsfarben).

Der Lloyd stellt es frei, das Schiff in Neapel zu verlassen, um über Rom zu Lande nach Genua zu kommen. Man kann sich ein leidliches Bild von Neapels Schönheiten zur Not in drei Tagen machen; zu einem nicht allzu oberflächlichen Urteil über Rom braucht man Wochen. Es sind daher auch nur wenige, die die Bahnfahrt wählen. Wir übrigen halten uns an das Vedere Napoli e poi Mori (Neapel sehen und dann heimwärts über Mori, der früheren Grenzstation).

Tyrrhenisches Meer

Es ist ein großer Genuß, an der Küste entlang zu fahren. Der Kapitän tröstet uns über den Abschied von der neapolitanischen Schönen durch langsame Fahrt. Wir werden um 11 Uhr in Genua sein. Der Himmel ist bedeckt. Der Wind hat sich versteift. Windstärke 8 bis 9, also schon Sturm; Wellenhöhe 8 bis 9 m, ihre Länge bis 100 m; ihre Geschwindigkeit bis 24 Sekundenmeter, also 86 Stundenkilometer, ihre Stoß- und Erschütterungskraft daher erheblich. Das Vorderdeck liegt unter den Wellenbergen. Ihre weißen Kämme sind spitz, nicht abgeflacht wie bei der Dünung. Dennoch sind sie tiefblau. Woher dieses Tiefblau? Eine Reflexerscheinung konnte es nicht sein. Der hohe Salzgehalt des Mittelmeers kann die Ursache auch kaum sein, denn auch die salzärmeren Nordpolarmeere tragen blaue Farbe. Sie ist allein eine Folge des reinen Wassers und der Tiefsee, über der wir uns befinden. Tiefsee mit ganz reinem Wasser ist schwarz. Es werden alle Farben absorbiert und natürlich keine reflektiert. Enthält das Wasser nur geringe organische (Plankton) oder anorganische Bestandteile, so absorbiert es alle Farben bis auf Blau, das reflektiert wird. Bei höherem Gehalt wird blaues und gelbes Licht reflektiert, das sich zu grünem mischt.

Nach einigen Stunden kommen die kühnen Formen der Riviera di Levante in Sicht: Sestri, Portofino, Sta Margherita, Nervi.

Genua

Genova la Superba baut sich amphitheatralisch auf. Wir legen bedächtig am Quai an. Unzählige Taschentücher winken. Freunde und Verwandte sind da, dem Madeirafahrer den ersten Gruß aus der Heimat zu entbieten. Genua hat besonders in den letzten Jahren zu den alten Schönheiten neue erworben. Der wachsende große Hafen legt Zeugnis ab von der zunehmenden Größe des Handels. Der Berg drängt sich an das Meer. Daher sind die Straßen in der Altstadt eng und ebenso auch die Plätze (Villeta Negro, Piazza Corvetto). Breiter ist die Neustadt (Acqua Sola). Schöne große Tunnel durchbohren den vordringlichen Berg. Aus der Raumnot haben die Genuesen sogar eine Tugend gemacht. Ihre Spätrenaissancepaläste bauen sich terrassenförmig auf. Sie bestehen altrömisch aus zwei Höfen, dem Atrium und dem Peristylium. Ins Atrium führt von der Straße eine Treppe durch das säulengetragene Vestibulum und eine ebensolche (ein umgewandeltes Tablinum) aus ihm heraus ins Peristylium. Eine malerische Anlage, ein Klang aus dem Barock, man kann auch und vielleicht mit mehr Recht sagen aus der spätrömischen Kunst des Aufstaffelns. So der Universitätshof mit der schönen Doppeltreppe, so der Munizipalpalast, so der Palazzo Durazzo=Pallavicini. — Berühmt ist der Camposanto. Es ist mehr eine Plastikensammlung. Viel raffinierte, moderne Technik und sehr viel Theater: der Universitätslehrer vor seinem Auditorium; der sterbende Vater vor seiner Familie; die Witwe im Betstuhl vor der Statue ihres Mannes, ihre enthüllten körperlichen Reize präsentierend. Und die vielen prunkenden Worte auf den Steinen! Unsere Friedhöfe haben etwas Wertvolleres und das fehlt hier: das ist der Mensch, der die Gräber schmückt und im stillen Gedenken bei seinen Toten weilt. Zur Entschuldigung könnte man sagen: die Marmorbrüche von Carrara sind zu nahe. Der Hauptgrund ist: der Romane empfindet anders als wir (Paris, Père Lachaise; Barcelona). Und auch die romanisch=katholische Kirche sieht den Toten mit anderen Augen an als die unsrige.

München

Am nächsten Morgen geht es über Como, Lugano, Bellinzona, Gotthardt, Vierwaldstätter See, Zürich, Bodensee der Heimat zu. Man ist wieder in bayerischen Landen. Sei mir gegrüßt mein deutsches Land, du schönstes von allen! Man freut sich der Natur und der Menschen und der bayerischen Landhäuser: ihrer blockhausartigen Solidität, des guten Schnitzhandwerks, des barocken Schwungs ihrer übertragenden flachen Satteldächer, ihrer durch Galerien aufgelockerten Wände, ihrer Farbenfreudigkeit besonders in Wandmalereien. Doch es ist hier im sonst traulichen München noch immer unerfreulicher Nachwinter. Das macht die Bayerische Hochebene. Auch hat man genug gesehen und sehnt sich nach Hause. Aber aus Prinzip schließe ich an die Schönheiten der weiten Ferne eine Schönheit der Heimat an. Und daher wandere ich zu meiner alten Liebe am Sendlinger Tor, zur **Nepomuk-Kapelle** der Gebrüder Asam. Beide waren vermögende Architekten von großem Ruf. Sie bauten sich nach der Kirche in Weltenburg (1716) diese Privatkapelle (30 × 10 qm). Damals herrschten im Kurfürstentum Bayern die Jesuiten. Es war die Zeit der Streitigkeiten zwischen Österreich und Bayern bei der Thronbesteigung Maria Theresias um Böhmen. Damals wurde Nepomuk heilig gesprochen (1729). Er ist der Schutzpatron Böhmens und Münchens gegen Wassersnot. Es war die große Zeit des Barockstils. Der ist erst im 19. Jahrhundert in seiner Schönheit und Deutschheit erkannt worden. Wenn er auch in Italien geboren ist (Michelangelo, Bernini, Borromini), in Deutschland hat er seine Vollendung erreicht (Theatinerkirche, Würzburger Schloß, Banz, Potsdamer Schloß, Dresdener Zwinger usw.) — Der deutsche Stil, der sich in der Gotik und im Barock verkörpert, zielt nicht auf Ruhe, sondern auf Bewegung. Die architektonischen Massen sind in der Hochgotik vorzugsweise in der Vertikalen bewegt, in der malerischen Spätgotik vorzugsweise in der Horizontalen und im Barock in beiden Richtungen. Zu dieser wirklichen Bewegung der Massen kommt im Barock noch die scheinbare, und zwar einmal durch Projektion der vorderen Teile eines Kunstwerks auf die dahinter liegenden und ferner durch Licht von wechselnder Intensität. Alle diese Mittel sind hier angewendet. — Durch einen kleinen Vorraum betreten wir das Innere der Kapelle. Die Seitenwände sind durch vorgestellte Pfeiler und Altäre in der Horizontalen und durch die Galerie und Vorkragungen in der Vertikalen bewegt. Besonders stark bewegt und aufgelockert ist die Rückwand. Sie ist dreifach aufgestaffelt durch den Hauptaltar, durch den Emporenaltar (Tabernakel) und durch die Dreifaltigkeit. Letztere, der Gnadenstuhl, schwingt nach vorn und nach oben zur Decke. Aus der Seitenwand wachsen Engelsköpfe als Hochreliefs und Hermen hervor; vor ihr stehen Freiplastiken und schweben Engelsgirlanden. Die Oberfläche der Plastiken ist stark ausgefurcht, ihre Gesten greifen in den Raum, ihre Gewänder sind als Ausdruck ihrer inneren Ekstatik stürmisch bewegt. — All diese Dinge haben nicht Wert an sich. Sie erhalten ihn erst durch die deutsche Sonne (cf Grünewald, Schwanken der relativen Luftfeuchtigkeit und Absorptionsfähigkeit für Licht), die in ihrer Intensität beständig wechselt. An lichtlosen Tagen hat es keinen Zweck, die Kapelle zu besuchen. Die Reliefs und Plastiken sind dann tot. Erst das wechselnde Sonnenlicht belebt sie. Wächst dieses an Leuchtkraft, so reflektieren die helleren Engelsköpfe aus Stuck stärker als der Reliefgrund und treten daher scheinbar aus ihm heraus, während der Reliefgrund zurückweicht. Die Furchen im Gesicht von Gott Vater und Sohn werden dunkler und sinken ein. Die aus der Fläche herausgereckten Arme und Hände der Hermenengel leuchten stärker und werfen tiefere Schatten auf die Projektionsfläche und ändern dadurch scheinbar den Abstand von ihr. Die Arme bewegen sich also scheinbar und ebenso auch die Gewänder. Bei längerer Beobachtung verschiebt sich dazu die Sonne und die Schatten wandeln, überschneiden andere Stellen, kombinieren sich mit anderen Schatten und schaffen so neue scheinbare Bewegung; Plastiken und Reliefs beleben sich. — Das Überirdische nimmt nach dem Gefühl des Beters gewährend oder versagend an seinem Erleben, an seinen Wünschen, an seinem Fürchten und Leiden teil. Für ihn ist das Geschaute ein Wunder. Es packt und erschüttert ihn. Das ist aber das Ziel des Barockkünstlers. Die barocke Kunst ist daher Volkskunst, weil sie eben nur an das Gefühl appelliert. — Die seelische Wirkung wird natürlich um so stärker sein, je besser es verstanden worden ist, den Ort der Lichtquelle zu verdecken. Die Altarwand und Seitenwand wird durch die Portalfenster belichtet, die im Rücken des Beobachters liegen und von ihm daher nicht gesehen werden. Das Licht, welches die Decke beleuchtet, kommt aus einer nicht sichtbaren Hohlkehle nahe der Decke, die es reflektiert (kanalisiertes Licht). — Wir treten aus dem Kirchlein heraus und werfen noch einen Blick auf die Fassade. Sie zeigt uns, daß die Asam mit ihrer Kunst an der Grenze von Barock und Rokoko stehen. Sie streifen an die Kunst von Kloster Rott. Ist im Innern die Plastik vorherrschend, die an die Herkunft des Barocks aus der Renaissance erinnert, so zeigt das Äußere eine Tendenz zur Gotik: zur Vertikalen und zum Entmaterialisieren. Letzteres erkennen wir an den Malereien in Stuck um die Fenster, an ihrer leichten, duftigen Art; ersteres an den betonten Vertikalen: Portal, Großfenster, Rundfenster, gewellter Giebel, barockes Türmchen, gereckte Säulen und Giebelfiguren. Alles stark bewegt und gegliedert.

Es gibt noch so vieles, was im schönen München sehenswert wäre: die Museen (Pinakotheken, Glyptothek, Staatsgalerie, Schackgalerie), die Kirchen (Frauenkirche, Theatinerkirche, St. Michael, die Basilika), den Lichthof des Justizpalastes und das Residenztheater usw.

III. Tripolisfahrt

Und wieder sind wir Lloydfahrer in Venedig (cf I) versammelt und sehen mit Stolz unser Schiff vom Norddeutschen Lloyd vor der Piazzetta verankert liegen, blitzblank, lichterstrahlend und an Größe alles überragend. Es soll uns bis nach Tripolis führen.

Ragusa

Der erste Anlegeort ist Ragusa. Wer kennt sie nicht wenigstens aus Abbildungen, die Stadt mit den malerischen, scheinbar für die Ewigkeit gemachten Mauern, auf denen man sie bequem umwandeln kann! Sie hatte in ihrer Blütezeit 30 bis 40000 Einwohner. Heute ist es kaum die Hälfte. Man freut sich der sauberen Straßen, manches Palazzos mit schönem, phantastischem, romanischem Kapitäl, des Rektorenpalastes mit der schönen Loggia, des Stradone, auf dem man soeben Korso macht. Es müssen Kerle gewesen sein, diese Männer aus Ragusa, die sich jahrhundertelang gegen das übermächtige Venedig tapfer gewehrt haben. Das ist dinarische Rasse, Illyrier. Sie sind aus der Mischung von nordischen Völkern (Atlantiker und Schnurkeramiker in Nordwest- und Mitteldeutschland) mit nichtnordischen Bandkeramikern (im Donaugebiet) am Schluß der jüngeren Steinzeit (3000—1800 v. Chr. entstanden. Dieses Mischvolk gliederte sich um 1800 in Germanen im NW, in Kelten im SW und in Illyrier im O und SO Deutschlands. Noch um 1000 v. Chr., in der Bronzezeit, wohnten die Illyrier in Pommern, in der Mark Brandenburg, in Schlesien, Böhmen, Mähren, Niederösterreich, Westungarn als Bauern. Sie waren die Träger der „Lausitzer Kultur" von der die Urnengräberfelder reden, die heute unser Interesse erregen. Unter dem Druck der Germanen und Kelten von Westen und der Skythen von Osten wanderten sie zum größten Teil südwärts zur Adria und besetzten Pannonien und Illyrien. Julius Caesar hat gegen sie gekämpft. Dann wurde Illyrien römische Provinz, aus der die Kaiser Diocletian und Valens hervorgingen. Man freut sich ihrer ranken, sehnigen Gestalten, ihrer ausdrucksvollen, tiefmodellierten Gesichter, der kühngeformten, oben etwas eingezogenen Nase, ihrer stolzen Haltung, ihres elastischen Gangs, ihrer malerischen Tracht. Und ihrer fröhlichen, frischen Mädchen freut man sich auch. Daneben sieht man slavische Typen mit rundem Kopf, flacheren Gesichtern, fülligeren Formen. Aber auch sie sind stattlich. Und auch griechischer Einschlag ist vorhanden mit blauschwarzem

Haar, samtartigen schwarzen Augen, schwarzen, eine geschlossene Linie bildenden Augenbrauen; er ist kleiner und beweglicher. Diese Griechen sind aber so stark gemischt, daß sie kaum etwas gemein haben mit den nordischen Griechen des Altertums. — Einst vor vielen Jahren wanderte ich von hier nach dem nahen Gravosa zur Omblaquelle, die gleich beim Austritt aus dem Berg Mühlen treibt. Bevor sie zutage tritt, muß sie in einem langen, unterirdischen Lauf diese bedeutende Wasserkraft gesammelt haben.

Das Auto führt uns nach Cattaro. Es ist ein kurvenreiches Längstal von geringerem Reiz, das uns einige Stunden umfängt. Ringsum meist kahler Kalkstein von stellenweise wilden, heroischen Formen. Wie mag die Sonne hier im Sommer brennen! Oliven, Karuben (Ceratonia, Johannisbrotbaum), Feigen, Seekiefern, Zypressen, kleine Fächer- und Fiederpalmen, Opuntien und mächtige Agaven stehen zerstreut. In einem kleinen, netten Örtchen auf luftiger Höhe machen wir eine Kaffeepause. Dann fahren wir am inneren Fjord von Cattaro entlang. Viel Militär; stattliche Kreuzer. Serbischer Kriegshafen. Am Lovcen fahren wir in Kehren bis auf die Höhe von 200 m, um einen Überblick über den Fjord zu bekommen. Einige Jahre vor dem Weltkrieg bin ich auf dieser Straße über die Karsthochfläche, die einer Mondlandschaft gleicht, nach Cettinje gefahren. Schon im Altertum war die Bocca das feste Bollwerk der seeräubernden Illyrier. Bei der Ausfahrt genießen wir von unserem Schiff aus die ganze großartige Schönheit dieses Fjords.

Korfu (cf I).

Delphi

Im Morgengrauen liegt das Schiff weit draußen vor Itea, dem Hafen von Delphi. Wir müssen ausgebootet werden. Die Autos von Athen (100 km Luftlinie) sind schon da. Geradezu konfiszierte Gesichter unter den Fahrern; nichts vom Altgriechischen darin. In zahlreichen Kehren geht es die 570 m aufwärts; viel zu schnell. Für Prozessionen aber war es dennoch ein weiter Weg. Im September, wo die Pythischen Spiele stattfanden, mag er bei seiner freien Lage gegen Süden recht beschwerlich gewesen sein. Diese schräge Ebene, die wir durchfahren, ist mit grünen Saaten, Oliven und Wein bestanden. Die Lage von Delphi ist außerordentlich günstig. Im Norden erheben sich steil und kühn die Phädriaden. Sie verdecken den Parnaß, den Musenberg, trotz seiner stattlichen Höhe von 2500 m; sind dafür aber ein Schutz gegen seine kalten Nordwinde. Auf der schrägen Ebene vor ihnen liegt der hl. Bezirk. Aus den Phädriaden entspringt der Kastalische Quell; aus dem Boden am Apollotempel drangen einst vulkanische Dämpfe; beide schufen eine suggestive

Situation, die herausforderte. Daher lag hier schon in der mykenischen Zeit eine Kultstätte für die unterirdischen Götter, für die chthonischen Kulte der Demeter, der Chthonia. Sie wurden abgelöst durch die Verehrung Apollos, Phöbus, Phoibos, des leuchtenden, strahlenden Gottes, des von Schuld, besonders von Blutschuld, befreienden Sühnegottes. Er war der Gott auch der Tonkunst, der Musagetes, der Musenführer.

Der delphische Priesterorden. Im 7. bis 8. Jahrhundert v. Chr. war hier ein Priesterstaat entstanden, der reich war und weitreichende Verbindungen hatte. Seine Agenturen hatten mit den maßgebenden Kreisen der damals bekannten Welt Fühlung. Er war infolgedessen politisch gut informiert. Seine sehr irdischen Beziehungen benutzte er, um sich und seinen priesterlichen Medien seherische, wahrsagerische Eigenschaften beizulegen. Gegen Irrtümer in seiner politischen Wahrscheinlichkeitsrechnung deckte er sich durch poetische Einkleidung und Doppeldeutigkeit seiner Auskünfte. Und auch gegen die Habgier Mächtigerer hatte er sich zu schützen verstanden. Er brachte eine Heilige Allianz zustande, den Bund der Amphiktionen, der Umwohner. — Zum Kult und zum Wahrsagergeschäft kamen die Spiele: anfangs musikalische Wettkämpfe, dann auch gymnastische und ritterliche. So hat dieser Priesterstaat etwa zwölf Jahrhunderte bestanden, bis gegen 400 n. Chr. der christlich-byzantinische Kaiser Theodosius (379—95) die Wahrsagerei aufhob. Erschüttert war sein Ansehen schon im Perserkrieg, wo er nicht zum Widerstand aufrief. Er war eben schon international geworden. Das Ziel dieses Ordens war wie auch in Olympia nur die Pflege des Körpers und des Geistes, aber nicht die der Herzen. Die Abkehr vom partikularistischen Haß, vom latenten Bürgerkrieg gegen das eigne Fleisch und Blut, vom übertriebenen Ehrgeiz, vom Siegen um jeden Preis selbst mit Hilfe des Rassefeindes der Perser hat diese Priesterkaste nie bemüht. Das Geschäftemachen war ihre Hauptsache. Und daher hat sie das Christentum mit seiner damals ganz anders gerichteten, weltabgewendeten Gedankenwelt und seiner Gegnerschaft gegen den Körperkult leicht hinweggefegt. Außerordentliche Reichtümer an Geld und Kunstwerten strömten hier zusammen. In dem ummauerten heiligen Bezirk zu beiden Seiten der heiligen Straße standen die Schatzhäuser der verschiedenen Kleinstaaten und ihre Denkmäler. Es waren zum großen Teil Denkmäler über den Besiegten: Spartaner über Athener (405); Arkadier über Lakedämonier; Argiver über Spartaner; Argiver über Athener. Man durchwandert ein ergreifendes Kapitel aus der Tragödie der Germanenvölker. So war es damals, so war es später, so war es immer. Die byzantinischen Kaiser nordischen Geblüts gegen Vandalen und Ostgoten; die Franken gegen Alemannen (Zülpich); die Franken (Karl der Große) gegen die Sachsen,

Langobarden, Westgoten; die Normannen gegen die Deutschen in Italien usw. Es ist eine nie abreißende Sünde gegen das eigene Blut. Es sind sehr gemischte Gefühle, mit denen man diese Straße der Siegeszeichen durchwandert. Aber es gibt auch Erhebendes. Dazu gehört das Siegesdenkmal von Marathon, von Himera, von Plataä (der goldene Dreifuß über der Schlangensäule, die jetzt auf dem Atmeidan in Konstantinopel steht). Von der versöhnenden Kraft der Spiele, des Sports, ist nichts zu bemerken. Im Mittelpunkt des hl. Bezirks steht der Apollotempel im archäisch=dorischen Stil mit langer, enger Cella, einem Abyton (Allerheiligstes) und breitem Umgang (Peristyl). Im Abyton war wahrscheinlich der dampfende Erdspalt und damit der Sitz des Mediums, der ekstatischen, entrückten Pythia. Dort lag auch der Omphalos (Nabel), der Mittelpunkt der Welt. — Nördlich von diesem Bezirk lag das Theater. Man hat von ihm wie von den griechischen Theatern im allgemeinen einen weiten Blick über den hl. Bezirk und über die Anmarschstraße und über den Golf von Korinth. 1927 versuchte eine Amerikanerin mit großen Mitteln hier die Delphischen Feste mit dem Gefesselten Prometheus zu erneuern.

D a s M u s e u m enthält sehr wertvolle Stücke: vor allen Dingen den W a g e n l e n k e r, als Dank für den Sieg bei Himera und bei Marathon. Er steht an der Grenze zur hochgriechischen Kunst: die Vertikalen und Horizontalen halten sich das Gleichgewicht. Die Vertikalen in der hochgereckten Gestalt und in den Falten des Chitons, des hemdartigen Gewands der Griechen; die Horizontalen als Gegenspieler in Gürtel, Schulter, Unterarm, Diadem, Gesichtslinien. Ernst und Ruhe. Die Einheit kennzeichnet der Übergang von den vertikalen Falten über die schrägen des Arms zu den horizontalen. Das Leben konzentriert sich in den tiefen Augen und den schwellenden Lippen. Außerdem ist Lichtleben auf dem Haar, dem Stirnband, den Gewandfalten vorhanden. — Das Relief vom Friese des Syphnierschatzhauses zeigt große dramatische Kraft; die Bewegungen liegen in der Fläche. — Dagegen treten die Kämpfenden in den Metopen aus dem Schatzhaus der Athener aus der Ebene heraus. — Die Akanthussäule mit den drei Tänzerinnen.

Wir fahren wieder zurück nach Itea und booten uns ein.

Die Fahrt geht weiter durch den innersten Golf von Korinth. Es öffnet sich ein Blick in die Schlucht des Kanals von Korinth (22 m breit für Schiffe bis 10000 t). — Neu=Korinth. — Blick auf Akrokorinth 575 m.

Olympia

In der Morgenfrühe sind wir in der Bucht von Katakolo. Bahnfahrt über Pyrgos nach Olympia. Nehrungsartiges Schwemmland.

Bimmelbähnchen. Abstieg zur Talebene des Alpheios. Oliven, Wein und Mais. Olympia 45 m über M. Auch hier haben wir einen Menschenschlag vor uns, der rassisch wenig mit dem altgriechischen zu tun hat. Nichts von germanischen, sehnigen, ranken Gestalten mit heller Haut, blondem Haar und blauen Augen, sondern mittelgroße Leute mit blauschwarzem, straffen Haar, wie man sie heute in dem einst antiken Großgriechenland antrifft: braunschwarze Augen, brünette Haut, niedrige Stirn. Der Langkopf und die griechische Nase erinnern allein noch an die altgriechisch=nordische Rasse. — Wir überspringen den Kladeos und befinden uns im alten Nationalheiligtum Griechenlands. Man muß sich fernhalten vom großen Menschenstrom, um von der Stimmung des Orts erfaßt zu werden. Ein ernstes schmales Tal. Zur Linken liegt der Kronoshügel mit einem lichten Hain von Pinien. Vor uns liegt der hl. Bezirk, ein Trümmerfeld, umgeben von einer Mauer. Leicht erkennbar hebt sich der Z e u s t e m p e l (64 × 27 qm) aus ihm heraus, dorisch aus der Zeit von 450, einst 20 m hoch. Eine Zella mit Mittelschiff und sehr schmalen Seitenschiffen, mit Pronaos und Posticum sind gut erkennbar. In ihm befand sich das Goldelfenbeinbild des Zeus von Phidias. Seine G i e b e l d r e i e c k e befinden sich im Museum von Olympia. Im Osten: Apollo, Pelops, Hippodamia, Oinomaos und Frau vor der Wettfahrt; im Westen der Kampf der Lapithen und Kentauren bei der Hochzeit eines Lapithenfürsten. Dort sind auch einige seiner Metopen aufgestellt: Reinigung des Augiasstalles; Herkules und Atlas; Bändigung des kretischen Stiers. . . . In der Nähe des Tempels fand man die N i k e d e s P a j o n i o s, ein Weihegeschenk des Messenier aus der Zeit von 430—400. Auf der anderen Seite liegt das H e r a i o n. Es ist vielleicht der älteste griechische Tempel, ursprünglich ein Holzbau. In ihm stand der H e r m e s des Praxiteles aus der Zeit Alexanders des Großen. Die Rechte hielt wahrscheinlich eine Traube, die Linke den Dionysosknaben. Er steht gleichfalls im Museum. Dahinter liegt das M e t r o o n, der Tempel der Göttermutter. Am Fuß des Kronoshangs liegen die Schatzhäuser. In der Mittellinie der Weihestätte befindet sich der große Z e u s a l t a r (elliptisch, 30 m Umfang). Freigelegt sind außerdem die Palästra (der Ringplatz), das Leonidaion (das Hotel für die Gäste), das Prytaneion (der Speisesaal für die Sieger), das Philippeion (das Siegesdenkmal Philipps von Makedonien über Athen und Theben), die Priesterwohnung (das Heroon), das Buleuterion (das Rathaus). Die Rennbahn dagegen liegt noch im Sand begraben und wird durch uns jetzt ans Licht gehoben. — Das alles hatten die Erdbeben umgestürzt und der Kladeos durch mehrere Überschwemmungen unter Sand und Kies 4—6 m tief begraben. Vorzugsweise deutscher Arbeit, 1875—81 unter Ernst Curtius, ist das heutige Bild zu verdanken. Hier sammelten sich einst im Juli und

August alle 4 Jahre die Völker Griechenlands (von 900 v. Chr. bis 400 n. Chr.) zum Wettlauf, Dauerlauf, Waffenlauf, Ringkampf, Faustkampf, Speerwurf, Diskuswurf, Pentathlon (Fünfkampf), Wagen- und Reiterrennen. Ein Ölbaumzweig war der Siegespreis. — Wir fahren weiter nach Athen mit dem Gefühl, daß etwas in uns Leben bekommen hat, was bis dahin nur ein Schall war.

Athen (I). Konstantinopel (I).

Santorin (Thera)

Seine Entstehungsgeschichte bei der Bildung der Ägäis. Wir fahren in den mächtigen vulkanischen Krater von Santorin ein. Die Kraterwände auf der Innenseite steigen steil 200 bis 300 m auf und sinken ebenfalls steil bis zu 400 m Tiefe unter den Spiegel ab. Das ist auch die die Insel im allgemeinen umgebende Tiefe. Santorin mit seinem inneren Achsendurchmesser von 7 und 12 km nähert sich in der Größe dem Ring des Albanergebirges, das 10 km Durchmesser hat. Santorin ist auch gleichzeitig mit den Großvulkanen bei Rom entstanden. Es ist eine mächtige, wassergefüllte Ellipse, die unser Schiff zum Schluß innen umfährt. Im Zentrum liegt der Auswurfskanal, der von etwa 200 v. Chr. bis 1866 mehrere schwarze Inselchen erzeugt hat und uns daran erinnert, daß er immer noch lebt. — Im Anfang des Tertiärs war Europa mit Asien breit verbunden. Wo sich heute das Ägäische Meer befindet, war damals Land. Durch dieses Land zogen sich die Fortsetzungen der balkanischen Gebirgsketten aus der Karbonzeit. Diese ganze, alte Scholle (Balkan und Ägäis) zerbrach durch den Seitenschub bei der Auffaltung der neuen mittelmeerischen Alpengebirge des Tertiärs (cf Niltal, Jordantal, Oberrheintal, Griechenland). Damals entstand die heutige balkanische Kessellandschaft und auch das Ägäische Meer, durch das die Fortsetzungen der balkanischen Ketten zogen. Da die Erdbewegung auch weiterhin noch andauerte, zerbrachen letztere in Inselzüge. Ihr Verlauf läßt sich aus der Karte erkennen:

    Spartanisches Gebirge: Cerigo, Kreta, Rhodos,
    Gebirge von Argos: Milos, Santorin, Kos,
    Gebirge von Attika: Paros, Naxos,
    Gebirge von Euboea: Andros, Tinos, Samos,
    Tessalisches Ostgebirge: die nördlichen Sporaden, Skyros, Chios.

Im Verlauf dieser gewaltigen Umwälzungen entstand auch Santorin. Der Altgebirgskern der Insel flog größtenteils in die Luft. Die Auswürflinge bildeten den Kraterrand eines sich neu aufbauenden Stratovulkans, der anfänglich unterseeisch war und dann übermeerisch wurde. Durch Brandung und spätere vulkanische Erschütterungen zerbrach der geschlossene Inselring in die Hauptinsel und Therasia. Das Meer drang in den Krater ein. — Die Insel ist trotz der vulkanischen Tätigkeit schon in prähistorischer Zeit bewohnt gewesen. Und dann wieder in der kretisch-mykenischen Periode und in der dorischen Zeit. Aus ihr, etwa aus dem 7. Jahrhundert v. Chr., stammt ein dorisches Pompeji en miniature, das unter dem Aschenschutt gefunden worden ist (Museum von Phira). Dann kamen die Ptolemäer, Römer, Venezianer und nahmen die Insel in Besitz. Von allem legt das Museum Zeugnis ab. — Es steigt mancher hinauf nach der Stadt Pyrgos. Aus Bimstein aufgebaut liegt sie wie ein Zuckerbäckererzeugnis weiß schimmernd hoch oben auf dem Kraterrand. Man lebt vom Anbau und der Ausfuhr von Wein (Malvasier) und von der Ausfuhr von Santorinerde, einer Art Traß, der zu hydraulischem Mörtel bei Wasserbauten (Suezkanal) gebraucht wird. Wasser dagegen muß eingeführt werden, denn das in Zisternen gesammelte reicht nicht aus. Die Rüstigen wird der Eliasberg (567 m), ein Rest des alten Inselkerns, locken; die Aussicht ist sicher umfassend.

Kreta

Die Kreter und ihre Kunst. Seit ein paar Tagen blies ein kräftiger Nordwind. Die Wellen reflektierten an Kreta, diesem 255 km langen, quergelagerten Abschlußriegel des Ägäischen Meers. Die Dünung war so stark, daß unser Lloydschiff zu unserm großen Bedauern davon absehen mußte, in den unzureichenden Hafen einzulaufen. Kreta war der Südrand des besprochenen, untergegangenen ägäischen Festlands, der alten Urscholle mit ihren balkanischen Kettenbögen aus Urkalken. Hier lag einst das Zentrum einer großen Mittelmeermacht. Die Könige von Kreta waren so mächtig, daß sie es nicht nötig hatten, ihre an den Berg angebauten Paläste mit Mauern zu umgeben. Hier haben die Archäologen eifrig gearbeitet und gefördert: Freitreppen, Propyläen, Thronsäle, Hallen wie die der Doppeläxte, Säulenhöfe, Schatzkammern, Magazinräume, Baderäume. Hier fand man Tragsäulen, die merkwürdigerweise nach unten keilförmig ausliefen. Man scheint diese Form damals schon als vorteilhaft zur Abschwächung von Erdbebenwirkungen erkannt zu haben. Nicht nur ihre Technik, sondern auch ihre Kunst stand auf hoher Stufe. Sie versuchten sich in ihren Stierfangbildern sogar in der Erfassung des Momentanen. In ihren Soldatenbildern kommt durch skizzenhafte und starke Übersteigerung ein köstlicher Humor zum Ausdruck. Auch die goldenen Gesichtsmasken in Mykene scheinen von ihnen zu stammen. Und ebenso stand das Kunsthandwerk auf hoher Stufe: Dolchklinge mit Gazellenjagd. Es ist nicht unwahrscheinlich, daß diese Kreter die Vorhut der aus dem Norden vorbrechenden Völker waren. Sie standen zu den Sumerern (4000) und Ägyptern (3000) in Beziehungen.

Tripolis

Nun ging es quer durch die Syrte nach Tripolis. Die Italiener unter Mussolini haben sich hier große Verdienste erworben. Tripolis ist unter den mittelmeerischen Hafenstädten eine Schönheit. Schöne Quais, schöne mit Palmen und Blumen geschmückte Strandpromenaden. Eine rote Asternart mit dicken, saftigen Blättern blüht in Mengen. Man sah sie auch in den feuchteren Stellen des Dünensandes auf der Fahrt nach Leptis Magna. Es gibt hier eine Menge schöner Häuser im aufgelockerten, leichten, arabischen Stil.

Leptis Magna. Es ist 175 km von Tripolis entfernt. Einst war es eine Römerstadt von 100 000 Einwohnern. Besonders Kaiser Septimius Severus (193—211) hat sie begünstigt, denn sie war seine Vaterstadt. Nach dem Sturz der Vandalen gehörte sie zu Byzanz. Dann kam die zwangsweise Bekehrung zum Islam um die Mitte des 7. Jahrhunderts. Und nun wehrte man sich nicht mehr gegen die vordringende Düne. Kismet. Das ist ein für das gläubige Volk verhängnisvoller Glaubenssatz. Alles, was über uns kommt, ist eine Schickung; man muß sich drein ergeben, sagt der Muhammedaner. Man muß sich dagegen wehren, sagen wir. Es ist nur ein Prüfstein, ob du minderwertig oder vollwertig bist; es ist nur eine Aufrüttelung. Auch der verlorengegangene Weltkrieg wurde von vielen und besonders von der Kirche — und das ist sehr bezeichnend — als Schicksal genommen, dem man sich fügen muß. Hitler dachte, Gott sei Dank, nicht so. Auch zur Römerzeit war die eroberungssüchtige Düne da. Aber dieses kraftvolle Volk dachte nicht daran, vor ihr zu kapitulieren und hielt ihr stand. Nicht die Düne ist die Ursache des Untergangs dieser Stadt gewesen, sondern das Kismet. Seit dieser Zeit war sie verschollen. Nach einem Schlaf von über einem Jahrtausend kam Mussolini. Nun steht sie wieder leuchtend vor uns. Man wandelt über römische Straßen, von denen eine von 250 Säulen aus Cipollino (graugrüner Marmor und Glimmer) flankiert wird, und über säulenumgebene Märkte; man geht vorbei an römischen Tempeln und Thermen, und an eine Palästra; an einer Rundanlage, die als Verkaufshalle gedient haben soll, und an einer römischen, später christlichen Basilika mit einer Taufkapelle. Alles leuchtet von hellem Marmor, als wenn es soeben neu erbaut wäre. — Nach einem guten Essen im Hotel geht es wieder zurück. Die Straße ist gut asphaltiert, wenn auch stellenweise sandüberrieselt. Das Meer ist in unserer Nähe und zum Teil sichtbar; sein kühlender Atem macht die heiße Luft erträglich. Auf der Landseite regiert die Düne: Sandwellen wie Meereswellen. Ab und an am Wege eine Palme oder ein Eukalyptus mit weidenähnlichen, ledrigen, blaugrünen Blättern und mimosenartigen gelben, stark duftenden Blüten. Je näher wir Tripolis kommen, desto dichter werden die Araberdörfer mit ihren palmenbeschatteten Hauswürfeln. In ihnen wohnen Araber und Neger. Ein enormer Kinderreichtum; eine geringe Sauberkeit. Oft dient als Zaun nur eine riesige, mit zahllosen roten Blüten übersäte Opuntie von vielen Metern Durchmesser.

Italienischer Kolonisationsdrang. Die Italiener sind zwar ein altes Kulturvolk, aber innerlich sind sie jung geblieben. Der Bevölkerungsüberschuß beträgt fast 1 % jährlich. Da zwei Drittel des Bodens nur besiedelbar sind und eine belgische Bevölkerungsdichte aufweisen, so muß ein gleicher Betrag (½ Million) den Wanderstab jährlich ergreifen. Sie treibt nicht der Drang nach dem Fremden in die Ferne, wie es beim nordischen Menschen meist der Fall ist, sondern die bittere Notwendigkeit. Sie wollen gar nicht auswandern, sie wollen nur besser und reichlicher Brot essen, sparen und wieder heimkehren. Das ist um so anerkennenswerter, als es vorzugsweise Proletarier sind. Aber trotz dieses starken Heimatgefühls kehren doch nicht alle wieder. Fast die Hälfte bleibt im Ausland. Das ist wenig, verglichen mit Deutschland. Dennoch ist es ein jährlicher Aderlaß, den kein Volk auf die Dauer ohne Schaden ertragen kann; denn es ist etwa ¼ Million. — Es ist selbstverständlich, daß die italienische Regierung den Prozentsatz der Wiederkehrenden zu erhöhen trachtet. Man siedelt in eignen Bezirken zusammen, wie es die Chinesen und Slaven tun; man hat eigne Gasthäuser, Läden, Zeitungen, Schulen, Spielplätze, Gesang=, Turn= und Sparvereine. Man läßt diese Bezirke vom Istituto Coloniale in Rom beraten und bildete in ihnen Auslandsfaschi (fasci all' éstero), die vom italienischen Konsul und von Generaldirektoren betreut werden. Die Faschi stärken die nationale Widerstandskraft und wachen über die Orthodoxie der Empfindungen. Heute hat jeder italienische Auswanderer in der Schweiz, in Frankreich und anderswo das Gefühl, daß er den italienischen Staat unsichtbar hinter sich hat. Jagden auf italienische Arbeiter als Lohndrücker, wie sie vor einem Menschenalter noch vorkamen, sind heute ausgeschlossen. So wird die Abbröckelung des Italienertums und die Assimilation mit dem Gastland eingeschränkt; der Italiener wird gleichsam gegen das neue Milieu immun gemacht. — Gegen eine solche Art von Einwanderertum kann natürlich von der Gegenseite die Reaktion nicht ausbleiben: Einwandererverbote. So wurde Italien gezwungen, Umschau nach nahen Kolonien zu halten. Die natürlichste Kolonie wäre Tunis, die geographische Fortsetzung Siziliens. Aber die hatte Frankreich sich 1881 einverleibt, indem es sich die damals in Italien herrschende, pazifistische Strömung, den spirito antibellico, zunutze machte. Das hat sich inzwischen gründlich geändert. Der Soldat ist jetzt in Italien genau so angesehen wie in Deutschland und in Frankreich. Auf dieses Tunis, in dem etwa 200 000 Italiener trotz aller französischen Kunstgriffe leben, hatte Italien nach dem Kriege gerechnet. Politische Angstversprechungen wie die Englands in Palästina an Araber und Zionisten oder an die Ägypter. Vor Tische redet man anders (Bande des Bluts, der Sprache, der Geschichte) als nach Tische. — Die Kolonisationsversuche in Abessinien waren damals verlust- und wenig erfolgreich. — Als aber Frankreich Marokko besetzte und sich die Gefahr eines englisch=französischen Mittelmeers abzeichnete, besetzte Italien 1911 entschlossen Tripolitanien und Barka und nahm den Krieg gegen die Türkei in Kauf. Das war eine nationale Lebensnotwendigkeit. Was macht dabei eine Inkonsequenz aus! Im Norden verfocht man gegen Österreich das Nationalitätsprinzip (Trento, Trieste); das wurde sogar als die Mission Italiens zum Nutzen aller unterdrückten Völker proklamiert. Und nun ging man dazu über, es im Süden gegen die Türken zu mißachten. Aber in der Politik ist man um ein Mäntelchen nie verlegen. Man gab vor, auch das sei ein Befreiungskrieg der Araber von der Barbarei der Türken. Und man tat sehr überrascht, als diese handgreiflich bewiesen, daß sie nicht befreit werden wollten und daß ihnen der muhammedanische Türke immer noch lieber sei als der katholische Italiener. Der Krieg verlief natürlich zu Gunsten Italiens. Die übrigen Mächte sahen zwar scheel, hinderten jedoch nicht merklich. Aber das brennende Auswandererproblem war damit nicht gelöst. Man hatte ein Stück Wüste und nur spärlich Siedlungsland gewonnen. Und die Menschen darauf waren renitent; sie wollten sich nicht assimilieren; sie lehnten die höhere Kultur Italiens ebenso ab wie die Frankreichs. Dennoch hat Mussolini allmählich eine wertvolle Position daraus gemacht und sich sogar Sympathien in der arabischen Welt erworben, die noch gute Früchte tragen können. Der Italiener versteht das Kolonisieren zweifellos besser als der Franzose. — In diesem Jahre ist es endlich dem Wagemut Mussolinis gelungen, eine große, wertvolle Kolonie allen Widerständen der kolonialgesättigten Weltmächte zum Trotz zu erobern: Abessinien.

Malta

Es ist eine der stolzesten Sperren des meerbeherrschenden Albions. Ein 225 m hohes, eozänes Kalksteinplateau, das nach S und SW steil und unzugänglich abfällt und nach NO, nach La Valetta, sich senkt, umschließt den geräumigen, imponierenden Hafen für die gesamte englische Mittelmeerflotte. Es hat zwar nur die Fläche (275 qkm) eines kleinen deutschen Fürstentums, ist aber dennoch für England von unersetzlichem Wert. Es ist Proviant- und Tankstelle für alle Schiffe auf dem weiten Weg nach Port Said und Indien. Dem heutigen Italiener, dem Erben des Imperium romanum, ist es natürlich ein Dorn im Auge. Flugbomben und Unterseeboote sind gefährliche moderne Erfindungen. Vielleicht erinnert man sich, daß es noch einen anderen Weg nach Indien gibt. Die italienische Freundschaft steht heute hoch im Kurse. — Die Bevölkerung ist vorzugsweise rassisch sowohl wie in der Sprache italienisch. Daneben ist ein arabischer Einschlag vorhanden. Die Männer sind mehr nordisch kräftig, rank; die Frauen mittelgroß, mit slavischen, weichen Gesichtern, füllig, matronenhaft. Gegen die Glut des vom Mai bis August wolkenlosen Himmels schützen sie sich durch einen Schleier in Segelform (Fischbeinsegel). Ihre Kleidung ist nicht weiß, wie wir aus dem Norden geneigt sind es anzunehmen, sondern schwarz. — La V a l e t t a ist eine sehr ruhige und saubere Stadt. Die Straßen sind gut makadamisiert. Die Häuser sind ziemlich hoch, das Dach flach, die Fassade stammt aus dem Renaissancestil, ihre Farbe ist meist gelb. Der Palast des Gouverneurs, der ehemalige Sitz des Ordensmeisters der Malteser (früher Johanniter, Kreuzritter), hat einen geräumigen, baumbestandenen, schönen Hof. Auch die Kathedrale mit zahlreichen Adelstafeln ist sehenswert. — Die Bewohner lieben wie die Italiener im allgemeinen die Spazierfahrt. Es gibt daher eine auffallend große Zahl von Carrozzetten mit übergespanntem Schirm, viersitzig. Die Pferde tragen zum Schmuck am Kopf Federbüsche und an der Seite Roßschweife. Es ist etwas Festliches, in ihnen zu fahren. Zwar sind hohe Bäume infolge der starken Stürme selten (Johannisbrotbaum), aber dafür haben die Malteser öffentliche Gärten mit reichem Blumenschmuck: Stockrose, Baumwollstaude, Bougainvillie, Palme, Erythroxylon, Oleander, australische Ericacee, hellgelber Mohn, Pelargonie, Petunie.

Catania, Taormina, Messina (cf II).

Im griechischen Theater von Taormina mit hohem, römischen Bühnengebäude wurde ein Vers von Dante und ein Lied vorgetragen. Auch in den oberen Rängen, dicht an der Mauer für die Schutzsegelmasten hörte man jedes Wort und jedes Piano deutlich. Eine ausgezeichnete Akustik. — Auf der Terrasse von Hotel Domenico schmeckt Kaffee und Kuchen noch immer über die Maßen gut.

Neapel (cf II), **Genua** (cf II).
Naumburg

D e r N a u m b u r g e r D o m. Nach alter Gewohnheit mache ich auf der Heimkehr wieder Rast bei einer unserer vielen deutschen Schönheiten. Diesmal gilt mein Besuch den Naumburger Plastiken. Sie sind einzigartig und überragen alles an Ausdruckskraft und in der einheitlichen Form. Auch seine Architektur ist interessant.

Ich stehe schon morgens auf dem Georgenberg. Der Dom liegt am Fuß dieses Burgbergs. Ein feiner Nebel hüllt Landschaft und Dom ein. Die silbergrauen Nebelmassen streiten mit den Steinmassen des Doms besonders mit denen der Westtürme. Diese verlieren dabei besonders in den schon architektonisch aufgelockerten, oberen Stockwerken an Masse und werden durchsichtiger, silhouettenhafter. Was der Baumeister erstrebte, die Steinmassen zu besiegen durch größere Fensteröffnungen und tambourartige Auflockerung der Kanten, die Gunst dieser Stunde vollendet es. Wie phantastisch wirken die romanischen Wasserspeier mit ihren Tier- und Menschengestalten im Nebel in der Nachbarschaft der aufgelösten Turmkanten! — Im Gegensatz zu diesen beiden Türmen, die vorwärts blicken in die gotische Zeit, in der man die Materie, den Stein, negierte, blicken die Osttürme mit ihren später aufgesetzten barocken Spitzen in die Vergangenheit, in die romanische Zeit, wo man den Stein mit seiner Wucht bejahte. — Auch das Schiff zeigt die Merkmale des Übergangs. Im allgemeinen ist die Architektur romanisch: quadratische Hauptjoche, ¼ quadratische Nebenjoche, Säulenbündelpfeiler; keine Empore, sondern eine kahle, ernste Hochwand. Nur in den Apsiden mischen sich gotische Klänge ein. An die Stelle der beiden romanischen Apsiden sind zwei gotische Chorabschlüsse getreten: der Priesterchor, erhöht, mit dreiteiligen, verhältnismäßig großen Polygonfenstern; der früher entstandene Stifterchor mit zweiteiligen, aber auch ziemlich großen Fenstern. Unter dem Priesterchor liegt die Krypta. Beide Chöre sind durch Lettner vom Schiff getrennt. Die Raumschönheit des Dominnern ist daher gering. — Das alles sind Dinge, die mehr entwicklungsgeschichtlich interessieren, und die man auch anderswo z. B. in Bamberg sehen kann. — Der Dom enthält aber eine einzigartige Schönheit, vor der wir nun stehen. Es ist das die **Crucifixusgruppe** am Eingang des Stifterchors. Sie ist wahrscheinlich 1249 entstanden. Wir stehen hier vor einem der vielen unbekannten deutschen Meister, die ein Problem gelöst haben (die Einheit zwischen Baumeister und Bildhauer, zwischen Architektur und Plastik), um das sich fast 3 Jahrhunderte später der große Meister Michelangelo in der Capella bei Principi in Florenz gemüht hat. Wir brauchen die beiden Werke nur zu vergleichen und werden dann dem deutschen Meister den Preis zuerkennen. Den Rahmen für den Schlußakt des Christusdramas bilden die Vertikalen und Horizontalen des Portals, die sich im Gleichgewicht halten. — Vom Mittelpfosten hebt sich der anfangs reliefartige und dann an Plastik gewinnende Körper Christi ab; im Kopf wird er von vollendeter Plastik; die Arme sinken dann wieder zum Relief herab und leiten zu den Händen der Vollplastiken von Mutter Maria und Johannes über. Die Einheit der drei Körper (Gefühlseinheit und plastische Einheit) ist dadurch hergestellt. — Die Hauptsache ist aber die Darstellung der Schmerzensgewalt. Sie kommt in den Gesichtern, im Körper und im Gewand zum überwältigenden Ausdruck. Sie sind zur Belebung durch Licht und Schatten tief gefurcht. Christus: Augen, Brauen, Haupt- und Barthaar, Dornenkrone, dornenzerrissenes Gesicht, halbgeöffneter Mund; Maria: der beherrschte Schmerz im Gesicht, die Gewandfalten wie ein herabrinnender Tränenstrom; Johannes: kontrapostische Drehung im Ringen um Fassung. — Wie weit ab steht diese Gruppe von der Laokoon-Gruppe mit ihrer lauten Dramatik; wie weit ab selbst von dem gebändigten Zorn des Moses und von dem in Verzweiflung sterbend zusammensinkenden Sklaven Michelangelos! Bei beiden Werken Michelangelos steht Plastik und Schönheit und Belebung an erster Stelle, das Seelische dagegen an zweiter. Umgekehrt steht bei unserem deutschen Meister das Seelische an erster Stelle. Nichts von Muskelgewaltigkeit, nichts von Schönheit. Er will nur das ungeheure, körperliche und seelische Leid zeigen und eine wie große Kraft zum Leiden auch im zarten Körper wohnt.

Diese Gruppe, der Schluß des Erlöserdramas, wird verbunden mit seiner Entwicklung im Relief darüber durch den durchstoßenden Giebel. Ein F r i e s stellt in sieben Metopen die Passion Christi dar. Es ringen in ihm zwei Formen um die Oberhand: die mittelmeerische Renaissanceform und die nordische Form, also Plastik, Klarheit und Ruhe gegen Raum, Verunklarung und Bewegung. Es spielt sich zwischen den Meistern dieses Friesbandes ab, was sich etwa 10 Jahre nach 1249 zwischen Nicolo Pisano, dem seiner Zeit weit voraneilenden Herold des Renaissancestils, und seinem Sohn Giovanni abgespielt hat, der dem noch herrschenden nordischen Stil in Pisa treu blieb. Wir erkennen daraus mit Stolz, daß der nordische Mensch mit seinem andersgearteten Kunstideal in Italien auch nach dem Niedergang der Hohenstaufen und nach seinem politischen und wirtschaftlichen Sturz die geistige Führung in der Kunst dennoch behalten hatte. Nicolo Pisano hat sich tatsächlich erst ein Jahrhundert später in Italien durchgesetzt.

D a s A b e n d m a h l. Es erinnert im Aufbau an Sta Maria delle Grazie: die Handelnden sitzen auf einer Seite der Tafel, Christus nahe der Symmetrieachse; nur Judas sitzt mit abgewendetem Gesicht auf der Vorderseite. Im großen ganzen Flächenstil, Renaissancestil (cf I Mailand). Wir denken vergleichend an Menzels Tafelrunde in Sanssouci (Raum- und Lichtkunst). — J u d a s e m p f ä n g t d a s B l u t g e l d (schon in 2 Ebenen, Überschneidungen, Verzahnung der Figuren, Ver-

unklarung, Seelisches: die Zweifelsnot des Judas). — Die Ge=
fangennahme (3 Ebenen, Verunklarung, Tiefe). — Petri Ver=
leugnung (das geteilte Feld). — Das Verhör (3 Ebenen). —
Geißelung. — Kreuztragung (gereckte Gestalten; Bewegung
aus der Tiefe, Tiefenstil).

Der Stifterchor (1249—60). Auch hier ist die Einheit zwischen
Architektur und Plastik vorhanden. In der Geraden: architektonische und
plastische Ruhe und gewichtigere Doppelfiguren (Ekkehard und Uta,
Hermann und Regelindis); am aufgelockerten Teil des Polygons archi=
tektonische und plastische Bewegung: Einzelfiguren als Träger eines
Dramas.

Man wird auch diese Kirche mit dem beglückenden Gefühl verlassen,
daß wir Deutschen auch in der Plastik zu den Ersten in der Welt der Kunst
zählen; daß unsere Kunst höher steht als die mittelmeerische, denn unser
Ziel steht meines Erachtens höher: Erschütterung des Beschauers. (Ethik
gegen Ästhetik.)

IV. Spitzbergenfahrt

Bremen

Diesmal geht es nicht an die Küste des azurblauen Meers, sondern in die Nebelmeere des Nordens. Die Spitzbergenfahrer sammelten sich dazu in Bremen. Die Aller begleiten im Norden vor der Einmündung in die Weser Dünen, die zu ihr zungenartig auslaufen und zwischen sich mooriges Land einschließen. Auf solch einer Dünenzunge mit scharfem Rand, Brim, wurde Bremen gegründet. Man sieht einem großen Teil der Innenstadt noch heute die frühere Beengtheit des Raums innerhalb Wall und Graben für seine verhältnismäßig große Menschenmenge an. Moore in Verbindung mit einem Fluß waren zur Gründungszeit, zur Zeit der Karolinger, für die Verteidigung von großem Wert. Hamburg fehlte ein solcher Schutz und daher war es von den Normannen zerstört worden. — Händler und Kaufleute waren die Bremer immer. Sie wurden später auch noch Kolonisatoren. 1158 wurde Riga von ihnen gegründet. Von der Wohlhabenheit jener Zeit spricht der Dom. Es ist das schönste Kunstdenkmal, daß die damaligen Herren der Stadt, die Erz=
bischöfe, erbauten. Die Westtürme sind von imponierender Höhe. Sie sind noch wenig aufgelöst. Zwischen ihnen steht das schöne Katharinenrad. Ein prachtvoller Vierungsturm mit Zwerggalerienkette, der aber jetzt nach der Stilwandlung innen wenig zur Geltung kommt, ziert das Schiff. Die geistlichen Herren bauten im schon gelockerten, spätromanischen Stil (Anerkennung der Materie; ihre Beherrschung durch Gesetz; Mystik durch Dunkel). Das Wachstum der Bevölkerung erzwang Ende des 14. Jahr=
hunderts eine Erweiterung des Doms. Jetzt war der spätgotische Stil (Überwindung der Materie; Freiheit; Mystik durch farbiges Licht) herr=
schend geworden. Die Art, wie man beide Stile miteinander verbunden hat, ist die Schönheit des Bremer Doms (93 × 40 × 31 m). Man durch=
brach die nördliche Hochwand und gab dem nördlichen Nebenschiff Breite und Höhe des Mittelschiffs. So wurde aus der Basilika, aus der auf den Hochaltar und auf Ruhe gestellten Schönheit, eine Halle: eine auf die Peripherie und auf Bewegung gestellte Schönheit, eine breite Raumschön=
heit mit glühenden Fenstern und farbigen Wänden. — 1276 wurde Bremen Hansestadt. Auch für Bremen kam nach den Kreuzzügen die Zeit der politischen Machtkämpfe zwischen Bischof und Bürgertum (1281 bis 1291). Die erzbischöfliche Bevormundung wurde gebrochen. Dem zum

Zeichen setzte man die Statue des R o l a n d so, daß er sein Gesicht trotzig dem Dom zuwendete. Von jetzt an wurde über Leben und Tod von der Bürgerschaft entschieden. Das 15. Jahrhundert war die Zeit hohen Glanzes. 1405—10 wurde das R a t h a u s gebaut. Hier sind Gotik und Renaissance vereint. Gotisch ist die Aufgelöstheit der Wand durch Fenster und Lauben, durch das hohe Dach und die Stufengiebel. Auf die Renaissance verweist die Betonung der Horizontalen (Fries und Dach= balustrade und Plastiken). Innen weite Repräsentationsräume; unten der berühmte Ratskeller, den Wilhelm Hauffs Phantasien poetisch ver= herrlicht haben. — Dann verdüsterte sich plötzlich die lichte Situation. Die deutsche Herrschaft an der Ostsee wurde gebrochen. 1410 Niederlage des deutschen Ordens bei Tannenberg. Und dazu kam, daß der Welt= handel durch die Entdeckung Amerikas nach Westen gerichtet wurde. Eng= land stieg. Aber die Bremer waren beweglicher als die Lübecker. Sie schickten sich in die neuen Verhältnisse und übernahmen die Einfuhr von Kolonialwaren über Holland (Zucker, Tabak). Sie knüpften Beziehungen zu den Vereinigten Staaten von Nordamerika; sie betrieben die uns so schädliche deutsche Auswanderung. — Auch einer neuen Gefahr wußten sie zu begegnen. Durch die Versandung der Unterweser wurde Bremen immer mehr vom Meer abgeschnitten. Schließlich gelangten nur noch Schiffe mit 2 m Tiefgang bis Bremen. Da erwarb ihr genialer Bürger= meister Smidt von den Hannoveranern das Gebiet um Bremerhaven an der Einmündung der Geeste in die Weser und baute es zu einem großen Exporthafen aus (Hafenbassins, Docks, Lagerhäuser). Seit 1857 baute der Norddeutsche Lloyd seine zahlreichen transatlantischen Dampfer nach Nord= und Südamerika, nach England und nach dem Mittelmeer. Bremen wandelte den einengenden Gürtel der Wälle und Gräben in Promenaden um. — Doch ohne Rückschläge geht es nirgend ab. Im Juli 1931, als ich nach Spitzbergen unterwegs war, traf Bremen ein schwerer Schlag durch den Danat=Bankkrach.

In der Lloydhalle versammeln sich die Fahrtteilnehmer. Ein Extrazug führte sie nach Bremerhaven (70 km). Die Eintönigkeit der norddeutschen Moorlandschaft umfing uns. Die Zollformalitäten waren rasch und oberflächlich erledigt. Gegen Sonnenuntergang waren wir auf dem Weg nach Schottland.

Am nächsten Vormittag lagen wir vor Leith, dem Hafen von Edin= burgh. Durch Leichter kommen wir aus der Dünung heraus ans Land. In Autos ist die geringe Strecke (5 km) nach Edinburgh bald zurückgelegt. Man wirft einen Blick auf die imposante Firth of Forthbrücke (4 km lang, 63 m hoch). Die Müngstener Brücke, welche über den hundert Meter tiefen Spalt zwischen Solingen und Remscheid führt, hat 107 m Höhe bei 471 m Länge. Man sieht viele Weatend-Häuser, Einfamilienhäuser mit Vorgärten, und viele Wohltätigkeitsanstalten. Es ist das ein schönes Zeichen dafür, wie eng sich der englische Arbeitgeber mit seinem Arbeiter verbunden fühlt. Der getreue Mitarbeiter oft durch ein langes Leben steht ihm näher als entfernte Verwandte ohne innere Beziehung. Dennoch, und das gibt zu denken, ist der englische Arbeiter unter jüdisch beeinflußter Führung (Labour-Party) und vertritt noch heute internationale Interessen; er stand infolge politischer Vernebelung sogar noch im Mai 1937 auf der Seite der Kommunisten im spanischen Bürgerkrieg und auf Seiten der Sowjets. Die Suggestion ist die stärkste Kraft, über die die Menschheit verfügt. Millionen kann man durch sie spielend lenken.

Edinburg

Die Straßen von Edinburg sind festlich geschmückt. Der König ist zu Besuch gekommen. Das Königshaus ist in Schottland beliebt. Dagegen sind die Beziehungen zwischen England und Schottland etwa von der Art, wie sie früher zwischen Preußen und Bayern bestanden. Man denkt an den Dritten im Bunde, an den Iren. Seine Gegensätzlichkeit gegen den Briten kann man wohl kaum anders als Haß bezeichnen. Es kommt einem zum Bewußtsein, daß auch Großbritannien ein Konglomerat von Völkern ist und daß es im Grunde von einer fremden Oberschicht regiert wird, welche die wirtschaftlichen und Suggestivmittel überwiegend in seinen Händen hält wie bei uns in Deutschland vor dem Weltkrieg. Auch an seine Pforten pocht mit ungestümer Faust das Schicksal, das für uns Deutsche nicht mehr eine okkulte, sondern eine biologische Macht ist. Das Rassengefühl der Völker ist geboren und wächst: das der indischen, arabisch-semitischen, schwarzen und mongolischen Völker. Es türmen sich drohende Wolken auf für alle inhomogenen Staaten. Mit unseren, durch Leid geschärften Augen sehen wir das Menetekel auch an der Wand des großbritannischen Weltgebäudes. Gewiß, die Gefahr ist hier geringer als in Frankreich und weit geringer als im germanisch-ligurisch-arabischen Spanien, wo der Bolschewik schon Fuß gefaßt hat. Aber sie ist da. Wird England erkennen, daß es nicht so sehr auf ein paar Rohstoffkolonien und auf die Herrschaft im Mittelmeer ankommt, als auf ein friedliches Abkommen mit Deutschland und Italien, daß es dagegen lebensnotwendig ist, von den destruktiven Methoden der Bolschewiken abzurücken, um sich die Hände frei zu machen für eine grundlegende Reform im Sinne des Nationalsozialismus. Wird England in sich noch genug Kraft haben zu diesem Goetheschen „Stirb und Werde"? Das ist seine Schicksalsfrage.

Edinburg (mit Leith 420 000 Einwohner). Es ist eine kühle, nordische Schönheit, diese Hauptstadt Schottlands. Von allen Seiten sieht die noch unbezwungene Natur in sie hinein. Drei Höhenzüge durchziehen sie von Osten nach Westen. Der mittlere trägt in 117 m Höhe das die Stadt beherrschende Castle, das alte Schloß, mit düsteren Mauern und Wachttürmen. In ihm gebar Schottlands unglückliche Königin Maria Stuart ihren Sohn, den späteren König von England, Jakob I (1603—49). Heute ist der Ort geweiht durch die Erinnerungskapelle an die im Weltkrieg Gefallenen. Der Höhenzug trägt weiter östlich noch ein anderes Schloß der schottischen Könige Holyrood, in dem Darnley 1566 den Geheimsekretär Marias ermorden ließ. Der südliche Höhenzug endet mit dem basaltischen Arthurs Seal, 251 m. Der nördliche mit der Akropolis von Edinburg, der Calton Hill (107 m), trägt die Sternwarte und eine unvollendete Nachahmung des Parthenons und ferner Erinnerungen an Waterloo, die Nelson-Säule und andere Denkmäler. Von den beiden eingeschlossenen Tälern war das nördliche mit einem See, dem Loch North, gefüllt, der entwässert und in ein Gartengelände umgewandelt wurde, den Princes Garden. Parallel mit ihm läuft die vornehme Princes Street mit zahlreichen Denkmälern, z. B. für Walter Scott, Wellington, Livingstone. Viadukte und ein Damm, auf dem die Nationalgalerie steht, verbinden die drei Hügelreihen. Neben dem Glanz der Hauptstraßen stehen die Arbeiterviertel mit engen Straßen und sehr hohen Häusern. — Der Nachmittag wird ausgefüllt durch einen Ausflug nach Peibles, einem vornehmen Weakendhotel mit schön ausgestatteten Zimmern, Badeeinrichtungen, Speiseräumen, Spielplätzen. Diese Autofahrt von einigen Stunden gibt uns ein Bild der melancholischen Heide- und Moorlandschaft Schottlands. Es ist die unwirtliche, kahle, fast baumlose Hochebene eines alten Gebirges (Granit, Gneis, kristallinische Schiefer, Urtone, Urkalke).

Färöer

An den Orkney- und Shetlands-Inseln (Scapa Flow) vorüber geht es nach den Färöer-Inseln. Hauptort Thorshavn mit 2900 Einwohnern. Wir befahren einen Ausläufer des Golfstroms. Er macht sich kenntlich durch seine blaue Färbung. Es ist, als ob der Himmel vom reinsten Ultramarinblau ins Meer gefallen wäre. Auf Tausende von Meilen flutet dieser azurne Strom majestätisch vom Äquator zum Pol. Nahe der Kraftquelle im Mexikanischen Golf zwischen Florida und Kuba hat er bei 37 km Breite eine Geschwindigkeit wie der Rhein bei Mainz (6 km Stundengeschwindigkeit). Nach Norden wird er breiter und langsamer und gabelt sich mehrfach. Seine Wirkung ist außerordentlich groß. Auch wir in Deutschland verspüren sie durch die Westwinde, die über ihn hinwegstreichen. Noch bei Färöer ist die Golfstromwärme etwa + 7° C.

Der Polarstrom an der grönländischen und amerikanischen Küste dagegen zeigt — 36° C. Diese Temperaturdifferenz macht diese beiden benachbarten Gebiete zu den Ursprungsstätten der großen Wirbelwinde, welche nach Europa treiben, der linksdrehenden Minima, Tiefdruckgebiete, Zyklonen, und der rechtsdrehenden Maxima, Hochdruckgebiete, Antizyklonen. Dieser Golfstrom allein gibt den Inseln milde Winter und kühle Sommer, so daß Gerste und Kartoffeln noch gedeihen und Schafe und Pferde im Freien überwintern können. Man muß daran denken, daß wir uns unter dem 62. Grad nördlicher Breite befinden, also 2 Grad nördlicher als die Südspitze von Grönland, und daß wir nur 4½ Grad vom Polarkreis entfernt sind. Dazu ist er es, der das Meer reich an Nahrung für die Vogelberge und für Dorsche und kleine Grindwale macht. Sie alle wieder bilden die Existenzgrundlage für den Menschen, der schon im 9. Jahrhundert aus Norwegen hierher eingewandert ist. Die Verkehrssprache ist daher heute noch altnordisch und dänisch; die Sprache vor Gericht und von der Kanzel ist nur dänisch, denn seit 1380 sind die Färöer dänischer Besitz. Das Land ist vulkanischer Natur mit Höhen bis 900 m und hat 300 m hohe Steilküsten. Hier erreichte uns die niederschlagende Botschaft vom Danatbankkrach in Deutschland.

Island

Wir überqueren den Golfstrom, der den Osten von Island bespült und kommen ins Gebiet des Polarstroms. Wir nähern uns Island, einem der Restteile des untergegangenen Urkontinents Atlantis. Island ist über 100 000 qkm groß, was der Größe von 1¼ Bayern entspricht.

Es scheint mir hier der rechte Ort, von der Geschichte der Atlantis, die noch so manchem ein Märchen zu sein scheint, zu sprechen. Es wird aus guten geologischen Gründen angenommen, daß am Schluß der archäozoischen Periode, also am Beginn des Kambriums, die Urkontinente (Atlantis und Gondwana) dem Urmeer entstiegen seien. Bis dahin hatte der unbegrenzte Ozean allein geherrscht und in seinem Grunde auf der granitenen Rinde im noch heißen Meer Gneise und Glimmerschiefer in einer Mächtigkeit von etwa 30 km durch Auflösung des Granits gebildet. Schätzt man mit Haeckel die Zeit der gesamten organischen Entwicklung auf unserem Erdball auf 100 Jahrmillionen und setzt diese gleich einem Schöpfungstag von 24 Stunden, so waren im Kambrium 12 Stunden, d. h. der halbe Erdentag vergangen. Dieses Erdbild aus zwei Urkontinenten und zwei Meeren, dem Großen Ozean und einem Mittelmeer zwischen den Kontinenten, überdauerte die erste Faltung der Erdrinde, in der die karbonischen Alpen emporstiegen (cf I Oberrheinische Tiefebene).

Es blieb bis zur zweiten Faltung der Erde infolge erneuter Kernschrumpfung, also bis Mitte und Ende des Tertiärs, also bis zum Auftreten des Menschen gegen den Schluß der 24. Stunde des Haeckel'schen Erdentages. Erst in dieser letzten Viertelstunde begann die zweite Erdfaltung und zerbrach infolge des neuen ungeheuren Seitendrucks nun auch die beiden Urkontinente. Atlantis zerfiel in Nordamerika, Grönland, Island, Spitzbergen und Skandinavien. Die heutigen tiefen Meere dazwischen bildeten sich aus den Bruchfeldern, welche untergesunken waren. Auf den Bruchspalten drangen ungeheure Lavamassen empor. Während dieser Erdrevolutionen entstand die Atlantikerrasse. Jahrhunderte rang sie um den unter ihr entweichenden Boden gegen das Meer und gegen die vulkanischen Kräfte. Als aber das Inlandeis der Eiszeit dann alles Leben unter sich begrub, begann die große Atlantikerabwanderung nach Frankreich, Deutschland und donauabwärts nach dem Kaukasus, — nach Spanien und um Afrika, — und durchs Mittelmeer nach Osten.

Die Faktoren, die das heutige Island gebildet haben. Island ist einer der stehengebliebenen Kontinenthorste aus dieser gewaltigen Zeit des Zusammenbruchs der Atlantis. Es wurde von gewaltigen Spalten durchkreuzt, aus denen glühende Massen empordrangen. Dann folgte dem gewaltigen Kräfteverbrauch infolge Erdfaltung und infolge Wärmeabgabe durch die vulkanischen Ausbrüche eine Erschöpfung und Kälteperiode, eine Vergletscherung. Dieser Geschichte entspricht der Aufbau Islands. Einer Hochebene von 650—1000 m (die Schweiz 4—500 m) sind Lavaplateaus aufgesetzt (Schneegrenze 870 bis 970 m); und sie wiederum werden von Eis- und Schneefeldern überlagert, denen Gletscher zur Hochebene entströmen. Während der Eiszeit lag natürlich alles unter einem mächtigen Eispanzer, wie das in Grönland noch heute der Fall ist. Die Alfred-Wegener-Expedition (gest. November 1930) hat durch wissenschaftliche Messungen (Bestimmung der Schallgeschwindigkeit in Eis, Sprengungen und Echolotungen) bis 3000 m Eispanzertiefe hier festgestellt. — Beim Rückzug nach dieser Eiszeit hinterließen die in Island zurückweichenden Gletscher ihre Grundmoräne aus Gletscherlehm und erratischen Blöcken. — Ein solches Bergmassiv aus Urscholle, Lava und Gletscherdecke, der Eyjafjalla-Jökull (1700 m), ist der erste, der uns einen Gruß sendet. Ein anderer, der höchste Jökull (Pl. Jöklar) Islands liegt im Südosten. Es ist das der Vatna Jökull (Klofa Jökull) von 2000 m Höhe, der eine Fläche von über 8800 qkm bedeckt, was einem Fünftel der Schweiz entspricht oder der gesamten Größe der Schweizer Firnfelder. Im Südwesten des Landes liegt der bekanntere Hekla, 1600 m. Die Jöklar der Mitte Islands und seines Nordens sind nicht so mächtig und hoch. Insgesamt bedecken die Gletscher 13 000 qkm, was einem Drittel der Schweiz entspricht. Um sie herum ist Lavawüste, Moräne und Tundra. Trotz dieser Vulkane und trotz der Nähe des Golfstroms hat das Inland Polarklima. Nebel, Stürme, Unwegsamkeit, Trostlosigkeit kennzeichnet dieses Land des Eisriesen. Den Gletschern entströmen kurze Flüsse mit gewaltigen Wassermassen. Raum zur Ansiedlung ist nur in der Nähe der Küste vorhanden. Hier ist das Klima ozeanisch, mild (im Winter + $1°$ C, im Sommer $10°$). Schafe, Rinder und die Shetland-Ponys (klein, großer Kopf, starke Mähne) überwintern draußen.

Gegen Sonnenuntergang (23 Uhr) waren wir bei den Westermännern angelangt, zwei gewaltigen, mit Lavaschichten bedeckten Felsen. Auf den Vorkragungen der Basaltschichten nisteten Tausende von Lummen (mit Starschnäbeln) und Alken (mit Papageischnäbeln) und Seeschwalben verschiedener Art. Die dem Lloyd sehr gewogenen Reykjaviker hatten Leute geschickt, die die Tiere aufscheuchten, um uns ein Bild von ihrer ungeheuren Menge zu geben. Mehrere Minuten lang erfüllte eine schreiende Vogelwolke die Luft. Ein ungeheures, durcheinanderflatterndes Leben. Dieses wimmelnde Leben hatte wohl kaum einer von uns im hohen Norden erwartet. Es war der erste Vogelberg, der uns begegnete. — Die Nacht über lagen wir dann vor Reykjavik in der Rauchbucht. Am nächsten Vormittag wurden wir ausgebootet. Island ist wie die Färöer von Norwegern besiedelt worden, die sich dem Druck ihres Königs Harald Harfager (863) nicht beugen wollten. Schon damals stand ihr ausgeprägter Persönlichkeitsdrang gegen die Staatsallmacht. Der nordische Typus ist daher hier vorherrschend: Langköpfe mit ausladendem Hinterkopf, langes Gesicht, rötliche Wangenfarbe, blondes Haar, strahlende blaugraue Augen, mittelgroße, ranke Gestalten mit elastischem Gang. Daneben tritt ostischer oder finnischer Einschlag auf mit betonten Backenknochen, gedrungener Gestalt und Rundkopf. Es war gerade Sonntag. Auf dem Marktplatz konzertierte eine Kapelle. Die Frauen zeigten ihren Staat. Meist waren sie schwarz gekleidet. Das Mieder war mit Filigransilber reich verziert. Auch in mittleren Jahren trugen sie noch ihr blondes Haar in Zöpfen; den Scheitel bedeckte ein zierliches Häubchen. Sie gaben sich sehr selbstbewußt. Wahrscheinlich waren es vermögende Frauen des Kaufmannstandes. Ganz besonders aber fiel mir der junge Pfarrer auf, der, mit Zylinder und im Talar mit Stuartkragen aus der Kirche kommend, fast kokett daherschritt. — Zweifellos ist ein gewisser Wohlstand vorhanden. Neben dem Woll- und Federhandel wirft der Fischhandel erhebliche Beträge ab. — Die kleinen Häuser der Fischer liegen am Rande der Stadt; sie sind aus Holz gemacht und mit Wiesentorf bedeckt. Um sie herum liegen ein paar Äcker mit Kartoffeln und etwas Wiese für die Schafe. Bäume können gegen die Stürme nicht aufkommen. Selbst die Birke kommt nur in Strauchform vor. Sie hat kleine, rundliche, myrtenartig glänzende Blätter. Daneben sieht man eine Salweidenart und kleinere Pflanzen wie Dryas octopetala (unseren Fingerkräutern, Potentilla, nahestehend), Statice armeria (Grasnelke), Silene acaulis (Lichnelke), Sedum Saxifraga=Arten, Heidelbeeren, Heidekraut, Thymian, Taraxacum, Ranunkeln, Wollgras, Myrica (Gagelstrauch).

Es wurde ein größerer Ausflug zu den Geysirs, den intermittierenden Springquellen gemacht, die aber ihre Wasserkünste nicht zeigten. Dagegen kam man bei der Fahrt an mehreren heißen Bächen von etwa 60° C vorbei, die den isländischen Hausfrauen offenbar sehr willkommen waren.

Es wohnen viele Deutsche in Reykjavik mit seinen 23 000 Einwohnern. Sie besuchten uns mit ihren Freunden abends auf dem Schiff. Von einem Verein wurden klangvolle isländische Lieder gesungen. Natürlich wurde getanzt. Es durfte zwar bei der herrschenden offiziellen Abstinenz kein Alkohol vom Schiff mitgenommen werden. Aber an Bord gab es manche scharfe Ecke. Und die Trennung und die Ausbootung war, als um 2 Uhr im Morgengrauen die Anker gelichtet wurden, stellenweise nicht ganz leicht.

Die Fahrt ging dann an der Westseite Islands entlang. Sie ist durch Fjorde stark aufgeschlossen. Man blickte tief ins Landinnere hinein. Im Hintergrunde der Fjorde bauten sich hohe Gletscherberge auf. Wir hatten auf Schönheit beim Beginn der Fahrt im hohen Norden nicht gerechnet. Wir sind aber allerorten von ihr überrascht worden. Besonders der Isafjord bot fesselnde Bilder.

Jan Mayen

Zur Linken lag in der Ferne, für uns nicht sichtbar, parallel mit der Fahrtrichtung die Grönländische Eisbarriere, die sich nach Norden verbreitert und fast Jan Mayen erreicht. Wir waren jetzt über 66⅔°, also über den nördlichen Polarkreis hinausgelangt. Die Sonne ging für uns nicht mehr unter. Aber vorläufig bemerkten wir das nicht; denn es war dicker Nebel. Wir waren im mare pigrum congelatum, im schwarzen Asphaltmeer (cf II, Genua). Die Situation war von düsterem Ernst. Wir waren vor J a n M a y e n (über 400 qkm), vor dem sagenhaften Thule. Plötzlich ein Windstoß; der Nebel wird zur Seite geschoben; eine grandiose Szenerie tut sich auf: ein auseinandergerissener, homogener Basalttrichter, ein Stück des phantastischen Beerenbergs mit 2500 m Höhe, eine unnahbare, von Getschern umgebene, trotzige, noch nicht bezwungene Bastion der untergegangenen Atlantis, von Nebeln umbraut, von Stürmen umtost.

Spitzbergen

Wir nähern uns dem 80. Breitenkreis. Spitzbergen schiebt sich infolge des Golfstroms tief in die mit Eis verbaute Polarwelt hinein. Nördlich von ihm wachsen die Eisbarrieren von Ostgrönland und Ostspitzbergen zusammen. Unsere „Sierra Cordoba" ist wieder aus dem grünen Polarstrom mit seinen Nebeln heraus und schwimmt auf dem blauen, warmen Wasser des Golfstroms. Der von Süden kommende Golfstrom mit seinem hohen Gehalt an Salz und Sauerstoff und Kohlensäure wird durch die Erdrotation nach Osten abgelenkt und bespült die Westküsten (Europa, Westspitzbergen); der von Norden kommende Polarstrom dagegen wird nach Westen abgelenkt und streicht an den Ostküsten (Grönland, Ostspitzbergen) vorüber. Es sind das analoge, aus demselben Gesetz folgende Erscheinungen wie bei den Passaten (cf Teneriffa II). — Prinz-Karl-Vorland, eine langgestreckte Insel mit Vogelbergen, steigt vor uns auf. Bald sind wir vor den Torwächtern (Cap Mitra und Quad Huul) der Königs- und Kreuzbucht. In erstere fahren wir hinein.

Spitzbergen, der äußerste Nordosten der untergegangenen Atlantis, hat insgesamt 64 000 qkm (Bayern 76 000). Es besteht aus mehreren Inseln. Die Hauptinsel ist Westspitzbergen mit 40 000 qkm, also der Größe der Provinz Brandenburg gleich. Diese Urlandscholle ist mit einer Inlandeisdecke von etwa 100 m Dicke bedeckt, aus der Bergspitzen bis fast 1400 m herausragen. Aus der inneren Eiswüste dringen Gletscherströme zur Küste oder zu den Fjorden an der Westseite. Ihre Fronten sind von imponierender Höhe und Breite. Durch ihr Lasurblau bilden sie eine große, überraschende Schönheit dieser Buchten.

Spitzbergengletscher und alpine Gletscher in Farbe und Spaltenbildung. Dieses Tiefblau erklärt sich durch die Langsamkeit der Gletschereisbildung, wobei die Luft zum Entweichen Zeit hat. Bekanntlich entsteht das Gletschereis durch Druck aus dem Firn, also aus geschmolzenem Schnee. Daher seine Plastizität, die dem Flußeis, das aus gefrorenem Wasser entsteht, fehlt. Die Niederschlagsmengen sind über Spitzbergen im allgemeinen verhältnismäßig gering. Anders in den Alpen. Dort ist der Schneefall im Winter größer und die Schmelzung geringer, im Sommer dagegen ist umgekehrt der Schneefall geringer und die Schmelzung größer. Das Wintergletschereis ist daher lufthaltiger und weißer, das Sommereis luftfreier und grünblau oder blau. Das Alpengletschereis zeigt daher eine Bänderung von Winter- und Sommereis. Sie fehlt dem Gletschereis Spitzbergens. — Auch die Oberfläche der Spitzbergengletscher unterscheidet sich von der der Alpengletscher, wie einige unternehmungslustige Herren trotz Warnung am Gullygletscher konstatierten. Es stimmt das überein mit den Erfahrungen, die ich selbst im südlichen Norwegen am Folgefond (Hardangerfjord) und anderswo machte. Die nordischen Gletscher sind spaltenarm und daher ungefährlicher, denn ihre Unterlage ist eine nur schwach geneigte Ebene. Unsere alpinen Gletscher dagegen fließen wegen des stärkeren Gefälls im allgemeinen schneller und wegen der Muldenform der Unterlage besonders in der Mitte schneller als am Rande genau wie bei einem Flusse. In der Mitte wölbt sich daher der Gletscher wie der Fluß. Die Spannungen durch Druck nach der Mitte und Zug an der Seite erzeugen daher bei unseren Gletschern Längsspalten in der Mitte und Querspalten am Rande. — Diese spitzbergischen Gletscher schieben sich ins Wasser und brechen durch den Auftrieb, durch die Hubkraft des Wassers, in großen Wänden ab; sie kalben. Infolgedessen ist die Front der Gletscher mit kleineren Gletscherkälbern von meist phantastischen Formen und prachtvoll azurblauen Farben besät. — Spitzbergen ist im Norden und im Osten von Packeis und Treibeis umgeben. Bei Ostwind setzt sich das Treibeis in Bewegung und kann auch im Hochsommer die Buchten absperren, in sie eindringen und die Schiffe gefährden.

Königsbucht. Wir fahren bis in den tiefsten Winkel der Königsbucht (20 km tief, 9 km breit) und gehen an der Loveninsel vor der mächtigen Front des Königsgletschers (15 km breit, 100 m hoch) vor Anker. Am nächsten Morgen — denn wir leben auch bei nicht untergehender Sonne in gewohnter Weise — bringt uns das Motorboot ans Land. Es ist eine tundrabedeckte Moränenlandschaft, also voll von Erinnerungen an die große Inlandeiszeit. Manch alten Bekannten aus der isländischen Pflanzenwelt treffen wir hier wieder, trotzdem wir uns mehr als 1500 km (Moskau—Berlin) nördlicher befinden.

Pflanzen, Anpassungserscheinungen. Hier in der Nähe des Gletschers blüht noch Dryas octopetala, gelbe, rote und weiße Saxifraga (Steinbrech), Silene acaulis, Preißelbeere, Hornkraut (Cerastium) und zeigen dieselben Anpassungserscheinungen wie in unseren Alpen: die Stengel schmiegen sich der Erde an oder suchen ganz in ihr Schutz, die Blätter sind klein, schmal, ganzrandig mit glänzender Oberhaut, mit dickerem Palisadenparenchym unter der Oberhaut und oft am Rande eingerollt. Auch suchen die Pflanzen gleichsam bei einander Schutz und drängen sich in dicken Polstern mit ihresgleichen oder anderen zusammen. Ihre Blüten sind zur Anlockung der spärlichen Insekten im dreimonatigen Sommer verhältnismäßig groß. — Wie rapid wandelt sich dies Bild, wenn wir kaum ½ Grad, also 50 km, an die Packeiszone heranrücken! Schon in der Kreuzbucht, also 20 km nördlich davon, ist für die Phanerogamen Kehraus.

Hier erinnern noch einige Reste an die Polflieger Amundſen und Ellyworth (1925) und an Byrd und Amundſen (1926), die den Pol erreichten. Hier hat 1928 Nobile mit der Italia ſeinen Nordflug begonnen. — Ein Steinkohlenbergwerk aus dem Tertiär erweckte nichterfüllte Hoffnungen. Der Kohlenabbau beſchäftigte hier und im ſüdlicheren Eisfjord 1924 über 1700 Arbeiter; jetzt iſt er ſo gut wie eingeſtellt.

K r e u z b u c h t. Noch großartiger iſt die Gletſcherwelt in der Kreuzbucht, in die wir nun einfahren. Wir ankern in der Möllerbucht. Im Oſten ſieht man drei durch Berge getrennte Gletſcher: den Louis=Tenaigre=Gletſcher, den Louis=Mayer=Gletſcher und den Koller=Gletſcher mit Fronten von 1400 m Länge und im Norden den Prinz=Olaf=Berg (930 m) und einen ſterbenden Gletſcher, den Supan=Gletſcher, der das Meer nicht mehr erreicht. Auf der rieſigen Moräne davor bleiben wir bis zum Nachmittag. Ein neues Wunder feſſelt meine Tiſchgenoſſen und mich. Bei einer Wanderung in jungen Jahren über Schnee und Firnfelder vom Geyrangerfjord bis zum Nordfjord und von da zum Romsdal hatte ich lange Birkenzweige auf den Schneefeldern gefunden, deren Stämme im Grunde lagen. Was beſagt aber dieſe Anpaſſungsfähigkeit gegen die der Weiden auf dieſer Moräne, die ganze Wälder bilden. Sie waren dabei alle zu Zwergen von 10 bis 15 cm Größe geworden. Alles Überflüſſige hatten ſie abgelegt im harten Kampf um die Exiſtenz. Die dünnen Stengel trugen außer dem Würzelchen nur ein halbes Dutzend kleiner Blätter. Ihren Baumcharakter hatten ſie vollkommen aufgegeben. Aber ſie trugen ein paar Balgfrüchte. Die Erhaltung der Art iſt das Wichtigſte. Ein Memento für uns Menſchen. Du kannſt auf alles verzichten, aber du mußt „du ſelbſt" bleiben. Das hier iſt ein Gipfel der Anpaſſungsfähigkeit, der nicht zu übertreffen iſt. Man könnte ſagen: das Reſultat dieſer Anpaſſung iſt eine auffällige Vereinfachung der Erſcheinung in Stamm, Blättern und Früchten. Im allgemeinen iſt doch mit der Anpaſſung des Protoplaſten im Kampf ums Daſein eine reichere Ausgeſtaltung, eine Differenzierung, Arbeitsteilung und Spezialiſierung in den Organen und Funktionen im Intereſſe der Vervollkommnung und damit der Höherentwicklung und Ausleſe verbunden. Es fehlen leider dem Reiſenden die Hilfsmittel, um am lebendigen Material nachzuprüfen, ob nicht die Vereinfachung außen durch eine reichere Ausgeſtaltung innen in den Blättern oder zum Schutze der Samenbildung aufgewogen wird.

Am Strande gab es, geſchützt durch das vom Golfſtrom erwärmte Waſſer, in reicher Menge: Grünalgen (fadenförmige Cladophoren und blattartige Algen, vielleicht Ulva), Braunalgen (Laminarien, bandartig, lederig oder palmenblattartig, lederig), Brauntange (Blaſentang Fucus; Schotentang Halidrys) und zarteſte Rottange.

Noch vor wenigen Jahren sollen in dieser Bucht Robben in größerer Zahl vorgekommen sein. Ich habe keinen gesehen. Es muß aber doch noch ein Exemplar da gewesen sein. Denn einige Herrschaften hatten beschlossen, eine Robbenjagd in aller Herrgottsfrühe zu machen. Es handelt sich dabei nur um eine zwecklose Abschießung dieser Tiere. Sie gehen wie ein Stein unter. Nach meiner Überzeugung gehört eine gewisse Verhärtung des Herzens zu solcher Betätigung. Glücklicherweise sickerte das Unternehmen durch. Infolgedessen wurde unser Kapitän veranlaßt, diese Grausamkeit zu unterbinden, wie es in gleicher Weise das norwegische Gesetz und die Menschlichkeit verlangen.

Magdalenenbucht. Am nächsten Tage waren wir in der Magdalenenbucht. Wieder eine Welt des Kolossalen. Wir fuhren am Adamsgletscher und Gullygletscher vorbei, immer mit dem Blick auf den Wagenspurgletscher mit seiner 2 km breiten und 100 m hohen Front. Der blaue Himmel, wie man ihn auch in den Alpen oberhalb der Schneegrenze (2000 m) antrifft, blieb uns treu. Die 800 m hohen Bergspitzen von Gneis und Granit im Norden hoben sich von ihm klar ab. — Es wurde vor dem Wagenspurgletscher eine Tiefe von 500 m gelotet. An der Gräber= halbinsel gingen wir vor Anker und blieben am Vormittag dort. Im Anfang des 17. Jahrhunderts lockte der Reichtum an Walen ganze Fang= flotten mit bis zu 15 000 Menschen während des Sommers hierher. Diese brutale Erwerbsgier hat die reiche Quelle bald zum Versiegen gebracht. Daß sich dabei Engländer und Holländer schließlich die Schädel einschlugen, davon legen die Gräber Zeugnis ab. — Wir hatten das Glück, das Kalben des Gullygletschers zu beobachten. Ein Knistern in der Wand kündigte das Ereignis an; es verstärkte sich und ging schließlich in Donnern über; dann löste sich eine riesige, blauschimmernde Wand ab und stürzte in die Tiefe, eine erhebliche Flutwelle erzeugend.

Immer weiter trägt uns der Kiel nach Norden. Am 23. Juli sind wir im Smerenbergsund. Berge über 700 m und Gletscher wie der Smerenberg= und Fram= und Sverdrup=Gletscher gleiten an uns vorüber. Hier lag Smerenburg, die Transtadt, als zweites Zentrum des Walfisch= fangs. Hier liegt auch Virgo mit seinen Erinnerungen an André 1897 und Wellmann 1907—09. Gier nach Geld und reiner, idealer Forschungs= trieb; romantischer Abenteuerdrang und selbstloser Dienst an der Menschheit; Egoismus und Heroismus; Dreck und Feuer der mensch= lichen Natur setzten hier das Leben ein. — Die Phanerogamen sind ganz verschwunden. Nur noch Mose und Flechten bemalen mit düsteren und schwarzen Farben die Wände der Felsen.

Packeisgrenze, Naturfrieden, gesteigertes Kraftgefühl. Wir nähern uns dem 81. Grad und der Packeisgrenze.

Es fehlen also nur noch 1000 km (Danzig—Köln) bis zum Nordpol. Langsam fährt die „Cordoba" ein paar Stunden an der Grenze des Packeises entlang. Immer wieder stellen wir fest, was wir nicht erwartet hatten: vibrierendes, millionenfaches Leben. Möven und Raubmöven sind in Menge da. Der Braunfisch, eine Delphinart, ein Zahnwal, umspielt uns in Trupps. Der rauschende Kiel unseres Schiffs trägt Schrecken in den Naturfrieden. Nach allen Seiten tauchen Wasserhühner aus der Tiefe und laufen mit den Flügeln über die Wasserfläche, vergessend, daß sie fliegen können. Das Schiff schneidet knirschend den Rand einer Eisscholle, auf der sich, ein Bild des Friedens dieser Polarwelt, eine Robbenfamilie aus Vater, Mutter und zwei sich trudelnden Kindern befinden. Es dauerte lange, ehe die Alten, die uns ganz zutraulich und treuherzig ansahen, begriffen und wegtauchten; aber noch viel länger dauerte es bei den verspielten Jungen. In den meisten Kameras waren sie schon längst eingefangen. — Daß das Ganze nicht harmonisch ausging, dafür sorgt der Mensch. Von uns weit ab an der Packeisgrenze lag ein großer Norweger, der soeben Motorschiffe in der Richtung blasender Walfische absendete. Solche Großschiffe mit Laderampe und Transiederei und solche Fangschiffe, mit Explosivharpunen ausgerüstet, werden schnell die Ausraubung des nördlichen Eismeers von Walfischen vollenden. Zeit ist Geld auch für den Norweger. Doch scheint man sich zu besinnen. Es soll für die Wale eine Schonzeit festgesetzt werden.

Sonst ist alles wunderschön. Niemand wird die Eindrücke dieser Stunden zeit seines Lebens vergessen. Das blaue Meer, denn unter uns ist Tiefsee, also gerade das Gegenteil von dem, was man früher vermutete. Vor uns breitet sich eine ungeheure Eisfläche in weingelber Farbe aus; hinter uns liegen, wie aus Silberfiligran gewoben, entmaterialisiert, die letzten Zinnen von Spitzbergen. Wie Gralsburgen schimmern sie. Das macht die Durchsichtigkeit der Luft. Das Jonische Meer ist schön und auch der jonische Himmel ist es, besonders wenn er abends in grüngelbem, phosphorischem Licht leuchtet, aber diese polarische Breite übertrifft es doch noch durch seine zarten Rokokofarben. Dazu kommt ein Hochgefühl, ein Kraftgefühl, das die Reinheit der Luft, die stärkere Wirkung der ultravioletten Strahlen, der größere Sauerstoff- und geringere Kohlensäuregehalt der Luft und der dadurch bedingte größere Stoffwechsel hervorbringt.

Die Sieben Schwestern. Während wir schliefen, waren wir die gleiche Strecke zurückgefahren. Am Vormittag zieht die „Cordoba" langsam vor den „Sieben Schwestern" vorüber. Es sind sieben große, blaue Gletscher, die von kleineren Bergmassivs getrennt werden. Sie reihen sich auf einer Strecke von 34 km aneinander.

Wir sind wieder in der Nähe der Königsbucht. Plötzlich tönen die Schiffssirenen, die Luft wird fahl und schließlich dicknebelig. Der Wind hat sich gedreht; er weht von Osten und hat die Eisberge von der Ostseite Spitzbergens gegen uns vorgeschoben. Diese Unsicherheit ist auch ein Charakteristikum des hohen Nordens. In ein paar Stunden war auch dieser Spuk vorüber. Aber leider lag auch dieses grandiose Land der farbigen Schönheit und des reichen Lebens hinter uns. Es war nicht das Reich des Todes, wie wir es erwartet hatten, sondern das Paradies des Lebens, wo alles noch harmlos lebt und einander vertraut. Unvergeßlich wird uns das Erlebnis der Mitternachtssonne bleiben; unvergeßlich die außerordentliche Fähigkeit des Protoplasmas, sich im Kampf ums Leben anzupassen; unvergeßlich die wilden Kraftäußerungen des Vulkanismus, die den Glauben an den Untergang eines Kontinents (Atlantis) gestärkt haben und den Glauben an eine Rasse, die im verbissenen Kampf mit den Schrecken der Natur höchste Werte in sich entwickelt hat.

Bäreninsel

Dann zieht die sonst meist im Nebel unsichtbare Bäreninsel klar an uns vorüber. Ihre Sandsteintafelberge, z. B. der Elendsberg, übersteigen 500 m nur wenig. Im Süden kamen wir an Vogelbergen (424 m) vorbei. Die Bäreninsel steht sowohl nordwärts mit Spitzbergen als auch südwärts mit Norwegen durch untermeerische Ausläufer in Verbindung. Das ist der Rest der alten Verbindung der Atlantis mit Norwegen. Die Norweger haben daher auf den Besitz von Spitzbergen, das ihnen nach dem Weltkriege auch zugesprochen wurde, ein gewisses Recht. Wir freuen uns der Mitternachtssonne über der Bäreninsel und ihrer Farben.

Nordkap

Am 26. Juli kommt dieses 307 m hohe Schieferplateau, der eisenschwarze Sturmbock Europas in Sicht. Es herrschte Windstärke 9 und eine hohe Dünung. Wellenberge wie von flüssigem Blei rollen gegen uns. Wir halten in der etwas ruhigeren Bucht von Hornwiken, weil wichtige Briefe und Depeschen an Land befördert werden mußten. Wir hatten nach rund 3 Wochen wieder Anschluß an das europäische Postnetz. Unser Postboot schwankte mehrere Meter auf und nieder. Man bewunderte die festen Glieder und die große Gewandtheit der dabei beschäftigten Seeleute. Es ist ein Kunststück, in eine solche auf- und niederschaukelnde und nach allen Richtungen schwankende Jolle zu springen. Dennoch bauten sich an der Reling einige betagtere Schönen auf, um sich ausbooten zu lassen. Denn man kann vom 12. Mai bis 31. Juli auch von hier oben die Mitternachtssonne sehen, falls es nicht neblig ist. Die aber hatten wir seit Island immer gehabt. Es war also gar nichts Neues. Jedenfalls wäre dem

Kapitän eine große Verantwortung bei einem leicht möglichen, ja fast wahrscheinlichen Unfall aufgebürdet worden. Man kann solch ein Verhalten nur als einen unglaublichen Mangel an Selbsteinschätzung und an Rücksichtnahme bezeichnen. Der Kapitän machte dem glücklicherweise ein Ende. Das Sprachrohr teilte mit: „Es wird niemand ausgebootet." — Das Nordkap wird als der nördlichste Punkt Europas bezeichnet. In Wirklichkeit liegt das unscheinbare, wenig repräsentable westliche Knivskjeelodden noch 20 Bogensekunden (rund 600 m) nördlicher. Östlich davon liegt Kap Nordkyn, 4 Minuten südlicher als das Nordkap. Auch hier am Nordkap nistete ein Vogelberg mit Lummen und Möven.

Hammerfest

In wenigen Stunden waren wir in Hammerfest mit seinem eisfreien Fjord; 70 Grad 40 Minuten. Auch hier ist Mitternachtssonne vom 13. Mai bis 29. Juli, also rund 80 Tage. Und dafür natürlich ist 80 Tage dauernd Nacht oder besser Dämmerung (leuchtender Schnee, Nordlichter). Es ist die nördlichste Stadt. Sie ist ein Welthandelsplatz (Fischfang, Transiedereien, Lagerhäuser für Klipp- und Stockfischversand). Infolgedessen ist unter den 3000 Einwohnern ein starker jüdischer Einschlag vorhanden. Vielleicht ist darauf auch die besonders auffällige Betonung des alten Testaments in den Malereien in der Kirche zurückzuführen. Es ist eine große Kirche (600 Sitzplätze); teils rechteckige, altchristliche Basilika, teils Hallenkirche infolge niedriger Hochwand; mit großen, nüchternen Fenstern; sie wird elektrisch erleuchtet. Auch an ihr befindet sich das altnordische Sonnenkreuz, das auch sonst viele Giebel der Stadt tragen. Hammerfest ist 1893 nach der Feuersbrunst von 1890 neu aufgebaut worden. Zur Erinnerung an die Meridian-Gradmessung (1816—52) steht am Gestade ein Denkmal. Man genießt von den Bergen einen schönen Blick über den Fjord. Die eigentliche Schönheit aber entwickelte sich erst bei der Ausfahrt am Nachmittag. Warmer Sonnenschein; eine weite blaugrüne Wasserfläche; duftige, violettblaue Bergsilhouetten; und das reizende Spiel von Möven, die zu Hunderten durcheinander wirbelten wie Schneeflocken im März. Welche Beherrschung des Flugmechanismus! Silbermöven und ganz weiße Elfenbeinmöven; ab und an eine Raubmöve, einer grauen Taube ähnlich.

Lyngenfjord

Die Fahrt geht nach Lyngseidet durch den schönen Lyngenfjord. Wir sind nur einen Grad südlich von Hammerfest und immer noch mehr als 5 Grad = 5,111 km nördlicher als Reykjavik, aber in geschützter Lage und unter der Wirkung des Golfstroms. Auf dem Eid (der Moräne) grünt es lustig. Weide, Erle, Birke haben wieder Baumcharakter. Es gedeiht Gerste und Roggen. Bemerkenswert ist, daß die Gerste hier dieselbe Reifezeit braucht wie am Nil, nämlich 90 Tage. Der hohe Stand der Sonne wird ausgeglichen durch die Länge der Tage und die Warmwasserheizung des Golfstroms. Man zeigt uns ein Lappenlager mit einer Rentierherde. Der mongolische Rasseneinschlag ist unverkennbar (klein, mit breitem, gelblichem Gesicht und betonten Backenknochen, mit enggeschlitzten, aber horizontal gestellten Augen). — Während wir auf dem Weg nach Tromsö den Fjord nochmals durchfahren, nähert sich die Sonne dem Horizont. Die Farbenpracht des Himmels ist über die Maßen schön: pfirsichfarben und weingelb auf der Seite der untergehenden Sonne, bordeauxrot auf der abgewendeten Seite; die Bergschatten veilchenblau. Und dazu die Schönheit und Zartheit der kühneren Konturen.

Tromsö

Lofoten. Der Vaagsfjord südlich davon wetteifert mit dem Lyngenfjord in verblauenden, schöngeschwungenen, fast stofflosen Gipfeln. Bald umgibt uns ein erweiterter Gardasee; bald sind wir in Engen mit starker Strömung, mit begrünten Bergen und roten Einfamilienhäusern; bald öffnet sich der Schärenwall und gibt den Blick frei in das blaugrüne, offene Meer. Am Nachmittag begleitet uns 4 Stunden lang die köstliche Silhouette der Lofoten (bis 450 m hoch). Wie eine Festungsmauer von 160 km mit Türmen und Zinnen stehen sie da. Der Winter auf den Lofoten ist mild. Die Schafe überwintern im Freien. Ein drastisches Beispiel für die Wirkung des Golfstroms ist es, daß in derselben Breite im Norden von Nordamerika die Franklin=Expedition zu Grunde gegangen ist. Von Januar bis April ankert hier die Flotte der Dorschfänger.

Wir sind nicht mehr im Gebiet der nichtuntergehenden Sonne, obgleich noch rund 2 Grad bis zum Polarkreis fehlen. Sie ging am 28. und 29. Juli für uns um 22 Uhr unter; denn das Sommersolstitium ist schon längst vorüber. So etwas mußte natürlich gefeiert werden. Da dichter Nebel um uns ist, lag die „Cordoba" 2 Stunden vor Anker. — Wir sind während der letzten Nacht erheblich südlicher gekommen. Die Felsszenerie ist ernster geworden, der Steilabsturz der Küste größer. Wir haben den Storfjord durchfahren, an dem Alesund liegt, und gehen in seinem Seitenzweig, dem Norang=Fjord, vor Anker.

Autofahrt Oie—Stryn—Grotli—Merak

Der 30. Juli sollte uns eine unvergeßlich schöne Autofahrt tief ins Land bringen. In Oie standen die Automobile. Es geht auf und ab durch das Norangsdal und Hornindal zum rauschenden Stryn und zum Stryns=Vand (See) über alte Moränenwälle von erheblicher Höhe; vorüber an steilen, drohenden Bergwänden von 1500—1600 m Höhe; durch die herbe

Mufik raufchender Elbe und Wafferfälle; vorüber an Fernbliden durch tiefe Täler auf abfchließende Gletfcherriefen im Hintergrund. Im Süden find es die Vorberge des Jostedalsbrä, des größten europäifchen Gletfchers mit einer Fläche von 900 qkm.

Norwegifche und alpine Firnfelder und Gletfcher. Es find Gletfcher von ganz anderer Art als die in der Schweiz. Hier bilden fich die Gletfcher aus einem Firnfeld, das in einem Talkeffel oder in einer Talmulde liegt. Es wird von Bergen umgeben, die feinen Rand mit Gefteinstrümmern befchütten (Seitenmoräne). In Norwegen dagegen liegt das Firnfeld frei auf einem fchildartigen Bergplateau und erzeugt allfeitig Gletfcherzungen. Kein Berg überragt es, keine Randmoräne kann infolgedeffen erzeugt werden. — Am Stryn wird Frühftückspaufe gemacht. Es folgt der Stryn-Vand, ein prächtiger Alpenfee von 16 km Länge. Weiter fteigt der Weg um 600 m. In Grotli rafteten wir für das Mittagsmahl. Dann folgt nochmals eine Steigung von 400 m. Eine Welt von Flachkuppeln mit Schnee und Eis umgibt uns und Höhen bis 1640 m. Das Pflanzenleben ist hier oben faft erlofchen. Nun folgt der Abftieg in fteilen Kehren durch tiefe Schluchten mit prächtigen Vor- und Rückbliden. Und fchließlich find wir an der Straße über dem Geyrangerfjord. Er liegt in dämmernder Tiefe unter uns. In der Nähe ist ein Bautaftein zum Gedächtnis an die Aufhebung der drückenden Perfonalunion mit Schweden errichtet. Sie war durch einen wenig fauberen Handel zuftande gekommen. Hauptgewinner war der franzöfifche Marfchall Bernadotte. Er wurde Kronprinz von Schweden und evangelifch und verriet Napoleon, feinen Herrn und Meifter. Dänemark wurde gezwungen und die Alliierten durch Stellung eines fchwedifchen Hilfskorps für die Anerkennung gewonnen. Die natürliche Folge war ein grimmer Haß zwifchen den beiden verfchiedenen Brüdern. Die Bronzegruppe zweier Mefferkämpfer, Bältefpännare, d. h. Gürtelkämpfer, vor dem Mufeum in Stockholm könnte als eine Darftellung diefes haßerfüllten Verhältniffes angefehen werden. — Ich fchicke den Blick nochmals in die Tiefe. Dort unten das Kähnchen ist unfere „Cordoba". Nach all der Lieblichkeit der letzten Tage erlebten wir heute ein grandiofes Fortiffimo. Es zeigte uns die Urfprünglichkeit, Unbezwungenheit und Unberührtheit der norwegifchen Natur. Nicht liebliche Matten, nicht Sennhütten und Herdengeläut und frifche Jodler; in einfamer Höhe auf einer Strandterraffe liegt der Hof eines Bauern, abgefchloffen, ftill und ernft und freudlos.

Die Entftehung Norwegens und feiner Fjorde. Von der Entftehung der Atlantis ist fchon gefprochen worden. Norwegen ist etwas fpäter als fie, nämlich im Devon, alfo vor der Bildung der Karbonalpen, dem Meer entftiegen. Es hat fich dann der Atlantis, wie

schon gesagt, angegliedert und hat seine Schicksale durch das Altertum und Mittelalter und einen großen Teil der Neuzeit der Erde geteilt. Beim Auftauchen dieses Riesenblocks von über 700 000 qkm bildeten sich die großen Fjordspalten senkrecht auf seine Längsrichtung und Nebenspalten, die senkrecht auf den Hauptspalten stehen. Während dieser Jahrmillionen unterlag der skandinavische Block der mechanischen Wirkung des fallenden Wassers, der Sprengkraft des Eises, der chemischen Vorarbeit der Flechten und Moose und der Wurzeln höherer Pflanzen. Die Flüsse trugen den Schutt in die Fjorde. — Gegen das Ende des Tertiärs trat die neue Erd=
faltung auf. Der Alpenkranz um das Mittelmeer bildete sich. Durch den Seitendruck zerfiel die Atlantis. Aber die verbündete skandinavische Scholle hielt auch jetzt noch stand. Nach dem Kraftaufwand bei dieser Erdrevolution kam die Eiszeit.

Norwegens Eiszeit (Doggerbank, Eide, Steigen der Küste). Sie bedeckte ganz Skandinavien mit einer Inlandeisdecke. Die Felsoberfläche wurde unter dem kolossalen, zermürbenden Druck der in Bewegung befindlichen Gletscher abgeschliffen. Daher fehlen in Nor=
wegen im allgemeinen die kühnen Gipfelformen, die die Alpen aus=
zeichnen. Das abgeriebene Gesteinsmehl, der Detritus, mit eingebetteten Gesteinsblöcken bildete die Grundmoräne, auf der die Gletscher wie auf einem Schlitten nach allen Seiten, besonders nach S und W abwärts glitten. Deutschland verdankt Norwegen nicht nur die Findlinge, sondern auch den Ton und Lehm, den Kies und Sand aus der Grundmoräne, also einen Teil der Fruchtbarkeit seines Bodens. Ein anderer Teil der Gletscher Norwegens ging nach Westen. Wie mit einem Riesenpflug oder einer Riesenschaufel wurde der Grund der Fjorde ausgekehrt. Die Schuttmassen wurden hinausgestoßen weit über die Grenzen des dabei polierten Schärengürtels. Die Doggerbank westlich von den Lofoten verdankt ihm ihre Entstehung. Hier lag das Gletscherende für Jahrhunderte und ver=
senkte den hinausgeschobenen Inhalt des Fjordgrundes und die Grund=
moräne des Gletschers. Das Meer hat dort nur noch 50—300 m Tiefe. Dadurch ist es der durchlichtete und durchwärmte Laichplatz der Dorsche und Heringe geworden und zugleich der große Fischkasten Europas. — Auch diese erste stürmische Eiszeit ging vorüber. Es folgte für längere Zeit eine wärmere Periode. Dann brach die Kälte von neuem herein. Diese zweite Eiszeit hatte aber bei weitem nicht die Kraft der ersten. Sie erreichte in Deutschland nicht mehr den Rand des Riesengebirges, sondern nur den des Lausitzer Grenzwalls. Das war vor etwa 85 000 Jahren. Erst um 20 000 war der deutsche Boden wieder eisfrei. Ähnlich war es in Westnorwegen. Das in der Zwischeneiszeit in den Fjorden neu angesammelte Schuttmaterial wurde jetzt im besten Falle bis an den

Ausgang der Fjorde gestoßen. So erklärt es sich, daß die Fjorde innen tiefer sind als am Eingang. Ein Teil der Gletscher und Moränen blieb aber schon auf halbem Wege stecken und bildete die Eide, über die wir heute fuhren. — Auch diese Kältezeit verging. Auch in Norwegen wichen die Gletscher mehr und mehr zurück. Vom Druck befreit begann die steigende Bewegung der norwegischen Küste. Man nimmt an, daß sie ruckweise vor sich ging. (cf ruckweises Zurückgehen des Gletschers am Gardasee I.) Die schmalen Strand= oder Abrasionsterrassen mit ihrem lockeren Material und ihren Bohrmuschellöchern gelten als Beweis dafür. Vom Schiff aus kann man an den Fjordwänden in einiger Höhe ihre parallelen Linien erkennen, die wie ausgesprengte Wege aussehen. In Hammerfest lag diese ehemalige Strandlinie in 190 m Höhe. Ein Teil der Bauernhöfe liegt auf solchen Terrassen von geringer Breite. Das Hotel in Merak, an dem wir vorbeifuhren, in dem ich vor 40 Jahren als Tourist wohnte, liegt ebenfalls auf einer solchen alten Flutterrasse. — Wir verlassen Merak und den Bergkessel von Geyranger. Mein Auge sucht noch einmal den Weg, den ich an dieser ziemlich steilen Wand einsam aufwärts gekraxelt bin, um über das Fjeld zum Nordfjord und von dort in einem überlangen Marsch zum Romsdal zu gelangen. Es war ein Marsch von 16 Stunden durch die Einsamkeit des Fjelds auf Viehsteigen über zahlreiche Schneefelder und vorbei an tosenden Wasserfällen, den ich, nur meinem Kompaß und der Karte vertrauend, machte. Man kostet noch einmal das Glück dieser Wanderung durch. Das Herz war jung, es jubelte und sang über die schöne, neue Welt. Das alles liegt weit hinten. Man freut sich nicht mehr naiv; man spintisiert, vergleicht. Man sieht nicht bloß die Schönheit der Formen und Farben, die Weite des Raums, das Fremdartige der Landschaft; man findet am Tatsächlichen, am Was, nicht mehr sein Genüge. Man sucht nach Zusammenhängen. Warum gibt es hier nur Granite, Gneise, kristallinische Schiefer wie in Island und Urtone, Urkalke, Ursande? Warum nicht neben diesen Gesteinen mit silurischem Urweltcharakter auch wie bei uns Buntsandstein, Muschel= kalk, Jurakalk und tertiäre Schichten? Warum diese abgerundete Gebirgs= formen, die an unsern Harz erinnern und unsern Alpen so unähnlich sind? Warum die Fjordschwellen und Eide und Flutterrassen? Das sind Fragen, die uns schon beschäftigt haben. Warum weiter die relativ große Ähnlichkeit der Pflanzen zwischen Hochnorwegen und den Hochalpen? Woher der hohe Prozentsatz nordischer Menschen in diesem Lande, das zur Inlandeiszeit ohne alles höhere organische Leben war? Denn Pflanzen und Tiere und Menschen waren vor dem vorrückenden Eisriesen zurückgewichen. Sie fristeten in der eisfreien Zone zwischen den Gletscher= rändern des skandinavischen und alpinen Eises irgendwo im späteren Deutschland und Frankreich ihr Leben. Lange und harte Jahrtausende für sie. Sich anpassen (für die Pflanze in Stengel, Blatt, Blüte) oder zugrunde gehen war die unerbittliche Alternative für alles Lebende. Zu welcher Vollkommenheit es darin die Weide gebracht hat, haben wir mit Bewunderung in Spitzbergen gesehen. Die letzte, weniger wuchtige Eiszeit wird auf 60 000 Jahre geschätzt. Als endlich um 20 000 v. Chr. das Klima sich änderte und weichere Nordwestwinde an die Stelle der harten Nordostwinde traten, mußten die angepaßten Pflanzen den zurückweichenden Gletschern folgen. Ihre Entwicklung konnten sie nicht mehr rückgängig machen. So wanderten sie sowohl den alpinen als auch den nordischen Gletschern nach. Und ihnen wiederum als ihrer Nahrung zogen die Rentiere nach und der sie jagende Mensch. Es war das der nordische Atlantiker, der sich mit den Menschen der Aurignac-, der Cromagnon- und der Magdalenienrasse gemischt hatte. In Skandinavien hat er sich dann von der weiteren Mischung mit finnischen Völkern frei gehalten und die alte Kraft, den alten Wagemut, den eisernen Willen, sich durchzusetzen, bewahrt, den er in kühnen Seefahrten als Wikinger und in der Ländereroberung als Normanne betätigte. Diese Rasse hat das Andenken an die Vorfahren und die Ehrfurcht vor ihren Symbolen (Sonnenidiogramm) bis heute hier treu bewahrt. — Unser Schiff biegt nordwärts in einen engen, düsteren Spalt ein, den Höhen bis zu 1670 m umstarren. Von allen Seiten stürzen sich in ihn Wasserfälle, die sich zum Teil unten in wehende Schleier auflösen. Die imposantesten sind die „Sieben Schwestern", die vor einer steilen, schwarzen Gneiswand in die Tiefe gehen. Welche wilde Musik muß hier in der Schneeschmelze herrschen!

Sognefjord, Balholm

Er ist mit 180 km der längste aller norwegischen Fjorde. Im Anfang 6 km breit, verengt er sich nach innen und verästelt sich. Seine Wassertiefe ist erheblich, sie mißt über 1200 m. Seine Steilwände werden immer imposanter (bis 1500 m). Wir gehen vor Balholm, dem Schauplatz der Frithjofsage, vor Anker. Das Denkmal des Königs Bele und die Frithjofstatue sind Geschenke des Deutschen Kaisers, der oft und gern in Norwegen gewesen ist. Es ist ein anheimelnder Ort mit seinen kleinen, roten Häuschen, seinen grünen Matten, seinen Ulmen, seinen Spazierwegen am stillen Fjordwasser. Immer näher kommen sich die Bergriesen. In der Aurlandgebirgsgasse sind sie nur noch 1½ km voneinander entfernt. Ihre grandiose Fortsetzung ist der Näröfjord, der sich zum Flußtal mit 200 m Breite verengt. Wasserfälle zur Rechten und zur Linken. So der Kilefos aus 560 m Höhe, die ersten 150 m freifallend. Ein großes Ur, ein Felsenmeer durch Felssturz, muß unser Wagen überklettern. Dann gehts in vielen Serpentinen nach dem Stalheimsklevhotel, 342 m. Das

Rauschen der Wasserfälle begleitet uns. Von oben ein wunderbarer Rückblick in das Tal und seine Bergriesen. Besonders fesselt der silbergraue Jordalsnut (1100 m) aus Labrador, einer Feldspatart. Die Rückfahrt ist noch schöner als der Aufstieg.

Bergen

In der Nacht trägt uns die Cordoba nach Bergen. Diese Disposition empfinde ich als sehr zweckmäßig. Der düstere, schweigende Ernst der norwegischen Landschaft bedrückt bei längerer Dauer das Gemüt. Wir haben am Quai festgemacht. Eine schöne Autofahrt führt uns über Arne, Espeland nach Fantoft. Wir besuchen

die Stavekirche. Die Stavekirker, Holzkirchen, weisen zurück auf romanische Steinkirchen der Normandie im 12. Jahrhundert (Übergangszeit zur Gotik). Der quadratische Hauptraum wird durch Holzsäulen in ein breiteres und höheres Mittelschiff und zwei schmale, niedrigere Seitenschiffe geteilt. Daran schließt sich ein quadratischer Chor und die Apsis. Über dem Mittelschiff befindet sich ein Doppeldach mit viereckigem Turm (Dachreiter); beides gotisch gereckt. Die Giebel tragen Wikingerschiffsschnäbel. Die Kirche umläuft außen eine bedeckte Säulengalerie mit romanischen Würfelkapitälen. Da nur wenige Fenster ein karges Licht verbreiten, so ist in dem mystischen Dunkel das phantastische Schnitzwerk des Gestühls (Siegfried und Odin mit der Mitgartschlange; Odin mit dem Hammer) nur undeutlich zu erkennen. — Ich denke an meine Fahrt durchs Valders (1890), an die Stavekirker in Vang, der jüngern Schwester von Kirche Wang unfern der Schneekoppe, und an die von Borgund.

Das Sonnenidiogramm der Atlantiker. Am kleinen Giebel über dem Eingang befindet sich das Sonnenidiogramm, ein Rechtkreuz, von einem Kreis umgeben. Es ist das ein den Atlantikern eigentümliches Zeichen (Idiogramm), das sie auf ihren ungeheuren Wanderungen über die ganze Erde in Stein eingegraben und hoch aufgerichtet haben (Megalithe). Der Beginn ihrer Fahrten liegt weit zurück, weit vor 4000 v. Chr. Man nimmt vier große Menschenwellen an, die sich in zeitlich weit getrennten Abständen nach Osten und Süden vorwärts geschoben haben: nach Osten über Deutschland donauabwärts zum Kaukasus; — nach Süden um Spanien herum quer durch das Mittelmeer (Balearen, Sardinien, Malta, Kreta nach Palästina; — an der Nordküste Afrikas entlang über Mauretanien (Berbern) nach Libyen und dem Nillande; — um ganz Afrika zum Lande der Sumerer und weiter nach Osten (Indien, Polynesien). So erklärt sich die Ähnlichkeit der Sprache der Veda mit den germanischen, romanischen und slavischen Sprachen (indogermanischer Sprachstamm). Der Rückstoß auf diese Atlantikerbewegung nach dem

Westen, das ex oriente lux, kam erst viel später. Im Vergleich zu diesen Wanderungen sind die der stammverwandten Germanen nur klein, trotzdem sie das ganze Mittelmeer umfassen. In dieser Atlantikerrasse lebte ein ungeheurer Drang in die Weite, ins Unbekannte. Ein bewundernswertes Kraftbewußtsein, eine wilde Wanderlust erfüllte sie; sie waren geradezu von der Lebensseligkeit des Wanderns und Schauens besessen. Etwas davon ist der nordischen Rasse verblieben und betätigte sich in den wilden Fahrten der Wikinger auf stürmischem Meer, in den Fahrten der Columbus und Vasco de Gama, in dem kühnen Wagen von Männern der Neuzeit zur Entschleierung der Geheimnisse des Pols. — Aber nicht nur in die Weite, sondern auch in die Tiefe drangen sie. Die Entstehung dieses Idiogramms ist für die Erkenntnis dieser Atlantikerrasse von Bedeutung. Es ist kein Abbild der Sonne, und auch kein Abbild der Sonnenbahn an einem 24=Stunden=Tage, sondern die Gesamtheit aller Auf= und Untergangspunkte im Jahr, bezogen auf die Polarzone und besonders auf den Polarkreis. Die Vertikale ist die Summe aller Kulminationspunkte; die Horizontale die Tag= und Nachtgleichenlinie. Am Wintersonnenfest fängt für die Nordhalbkugel der Erde die Sonne an zu steigen. Der Tag, an dem die Sonne sich zuerst am Südpunkt des Horizonts den Atlantikern zeigte, war ihnen von besonderer Weihe. Von da an verschob die Sonne Tag für Tag ihren Auf= und Untergangspunkt weiter nach Osten und Westen, ihre Tagbögen wurden immer weiter und höher. An der Tag= und Nachtgleiche ging die Sonne um 6 Uhr am Ostpunkt auf, stand um 12 Uhr über dem Südpunkt (im Meridian) und ging um 18 am Westpunkt unter. Dann verschob sie ihren Auf= und Untergangspunkt noch weiter nach Norden. Sie ging z. B. um 3 in Nordosten auf, passierte um 6 den Ostpunkt, stand um 12 im Süden (Meridian), um 18 über dem Westpunkt und ging um 21 im Nordwesten unter. Schließlich ging sie um Mitternacht (0) im Nordpunkt auf und berührte um 24 im Nordpunkt wieder den Horizont; sie ging nicht mehr unter. In der folgenden Zeit ging sie dann für kürzere oder längere Zeit (bis zu 6 Monaten) über dem Nordpunkt auf und unter. Die Atlantiker wußten etwas, was noch heutzutage viele Menschen nicht wissen. Es würde manchem nicht leicht sein, im Anschluß an obige Entwicklung ein Sonnen=Teilidiogramm, d. h. die Gesamtheit der Sonnenauf= und Untergangspunkte im Jahr für unsere Breite zu konstruieren. — Dieses Sonnenidiogramm war ihnen zugleich ein religiöses Zeichen, ein Symbol für ihren Glauben an die Wiedergeburt, an die Auferstehung. Mit der Sonne wird und wächst und vergeht alles Lebende, um mit ihr nach der Winternacht wieder aufzuerstehen. Für die Atlantiker bestand also ein Zusammenhang zwischen Leben und Tod, zwischen Sichtbarem und Unsichtbarem. Sie ahnten den kosmobiologischen Zusammenhang. Es ist das ein Zeichen für die hohe geistige Veranlagung dieser Kämpferrasse.

Die Sonne, das Gute, der Gottessohn, steigt und sinkt und stirbt und feiert wieder Auferstehung. Es klingt durchaus christlich und ist doch viele Jahrtausende älter. Das Malkreuz im Sonnendiogramm ist späteren Datums. Es stammt aus der Zeit, als die Atlantiker nicht mehr innerhalb des Polarkreises lebten. — Dieses Zeichen sollte die Stirn jeder christlichen Kirche in Deutschland zieren. Das uns und die Atlantiker der Steinzeit in Rasse und Glauben Einigende sollte uns höher stehen als die von der christlichen Kirche in ihrem Interesse ausgeklügelte Einheit zwischen Altem und Neuem Testament.

Dann schloß sich daran eine schöne Fahrt auf prächtiger Straße am Fjord entlang. Bergen hat viel Regen. Das ist der Nachteil des milden, feuchten Seeklimas. Dafür aber gedeihen hier in der Breite von Petersburg noch Obstbäume und Getreide. Es erfreuen uns hier fast alle deutschen Laubbäume und ein außerordentlich reicher Blumenflor. Als wir ankamen, hatte es in Bergen wieder einmal lange Zeit und gründlich geregnet. Heute war endlich die Sonne wieder da. Und es war dazu Sonntag. Eine frohbewegte Menge drängte sich daher auf allen Wegen. Man hatte den deutschen Wimpel an unseren Autos erkannt und manches „es lebe Deutschland" grüßte uns. War das der Ausdruck wirklicher Sympathie? Ich möchte es glauben. Daß wir uns gewehrt haben wie Löwen durch vier lange Jahre gegen eine Welt in Waffen und daß wir in der Skagerrakschlacht die Glorie Britanniens siegreich angefochten haben, das wird uns sicher die Herzen auch hier erobert haben. — Nachmittags waren wir auf dem Flöien (251 m). Kaffee und Kuchen, fröhliche Menschen und eine prachtvolle Aussicht auf Stadt und Meer. Abends begann die Heimfahrt.

Am nächsten Mittag war die Cordoba auf dem Ehrenfeld der Skagerrakschlacht. Ein deutscher, redenhafter Schulmann aus der verlorenen Provinz Posen hielt eine ergreifende Gedenkfeier. Seid einig mit Gott; seid einig untereinander; vergeßt nicht, was er euch Gutes getan hat. Vergeßt endlich den alten Partei- und Klassenhader; seid Brüder allen, die guten Willens sind; gedenkt der vielen, die gefallen sind auch auf diesem Felde der Ehre, damit Deutschland lebe. Das war sein Grundtext. Dann wurde vom Kapitän ein Kranz ins Meer versenkt. Es wohnten viele Ausländer und auch Engländer dieser Stunde bei. Es ist das Recht und die Pflicht jedes Volks, seiner Toten und seines Heldentums zu gedenken; und erst recht, wenn es eine Zeit ist, in der man sich mit zusammengebissenen Zähnen ducken muß. — Am 4. August morgens waren wir wieder in Bremerhaven.